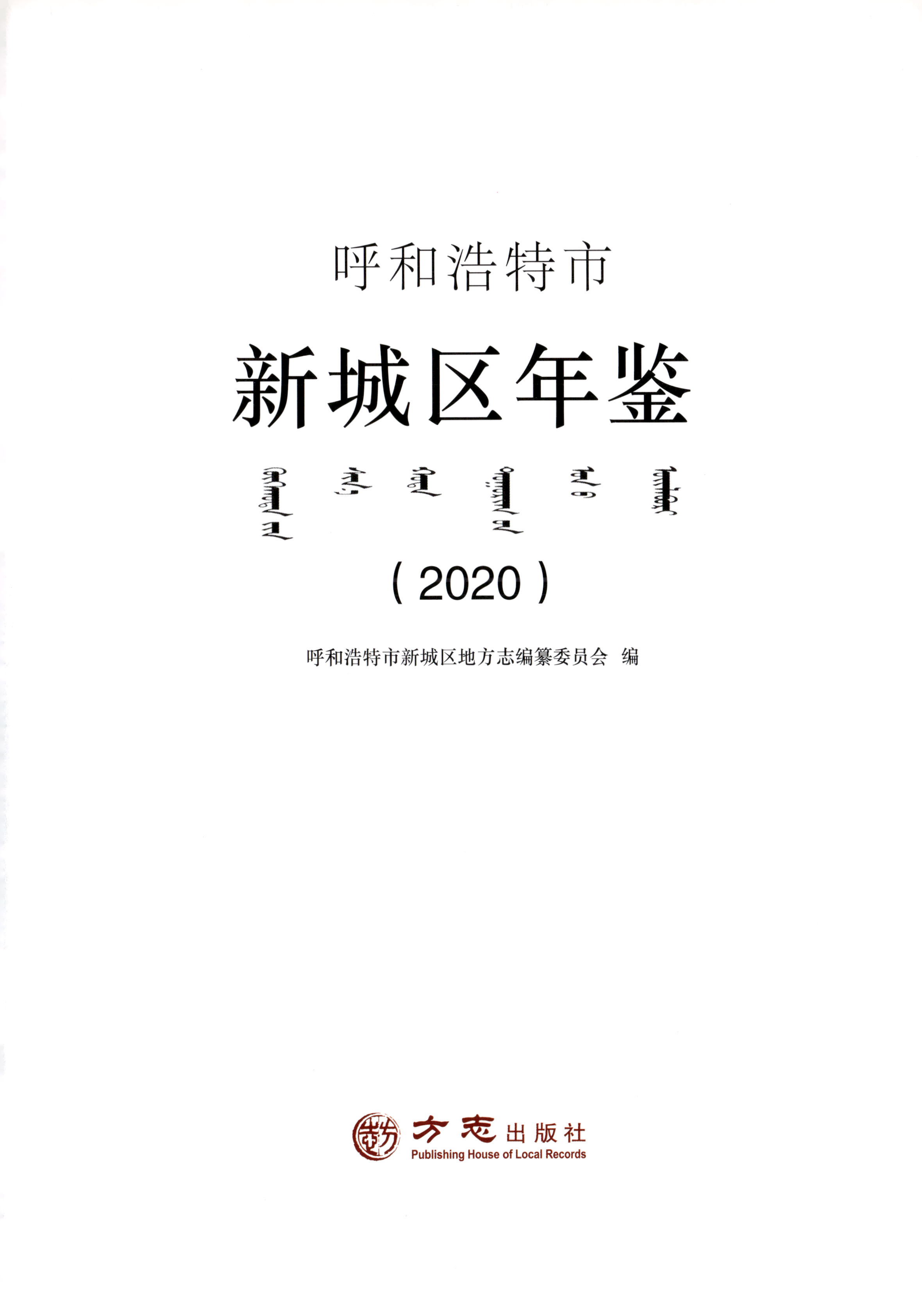

呼和浩特市

新城区年鉴

（2020）

呼和浩特市新城区地方志编纂委员会 编

方志出版社
Publishing House of Local Records

呼和浩特市新城区年鉴. 2020 / 呼和浩特市新城区地方志编纂委员会编. —北京 : 方志出版社, 2020.12
ISBN 978-7-5144-4635-7

Ⅰ. ①呼… Ⅱ. ①呼… Ⅲ. ①区(城市)—呼和浩特—2020—年鉴 Ⅳ. ①Z522.64

中国版本图书馆 CIP 数据核字(2020)第 267486 号

呼和浩特市新城区年鉴（2020）

编　　者：呼和浩特市新城区地方志编纂委员会
责任编辑：罗　滔

出 版 者：方志出版社
地址　北京市朝阳区潘家园东里 9 号（国家方志馆 4 层）
邮编　100021
网址　http://www.zgfzcb.cn
发　　行：方志出版社图书经销中心
电话（010）67110500
经　　销：各地新华书店
印　　刷：呼和浩特市毓秀印务有限公司

开　　本：889×1194　　1/16
印　　张：10.5
字　　数：489 千字
版　　次：2020 年 12 月第 1 版　　2020 年 12 月第 1 次印刷
印　　数：001～500 册

ISBN 978-7-5144-4635-7　　**定价：**160.00 元

《呼和浩特市新城区年鉴(2020卷)》
编纂领导小组

组　　　长:魏红军(区委书记)

　　　　　　范志忠(区委副书记、区长)

常务副组长:李　强(区委常委、办公室主任)

副　组　长:高启东(区人大常委会主任)

　　　　　　杨祥麟(区政协主席)

　　　　　　刘照江(区委副书记、政法委书记)

　　　　　　徐相军(区委常委、副区长)

　　　　　　张鹏志(区委常委、组织部部长)

　　　　　　秦国珺(区委常委、宣传部部长)

　　　　　　任东东(区委常委、人武部政委)

　　　　　　要彩霞(区委常委、统战部部长)

　　　　　　杨俊良(区委常委、纪委书记、监委主任)

　　　　　　胡晓宁(副区长、公安分局局长)

　　　　　　云海峰(区政府党组成员、鸿盛工业园区党工委书记、管委会主任)

　　　　　　苏虎生(区法院院长)

　　　　　　修仕军(区检察院检察长)

《呼和浩特市新城区年鉴》2020卷
编辑人员

主　　编:杨志峰

编　　辑:杨志峰　刘　畅

资料收集:杨志峰　刘　畅

审　　校:王　珺　谢　勇　徐曼雅　孙志杰

《呼和浩特市新城区年鉴（2020）》基层单位资料编写人员

（按姓氏笔画排序）

卜海东	马　兰	马妤婷	马　婧	云　艺	云兴旺	亢晓君
戈　强	王　洋	王瑞亭	付红丽	冯颂雅	白　羽	印可可
乔二忠	吉　哲	吕建辉	朱　丹	何　燕	宋　敏	张丽娟
张芷铭	张雨霞	张　亮	张俊平	张智勇	张　璐	李文洁
李秀峰	陈　怡	陈柯霖	陈晓菊	图娜拉晶	林晨涛	金　锁
段俊德	胡潇蒙	贺艳梅	贺鹏飞	赵晓娜	赵艳玲	徐丽娟
殷　虹	袁　静	贾耀霞	郭　嘉	高　妍	崔志刚	曹　义
蔚　兵	黎　嵘					

编辑说明

一、《呼和浩特市新城区年鉴(2020)》(以下简称本年鉴)以马克思列宁主义、毛泽东思想、邓小平理论、“三个代表”重要思想、科学发展观、习近平新时代中国特色社会主义思想为指导,坚持辩证唯物主义和历史唯物主义的立场、观点和方法,主要辑录反映2019年度新城区自然、政治、经济、文化和社会等方面的发展情况,以及与本行政区域密切相关的事件。旨在为现实服务,为后人提供借鉴,为续修新方志积累资料。

二、本年鉴采用分类编纂法,主体内容分类目、分目和条目3个层次。全书设特载、大事记、中国共产党呼和浩特市新城区委员会、呼和浩特市新城区人民代表大会、呼和浩特市新城区人民政府、政协呼和浩特市新城区委员会、鸿盛园区、民主党派、人民团体、法治、军事、教育、镇和街道办事处、区属企业14个类目。

三、本年鉴所用资料,由新城区各党委(党组)、党工委,保合少镇人民政府、各街道办事处,鸿盛园区管委会,区属各部、委、办、局,各人民团体,各民主党派,区属国有企业提供,并经供稿单位领导审核。供稿内容根据年鉴编制要求有所增删,文中所列数据,以统计部门提供的数据为准。计量单位统一使用国家法定计量单位,人称为第三人称,行政事业单位领导名录只收录副科级以上实职领导。

四、本年鉴所载全区中心工作,只在实施单位详述,其他单位一般从简。

目　录

特　载

大事记

政　治

军　事

经　济

教 育

科技 文化 卫生

镇和街道办事处

特　　载

在区委十一届十二次全会第一次全体会议上的讲话

（2019 年 9 月 15 日）

呼和浩特市副市长、新城区委书记　云新明

这次全会的主要任务是：深入学习贯彻习近平总书记考察内蒙古重要讲话精神，按照自治区党委十届十次全会、市委十二届九次全会和《市委关于贯彻落实习近平总书记考察内蒙古重要讲话精神的实施意见》部署要求，审议区委贯彻落实意见，动员全区各级党组织和广大党员干部，不忘初心、牢记使命，强化工作举措、狠抓工作落实，推动我区经济社会高质量发展，为打造祖国北疆亮丽风景线作出新的更大贡献。

一、坚持以习近平新时代中国特色社会主义思想为指导，坚定全面贯彻落实习近平总书记考察内蒙古重要讲话精神的思想自觉和行动自觉

习近平总书记对内蒙古工作始终高度重视，对全区各族人民一直牵挂于心。党的十八大以来，习近平总书记先后对做好内蒙古工作，发表一系列重要讲话、作出一系列重要指示批示，特别是在喜迎新中国成立 70 周年的大庆之年，在决胜全面建成小康社会的关键之年，在全党深入开展“不忘初心、牢记使命”主题教育的重要时刻，习近平总书记再次亲临内蒙古考察指导工作并发表重要讲话，深刻阐述了内蒙古自治区改革发展的一系列根本性、方向性、全局性问题，为全区高质量发展把脉定向，对新时代内蒙古改革发展赋予新的历史使命、指明前进方向，体现了以习近平同志为核心的党中央对内蒙古人民的深切关怀，饱含着对内蒙古发展的殷切期望。讲话是对习近平新时代中国特色社会主义思想的丰富和发展，是新时代下我们做好各项工作的根本遵循和行动指南，对于我们如期全面建成小康社会，建设亮丽内蒙古、共圆伟大中国梦，具有重大现实意义和深远历史意义。

学习好、领悟好、贯彻好习近平总书记重要讲话精神，是一项长期重大政治任务。自治区党委十届十次全会和市委十二届九次全会，对贯彻落实工作作出了具体部署，我们一定要认真学习、深刻理解、准确把握其精神要义。要精准把握对内蒙古战略地位的重要论述，增强首府意识、首善意识、率先意识、争先意识，立足全市发展大局，认真谋划、找准我区发展定位，做好全区工作,在服务大局中更好实现自身发展。要精准把握对奋斗目标的重要论述,不断深化对“建设亮丽内蒙古,共圆伟大中国梦”和“把祖国北部边疆这道风景线打造得更加亮丽”的认识,振奋精神、勇往直前,不断开创我区发展新局面。要精准把握对发展新路子的重要论述,深刻领悟习近平生态文明思想,深化对生态文明建设“四个一”和探索以“生态优先、绿色发展”为导向的高质量发展新路子的认识,保持加强生态文明建设的战略定力,持续发力、久久为功,构建北疆生态安全屏障。要精准把握对重点任务的重要论述,深化对推进经济高质量发展、加强生态文明建设、保障和改善民生、推进民族团结和边疆稳固的认识,坚持稳中求进工作总基调,精准发力、攻坚克难,奋力夺取高质量发展新成绩。要精准把握对管党治党的重要论述,深化对作风建设“严、实、长”要求、牢记初心使命“三个必须”的认识,全面加强新时代党的建设,推动全面从严治党向纵深发展。要精准把握对精神状态的重要论述,深化对守望相助理念、蒙古马精神的认识,增强工作本领,改进工作作风,切实把研究解决问题作为学习的着眼点、落脚点,切实增强“四个意识”、坚定“四个自信”、做到“两个维护”,结合各自工作实际,认真研究落实办法,切实把总书记的重要讲话精神贯彻到工作各方面、全过程,确保始终在思想上政治上行动上同以习近平同志为核心的党中央保持高度一致,切实做到用习近平新时代中国特色社会主义思想武装头脑、指导实践,推动全区经济社会各项事业健康持续发展。

二、全面落实新时代高质量发展战略目标,在坚持以生态优先、绿色发展为导向的新路上干在实处、走在前列

学习贯彻习近平总书记重要讲话精神,必须落实到行动上、体现在发展中。要全面对标对表习近平总书记重要讲话精神和党中央决策部署,坚持稳中求进工作总基调,坚持以人民为中心的发展思想,落实新发展理念和“六稳”工作要求,真正把生态优先、绿色发展这个导向鲜明地立起来、把工作任务扎实地落下去,推动全区经济社会持续健康发展。关于具体工作,会上印发的《实施意见》已经做了详细安排部署,并提交全会进行审议。

(一)发挥产业基础优势,着力构建经济高质量发展新格局。近年来,我区立足区情优势,大力发展以金融保险、信息技术、电子科技为代表的现代服务业,三次产业比例进一步演化为0.2∶ 8.8∶ 91。三产服务业作为立区产业,是我区经济高质量发展的现实支撑,但产业转型升级还不够充分,所以,推动经济高质量发展,要正确把握巩固提升传统产业和培育发展新兴产业的关系,一方面要依托现有产业优势,不断提升改造传统支柱性产业,另一方面要积极培育发展新兴产业,着力培育经济发展新的增长极。一是推进传统服务产业转型升级。要坚定不移地把现代服务业作为产业转型升级、经济结构调整优化的突破口,要顺应消费结构、消费方式、消费需求新变化,鼓励餐饮、商贸等传统服务业多元化经营、线上线下融合发展,推动传统服务业提质增效。要做大做强总部经济金融服务业，积极引进保险证券等非银金融机构，丰富金融业态，提升产业层次，不断增强城市竞争力。要大力发展健康医疗产业，加大居家养老服务体系建设，丰富拓展为老服务载体，不断推进养老服务市场开放发展。二是做优做精创新创业产业。要以呼和浩特科技城建设为契机，有效整合鸿盛工业园区、双创示范园区、大学科技园、大学生创业园管理资源，进一步简化企业入园程序，完善投资决策、服务监管体系，推动现有创新创业平台不断优化，切实为企业提供个性化、专业化服务，推动项目、人才、资金等创新要素加速汇集，逐步形成大数据、大健康、人工智能等高科技产业集聚效应，让更多的创新创业主体在东河以东区域落地生根，全面促进新产业、新业态发展。要抓好招商引资，重点引进云计算、大数据、新材料、电子信息、生命科技、文化创意、新能源总部七大特色产业项目，不断提升区域创新能力、科研转化能力，打造自治区科技创新中心。三是做大做强文化旅游产业。要尽快编制完成大青山前坡生态旅游规划，依托现有生态资源，进一步整合项目功能，依托呼和塔拉草原、内蒙古少数民族群众文化体育运动中心等资源，大力发展马产业马文化，打造“国际马都”；全力推进中蒙博览会永久性国际会展中心等重点项目建设，积极引进大型文旅项目，实现会展经济、文化旅游和马文化马产业融合发展的新局面。要抓住高铁时代即将到来这一机遇，提前谋划、主动承接好有利于推动高质量发展的因素，构建多元发展、多极支撑的现代文化旅游产业新体系，形成人流、物流、信息流汇聚的四季旅游、全域旅游的产业集聚区。四是全面优化改善营商环境。要认真对照市委全会上指出的营商环境中还存在的“玻璃门”“弹簧门”“卷帘门”等问题，反思我们在推进营商环境改善中存在的短板和不足，重点针对工程项目审批等企业办事的痛点堵点难点问题，进一步深化“放管服”改革，推动审批事项应减尽减、能放尽放，以营商环境的新成效推动经济高质量发展。要结合全市优化营商环境专项整治行动，从党政职能机关，特别是有审批权限的机关入手，进一步加大明察暗访力度，结合整治“四官”问题，对不作为、慢作为、推诿扯皮等破坏营商环境的行为，进行专项治理，发现一起查处一起，切实净化、优化全区营商环境。

（二）强化绿色发展理念，不断提升生态环境品质和水平。习近平总书记高度重视内蒙古生态文明建设，不论是工作考察还是参加全国两会代表团审议，都反复强调生态文明建设对内蒙古的极端重要性，要求切实筑牢重要生态安全屏障。我们一定要牢记总书记嘱托，保持加强生态文明建设的战略定力，以实际行动推动习近平生态文明思想在我区形成生动实践，为首府山更绿、水更清、天更蓝作出我区应有贡献。一是坚决打赢打好污染防治攻坚战。要以抓好中央环保督察“回头看”反馈问题整改为抓手，紧盯群众反映强烈的大气、水、土壤污染等突出问题，继续深化“河长制”，结合乡村人居环境综合整治工作，通过开展城乡环卫一体化、污水管网改造等有效措施,大力开展饮用水源保护区专项整治。要加强大气环境治理,继续在城郊接合部推广清洁能源替换工作,逐步实现全覆盖,彻底改善城区周边空气质量。进一步加大工地道路扬尘,餐饮油烟排放等整治力度,推动全区大气环境质量不断改善。二是有效推进大青山自然保护区生态修复工程。坚定不移推进“绿化青山、守护北疆”生态建设行动,本着以自然恢复为主、人工修复相结合的原则,深入实施辖区内7条沟域的生态恢复和山体恢复工程,切实加大封山禁牧管控力度,标本兼治补齐影响我区生态环境建设的短板,持续改善大青山前坡生态环境质量,构筑首府北部绿色生态安全屏障。三是把生态优势转化为发展优势。坚持生态优先、绿色发展理念,在保护好生态环境的同时谋划未来发展,统筹做好特色产业、生态环境、乡村振兴三篇文章,大力发展绿色经济,努力把绿水青山变为金山银山,将生态环境优势转化为发展优势,让绿色发展的理念深入人心,在高质量发展新路上迈出新步伐。

(三)立足区情发展实际,着力打造城乡区域协调发展新局面。在区委十一届七次全会上,我区提出了推动“主城区区块、大青山前坡生态区块、东河以东科技城区块”三大区块协同共进的发展思路。总的来看,三大区块产业布局、功能定位各有侧重,是我区经济社会发展的重要平台和载体。“主城区区块”主要是围绕“宜居宜业、品位提升”打造精细管理示范区;大青山前坡区块主要是围绕“生态优先、绿色发展”打造生态旅游示范区;东河以东科技城区块主要是围绕“创新驱动、科技引领”打造创新创业核心区,三大区块各具产业优势和基础优势,实践证明这一定位符合我区发展实际和方向,我们要继续整体谋划、分区施策统筹三大区块协同发展,推动形成优势互补、协调并进的高质量发展新局面。一是深入开展城市精细化治理。要坚持把棚户区改造作为拓展城市发展空间、提高群众生活品质、拓宽财政收入渠道、改善生态环境质量的重要抓手,继续下大力气深入推进北二环重点区块征收改造,不断提升群众幸福感和获得感。要依托智慧新城管理平台,大力提升智慧城市治理水平,全面谋划实施“互联网+城市治理”行动,更多运用移动互联网、云计算、物联网等新技术,加快推进城市治理数据资源共享共用,大幅提高城市治理效能,降低城市治理成本。要对标对表“三城同创”任务指标,坚持问题导向,认真开展对标整治创建活动,与群众需求精准对接,实现城市治理纵向到底、横向到边、全覆盖、无盲区,让城市品位在精细化治理中得到不断提升。要持续改善城市环境,推进垃圾分类处置,加快推进建设高科技环保建筑垃圾分类处理场,促进垃圾回收再利用,让城市更有序、更安全、更干净。要广泛推广应用综合执法队伍下沉经验做法,深化城市管理体制改革,持续推进城市治理重心下移、职能下沉,不断提升基层治理能力。二是要加快推进科技城建设进度。要按照市政府通过的《关于加快呼和浩特科技城建设的实施意见》和已经编制完成的科技城整体规划,紧紧围绕“两轴、一心、一带、一环、七片区”发展规划,继续优化生产、生活、生态空间,加强规划引领、项目跟进,确保一张蓝图绘到底。要紧紧围绕“五横五纵”城区框架,对主次道路、综合管廊等基础设施进行升级改造,统筹推进交通、住房、供电、教育、医疗、文化等配套设施建设,确保产城融合理念有效落实。要尽快启动哈拉更河景观水系建设等景观建设项目,力争早日见效。要严格明确每个项目、每个节点的任务时限、工作措施,确保科技城建设取得重大进展。三是要全面实施乡村振兴战略。要按照“产业兴旺、生态宜居、乡风文明、治理有效、生活富裕”要求,依托大青山前坡丰富文化旅游资源,大力培育观光农业、现代化农业等新型农业经营主体,依托大青山前坡现有重点项目,打造奎素村等一批乡村旅游示范村,以全域旅游助推乡村产业发展,带动农民增收致富。要持续开展农村人居环境整治,推动基础设施、公共服务全域覆盖。加强农村法治建设,不断提升乡村治理水平,涵养乡风文明,全面推动乡村振兴。

(四)坚持以人为本发展理念,大力改善增进民生福祉。全区上下要认真践行共享发展理念,始终坚持以人民为中心的发展思想,顺应民心、尊重民意、关注民情,精心做好各项民生工作,让群众共享改革发展成果,不断增强人民群众获得感、幸福感、安全感。一是着力补足民生短板。要持续深化教育综合改革,统筹推进学前教育普惠扩容、义务教育公平均衡,建设一批标准化中小学和普惠性幼儿园,通过名校带分校、名校带新校等模式,进一步缓解择校热和大班额等问题,有效解决群众入学入园需求。要进一步深化医疗卫生体制改革,在已经建立的13家紧密型医联体的基础上,再打造一批社区医院,不断丰富完善分级诊疗制度,构建起以区级医院为主,镇街、村居为基础的医疗救助体系。要持续健全社会保障网,完善社会救助体系,千方百计扩大就业。加快推进社会养老机构建设,办好老有所养这件民生大事。要深入实施文化惠民工程,大力开展全民健身运动,推动文化事业、文化产业繁荣发展。二是巩固好脱贫攻坚成果。抓好脱贫攻坚整改工作,深入实施“清零达标”专项行动。保持投入不减、政策不变,进一步强化帮扶举措,做好脱贫攻坚与乡村振兴的统筹衔接,建立稳定脱贫长效机制。三是深入开展精神文明建设。认真学习贯彻习近平总书记对全国道德模范表彰活动作出的重要指示精神,深化群众性精神文明创建活动,扎实推进文明城市创建工作,延伸创建领域,倡导好风尚、弘扬正能量,把我区建设成为崇德向善、文化厚重、和谐宜居的文明城区。

(五)巩固发展团结和谐稳定良好局面。我们即将迎来新中国成立70周年,党的十九届四中全会也将于10月召开,各地各部门一定要牢固树立“稳定压倒一切”的理念,全面做好扫黑除恶专项斗争、民族宗教、信访、安全生产、社会治安等各方面工作,筑牢祖国北疆安全稳定屏障。要深入推进扫黑除恶专项斗争,以中央督导反馈问题整改为抓手,统筹谋划、持续用力,紧盯问题整改、案件办理、综合治乱、长效机制重点环节,推动在问题整改上、案件办理上、打伞破网成果上、长效机制建立上实现再提升,推动扫黑除恶专项斗争不断向纵深发展。要扎实推进宗教问题整改工作,全面落实宗教督查反馈问题的整改工作任务,深入推进全区宗教工作大排查,压实区级领导包联责任和属地管理责任。全面贯彻落实好党的民族政策,深化民族团结进步教育,创新载体和方式,切实巩固民族团结稳定局面。要加快推进房地产领域历史遗留问题治理,按照市委"四个百日行动"专项部署,充分运用好我市房地产领域遗留问题办理政策,通过成立专班、压实责任、加强调度等措施切实解决好全区112个房地产遗留问题,特别是要完成中央、自治区纪委和市委督办的23件重点案件,让群众有实实在在的获得感。要下大力气做好新中国成立70周年庆祝活动期间的信访工作,严格落实领导地区包联包案机制,对重点群体、重点人员扎实做好稳控管理工作,要明确责任人及依法化解举措,确保不漏一人、不漏一事,切实把社会矛盾风险防范在先、发现在头、处置在小。要全力以赴抓好安全生产工作,进一步加强对消防安全、危化品生产运输储存、食品药品安全、校园安全等重点行业和重点领域的安全监管检查,全面加强基础工作,最大限度减少不安全因素,确保不发生重特大安全事故。

三、扎实抓好"不忘初心、牢记使命"主题教育,不断提高党的建设质量

做好党建工作,是做好各项工作的根本保证。要深入贯彻新时代党的建设总要求,扎实开展"不忘初心、牢记使命"主题教育,大力发扬自我革命精神,以正视问题的自觉和刀刃向内的勇气,着力解决各种突出问题,全面提升党的建设质量,为全区各项事业发展提供坚强政治保证。

*一要充分发挥领导干部带头示范作用。*全区各级党组织要把主题教育摆上重要议事日程,认真谋划、精心组织,切实把主体责任扛起来,主要负责同志要担负起"第一责任人"职责,负总责、亲自抓、带好头,班子成员要认真履行"一岗双责",自觉把主题教育各项任务抓在手上、扛在肩上、落实在行动上。领导干部既要当好组织者又要当好参与者,带头增强"四个意识"、坚定"四个自信"、做到"两个维护",牢记党的根本宗旨,扎扎实实办好各项民生事业,解决好群众反映强烈的痛点、难点、堵点问题;弘扬优良作风,以坚强的信念和意志应对各种风险挑战,自觉同一切弱化党的领导、动摇党的执政基础、违反党的政治纪律和政治规矩的行为做斗争,加强政治历练和实践锻炼,增强政治素养和专业素养,锤炼忠诚干净担当的政治品格,真正做到以上率下,充分发挥关键少数作用。

*二要切实保证主题教育取得成效。*必须全面把握"十二字"总要求,严格落实"四个贯穿始终"措施,真正做到"四个到位",确保取得实实在在的成效。要强化督促指导,10个指导组要突出重点,把好方向,结合不同层级、不同领域、不同部门的情况,分类指导,确保主题教育有创新、有亮点、有成效。要加强氛围营造,结合庆祝新中国成立70周年系列活动选树一批先进典

型，在全区上下形成对标先进的良好风尚。要把反对形式主义、官僚主义贯穿全程，把专项整治同各类监督检查整改统筹起来，举一反三、标本兼治，把需要完善的工作机制完善起来，放大整改效果、形成综合效应。

三要不断推动全面从严治党向纵深发展。全面从严治党永远在路上。要以主题教育为抓手，全面推进党的政治建设、思想建设、组织建设、作风建设、纪律建设，把制度建设贯穿其中，不断增强自我净化、自我完善、自我革新、自我提高的能力。要持之以恒正风肃纪，抓住关键少数、抓实关键举措，进一步匡正选人用人风气、纠治“四风”顽疾、整治“四官”问题，持续净化政治生态。要坚持严管厚爱结合、激励约束并重，树立鲜明干事导向，放开担当作为干事创业的手脚，把广大党员干部的积极性充分调动起来，营造建功新时代、争创新业绩的浓厚氛围。

审议通过关于贯彻落实习近平总书记考察内蒙古重要讲话精神的《实施意见》，是这次会议的主要任务之一。区委高度重视文件起草工作，成立了起草专班，开展了深入调查研究，广泛征求了意见建议，区委常委会专题研究审议，经反复修改完善形成了提交会议讨论的《实施意见》稿。《实施意见》稿既解决认识问题又部署具体工作，是对贯彻落实总书记考察内蒙古重要讲话精神的全面安排，是做好当前和今后一个时期我区工作的重要指导性文件。与会同志要结合实际，深入思考，认真进行研究讨论，多提有价值的意见和建议，共同把《实施意见》稿修改好。

呼和浩特新城区人民政府工作报告

——在呼和浩特市新城区第十七届人民代表大会第三次会议上

(2020年5月9日)

新城区人民政府区长　范志忠

一、2019年工作回顾

2019年,面对经济下行压力加大和困难矛盾增多的形势,我们在习近平总书记考察内蒙古重要讲话精神的激励鼓舞下,在市委、市政府和区委的正确领导下,合力攻坚、真抓实干,经济社会发展呈现稳中有进、进中向好的态势,较好地完成了全年目标任务。地区生产总值完成605亿元,同比增长5.1%;规模以上工业增加值完成24.42亿元,同比增长8.4%;固定资产投资完成90.8亿元;社会消费品零售总额完成484亿元,同比增长2.8%;一般公共预算收入完成37.9亿元,同比增长7.4%;全体居民人均可支配收入达到47732元,同比增长7.1%。

(一)踏实走好转型路,产业结构在科技创新中持续优化

呼和浩特科技城建设初见成效。总体规划、区域控制性规划编制完成,为科技城建设提供了强力支撑。180公顷创新中心项目用地征拆工作全部完成,6万平方米荣丰产业园完成装修。东源总部基地、内蒙古地质资料馆等项目启动建设,钛西光华量子碳素项目试生产顺利推进。中关村智酷软件园、新华网等项目相继入驻。中石化新能源基地、东泽生物等项目加快推进。入驻航天动力等国家高新技术企业达20家。提供高新人才公寓400套。累计引进高端人才119名,为科技城建设提供了智力保障。举办“第二届创新青城院士论坛”“民营企业家走进华为”等活动,科技城成为首府科技创新的重要引擎。

区域经济发展呈现新活力。敕勒川国际会展中心、华润幸福里等75个重点项目开工建设。加大招商引资力度,“走出去”招商31次,考察企业55家,接待企业来访150批次,洽谈项目110项,国创大数据、北京易华录等26个项目签约注册,协议引资133亿元,润泰新能源、国药器械等59个项目达成签约意向,计划投资703亿元。为5.2万家小微企业和22万自然人减税降费10.7亿元。企业注册登记时间由5天缩减为3天,新增市场主体8923户,同比增长21.1%;市场主体达到56079户,同比增长5.6%。

服务业集聚效应持续增强。服务业增加值实现517.89亿元,经济增长贡献率达93.1%,对经济的支撑作用更加凸显。依托内蒙古电子产品交易中心等12个现代服务业集聚区,启动新城区服务业集聚区公共服务平台。恒信昌泰、新城中控2家金融机构落户,鼎盛华世纪广场、慢城海洋世界等新型商业综合体建成,为服务业发展注入了新动力。大青山前坡休闲旅游服务业集聚区带动乡村振兴快速发展。栽植经济林苗木5万余株,芍药、苜蓿、红辣椒等10种特色农作物试种成功,塔利蝴蝶兰、野马图樱桃、大窑金丝皇菊等现代农业示范项目快速发展。举办了第六届内蒙古国际马术节、2019呼和浩特"健康中国"马拉松、自治区第二届农牧民文艺会演暨2019年中国农民丰收节。恼包村入选首批全国乡村旅游重点村。内蒙古赛马场被评为国家AAAA级景区。旅游产业加快发展,全年接待游客820万人(次),实现收入30.66亿元。

(二)全力打赢三大攻坚战,发展基础在标本兼治中持续夯实

脱贫攻坚成果持续巩固。不折不扣整改落实中央脱贫攻坚专项巡视反馈问题。圆满完成"清零达标"任务。坚决落实"四不摘"政策,认真开展扶贫对象动态管理,建档立卡贫困户稳定脱贫的基础更加扎实。

污染防治工作成效明显。积极开展大气污染防治,实施13个村庄散煤治理,完成20400户居民取暖清洁化替换工作。实施"煤改电""煤改气"试点1700户。拆并锅炉10台,升级改造233台。建立空气环境质量监测平台。165家餐饮、汽修等污染排放单位实现在线监控。加强水源地保护,清理整治木器加工厂、"散乱污"企业、畜禽养殖户104家。深入实施"河长制",辖区沟域生态环境持续改善。饮用水水源井全部实现"人机并管"。完成第二次全国污染源普查,排查企业282家。完成"大棚房"、违建别墅清查整治,持续保持打击"两违一污"高压态势,拆除违章建筑9.8万平方米。

防范重大风险扎实推进。全年化债7.17亿元,完成年度任务的182%。清偿拖欠民营企业账款3.42亿元,完成年度任务的107%,为民营企业健康发展营造了良好环境。加大对非法金融活动排查整治,排查金融企业694家,立案查处7件,挽回人民群众经济损失480万元,有效维护了地区经济秩序和金融安全。

(三)着力把好品质关,城乡面貌在统筹发展中持续改善

城乡基础设施建设日趋完善。京呼高铁、地铁1号线开通运营,地铁2号线顺利推进。海东路高架、敕勒川大街西段顺利通车,哲里木快速路、三环路新城区段等重点项目主体完工。毫沁营规划三路等3条市政道路全部建成。农村人居环境整治三年行动扎实推进,铺设排污管网58千米,建设加压泵站9处,大青山前坡区域排污统一接入市政管网。大力实施农村"厕所革命",实施无害化厕所改造3290户。北二环区块征拆工作进展顺利。东柜村、兴松小区南侧区块征拆工作全面完成。全年征拆2060户、53万平方米。代洲营、三合村等5200套回迁安置房交付使用。中海、碧桂园等国内知名房地产企业争相集聚,成交出让经营性用地38宗,供地面积142.1公顷。城市发展空间进一步拓展。城市精细化管理水平再提升。深入推进"三城同创",实施城市环境综合整治绩效考核,城市精细化管理实现常态化。开展沿街商户经营秩序整治行动,整治主次干道小街巷140条。数字城管、"12319"案件办结率和满意率达100%。新建垃圾转运站3座、作业场站1座。建成全市首家生活垃圾分拣中心。完成64个国有企业小区物业管理移交工作,401个老旧小区实现专业化物业管理。高铁沿线安全综合整治如期完成。

首府北部生态安全屏障建设稳步推进。持续开展生态修复工程,完成哈拉沁小沟、哈拉更沟7万平方米生态修复。大青山荒山荒坡造林135.7公顷。恼包公园、千亩丁香园种植基地等项目初步成型。前坡绿化总面积增加到9333.3公顷,森林覆盖率达到44%。完成元利东巷等16条道路和一家村游园等8处重点区域绿化,新增绿地27.3公顷。完成筑福城、锦绣园等14个社区庭院绿化提升改造工程。在中山东路、海东路区块开展屋顶绿化试点。中心城区新增绿化面积73.3公顷,绿地率达到36.5%,人均公共绿地面积达到16平方米。绿色已成为生态新城的"最美底色"。

(四)努力答好民生卷,社会事业在共建共享中持续推进

教育事业蓬勃发展。毫沁营幼儿园、保合少中心幼儿园建设完成,青山小学惠东校区投入使用,教育资源布局更加优化。设立名班主任工作室7处。招聘教师40名,引进免费师范生39名。在新华小学、第十五中学等7所学校开展中小学营养配餐试点。规范整治民办学校111所。108所学校安装一键式紧急报警系统,校园安全进一步加强。实验中学、北垣小学和苏虎街实验小学被评为自治区文明学校。满族幼儿园、第一幼儿园等5所幼儿园被评为全国"家园共育"百所示范幼儿园,我区被评为"全国家园共育先进示范区"。

文体事业繁荣发展。完成秦汉长城坡根底段、甲兰板古庙抢修加固、华北第五十九军抗日将士纪念碑修缮。深入挖掘厚重文化底蕴,《大青山文脉》等一批优秀文化作品出版。文化馆荣获自治区十佳文化馆,图书馆连续5年荣获自治区先进图书馆。建成体育生活化社区3处、老年驿站1处、青少年四季冰场1处。举办庆祝新中国成立70周年系列活动、全国步道联盟赛、内蒙古汽车直线竞速赛、首届新城区全民运动会等活动63项。全市第三届运动会我区荣获总分和金牌总数双第一,体育强区地位更加巩固。

民生保障更加有力。全年民生支出26.17亿元,占一般公共预算支出的75.3%。完成居民医疗保险划转交接,发放医疗保险、异地报销资金3787万元。城镇新增就业10212人,完成目标任务的

150%。依法维护农民工合法权益，欠薪案件实现动态“清零”。发放公租房租赁补贴173万元，惠及群众1204人。完成退役士兵信息采集，为退役军人和优抚对象悬挂光荣牌。改造提升社区服务活动场所4处。积极推进居家养老，新建3处为老服务餐厅，累计为65岁以上老人发放社区老年卡7456张。完成中欧社会救助综合改革试点，率先在自治区将城乡低保审批权限下放到镇、街道，群众办事更加便捷。

卫生健康水平不断提升。继续深化医疗卫生体制改革。完成农村急救中心和保合少社区卫生服务中心主体工程建设。与内蒙古人民医院、内蒙古医科大学附属医院等9家公立三级医院建立紧密型医联体，设立名医工作室14个。建设数字化预防接种门诊12家。组建家庭医生服务团队168个。我区被评为自治区健康促进区和自治区慢性病综合防控示范区。

平安新城建设持续深化。扫黑除恶专项斗争深入开展，打掉涉黑犯罪集团1个、恶势力犯罪集团3个、涉恶犯罪团伙22个，破获案件133起。推进信访矛盾化解，解决信访事项104件。开展房地产领域“四个百日行动”，办结鑫和银座、公园世家等房地产历史遗留项目68个，保障了群众合法权益。提升改造基层司法所9处。建立食品安全快检室24个，餐饮单位全部实现“明厨亮灶”，4670家餐饮单位实现了“四化”管理。依法管理宗教事务，全力推进民族团结。狠抓重点领域和行业安全隐患排查整治，整改安全隐患4624项，安全生产事故率下降14.3%，全年未发生较大及以上安全生产事故。有效防控鼠疫与非洲猪瘟疫情。“七五”普法、审计、档案、双拥、人民武装、妇女儿童、残疾人和关心下一代等工作均取得新成绩。

（五）真抓实干转作风，治理能力在深化改革中持续提升

深入开展“不忘初心、牢记使命”主题教育，区政府党组和组成部门聚焦主题主线，通过“开门纳谏”“登门纳谏”梳理问题696件，扎实开展整改整治，群众的获得感、满意度进一步增强。完成第四次全国经济普查工作。自觉接受人大法律监督和政协民主监督，按期办复各级人大代表建议87件、政协委员提案140件，答复率100%。市长热线等平台反映的1633件民生问题全部办结。完成法治政府建设第三方评估，依法治区进程不断推进。全面落实深化党和国家机构改革要求，重设政府机构25个。“一网、一门、一次”改革全面推进，政务大厅共受理事项35万件，办结率100%，网上办事率达到70%，92个事项实现“最多跑一次”。

各位代表，过去一年成绩来之不易，我们以“对历史负责、对人民负责、对未来负责”的态度，不忘初心、牢记使命，用脚步丈量民情、用身心感知冷暖，秉持拳拳之心，凝聚成城之志，较好地完成了区十七届人大二次会议确定的各项目标任务。以更高的政治站位和工作成效迎接了中央扫黑除恶督导、中央脱贫攻坚专项巡视、中央宗教工作督查、国务院第六次大督查、自治区环保督察的政治检验。以优异的成绩迎接新中国成立70周年，推动经济高质量发展，普惠民生稳步改善,社会大局和谐稳定。

这些成绩的取得,得益于市委、市政府和区委的正确领导,得益于区人大、政协的监督支持,得益于全区广大干部群众的团结奋斗和社会各界的鼎力相助。在此,我谨代表区人民政府,向付出辛勤努力的全区广大干部群众致以崇高的敬意,向所有参与、关心和支持新城区经济社会事业发展的同志们、朋友们表示衷心的感谢!

在肯定成绩的同时,应该清醒地看到,政府工作还有不少问题和差距。一是新旧动能转换不够充分,产业投资乏力,项目储备不足,传统产业转型升级缓慢。二是服务业新业态不丰富,城市经济活力不足,微观主体不够活跃,现代服务业经济需要进一步培育。三是科技创新驱动引擎作用发挥不足,支持科技创新、产业发展的体制机制需要加强。四是现代休闲观光农业产业链不完整,乡村振兴与生态资源结合不够充分,市场能力不足。五是生态保护意识需要强化,绿色生产方式和生活方式还没有成为习惯,解决大气污染防治的"心肺之患"还需综合施策。六是群众在房地产遗留问题等民生领域还有很多急难愁盼,需要我们下大力气解决。七是落实城市精致、精细、精品的管理建设理念还不够,用市场化方式解决城市基础设施的措施还需深入研究。八是政府治理体系和治理能力需要进一步提升,营商环境亟待优化,部分干部坚守惯性思维,办事慢、办事推、办事拖,把说了当做了,把做了当做成了的现象不同程度存在。对此,我们不掩盖问题、不回避矛盾,一步一步推进、一件一件解决,努力让群众感受到实实在在的变化。

二、2020 年工作安排

2020 年是全面建成小康社会和"十三五"规划的收官之年,是应对疫情考验极不平凡的一年。为"十四五"发展和实现第二个百年奋斗目标打好基础,做好今年的政府工作意义重大。

年初以来,面对突如其来的新型冠状病毒肺炎疫情,全区各级各部门坚决贯彻习近平总书记重要讲话指示精神,在区委坚强领导下,党员干部勇当先锋,医务人员英勇作战,公安民警、社区工作者日夜坚守,64 万干部群众众志成城,共同构筑起疫情防控的铜墙铁壁。人大代表、政协委员以强烈的责任担当,积极投身到疫情防控各项工作中;社会各界积极捐款捐物,凝聚起了同舟共济、共克时艰的磅礴力量;4 名医护人员驰援湖北、载誉凯旋,展现了医者仁心的崇高精神、生动诠释了"最美逆行者"的光荣称号,在"湖北保卫战"中贡献了新城力量。经过全区上下艰苦努力,我们取得了疫情防控的阶段性胜利。

当前,全球疫情持续蔓延,外部环境严峻复杂,我们的发展遇到了前所未有的挑战。但是,我国的经济社会发展正在全面复苏,长期向好的基本面不会因疫情而改变。无论遇到什么艰难险阻,有党中央的英明领导,在前进路上我们没有战胜不了的困难!只要我们继续凝聚新城力量,弘扬中国抗疫精神,勇于担当作为,慎终如始,就一定能够推动全区经济社会实现新的发展。

在此,我谨代表区人民政府,向英雄的新

城人民,英勇的白衣卫士,忠诚担当的新城干部,履职尽责的代表委员,爱国拥党的社会各界表示衷心的感谢并致以崇高的敬意!

2020年政府工作的总体要求是:坚持以习近平新时代中国特色社会主义思想为指导,全面贯彻党的十九大和十九届二中、三中、四中全会精神及中央经济工作会议精神,认真落实自治区党委十届十一次全会暨全区经济工作会议精神、市委十二届十次全会暨全市经济工作会议精神和区委十一届十三次全会暨全区经济工作会议精神,进一步增强“四个意识”、坚定“四个自信”、做到“两个维护”,紧扣全面建成小康社会目标任务,坚持稳中求进工作总基调,坚持新发展理念,坚持供给侧结构性改革为主线,坚持以改革开放为动力,推动高质量发展,坚决打赢“三大攻坚战”,全面做好“六稳”工作,落实“六保”任务,统筹推进稳增长、促改革、调结构、惠民生、防风险、保稳定工作,贯彻落实市委、市政府和区委的决策部署,保持经济运行在合理区间,确保全面建成小康社会和“十三五”规划圆满收官,得到人民认可、经得起历史检验。

主要预期目标是:地区生产总值增长5%;一般公共预算收入完成38亿元;固定资产投资增长1%;规模以上工业增加值增长1%;社会消费品零售总额增长3%;全体居民人均可支配收入增长3%。

围绕上述目标任务,重点做好以下五个方面工作。

(一)坚持绿色发展,以更高站位建设生态文明新城

大力推进生态文明建设。新城区最大的价值在生态、最大的责任在生态、最大的潜力也在生态。把“生态优先、绿色发展”作为引领所有区域、所有领域、所有行业的发展导向,倡导绿色发展方式和生活方式,形成“绿色、环保、低碳、健康”生活理念。对照6大领域10个方面32项指标,以创建国家级生态文明建设示范区统领绿色发展,保护好大青山的绿色生态,当好“两个屏障”的守护者。顺应自然、尊重规律,不过分追求森林覆盖率,宜林则林、宜草则草、宜乔则乔、宜灌则灌,积极推进敕勒川草原生态谷建设,精心组织实施敕勒川草原沿线生态提升工程、敕勒川草原生态科技馆建设,再现大青山前坡敕勒川美景。以城市草原理念提升城市绿化,让好山好水、自然生态融入城市。积极推进园林居家花化试点。在海拉尔大街两侧试点推广立体绿化、屋顶绿化。新建北二环劳动游园等绿地5处,改造提升新城家园等绿地10处,社区、庭院100个,新增绿化面积20公顷。加大与国内科研院校合作,建立生态研学基地,把广泛的“生态共识”转化为积极的“生态行动”,把生态自然资源转化为普惠百姓的民生福祉。

加快发展大青山前坡文旅产业。探索以生态优先、绿色发展为导向的高质量发展新路子。依托大青山厚重的生态资源,大力推进会展、马文化、草产业、康养、运动休闲等文旅产业融合发展。加快敕勒川国际会展中心项目建设,重点发展品牌交易会、展览会、博览会等会展产业;围绕中蒙博览会会议中心、敕勒川草原、内蒙古少数民族运动中心区域,引进全国知名文旅运营企业,建设国家北方马文化和马产业综合旅游区;协同推进草原生态保护与开发,推动举办草原生态国际论坛,以点带面引领草原旅游转型发展;推进国家北方足球训练基地二期项目建设,形成以足球产业为支撑,兼顾文化和旅游要素的新型体育产业;大力支持康养文旅产业发展,推进奥淳国际蒙医康养示范基地建设;依托大青山登山步道、太伟滑雪场,积极引进世界徒步联盟和冰雪赛事,把大青山打造成为世界徒步旅游和冰雪运动休闲目的地;立足圣水梁、黄花窝铺等生态资源优势,打造原生态高山草原旅游体验地;坚持人与自然和谐发展,建筑风格与自然景观相协调,推动建设恼包、水磨、生盖营等一批具有地方特色的精品民宿;精心打造精品一日游、两日游景区,建设大青山前坡全域旅游示范区,实现生态资源点绿成金,在守护"绿水青山"中收获"金山银山"。

扎实推进乡村振兴战略。高质量完成农村人居环境整治三年行动,全力完成2504户无害化户厕改造任务。开工建设保合少至面铺窑农村公路、圣水梁红色旅游公路。提升建设野马图、讨思浩等23个现代农业产业园,重点培育花卉、草莓、中草药、果蔬、草业等产业,促进农民增收致富。加快元宝枫经济林种植基地、内蒙古百鲜草莓基地、千亩黄芪种植基地等项目建设,推动甲兰板等12个村庄的庭院经济建设,合作引进育、采、销农业企业,打造一批"敕勒川味道"农业品牌,让好山好水成为农民致富的源泉。

(二)加快转型升级,以更高质量推进经济发展

持续推进呼和浩特科技城建设。依托科技城纳入呼和浩特金山高新技术开发区建设体系、进入国家级开发区行列的重大发展机遇,精心打造首府经济高质量发展的科创高地。完善科技城整体规划,以规划的前瞻性和科学性高标准建设科技城。通过市场化运营,启动180公顷创新中心、地下污水处理厂等基础设施建设,推进5G+物联网、城市大脑、零碳建筑等新基建项目建设,加快名都和景商业圈、大学生安居房建设,构建"城、人、产"融合发展的智慧城市。推动浪潮大数据产业园、东源总部基地等4个项目主体完工,加快祺泰服饰、耕耘数控等6家企业转型升级,积极引进中石化新能源基地、甘肃航天机器人等26个重点项目落地开工。依托中科院第三届创新青城院士论坛、中财融商等百亿级产业基金、知识产权成果转化基地等平台,搭建以专家、技术、资金、项目为一体的科技产业服务体系,吸引和培育一批科技领军的"独角兽""小巨人"企业集聚,建设自治区科技创新中心、京津冀区域协同创新区、国家西部国际科技创新中心。

大力发展现代服务业。把发展现代服务业作为经济转型升级、实现高质量发展的主攻方向。实施服务业高质量发展三年行动,落实《新城区服务业集聚区管理办法》等相关政策,加快金融、信息、商贸、物流和夜间经济发展,推动12个服务业集聚区向更高层次、更高水平迈进,创建国家级服务业集聚区。依托太伟方恒等金融服务业集聚区，积极引进光大金控等金融机构进驻。推动元福汽贸物流城、星汉物流供应链等项目建设，做大做强现代物流产业。积极主动拥抱高铁新时代，迎接地铁经济新机遇，加快融入“京津冀”两小时经济圈，引进新型消费业态，加快新城吾悦广场、金翡丽广场三期、居家财富中心等项目建设，吸引消费、产业和要素集聚，打造低成本宜居生活城区。

全力增强区域发展后劲。紧盯639项重点项目和重要工作，贯彻落实“六项机制”，以“我来干、马上办”的状态，形成专人盯办闭环体系，推动美溪大数据交易中心等105个重大项目建设。坚持把招商引资作为增强发展动力重要突破口，聚焦科技创新、现代服务业、总部经济等产业，以商招商、网上招商、商会招商，确保年内签约项目30个，形成协议投资200亿元。启动编制“十四五”发展规划，为高质量发展注入不竭动力。

有效推动经济持续稳定增长。落实自治区、呼市和我区促进企业健康发展各项政策，通过税收减免、降低成本、落实国家补贴、减免房租、金融支持等方式，促进企业复产达效。继续落实减税降费政策，减税降费5亿元。深入实施扩大内需战略，适应常态化疫情防控和消费需求升级趋势，促进人气回暖、消费回升、信心恢复，把在疫情防控中被抑制、被冻结的消费释放出来。开展“优化营商环境三年行动”，建立领导联系企业制、项目问题通报制，营造“项目能落地、办事不求人”的发展环境，当好服务企业的“店小二”，以政府和企业共同创业的理念，不断激发企业的发展信心和创新活力。

（三）聚焦决战决胜，以更高标准打赢“三大攻坚战”

坚决打赢脱贫攻坚战。全面完成中央脱贫攻坚专项巡视“回头看”、国家脱贫攻坚成效考核反馈问题整改。将脱贫攻坚与乡村振兴有机结合，全力打造以果蔬采摘、特色花卉、农业体验等“双绿色”产业。精心抓好扶贫政策、项目、资金的落实，建设脱贫攻坚“样板村镇”，确保已脱贫仍享受政策的142户303人的稳定致富。对照建成小康社会指标体系，补齐短板弱项，加强科学评估和运行监测，决战决胜全面建成小康社会。

坚决打赢污染防治攻坚战。巩固中央、自治区环保督察整改成果。通过棚户区改造、供暖管网接入、煤改电、煤改气等措施，确保32607户清洁化取暖任务如期完成。持续抓好秸秆、垃圾废弃物焚烧和烟花爆竹燃放管控，根治人民群众的“心肺之患”，打好蓝天保卫战。保持对小散乱污企业打击力度。严格落实“河长制”，做好东河机场辅路、扎达盖河等地表水质断面监测工作，打好碧水保卫战。始终保持打击“两违一污”高压态势，完成尾矿库治理，打好净土保卫战。努力建成天更蓝、水更清、山更绿的美丽新城。

坚决打赢防范重大风险攻坚战。加快政府存量债务化解进度，优先化解拖欠民营企业欠款，确保完成8.52亿元债务化解年度任务。通过房地产遗留项目税费追缴、引进总部经济培植税源，让节约财政资金成为每一位干部的自觉行为,进一步拓宽化债渠道。充分发挥区属国有企业市场能力,切实解决土地征拆、基础设施建设等资金不足问题。全面排查整治金融领域风险,严厉打击违法金融活动,坚决守住不发生系统性金融风险的底线。

(四)提升内涵品质,以更高品质打造宜居宜业新城

高质量抓好城市建设。围绕“品质新城”建设,把精品精致的理念贯穿城市建设全过程,切实提升人文城市发展的内涵。持续推进北二环、白酒厂等区块征拆。开工建设回迁安置房。加快中海河山大观、伊泰华府等7个品质化住宅项目建设,满足群众品质居住、品质生活的需求。全力配合推进地铁2号线、哲里木路高架提升改造等市政工程建设,新建塔利东路、府红东路等小街巷15条,新建兴安北路、通道北街过街天桥2座,优化区域交通布局。加快开天花园等4个小区电梯加装试点工作,改造信达家园等老旧小区20个,提升改造便民市场5家,解决公主花园等20个老旧小区供水、供热等问题,切实解决好老百姓的烦心事。

高标准做好城市管理。持续推进“三城同创”,重点做好环境卫生、市容市貌等12类50项工作,全面提升城市建设精细化管理水平,为人民群众营造干净、有序、舒适、优美的生活环境。结合党建引领基层网格化治理,成立网格化智慧指挥中心,为城市管理和社会治理装上“智慧大脑”。结合无疫小区、无疫社区管控经验,持续加大新城家园·泽园等221个“居民自管”“单位代管”老旧小区管理,打造“智慧小区”平台,建立小区业主物业考评机制,出台老旧小区长效管理办法,提升业主对小区物业管理的参与度,实现小区的共建、共治、共享。

(五)致力民生保障,以更高水平实现发展成果全民共享

不断强化社会保障能力。更加关注稳就业,针对疫情影响,开展人才招聘会、创业交流会等活动,确保区劳动力市场年内投入使用,新增就业9000人以上,重点保障高校毕业生、下岗失业人员和退役军人等群体稳定就业,城镇登记失业率控制在4.5%以内。更加关注保民生,集中财力推进惠民政策落实、公共事业发展和民生工程建设,全力落实人大代表票决试点民生实事项目,确保民生支出一分不降,为老百姓办实事一分不减。更加关注城市困难群众和弱势群体,根治拖欠农民工工资违法行为,建立城市低收入群体“暖心台账”,让困难弱势群体时刻感受到党的关怀和政府的温暖。全力做好退役军人事务各项工作,创建“全国双拥模范城”。更加关注群众幸福感,围绕“幸福新城”建设,坚持“房住不炒”定位,促进房地产价格在合理区间运行,增加有效供给能力,切实降低物价水平,打造低成本生活宜居城区。做好第七次全国人口普查工作。更加关注“一老一小”问题,高度重视未成年人思想道德建设,培育青少年爱国主义精神,在呼哈路等3个社区推广居家养老模式,建设东库街等4处为老餐厅,办理老年卡2200张,努力让人民群众体会更多温暖。

发展更高质量的优质教育。开工建设北垣小学分校、满族小学分校和塔利小学，推进敬业中学新校区建设，改扩建21中和丁香路小学，启动实验中学察哈尔校区改造，确保第三、第四、第五幼儿园投入使用，完成第八、第九、第十、第十一幼儿园移交工作。推行100%电脑派位和随机录取、"阳光分班"，消除"大班额"，有效缓解"入学难"。招聘教师189名。培训教师2100名，为教师提供更多学习深造机会，努力把每一位教师培养成名师。以22个名师工作室为试点，加快"新城教育云平台"建设。完善中小学、乡村教师待遇保障机制，让广大教师热心从教、安心从教。扎实抓好平安校园建设，实现中小学校营养配餐、课后服务、校园监控全覆盖，开展校园周边隐患排查整治，确保校园安全和谐稳定。加强学生心理健康教育，引导"问题孩子"健康成长，努力让孩子们安心学习、快乐成长。

深入实施文化惠民工程。围绕"文化新城"建设，坚定文化自信，提升人文厚度，打造新城文化品牌。挖掘大青山红色资源，讲好大青山英雄故事。完成绥远城墙、太清宫保护修缮工程，启动佐领衙署保护修缮、塔利古城遗址公园建设，设立13处重点文物标志碑。推进民族团结进步公园、蒙源文化"布丝瑰"、天堂草原文化综合体等项目建设，传承和发扬草原文化，弘扬民族团结主旋律。完成恼包村、公主府社区等5处"鸿雁书屋"建设，举办第七届全民阅读系列活动，让书香融入新城区每一个角落。加强文化体育市场监管，营造健康繁荣的文化娱乐环境。完成实验中学察哈尔校区冰壶场和科尔沁体育公园建设，推进传统太极拳进社区等全民健身活动，举办第二届全民运动会等各类文体活动，努力让每一名群众的身体更健康、生活更丰富。

着力提升医疗卫生服务水平。推动新城区医院迁建，开工建设新城区妇幼保健中心，确保农村急救中心和保合少社区卫生服务中心投入使用。建设保合少等2家医养结合机构，积极引进泰康人寿养老基地、新城控股金东方康养社区，推动健康新城建设，打造自治区大健康示范区。推动医疗、医药、医保"三医"联动改革。把高血压、糖尿病等纳入医保统筹，让人民群众享受更多医疗保障福利。继续深化公立医院综合改革。认真落实计划生育政策。强化医联体、基层医疗机构建设，持续推动名老中医进社区、进农村活动，提升家庭医生签约服务水平，努力让群众"在家门口"看得起病、看得好病。

全面推进平安新城建设。建立健全疫情防控常态化工作机制，认真做好"外防输入、内防反弹"，筑牢"一场两站"的"大门"，守住社区厂区的"小门"，管好开学复课的"校门"，慎终如始抓好疫情防控工作。不断提升公共卫生突发事件防控处置能力。继续做好鼠疫防控工作。深入开展扫黑除恶专项行动，建立长效常治机制。持续加强建筑工程等重点行业领域专项整治，坚决杜绝重特大事故发生。深入开展"解决信访问题年"专项行动，本着"事要解决"的原则，强化领导包案制，开通区长民生热线，建立人民调解工作激励机制，确保

群众反映问题接诉即办。持续攻坚房地产、民生领域等遗留问题,加快推进信访积案化解。促进宗教领域和谐稳定,继续深化民族团结进步教育,铸牢中华民族共同体意识。努力让人民群众有更多的安全感、幸福感、获得感。

三、持续提升政府治理能力水平

牢记使命、对党忠诚。旗帜鲜明讲政治、忠诚担当干事业,树牢“四个意识”,坚定“四个自信”,做到“两个维护”,自觉在思想上政治上行动上同以习近平同志为核心的党中央保持高度一致,确保中央、自治区、呼市和区委的重大决策部署落到实处、抓出成效。持续巩固“不忘初心、牢记使命”主题教育成果,始终保持共产党人的政治本色和前进动力,筑牢绝对忠诚的政治品格。

强化法治、依法行政。完善政府法律顾问制度和公共法律服务制度,深化普法宣传教育。认真执行“三重一大”决策制度,让政府的一切权力在法治轨道上运行,创建法治政府示范区。深入贯彻落实十九届四中全会精神,加强制度创新、巩固制度优势、拓展治理效能,推进我区治理体系和治理能力现代化。自觉接受人大和政协监督,主动接受社会和舆论监督,积极听取和广泛征求社会各界意见建议,推动政府决策民主化、科学化、法治化。

深化改革、高效履职。继续深化“放管服”改革,推动13个部门96项行政许可事项集中划转,启动互联网+政务服务优化项目建设,确保网上办事率达到90%以上,让每一个老百姓都能享受改革红利。全面推进政务公开。深化基层治理体系改革,充分发挥街道、社区等基层组织力量,推动62项职能向基层下沉。坚持“一线工作法”“闭环工作法”“四不两直调研法”,保持“在状态”的争先意识和进取意识,紧盯不放、抓好落实,确保每项工作、每个环节不落空、不脱档,推动全区各项工作在全市走在前、作表率。用干部的“辛苦指数”换来群众的“幸福指数”和新城的“发展指数”,努力当好新时代的“答卷人”。

正风肃纪、廉洁从政。认真履行全面从严治党主体责任,坚决贯彻落实中央八项规定精神,在转作风、优环境、勇担当中,坚决做到“七破七立”“六个不准”,真正树牢优良作风,展示新城形象,创造新城业绩。深入开展煤炭资源领域违规违法问题专项整治。加强政府系统党风廉政建设,抓好重点领域、重要岗位和关键环节廉政风险防控,全面从严、一严到底,从机制制度上管权管事管人,让铁的纪律成为政府工作人员的自觉遵循,让清正、清廉、清明成为政府的鲜明底色。

呼和浩特市新城区
人民代表大会常务委员会工作报告

——在新城区第十七届人民代表大会第三次会议上

（2020 年 5 月 10 日）

新城区人大常委会主任 高启东

2019 年的工作回顾

2019 年是中华人民共和国成立 70 周年，也是地方人大常委会设立 40 周年。一年来，区人大常委会坚持以习近平新时代中国特色社会主义思想为指导，全面贯彻党的十九大和十九届二中、三中、四中全会精神，深入贯彻习近平总书记关于坚持和完善人民代表大会制度的重要思想，深入贯彻习近平总书记关于内蒙古重要讲话重要指示批示精神，坚持党的领导、人民当家作主、依法治国有机统一，在区委的正确领导下，不忘初心、牢记使命，紧扣全区改革发展大局，勇于担当作为，忠实履职尽责，为推动全区民主法治进程、经济社会发展作出了积极贡献。全年召开常委会会议 6 次，党组会议 25 次，主任会议 27 次，开展专题调研视察 21 次、执法检查 3 次，听取和审议专项工作报告 24 项，形成审议意见 14 份，圆满完成了区十七届人大二次会议确定的各项任务。

一、坚持问题导向，在正确监督有效监督上展现新作为

常委会聚焦全区经济社会发展大局和人民群众普遍关注的热点难点问题，综合运用多种形式，加强工作监督，助推经济社会持续健康发展。

加强对“三大攻坚战”推进情况进行监督。认真贯彻《中华人民共和国环境保护法》有关规定，听取和审议年度环境状况和环保目标完成情况的报告，先后对大青山前坡生态建设、生态环境恢复治理、燃煤锅炉改造等情况开展视察调研，强化生态环境保护和专项整治，推动环境保护工作依法有序开展。听取了脱贫攻坚工作情况的报告，提出了“志智双扶”激发贫困户增收致富内生动力、大力发展村集体经济引领村民增收致富等建议。按照区委部署要求，区人大常委会组织成立脱贫攻坚“回头看”督导排查组，对成吉思汗街道脱贫攻坚工作进行督导排查，通过查阅档案资料、入户走访，及时督促整改，巩固了脱贫攻坚成

果。听取了政府债务管理工作情况的报告,提出了积极稳妥化解存量债务、严控债务增量等建议,推进了政府债务防范和化解工作。

加强对经济运行监督。听取和审议区人民政府2019年上半年国民经济和社会发展计划执行情况的报告、2018年财政决算和2019年上半年预算执行情况的报告、2018年区本级预算执行和其他财政收支情况的审计报告、2019年预算调整方案的报告,作出了《关于批准新城区2018年财政决算的决议》和《关于批准新城区2019年预算调整的决议》,提出了深入开展预算绩效评价、强化财政资金监督管理、完善审计监督机制的意见。专题调研科技城规划建设情况,提出了全面实施创新驱动发展战略,打造全区经济高质量发展新引擎等建议,助推全区经济发展。

加强对民生领域监督。常委会坚持以人民为中心的发展思想,紧扣回应人民群众重大关切,着力推动和保障民生。针对油泵油嘴厂住宅小区居民吃水难问题,常委会多次进行实地调研,协调多方力量,新建二次加压泵站,彻底解决了油泵油嘴厂等4个小区居民的吃水难问题,惠及居民4000余人。针对人民群众对优质教育的强烈需求,开展集团化办学专题调研,通过学习考察先进地区的集团化办学经验、多方面征求学校和教育界人士的意见等,对制约我区教育发展的关键性问题和集团化办学的可行性进行了分析,提出了促进教育优质均衡发展的建议,为进一步提升我区教育发展水平,提供了有益参考和借鉴。对新城区现代农业发展情况进行专题调研,提出了坚持规划先行、推进产业发展等建议。听取了园林绿化工作情况的报告、爱国卫生运动工作开展情况的报告,提出了找准薄弱环节,精准施策发力,坚持绿色发展等建议。对于常委会提出的意见建议,各单位高度重视,认真落实,有力促进各项工作的顺利实施。2019年,海东路街道、东风路街道被确定为民生实事项目人大代表票选制试点,开启了人大监督民生工作的新里程。年内,票选出的7个项目全部完工,累计投资64万元,为部分小区增设了健身器材、安装了监控设备、解决了居民吃水难问题。

开展工作评议和专项工作监督。常委会成立了3个工作评议组,对区农牧水利局、卫生健康委员会、环境卫生服务中心3个部门开展了工作评议。对区农牧水利局提出了强化产业扶贫、加强专业化队伍建设的评议整改意见;对区卫生健康委员会提出了加快推进公立医院综合改革、加强医疗卫生人才队伍建设、推进分级诊疗制度有效落实、提升医疗卫生综合服务能力的评议整改意见;对区环境卫生服务中心提出了进一步提高公众环境卫生意识、完善回收利用体系、加大环卫设施配备和责任落实机制的评议整改意见,先后3次分别对被评议单位进行满意度测评。对于常委会的评议意见,被评议单位高度重视,认真进行整改落实,为促进农牧业产业发展、提升医疗卫生工作水平、改善城市环境起到了积极的推动作用。同时,常委会还通过代表联组的方式,对"一府两院"以及保

合少镇、各街道办事处开展了普遍评议，130余名代表参与了工作评议，促进依法行政、公正司法。

常委会聚焦重点领域，实地查看区公安分局、检察院、法院、司法局等单位扫黑除恶专项斗争工作开展情况，听取了区公安分局扫黑除恶专项斗争推进情况的报告，提出了发挥基层派出所作用、加强专业队伍建设、强化各警种配合的建议。公安分局从强化涉黑涉恶案件侦办等四个方面进行了整改，持续推动扫黑除恶专项斗争不断深化。听取了区监察委员会关于监察体制改革推进情况的报告，充分肯定我区监察体制改革工作取得的明显成效，提出了进一步完善机制体制、发挥监督职能、提高干部队伍专业化水平的建议。持续关注“放管服”改革，围绕“三集中三到位”、“互联网+政务服务”、优化营商环境等情况，对政务服务工作进行专题调研，提出了加快政务平台对接、实现数据资源共享、推进政务服务改革进程的建议，助推授权事项全进驻、无差别受理，推动这一重大改革任务落实落地，在全面深化改革大局中贡献人大智慧和力量。

*不断创新和改进监督方式。*认真落实《中共中央关于建立国务院向全国人大常委会报告国有资产管理情况制度的意见》，经区委全面深化改革委员会审议通过，出台了《新城区人民政府向区人大常委会报告国有资产管理情况的制度》，将国有资产管理纳入人大常委会监督范围。听取了区人民政府关于区属国有企业经营管理情况的报告和国有资产管理的综合报告，强化了常委会对国有资产管理的监督职能，推动区属国有企业更好发展。为深入贯彻落实全国人大《关于推进人大预算联网监督工作指导意见》，6月底，高标准建成预算联网监督中心，实现了区本级预算联网在线监督。该中心的正式启用，弥补了以往人大预算监督侧重于事后监督的不足，实现了监督关口前移，形成事前监督批准、事中监督提醒、事后监督追责的全程监督模式，加强了财政资金预算决算的审查和监督。

二、坚持依法治区，全力推进法治新城建设

常委会始终坚持法治思维，注重用好法定职权，切实加强法律监督，努力维护宪法和法律权威，推动依法治区进程。

*维护宪法法律权威。*常委会始终把学习宣传和贯彻实施宪法摆在突出位置，认真开展宪法日宣传，组织常委会组成人员，公检法和政府组成部门负责人，举行宪法宣誓和宪法诵读活动，大力弘扬宪法精神，维护宪法权威。深入贯彻落实《中华人民共和国旗法》，加大对国旗法的宣传力度。国庆节前夕，常委会组织各地区、各单位开展国旗法专项视察、执法检查15次，及时纠正国旗制作不规范、使用不规范等问题，切实增强市民的国家观念、国旗意识和国旗法治意识。多次实地查看《宗教事务条例》贯彻落实情况，督促政府加强宗教场所建设管理。先后4次对社会市面蒙汉两种文字并用情况进行监督检查，提升了市面蒙汉文并用规范化水平。

*加强立法调研和法律监督。*配合上级

人大对《内蒙古自治区国防条例(草案)》《呼和浩特市再生水利用管理条例(草案)》开展调研、召开座谈会,广泛征求意见,提出了明确退役军人事务局工作职能、强化执法监督作用等5个方面的建议;根据市人大立法计划,提出了修改完善地方法规等3个方面的建议,为上级人大立法工作提供了参考依据。加大对依法行政、公正司法的监督力度,在定期听取和审议法检两院工作报告和专项报告的基础上,积极组织人大代表、常委会组成人员旁听案件庭审、监督强制执行案件、视察检务公开等活动,强化了对司法工作的有效监督。听取和审议区人民法院家事审判工作情况的报告,常委会有针对性地提出了审议意见,区法院从着力创新家事审判举措、推动社会化联动机制、加强业务能力建设等方面进行了整改,不断推进家事审判工作改革发展。针对生态环境修复治理、司法体制改革、未成年人保护等问题,开展法律法规实施情况的监督和执法检查。认真开展规范性文件备案审查工作,维护法治统一。

三、依法行使重大事项决定权和任免权

依法行使重大事项决定权。认真做好讨论决定重大事项工作,进一步明确区人大常委会讨论决定重大事项的程序、范围和内容,确保重大事项决定权依法、科学、有效行使。依法审查批准《关于实施民生实事项目人大代表票决制试点工作的决定》《关于确定区人民法院人民陪审员数额的决定》等7项决议、决定。

依法正确行使任免权。坚持党管干部与人大依法选举任免相统一,严把任职资格审查、任前法律知识考试、公开履职承诺、向宪法宣誓等关键环节,使党组织推荐的人选通过法定程序成为国家机关工作人员。根据机构改革后部门变化的需要,及时任免部分政府组成部门主要负责人,从法治和组织上为全区深化机构改革提供了有力保障。任免国家机关工作人员81名。建立健全代表届中调整和退出机制,接受辞去区十七届人大代表16名,依法补选区十七届人大代表16名,补选市十五届人大代表2名。持续强化任后监督,增强了被任命人员的法治意识、公仆意识和自觉接受人大监督意识,促进国家机关工作人员依法履职、忠诚为民。

四、发挥代表主体作用,代表工作迈上新台阶

常委会牢牢把握新时代代表工作的规律和特点,不断提升服务保障水平,代表工作活力持续增强,代表作用得到有效发挥。

提升履职能力。以学习习近平新时代中国特色社会主义思想、提升代表履职能力为主题,举办3期人大代表培训班,指导镇(街道)人大开展专题学习培训9期,年内三级人大代表学习培训基本实现全覆盖。同时,为代表订阅《中国人大》《内蒙古人大》等学习资料4000余份,切实增强了人大代表的政策理论水平和履职能力。

搭建履职平台。扩大代表参与常委会工作范围,邀请代表列席常委会会议30余人(次),邀请代表参与执法检查、视察调研工作800余人(次),充分畅通代表知情知政渠道。加强人大代表履职平台和载体建

设，对4个“代表之家”进行了改造升级，新建了2个“代表联络站”，逐步完善了“家”的功能，拓宽了代表履职渠道。建立“双联系”制度，加强常委会组成人员联系代表，代表联系人民群众工作，充分听取和采纳群众的意见建议。持续开展代表联系选民月、代表接待选民日、代表向选民述职等活动，推动代表活动常态化、制度化、规范化。充分发挥“代表之家”的桥梁纽带作用，组织开展各类活动50余次，帮助群众解决实际问题。西街街道人大工委组织代表与辖区15户特困户帮扶结对，帮扶资金5万多元。此外，还有部分代表通过各种途径慰问困难党员、帮助群众，增进了代表与选民的联系，夯实了代表工作基础。

提高建议办理质量。区十七届人大二次会议代表提出建议共60件。常委会积极推动代表建议办理工作，努力做到民有所呼、我有所应，着重在提高建议解决率上下功夫。在相关单位的共同努力下，已经解决或正在逐步解决的建议57件，占95%；因条件所限暂时不能解决或供有关部门参考的建议3件，占5%，建议办理答复率为100%。与上一年相比，代表建议解决率提高25%以上。

五、守初心担使命，机关自身建设实现新提升

常委会始终把加强自身建设摆在重要位置，牢固树立“四个意识”，坚定“四个自信”，做到“两个维护”，自觉坚持在党的领导下履行职责、开展工作。

扎实开展主题教育。第二批“不忘初心、牢记使命”主题教育开展以来，聚焦“四个贯穿始终”要求，以党组学习形式开展集中学习18次，专题讲座6次，形成调研报告12份。多渠道收集整理3个方面31条具体问题，已完成整改23条，整改率74%，一批关系人大工作实际的具体问题得到有效解决。通过开展主题教育，进一步筑牢了党员干部的理想信念，增强了责任意识和宗旨意识，强化了作风建设，自觉把学习成果转化为履职担当的新动力，有力推动新时代人大工作高质量高水平发展。

着力强化机关自身建设。深入贯彻落实党风廉政建设要求，严格执行中央八项规定及其实施细则精神，切实改进会风、文风和作风。认真落实意识形态工作主体责任，强化意识形态领域建设。精心搭建“新城区人大”新媒体平台，发布信息260余条，信息工作位居全市前列，在《呼市日报》《直通首府》等媒体，报道人大工作12期，准确反映了基层人大依法履职的新经验、新成效。积极参加诗朗诵、大合唱等各类庆祝活动，充分展现了人大机关干部团结拼搏、奋发有为的精神状态，激发了机关干部的工作活力。积极配合上级人大开展执法检查、视察调研，组织保合少镇人大、各街道人大工委开展视察调研活动。通过上下联动的方式，密切了上下级的工作联系，加强对基层人大的领导和工作指导，提升了新时代人大工作整体水平。

新冠肺炎疫情发生以来，区人大常委会坚定不移贯彻习近平总书记关于疫情防控工作的重要讲话重要指示批示精神，在区委的坚强领导下，充分发挥“代表机关”和党员干部先锋模范作用，第一时间作出部署,人大系统55名党员干部参与到疫情防控一线,常委会包联领导会同街道、部门、村(社区)干部,把初心使命、责任担当化为冲锋在前、迎难而上的实际行动,始终奋战在抗疫斗争的最前沿,构筑起保障人民群众生命安全和身体健康的坚强防线。全区各级人大代表发挥自身优势,践行为人民服务的誓言,通过多种途径,捐助防控物资和资金110余万元,用实际行动担负起人大代表的神圣职责,诠释了中华民族同舟共济、守望相助的家国情怀。

各位代表,过去的一年,是推动人大制度和人大工作与时俱进完善发展的一年。一年来,人大决定重大事项的工作机制实现规范化,人大监督工作的领域有了新拓展,重点工作监督进一步加强,常委会制度建设取得新成果。这些成绩的取得,是区委坚强领导的结果,是全体人大代表、常委会组成人员和人大机关干部担当作为、履职尽责、砥砺奋进的结果,是"一府一委两院"密切配合、鼎力支持的结果。在此,我代表区人大常委会向所有关心、支持区人大工作的领导和同志们表示崇高的敬意和衷心的感谢!

在看到成绩的同时,我们也清醒地认识到存在的问题和不足,主要是:监督工作的针对性实效性有待进一步提升,代表主体作用的发挥需要进一步加强,常委会联系代表、代表联系群众的机制和平台有待进一步规范,代表建议的解决率需进一步提高。这些问题,都需要我们在今后的工作中主动加以改进和完善。

2020年的主要工作

今年区人大常委会工作的总体要求是,坚持以习近平新时代中国特色社会主义思想为指导,全面贯彻党的十九大和十九届二中、三中、四中全会精神,深入学习贯彻习近平总书记关于坚持和完善人民代表大会制度的重要思想,围绕市委人大工作会议、市十五届人大三次会议,区委十一届十三次全会暨全区经济工作会议部署,按照市委关于进一步加强党的领导做好新时代人大工作的实施意见要求,认真履行宪法法律赋予的各项职权,进一步解放思想、勇于担当,聚焦中心工作、聚情民生关切、聚力依法履职、聚合代表力量,充分发挥地方人大的职能作用,统筹安排监督、决定、任免等各项工作,为夺取疫情防控和经济社会发展双胜利贡献人大智慧和力量。

2020年,常委会要重点抓好以下几项工作:

一、坚持党的领导,把握正确的政治方向

始终把坚持党的领导、人民当家作主和依法治国有机统一作为开展工作的遵循和重要原则,不折不扣地贯彻落实中央、自治区党委、市委和区委各项决策部署,切实增强"四个意识",坚定"四个自信",做到"两个维护",在人大各项工作中始终保持与党委同心、同向和同力。严格落实重大事项、重要会议向区委请示报告制度,积极争取区委对人大重要工作和创新举措的支持,确保人大的各项工作始终在党的领导下、在法治的轨道内运行。

二、聚焦全区中心工作，着力增强监督实效

聚焦全区经济社会发展大局，综合运用听取和审议工作报告、工作评议、执法检查、满意度测评等方式，不断增强监督工作的针对性和实效性。

聚焦“三大攻坚战”强化监督。紧扣区委中心工作和时间节点，坚持方向不变、力度不减，持续对“三大攻坚战”推进情况开展监督。对大气污染防治工作推进情况进行调研，不断强化生态环境保护和专项整治。听取区政府脱贫攻坚工作推进情况的报告，持续跟踪监督，巩固脱贫攻坚成果。严格贯彻实施预算法，加强对政府全口径预算决算的审查监督，切实防范金融风险。围绕创新创业发展和区属国有企业经营管理情况进行专题调研，提升国有企业市场运营能力和市场竞争力。

推进财政经济健康运行。听取和审议区政府2020年上半年国民经济和社会发展计划执行情况的报告、区政府2019年财政决算和2020年上半年预算执行情况的报告。加强对财政预决算的审查监督，强化预算绩效管理监督，拓展预算联网监督功能，推动财政管理更加规范有效。加强审计工作监督，听取和审议区政府关于2019年区本级预算执行和其他财政收支情况的审计报告。坚持审计查出问题整改情况报告制度，听取区政府关于2018年区本级预算执行和其他财政收支审计查出问题整改情况的报告，切实加大审计整改跟踪监督力度，不断增强整改实效。听取国有资产管理情况的综合报告，加强国有资产管理监督。

推进依法治区建设。带头弘扬宪法精神、维护宪法权威，保证宪法法律正确实施。围绕推动依法行政和公正司法，听取和审议区人民检察院公益诉讼工作情况的报告。围绕推进依法治区和法治新城建设，开展执法检查、司法监督，增强监督实效。紧扣常委会监督意见落实情况，有针对性地开展视察检查、专项督查、满意度测评，持续加大跟踪监督力度，确保人大监督意见建议落到实处、收到实效。配合上级人大认真开展执法检查，以及对立法、法律法规实施情况的征求意见等工作，保障国家法律全面贯彻落实。认真做好规范性文件备案审查工作，依法撤销和纠正违宪违法文件，维护国家法治的统一和权威。

加强专项工作监督。采取重点评议与普遍评议相结合的方式，对区司法局、审计局开展重点评议，对“一府两院”开展普遍评议。围绕医疗、教育、住房等群众最关心的问题，对医疗保障局机构改革推进情况、小学配餐制工作开展情况和住房保障工作进行专题调研，听取区政府医疗保障工作开展情况的报告，听取区政府物业管理工作情况的报告。听取和审议旅游业发展情况的报告，听取和审议林业工作情况的报告，听取全区民族工作开展情况的报告。围绕宗教侨务工作、农村产业发展开展专题调研。围绕重大疾病预防应急体系建设、基层社区服务体系建设情况进行调研，着力推进医疗卫生、公共服务和智慧社区建设。聚焦政府及相关部门在改善投资发展软环境、行政审批管理等方面出现的履职不力,以及人民群众最关心、最直接、最现实的利益问题,采取调研视察、听取汇报、查找问题的方式,持续跟踪问效,督促政府及相关部门进一步转变工作作风、增强服务意识、提高办事效率、优化营商环境。

推进民生实事项目人大代表票决制试点工作。在这次会议上,将票决产生民生实事项目。项目实施过程中,区人大及其常委会要充分发挥牵头抓总的主导作用,对票决制工作的每一项制度、每一个环节、每一个项目进行深入研究,及时跟踪监督项目推进情况。常委会将通过听取专项报告、组织集中视察以及工作委员会对口监督、代表小组日常监督等方式,开展民生实事项目全程监督,确保如期高质量完成,努力解决好群众最关心最直接最现实的利益问题。

依法行使决定权和任免权。聚焦中心工作,对全区经济社会发展和关系群众切身利益的重大事项进行审议,适时作出决议、决定。依法任免国家机关工作人员,认真开展任后履职监督,增强受任命人员由人大产生、向人大负责、受人大监督的宪法意识。

三、发挥代表主体作用,提升代表工作水平

加强对代表的学习培训,不断提高代表的政策理论水平和履职能力。坚持和完善代表列席常委会会议、集中视察、执法检查等制度,畅通代表知情知政、参政议政渠道。全面落实“双联系”制度,充分发挥好代表的桥梁纽带作用。继续巩固提升“代表之家”“代表联络站”建设水平,集中力量打造2—3个示范点。充分发挥好代表在闭会期间的作用,定期开展“代表接待选民日”、代表向选民述职等活动,推动代表活动常态化、制度化。推进代表履职服务信息网络平台建设,畅通社情民意反映和表达渠道。进一步完善代表届中调整和退出机制。认真做好代表建议的督办工作,创新代表建议督办方式,切实解决“谁提谁办”和重答复、轻落实的问题,不断提高办理落实率和满意率。

四、推进常委会自身建设,着力提高履职水平

不断巩固拓展“不忘初心、牢记使命”主题教育成果,把学习习近平总书记关于坚持和完善人民代表大会制度的重要思想,同学习贯彻党的十九届四中全会精神、总书记对内蒙古重要讲话重要指示批示精神结合起来,切实以科学理论指导工作实践。严格落实中央八项规定及其实施细则精神相关规定,大力弘扬“一线工作法”和“闭环工作法”,强化首府意识、坚持破立并举,下功夫解决学风、思想作风、工作作风方面存在的问题,做到“七破七立”,树立真抓实干,风清气正的人大机关工作作风。加强干部培养选拔,严把“进口”,畅通“出口”,进一步激发人大干部担当作为的正能量。加强对镇(街道)人大工作的指导,及时总结推广先进经验,提高全区人大工作整体水平。推进智慧人大建设,创新工作模式。设立人大机关阅览室,加强机关文化建设,打造书香机关。积极改进宣传方式,拓宽宣传渠道,为人大依法履职营造良好的舆论环境。

中国人民政治协商会议
呼和浩特市新城区第九届委员会
常务委员会工作报告

（2020年5月8日）

新城区政协主席　杨祥麟

一、2019年工作回顾

2019年，区政协全面贯彻落实习近平新时代中国特色社会主义思想和党的十九大、十九届二中、三中、四中全会精神，深入学习贯彻习近平总书记关于加强和改进人民政协工作的重要思想，按照市委、区委的部署安排，认真履行政治协商、民主监督、参政议政职能，积极发挥协商民主重要作用，全面完成区政协九届二次会议确定的目标任务，为推进全区经济社会发展做出了积极贡献。

（一）突出政治引领，党的领导进一步加强

充分发挥政协党组把方向、管大局、保落实的重要作用，全面推进政协党的各项建设，始终牢牢把握正确的政治方向。

努力夯实思想政治基础。始终把学习贯彻习近平新时代中国特色社会主义思想、习近平总书记重要讲话重要指示批示精神作为政协工作的重中之重，通过全体委员会议、常委会议、委员培训会议等形式，组织政协委员和机关干部深入学习宣传贯彻党的十九大和十九届二中、三中、四中全会精神，在学懂弄通做实上下功夫。组织委员深入开展了习近平总书记关于加强和改进人民政协工作重要思想大学习大讨论，通过召开学习研讨会、撰写心得体会、广泛参与活动等形式，促进履职水平不断提高。以庆祝中华人民共和国成立70周年和人民政协成立70周年为契机，开展了歌咏比赛和呼和浩特各民族书画名家作品展活动，不断加强思想引领，着力增进政治认同、思想认同、理论认同、情感认同，进一步夯实团结奋斗的共同思想政治基础。

全面抓好党的建设工作。制定《新城区政协党组2019年工作要点》，认真找准政协工作与区委、区政府深化改革举措的契合点，全面落实区委十一届十一次、十二次全会精神，紧紧围绕区委重大决策和部署履行职能、开展工作。完善政协党组、机关党组、党支部抓党建的工作机制，形成上下贯通的组织体系。坚持全面从严治党，落实意识形态工作责任制，认真贯彻执行中央八项规定及其实施细则精神，坚决反

对形式主义、官僚主义,确保党的路线方针政策和区委的重要部署在政协工作中得到全面贯彻落实。

扎实开展主题教育。把“不忘初心、牢记使命”主题教育和政协工作创新发展结合起来,统筹推进、贯穿始终。聚焦主题主线,持续深化学习教育。通过读原文悟原理、讲专题党课、研讨交流、警示教育、红色教育、知识测试等,进一步坚定政治信念、强化责任担当、感悟初心使命。突出问题导向,广泛开展调查研究。与区政协党组全年专题调研协商计划相结合,明确调研课题,开展“全员调研”,形成高质量调研报告4篇。坚持广开言路,深入开展检视问题。坚持“开门纳谏”广泛征求意见建议,面向全区各单位、全体委员发放征求意见函240余份,分层面召开征求意见座谈会,深入检视问题,在寻找差距中强化初心使命。突出刀刃向内,扎实开展整改落实。把“改”字贯穿始终,围绕加强和改进作风建设,制定了周一例会制度、关于进一步加强干部外出请示工作及严格执行会议请假等制度,在边查边改、即知即改中践行初心使命。

(二)注重求实创新,协商民主进一步推进

坚持把协商民主贯穿政协履职全过程,健全协商民主制度机制。全年召开1次全体会议、2次专题议政性常委会会议、2次专题协商会、4次对口协商会、4次提案办理协商会,新建4个基层协商议政试点,形成了全体会议协商、专题议政性常委会协商、对口协商、提案办理协商、基层民主协商为主要形式的协商议政新格局。为提高全体会议协商的质量,委员大会发言邀请区委、政府领导及职能部门负责人参加,面对面听取委员意见建议。各专门委员会分别与对口联系部门召开对口协商座谈会,对接协商议题,围绕协商议题开展对口协商,为我区各项事业发展建言献策。

坚持协商议题和调研视察、协商议政相衔接。创新选题方式、提高选题质量,力求贴近中心、贴近民生。将政协选题与区委、区政府点题相结合,围绕普惠性幼儿园建设、乡村振兴特色村镇建设、大数据产业发展应用、城市精细化长效管理模式、执法队伍下沉工作状况、提升老旧小区物业服务水平、政府部门财务人员短缺等议题开展专题调研,使政协履行职能与贯彻落实区委、政府工作部署相一致。

以社区协商议事为抓手推进基层协商民主建设。不断拓宽基层协商民主新途径,切实为居民百姓排忧解难,在基层民主协商中做出积极探索。加强与街道社区的沟通协作,在中山东路街道迎宾南社区设立“基层协商议政联系点”。确定了议事协商规范流程,规范了社区协商制度,积极主动参与协商,监督协商成果的落实,形成了社区公共事务和公益事业建设、多路径收集议题、分层次协商议事、按流程逐步落实的社区协商治理新格局。为推进协商民主广泛多层制度化建设,对东街街道党委社区打造“小区百姓议事厅”,通过主动问事、集中议事、及时办事、定期评事、督促查事六个环节来解决群众关心的社情民意和社会公共事务,推进基层民主协商工作进行了讨论研究。同时,区政协对基层民主协商工作进行了积极探索,推进基层协商民主建设工作得到了自治区政协及市政协的高度认可,参加了全国地方政协工作经验交流会,交流发言材料,列入《全国地方政协工作经验交流汇编》。

(三)强化问题导向,民主监督进一步开展

落实《中共中央关于加强和改进人民政协民主监督工作的意见》,制定和实施了《新城区政协2019年度视察考察工作计划》,开展了20余次视察活动,面对面指出问题,提出建议意见,充分发挥了政协的民主监督作用。

围绕我区实施的重大工作举措开展民主监督。组织委员围绕国家北方足球训练基地、敕勒川国际会展中心、香岛光伏农业生态园等重点项目推进情况开展视察工作,对推进重点项目建设提出了合理性的建议和意见。组织委员对我区“大棚房”整治情况、“扫黑除恶”专项斗争成果、基层司法所发挥作用情况开展监督性视察3次,对开展工作情况给予评价,对存在问题和不足提出建议。

围绕民生项目开展民主监督。组织委员就我区小饭桌的发展现状及管理、民办教育发展、社区医院建设、住宅小区配套幼儿园建设、群众性文化体育开展、社区为老服务餐厅现状、学校配餐及学生午休等开展集中视察10余次,在视察中对具体工作提出了建议意见。

围绕职能部门作用发挥开展监督。联合新城区市场监督管理局、呼和浩特市室内装饰协会,对装饰市场开展监督性视察。对多家建材家居商场经营的室内装饰材料、装饰企业进行了检查。针对个别商户未按规定悬挂证照、证件不全等问题,提出了整改意见。对提高行业服务水平,进一步规范市场秩序,促进室内装饰行业持续健康发展发挥了作用。

加强和改进民主评议工作机制。修订了《政协新城区委员会民主评议工作暂行办法》,对组织动员、民主测评、查找问题、提出建议、整改提高、跟踪落实各个环节进行了修改完善。此外,组织委员参加法院新闻发布会和检察院检察开放日等活动,推荐委员担任执法单位的政风、行风监督员,切实加强对区属单位政风、行风、作风的民主监督。

(四)充分发挥优势,参政议政水平进一步提高

积极以提案形式参政议政。对委员进行了提案撰写专题培训,切实提高提案质量。在提案办理上,制订了重点提案督办任务分解和实施办法,加大提案办理协商力度。对遴选出的9件重点提案,及时召开督办推进会,开展提案跟踪督办工作,组织提案人实地查看并与承办单位面对面沟通交流,力求取得提案督办实际效果。区政协九届二次会议以来,共征集到政协委员提案124件,区属办理的95件,截止到2019年年底,全部答复并办理。

不断夯实社情民意工作基础。制定《政协新城区委员会关于加强和改进反映社情民意工作暂行办法》,健全完善了社情民意信息工作运行机制。开展了“社情民意月”实践活动,围绕党政关注、群众关心、涉及经济社会发展和民生改善的问题,各专委会与对口联系单位和街道办事处紧密联系合作,收集、反映社情民意信息。进一步拓宽社情民意反映渠道,为委员更好地履职搭建平台。九届二次会议以来,共收到社情民意信息76件,对委员反映的社情民意进行整理,以简报、信息的形式报送有关领导和相关部门,共编辑《社情民意信息》30期。

(五)坚持工作主题,各方面力量进一步汇聚

坚持联系委员工作制度。由主席会议组成人员牵头,对呼和浩特市正北家居有限责任公司、呼和浩特美年大健康体检有限公司等10家委员所在企业进行了走访,全年座谈、电话沟通、网络交流等形式走访接待委员120多人次,进一步加强了与委员的双向联系和互动。制定《新城区政协机关党员联系委员制度》,区政协机关党员结合工作实际开展活动,帮助协调解决所联系委员在履职中遇到的困难和问题10多个。收集政协委员反映的重大问题和有价值的意见建议40余条,整理报送的社情民意信息10余条。

创新凝心聚力载体。积极邀请各民主党派、无党派人士、各族各界参加政协组织的各类会议、调研视察活动,向委员通报经济社会发展情况和重点项目实施情况,努力扩大与各民主党派、党外人士的联系与交流。区政协与民革新城区委员会共同组织了两次红色文化遗址遗迹考察活动,为民主党派开展活动提供支持,为促进我区红色文化遗产整理挖掘工作做出努力。这些创新做法取得满意成效,为委员及民主党派、无党派人士、各族各界履职尽责创造条件,为我区的各项建设事业献计出力。

(六)聚焦履职为民,助力改善民生进一步加强

坚持以人民为中心的发展思想,努力为民办实事。联合自治区园艺研究所等单位在保合少镇甲兰板村举办“科技服务到基层,振兴乡村奔小康”果树实用技术指导活动,促进政协履行职能向基层延伸,重点关注群众最关心、最迫切要求解决的问题,努力促进民生改善。发挥政协独特优势,推进社会扶贫。经济科技界委员积极开展公益活动,为舜和慢城公益食堂捐赠米面油;开展慰问退伍老兵活动,让退伍军人时刻感到党和政府的关心与温暖。

尽心竭力、担当作为,积极完成区委、区政府交办的工作任务。按照区委工作部署,开展扫黑除恶专项斗争档案督导检查,对镇、街道办事处和有关部门进行档案整理工作督导。由区政协牵头,组织开展脱贫攻坚“回头看”督查,对相关部门进行业务培训,对保合少镇建档立卡贫困户进行了入户走访,认真完成摸底排查、完善档案等工作,助推我区坚决打好脱贫攻坚战。牵头开展地方志和年鉴编纂工作,组织完成《新城区志(2001—2017)》的编纂,在全市首家出版了《呼和浩特市新城区年鉴(2018)》。为发挥文史资料“存史、资政、教育”的作用,出版了《大青山文脉——中华文化中的古阴山足迹探究》,新华社、光明日报社等国家级媒体进行宣传报道。

重视发挥界别优势，通过开展界别活动履职为民。卫生界委员开展了委员进社区活动，深入社区为居民开展了健康养生讲座；教育界委员开展了“弘扬民族精神·传承传统文化”非物质文化遗产进校园活动；提案委员会针对社区为老服务餐厅发展现状及存在问题，“大棚房”整治工作后做好产业恢复的问题，提出意见和建议。针对“养犬热”的升温，城市不文明养犬问题凸显的提案开展跟踪调研，研究行之有效的解决办法，提出意见建议。

（七）坚持强基固本，履职能力进一步提高

加强政协委员和机关干部能力素质提升。夯实政协工作基础，全年举办委员培训3次，培训委员350多人次，对委员履职、撰写提案，意识形态把控，5G行业应用发展方面进行专题培训。选派委员、干部参加上级政协培训活动，深入了解和把握政协履行职能的内容、方法和途径，更好地履行职责。组织委员和机关干部深入学习，深刻认识十九届四中全会的重大意义，理解中国特色社会主义制度和国家治理体系的显著优势，把握坚持和完善中国特色社会主义制度和推进国家治理体系的目标和任务。通过学习培训，进一步提高了委员的履职能力，提升了履职效果。

加强履行职能的规范化、制度化、程序化建设。修订完善《政协新城区委员会民主评议暂行办法》《政协新城区委员会常务委员会关于授权主席会议对违纪违法政协委员及时作出处理的决定》等制度，保证了区政协履行职能有章可循、有序运转，委员活动更加规范。进一步加强委员管理，完成区政协委员的信息采集工作；规范委员履职情况的登记考评；对一名违反委员管理办法、不主动履行委员义务的委员撤销资格。

各位委员，过去一年所取得的成绩，是区委坚强领导、高度重视的结果，是区人大、区政府和社会各方面大力支持的结果，是政协各参加单位、全体政协委员团结协作、开拓进取的结果。在此，我代表区政协常委会，向所有关心支持区政协工作的各位领导、各位同志、各有关方面和社会各界人士表示衷心的感谢！

在肯定过去一年所取得成绩的同时，也必须清醒地认识到，我们的工作还存在一些需要研究和改进的问题。主要是：履行职能的规范化、制度化、程序化建设有待进一步完善；委员履职积极性有待提高；界别活动效果不够明显，调查研究质量有待进一步提高等。在今后的工作中，我们要认真研究，切实改进，努力把各项工作做得更好。

二、2020年工作安排

各位委员，2020年是全面建成小康社会和“十三五”规划的收官之年。区政协常委会工作的总体要求是：坚持以习近平新时代中国特色社会主义思想为指导，深入贯彻党的十九大和十九届二中、三中、四中全会精神，认真学习领会习近平总书记关于加强和改进人民政协工作的重要思想，立足坚持和完善中国特色社会主义制度、推进国家治理体系和治理能力现代化的大背景，全面贯彻落实中央、自治区党委和市委政协工作会议精神,围绕全市两会、市委十二届十次全会暨全市经济工作会议和区委十一届十三次全会暨经济工作会议安排部署,准确把握主线、中心和重大原则,着力提高政治协商、民主监督、参政议政质量和水平,统筹推进疫情防控和经济社会发展,担当作为、笃定前行,为我区高质量发展做出积极贡献。

(一)增强政治属性,提高履职活动的政治水准

人民政协是党领导的政治组织和民主形式,必须旗帜鲜明讲政治,进一步增强“四个意识”,坚定“四个自信”,做到“两个维护”。区政协及全体委员要把习近平新时代中国特色社会主义思想作为统揽政协工作的总纲,把学习贯彻党的十九届四中全会、中央政协工作会议、中央经济工作会议、自治区党委和市委政协工作会议精神作为首要政治任务。创新学习制度和形式,做到学思用贯通、知信行统一,推动学习教育走深走实、常学常新。引导参加人民政协的各党派团体和各族各界人士深入学习党的创新理论、中共党史、新中国史、统一战线历史、人民政协历史等,树立正确的历史观和大局观,把党的主张转化为社会各界的共识,把党的重大决策部署转化为共同行动。

要切实加强区政协党的建设,实现党的工作对政协委员全覆盖。坚决做到区委有号召、政协有行动,区委有部署、政协有落实,把关于新时代加强和改进人民政协工作的实施意见落地落实。要提高党的组织在各党派团体、各族各界人士中的政治引领力和影响力,年内建立“委员之家”,有效发挥凝聚共识的平台作用。通过举办界别活动、开展为民服务等多种形式活动,加大政策宣传、社会引导的工作力度,用党的创新理论团结教育引导全区各族各界代表人士,在共同思想政治基础上化解矛盾和凝聚共识,巩固共产党领导下的各族各界大团结,为党长期执政、领导人民有效治理国家厚植政治和社会基础。

(二)紧扣主责主业,推动协商议政新发展

充分发挥人民政协协专门协商机构作用,专出特色、专出质量、专出水平。进一步增强协商民主意识、健全完善协商机制、丰富协商形式、提高协商质量。加强协商平台建设,完善以全体会议为龙头,以专题议政性常委会会议和专题协商会议为重点的政协协商格局,更加灵活地开展对口协商、界别协商、提案办理协商和网络议政。全年安排一次全体会议协商,四次常委会议专题协商和专委会对口协商。进一步完善协商规则,规范协商的内容、参加范围、讨论原则、基本程序、交流方式。落实协商成果反馈机制,形成协商成果报送、采纳、落实、反馈完整闭环。推动协商成果落地见效。拓展基层协商新形式,健全完善“基层协商议政联系点”工作机制,探索在镇、街道建立“委员工作室”,扩大界别群众工作覆盖面。

继续深化和拓展民主监督工作,更好发挥政协民主监督在党和国家监督体系中的独特作用。探索民主监督与其他监督结合的有效形式,民主监督的形式向调研、提案和反映社情民意扩展,更广泛灵活开展民主监督。增加监督性议题比重,重点对区委、区政府重要决策部署的贯彻落实进行监督。开展民主评议工作,对区属1—2个行政执法部门开展民主评议。

(三)聚焦主轴主线,不断提高履职成效

着力提高提案质量和办理协商成效。坚持数质并重、质量为先,按照有情况、有分析、有建议和严肃性、科学性、可行性的要求,围绕区委、区政府确定的重点任务、中心工作提出建议和意见。强化提案筛选,做到选题准、角度新、切合实际、操作性强,确保提案质量。完善提案交办机制,实现精准交办。建立健全联系沟通、办理询问、研讨交流机制,加大领衔督办重点提案力度,加强提案的办理协商力度,对能办理落实的提案推动落实,对委员在办理落实上不满意的提案要与承办单位充分协商、重新办理,提高政协提案办理效能。

着力抓好专题调研工作。建立健全调研课题遴选机制,精准选题,围绕区委、区政府工作的重点、群众生产生活的难点、社会治理的焦点,聚焦我区推进高质量发展,坚决打好“三大攻坚战”和实施乡村振兴战略、民生保障面临的重大问题等开展调研。进一步提高专题调研质量,改变专题调研重调查、轻研究的现象,在深入分析研究方面下功夫,力争提出有高度、有深度、有针对性的建议。充分发挥新时代政协的自身优势,注重多途径转化调研成果,使专题调研在有效转化中产生更好的效果。

着力抓好社情民意联系点和特邀信息员队伍建设工作。拓宽社情民意收集渠道,开展“社情民意月”主题活动,围绕党政关注、群众关心、涉及经济社会发展和民生改善的问题,开展“短平快”信息采集,不断提升信息质量,力求社情民意信息采用、办理得到提升,进一步理顺情绪、化解矛盾、促进和谐。

(四)加强自身建设,巩固履职基础

强化专门委员会的基础性作用。围绕区委、区政府的中心工作、经济社会发展主要目标任务和政协工作总体安排,不断创新履职方式、拓宽履职渠道,提升履职效能。实施好年度通报工作机制,与区委、政府有关部门加强沟通协调,把区委统揽全局、区政府一线实干与政协人才荟萃的优势结合起来,形成定期协商座谈机制。根据自身工作特点和实际,积极组织委员开展调研、视察、对口协商、反映社情民意、民主评议等各项活动,为界别委员活动搭建平台。

加强政协委员队伍建设,强化政治责任。按照习近平总书记“懂政协、会协商、善议政,守纪律、讲规矩、重品行”的要求,加强教育培训,树立为国履职、为民尽责的情怀,着力提高委员的政治把握能力、调查研究能力、联系群众能力、合作共事能力。健全《新城区政协委员管理办法(暂行)》,切实加强对委员的联系和管理,坚决克服和防止管理上软、组织上散、工作上松的问题,引导委员把事业放在心上,把责任扛在肩上。建立完善委员履职档案、常委提交履职报告并进行述职等制度,引导委员增强履职意识、不断提高履职能力和水平。

加强政协机关和干部队伍建设。建立健全以政协章程为基础,以协商制度为主干,覆盖政协党的建设、履职工作、组织管理、内部运行各方面的制度,形成责权清晰、程序规范、关系顺畅、运行有效的制度体系。按照市委关于开展“作风改进提升年”活动的要求,把解放思想、转变观念摆在更加突出的位置,力戒形式主义、官僚主义,大力倡导“四不两直”工作方式,全面推行“一线工作法”“闭环工作法”,调查研究坚持求深、做实、落细、见效,推动各项工作严起来、紧起来、动起来,确保履职尽责到位。

各位委员,当前国内外疫情形势依然严峻复杂,我们要坚定不移地贯彻落实习近平总书记关于新冠肺炎疫情防控工作的重要讲话和重要指示批示精神,认真贯彻中央、自治区党委、市委和区委部署要求,强化政治担当、坚定必胜信心,自觉服从服务社会大局,重点围绕克服疫情影响、有序推动复工复产、做好“六稳”工作、落实“六保”任务建言献策,全力统筹推进新冠肺炎防控和经济社会发展。

关于呼和浩特市新城区 2019年国民经济和社会发展计划执行情况与2020年国民经济和社会发展计划草案的报告

——在新城区第十七届人民代表大会第三次会议上

（2020年5月9日）

新城区发展和改革委员会

一、2019年国民经济和社会发展计划执行情况

一年来，面对严峻复杂的国内外形势，全区上下以习近平新时代中国特色社会主义思想为指导，在区委区政府的坚强领导下，在区人大及其常委会的有力监督和积极支持下，坚持稳中求进工作总基调，聚力创新、聚焦富民，迎难而上、团结奋进，全力打好“三大攻坚战”，统筹推进稳增长、促改革、调结构、惠民生、优生态、防风险各项工作，全区经济运行总体平稳，呈现和谐稳定的发展态势，较好地完成了全年目标任务。地区生产总值完成605亿元，同比增长5.1%；规模以上工业增加值完成24.42亿元，同比增长8.4%；固定资产投资完成90.8亿元；社会消费品零售总额完成484亿元，同比增长2.8%；一般公共预算收入累计完成37.9亿元，同比增长7.4%；全体居民人均可支配收入达到47732元，同比增长7.1%。

（一）转型升级步伐加快，经济发展质效提升

乡村振兴战略全面实施。积极发展特色产业，深入推进乡村振兴。示范种植红辣椒68.7公顷，推广新品种果蔬10种，扶持1家企业成功申报为市级农牧业龙头企业，完成了10家家庭农场认定。19个行政村农村人居环境整治扎实推进，村容村貌全面提升。“三务”公开信息监督平台建成运行，农村土地、草原确权颁证工作基本完成。乡村治理体系建设不断加强。

工业经济运行良好。全区规模以上工业企业完成现价工业总产值76.8亿元，同比增长4.5%。积极开展自治区级企业技术中心申报工作，推荐6家企业申报内蒙古大数据发展专项资金。利诚实业、祺泰服饰等传统企业加大科技创新和技术改造，推动信息技术与实体经济深度融合，提档升级步伐进一步加快。

现代服务业加快发展。慢城海洋世

界、居家财富中心落地建设,敕勒川国际会展中心、绿地新都会等34个服务业重点项目加快推进。银宏生命科技健康产业园等5家自治区级现代服务业集聚区集聚效应显著增强,截止到2019年年底共有入驻企业239家,就业人数5772人,全年实现营业收入42.4亿元。旅游业加快发展,组织申报国家AAA级景区2处、五星级农家乐2家,成功举办第六届内蒙古国际马术节、2019呼和浩特“健康中国”马拉松等大型活动。年接待游客820万人(次),实现收入30.66亿元。

(二)创新基础不断夯实,发展后劲持续增强

科技城建设有序推进。科技城总体规划、区域性控制规划完成编制,基础和公用设施建设进展顺利。180公顷创新中心项目用地征拆完毕,6万平方米荣丰产业园装修完成。万通路北段道路基本建成,地下给排水管网铺设完工。东源总部基地、内蒙古地质资料馆项目启动建设,钛西光华量子碳素项目试生产顺利推进,创新产业加速集聚。

改革创新驱动有力。全年安排科学技术支出1537万元。新增国家高新技术企业20家,成功申报自治区下放呼和浩特市科技成果转化项目6项,自治区关键技术攻关计划、创新引导资金项目6项。依托内蒙古技术转移及知识产权一站式服务平台,完成项目交易14个,发布科技成果160项,申请、注册、登记知识产权1350件,科技成果转化率得到提升。

(三)精准发力科学有效,“三大攻坚战”初战告捷

脱贫攻坚成果不断巩固。严格落实“五级书记抓脱贫”制度。为已脱贫仍享受政策的建档立卡贫困户172户358人办理了大病救助等6项保险续保。支出健康扶贫专项保障救助基金7.6万元。强化扶贫资产管理,圆满完成“清零达标”任务。认真开展脱贫攻坚“回头看”,各级扶贫专项巡视、考核、督查、调研反馈问题得到有效整改。

风险防控工作克难求进。建立政府债务管理长效机制,严控新增债务,严格压缩一般性支出,逐步化解存量债务。全年累计化解债务7.17亿元,超额完成目标任务。加大小额贷款和融资公司监管力度,积极开展金融领域风险排查整治工作,排查金融企业694家,立案查处7件,净化了地区金融环境。

污染防治管控扎实有效。全面加强环境整治,对13个村实施包联管控,完成20400户居民取暖清洁化替换工作。拆并锅炉10台,升级改造233台,治理涉挥发性有机物企业64家。加强水源地保护,清理整治木器加工厂33家、“散乱污”企业58家、畜禽养殖户13家。消除大青山前坡炼金废弃尾矿库环境安全隐患3处。

(四)协同发展纵深推进,经济协作活力迸发

招商引资力度不断加大,与华为、中石化等国内500强企业进行对接洽谈,接待中铁建工、上海大润发等企业集团来访考察。组织参加了“第二届中国国际进口博览会”“2019 华为锦州云产业合作高峰论坛”,成功举办了“第二届创新青城院士论坛”。与润泰新能源、国药器械等 59 个项目达成签约意向,北京易华录、东泽生物等 26 个项目签约注册,协议引资额 133 亿元。

(五)城乡统筹科学推进,宜居水平显著提升

基础设施日臻完善。地铁 1 号线开通运营,敕勒川大街西段建成通车。哲里木快速路、三环路新城区段基本完工。代州营、三合村等 5200 套回迁安置房交付使用。对辖区内 121 条小街巷实施精细化管理,修补路面 1.2 万平方米。新建垃圾转运站 3 座,垃圾分拣中心 1 座。铺设农村污水管网 58 千米。中心城区新增绿化面积 73.3 公顷,绿地率达到 36.5%。

“三城同创”扎实推进。开展城市“六乱”专项治理,拆除临建、违建 57 处,清理、取缔废品收购站 63 处。关停改造便民市场 6 家,建设示范化市场 7 家。对食品生产经营单位进行全面排查,检查餐饮单位 3623 家、农贸市场 32 家,设立食品安全快速检测室 24 个,餐饮“明厨亮灶”率达到 100%。顺利完成文明城市(区)测评迎检任务,荣获自治区第五届文明城市(区)荣誉称号。

(六)社会事业全面发展,民生福祉持续增进

民生保障持续加强。为城乡低保 1758 户 2740 人发放低保资金 1884.9 万元,为 80 周岁以上老年人发放高龄津贴 1259.5 万元,为 3260 名重度残疾人发放护理补贴 420.4 万元。改造提升社区服务活动场所 4 处,新建为老服务餐厅 3 处。城镇新增就业 10212 人,安置失业人员再就业 1980 人,城镇登记失业率为 2.19%。支付基本医疗保险金 377 万元,为退役士兵发放退役金 1616 万元。

社会事业均衡发展。青山小学惠东校区投入使用,毫沁营幼儿园、保合少中心幼儿园建设完工。招聘教师 40 名,引进公费师范生 39 名。新审批幼儿园 3 所,规范整治民办学校 111 所。与 9 家公立医院建立了紧密型医联体,设立名医工作室 14 个。组建家庭医生签约团队 168 个,签订服务协议 27.7 万人。隆重庆祝新中国成立 70 周年,成功举办首届新城区全民运动会、读中国诗歌朗诵音乐会等文体活动。

平安新城加快创建。扫黑除恶专项斗争深入开展,社会治安状况持续平稳。重点领域和行业安全隐患排查整治深入推进,安全生产事故率下降 14.3%。“七五”普法有效落实,民族宗教领域和谐稳定,审计、档案、人民武装、工青妇等工作均得到进一步加强。

总体上看,2019 年我区经济运行良好,民生持续改善。但经济社会发展中仍面临不少问题和挑战:一是发展潜能挖掘不足,教育、科技、旅游等资源优势尚未完全转化为发展动能;二是科技创新实效和成果转化效率亟顺增强,高质量发展的思路还需进一步拓宽;三是政府服务与管理效能还有较大提升空间,营商环境仍需进一步优化;四是社会民生领域补短板任务依然艰巨,还需进一步加大工作力度。这些问题都需要我们在今后工作中,采取有效措施,切实加以解决。

二、2020 年国民经济和社会发展主要任务

2020 年是决胜全面建成小康社会和"十三五"规划的收官之年,也是为"十四五"良好开局打下坚实基础的关键之年。做好今年经济社会发展工作的总体要求是:

坚持以习近平新时代中国特色社会主义思想为指导,全面贯彻党的十九大和十九届二中、三中、四中全会精神及中央经济工作会议精神,认真落实自治区党委十届十一次全会暨全区经济工作会议精神、市委十二届十次全会暨全市经济工作会议精神和区委十一届十三次全会暨全区经济工作会议精神,进一步增强"四个意识"、坚定"四个自信"、做到"两个维护",紧扣全面建成小康社会目标任务,坚持稳中求进工作总基调,坚持新发展理念,坚持以供给侧结构性改革为主线,坚持以改革开放为动力,推动高质量发展,坚决打赢三大攻坚战,全面做好"六稳"工作,落实"六保"任务,统筹推进稳增长、促改革、调结构、惠民生、防风险、保稳定,贯彻落实市委、市政府和区委的决策部署,保持经济运行在合理区间,确保全面建成小康社会和"十三五"规划圆满收官,得到人民认可、经得起历史检验。

主要预期目标是:地区生产总值增长 5%;一般公共预算收入完成 38 亿元;固定资产投资增长 1%;规模以上工业增加值增长 1%;社会消费品零售总额增长 3%;全体居民人均可支配收入增长 3%。

围绕上述目标任务,着重做好以下七个方面的工作:

(一)加大工作落实力度,坚决打赢"三大攻坚战"

落实好"四不摘""三不减""一不降"工作要求,将脱贫攻坚与乡村振兴有机结合,积极发展特色产业,高质量打赢脱贫攻坚战。继续通过压缩一般性支出、盘活存量资金、统筹整合项目资金等方式,稳妥有序化解政府存量债务。强化源头管控,建立健全政府性债务风险预警机制,杜绝新增隐性债务,坚决打赢防范化解重大风险攻坚战。全面推进污染治理。加大燃煤锅炉拆并和升级改造力度,加快煤改电、煤改气等取暖清洁化替换工作进程。加强地下饮用水水源地保护,严格落实"河长制",完善农村生活垃圾、污水集中收集设施和配套管网建设,进一步巩固环境综合整治成果,坚决打好污染防治攻坚战。

(二)加快重点项目建设,强化经济发展支撑

切实做好 2020 年和"十四五"时期重大项目、民生项目谋划,坚持"早计划、早调研、早落实",认真筛选一批加快我区高质量发展的项目,及时申报自治区、市重大项目计划。建立重点项目全方位、全过程服务管理体系和投资工作推进机制,加强动态监测,定期精准调度,加快推进富力尚悦居、中海河山大关、伊泰华府等重点项目建设,确保实现全年固定资产投资目标。推动新城控股吾悦广场、润泰新能源、中石化能源基地等签约项目落地。摸清项目推进过程中存在的问题,逐项加以研究解决。全力做好服务保障,助推项目落地开工。

（三）拓宽招商引资渠道，增强发展外生动力

主动融入“一带一路”和中蒙俄走廊建设，深化与俄罗斯、蒙古等国家和地区经贸、人文等领域合作。瞄准京津冀、长江经济带、粤港澳大湾区等产业和创新资源集聚地，有针对性地组织举办招商引资、纳贤引智推介活动，不断提升对外开放水平。紧紧围绕呼和浩特科技城建设、服务业集聚区发展、乡村振兴等重点领域，以商招商，精准招商，全年力争引进项目30个，形成协议投资200亿元。依托“创新青城”院士论坛，着力引进“两院”院士等高层次人才，搭建高端智库平台，助力全区产业转型升级。

（四）提升政务服务水平，全面优化营商环境

深化“放管服”改革，推动13个部门96项行政许可事项集中划转，进一步优化政务服务事项办理流程，确保网上办事率达到90%以上。深化企业开办便利化改革，将企业开办平均办理时间压缩至1.5个工作日。深化税费缴纳便利化改革，大力推进网上税务局建设。加快政务诚信、商务诚信、社会诚信和司法公信等重点领域信用建设。强化营商环境措施保障，建立区级领导联系企业制和营商环境指标评价领导责任制，出台《新城区优化营商环境三年行动计划》，落实自治区、呼市和我区促进企业健康发展各项政策，激发企业发展活力，推动企业复产达效。

（五）推动服务业创新升级，促进经济结构优化调整

加快发展文化创意、健康养老、金融保险、会展等现代服务业，积极探索服务业高质量发展的有效途径。建立完善服务业集聚区管理机制，设立服务业集聚区发展引导资金，发挥杠杆效应，撬动集聚区发展。提升大青山前坡现有体育健身、休闲观光等资源和品牌，推进敕勒川草原生态谷、国家北方足球训练基地二期、奥淳国际蒙医康养示范基地等重点项目建设，打造主题突出、各具特色的四季旅游新环境。充分发挥交通便捷的优势，推动元福汽贸物流城、星汉物流供应链等项目建设，做大做强现代物流业。依托太伟方恒等金融服务业集聚区，加快发展总部金融、互联网金融等新业态，打造金融产业核心承载区。

（六）完善基础设施建设，筑牢城市发展根基

围绕完善城市功能，加快推进市政设施、公共设施建设，着力提升城市承载能力。全力配合推进地铁2号线、哲里木路高架桥提升改造工程。新建兴松街、星光北巷等小街巷15条，新建兴安北路、通道北街过街天桥2座，进一步缓解局部交通压力。积极推进开天花园等4个小区电梯加装试点工作，解决公主花园等20个老旧小区供水供热问题。持续推进棚户区改造，重点实施北二环、白酒厂区块征拆工作。继续加强辖区小街巷精细化管理，进一步加大天然气、热力等管网排查力度，切实提高百姓生活便利程度。

（七）补齐公共服务短板，持续保障和改善民生

完善公共卫生服务体系。加快推动新城区医院迁建、新城区妇幼保健计划生育服务中心等项目建设,提升医疗服务保障水平。建立家庭医生资源共享库,强化医护人员和社区居民双向互动。实现医疗资源的高效利用和合理调配。持续深化公立医院改革,加强重大疾病防控工作,完善医疗卫生机构信息化建设,全面提升应对公共卫生领域突发事件的能力。

优先发展教育事业。加快“新城教育云平台”建设,提升教育信息化水平。推行100%电脑派位和随机录取、“阳光分班”,消除“大班额”,有效缓解“入学难”问题。招聘教师189名,培训教师2100名,切实增强师资队伍建设。以22个名师工作室为试点,逐步完善教师待遇保障机制,积极解决教师编制问题。扎实抓好平安校园建设,推动中小学营养餐配送、课后服务、校园监控全覆盖,开展校园周边隐患排查整治,加强学生心理健康教育,确保校园安全和谐稳定。

加快完善保障体系。在呼哈路等3个社区推广居家养老服务模式,建设东库街等4处为老餐厅,逐步构建以居家为基础、社区为依托、机构为补充、医养结合的养老服务体系。做好高龄、孤儿、残疾人“两项补贴”等资金发放工作,落实统一的医疗救助政策。强化基本医疗保险、大病保险与医疗救助政策衔接机制,加大重大疾病医疗费用保障力度。推动落实各项稳就业政策措施,重点保障高校毕业生、农民工和退役军人等群体稳定就业,城镇登记失业率控制在4.5%以内。

深化实施文体惠民。积极参加全国文化馆第五次评估定级,争取进入国家一级馆行列。建设书香新城,举办第七届全民阅读系列活动。推进文化阵地建设,开展各类公益惠民文艺演出。完成科尔沁体育公园建设。举办新城区全民运动会,加强体育协会、社团建设,鼓励体育协会、社团办赛,培训各级社会体育指导员100名。持续推进全民健身活动。

守牢安全稳定底线。深入开展扫黑除恶专项行动,提升综治防控能力。严格落实安全生产责任制,切实加强隐患排查治理和安全风险防控,坚决防范各类事故发生。强化市场综合监管,突出抓好食品药品安全,让人民群众吃得安全、用得放心。

名词解释

1. 三大攻坚战:指防范化解重大风险、精准脱贫、污染防治。

2. “六稳”:指稳就业、稳金融、稳外贸、稳外资、稳投资、稳预期,涵盖了中国目前经济生活的主要方面。

3. “六保”:保居民就业、保基本民生、保市场主体、保粮食能源安全、保产业链供应链稳定、保基层运转。

4. 脱贫攻坚“四不摘”“三不减”“一不降”:“四不摘”:摘帽不摘责任、摘帽不摘帮扶、摘帽不摘政策、摘帽不摘监管;“三不减”:重视程度不减、投入力度不减、工作力度不减;“一不降”:脱贫质量不降。

5. 家庭农场:指以家庭成员为主要劳动力,从事农业规模化、集约化、商品化生产经营,并以农业收入为家庭主要收入来源的新型农业经营主体。

6. 土地确权:依照法律、政策的规定确定某一范围内土地的所有权、使用权的隶属关系和他项权利的内容。

7. 三城同创:创建全国文明城市、国家卫生城市、国家食品安全示范城市。

8. 名医工作室:指由三级医院派出副高职称以上的知名专家定期到基层医疗卫生机构坐诊,设立名医工作室,建立双向转诊绿色通道,使社区居民就近享受三级医院优质医疗资源。

9. 城市"六乱":指乱搭乱建、乱堆乱放、乱设摊点、乱拉乱挂、乱贴乱写乱画、乱扔乱吐。

呼和浩特市新城区2019年国民经济和社会发展统计公报

2019年,全区上下在市委、市政府的正确领导下,在区人大、区政协的监督支持下,深入学习贯彻习近平新时代中国特色社会主义思想、中共十九大和十九届二中、三中、四中全会精神,面对复杂严峻的经济形势和艰巨繁重的改革发展稳定任务,全区上下积极应对,合力攻坚,真抓实干,继续保持经济健康发展和社会大局稳定。

一、生产总值

初步核算,2019年新城区地区生产总值为605.12亿元,按第四次全国经济普查修订数据后的同口径可比价计算,比上年增长5.1%。其中:第一产业增加值1.98亿元,同比增长0.3%;第二产业增加值85.25亿元,同比增长2.6%,在第二产业中:全部工业增加值30.41亿元,同比增长8.0%,建筑业增加值54.84亿元,同比下降0.2%;第三产业增加值517.89亿元,同比增长5.5%。按常住人口计算,人均地区生产总值95671.1元,同比增长4.7%,按年末汇率折算达13713.9美元。

二、产业结构

产业结构略有调整。地区生产总值中一、二、三次产业比例为0.3∶14.1∶85.6。其中,第二产业对经济增长的贡献率为7.6%,拉动经济上升0.4个百分点;第三产业对经济增长的贡献率为92.3%,拉动经济上升4.7个百分点。从产业结构和对经济增长的贡献率看,第三产业在我区经济发展中仍处于极为重要的位置,其总量占全市第三产业比重的27.9%,其产业贡献率拉动经济增长4.7%,是推动经济增长的主要因素。

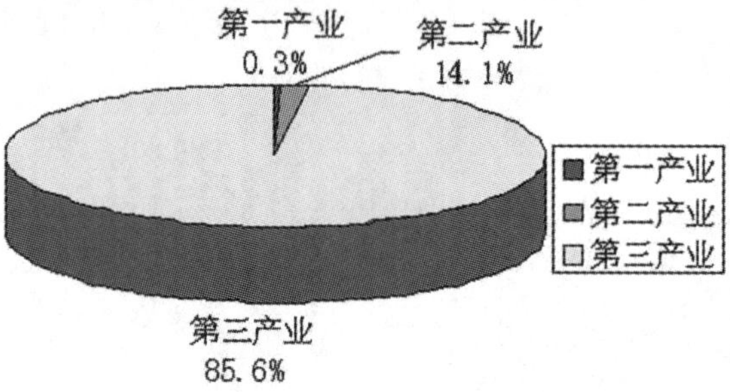

图1 2019年新城区三次产业结构比重图

三、财政收入

全年一般公共预算收入累计完成379061万元,同比增长7.4%,其中:税收收入358974万元,同比增长7.98%;非税收收入20087万元,同比下降1.98%。全年一般公共预算支出347600万元,同比增长31.91%,其中:一般公共服务支出37100万元,同比增长14.74%;教育支出70740万元,同比增长7.66%;社会保障和就业支出24471万元,同比下降2.17%;医疗卫生支出16019万元,同比增长6.07%;科学技术支出1537万元,同比下降65.15%;节能环保支出7718万元,同比下降31.19%;城乡社区支出100473万元,同比增长

136.88%;公共安全支出20839万元,同比增长14.02%。

四、农业经济

全区全年农林牧渔业及其服务业产值3.56亿元,同比增长0.27%;农林牧渔及其服务业增加值2.03亿元,同比增长0.30%。农作物播种面积709公顷,其中:粮食作物播种面积300公顷。全年粮食总产量920吨,其中:小麦产量6吨,玉米产量741吨,豆类产量28吨。油料产量460吨,蔬菜产量7750吨。

全区年末牲畜存栏数11953头(只)。其中:大畜存栏306头(只),奶牛存栏头数95头;生猪存栏1734头;羊存栏9913头。全年肉类总产量914.86吨,其中,猪、牛、羊肉产量758吨(猪肉产量466吨、牛肉产量62吨、羊肉产量230吨);全年鲜奶产量250吨,其中牛奶产量222吨;禽蛋产量391吨,羊毛产量23吨。

全区年末农用化肥施用量(折纯)85吨;农用塑料薄膜使用量48吨,其中地膜使用量12吨,地膜覆盖面积314.5公顷;农村用电量1952万千瓦时,同比增长1.1%。

五、工业经济

全区12户规模以上工业企业完成现价总产值76.8亿元,同比增长4.5%,其中重工业完成现价总产值74.4亿元,同比增长5.2%;轻工业完成现价总产值2.4亿元,同比下降14.0%。规模以上工业企业实现增加值24.4亿元,同比增长8.4%,其中重工业实现增加值23.4亿元,同比增长8.8%;轻工业实现增加值1.0亿元,同比下降4.0%。

从经济类型看,规模以上工业企业全部都是股份制企业,其实现增加值24.4亿元,同比增长8.4%。

从行业看,电力、食品、服装等支柱产业完成现价总产值67.1亿元,占规模以上工业总产值的87.4%。

在统计的主要产品产量中,服装达39.03万件,液晶电视机850185台,乳制品2895吨。

规模以上工业企业实现主营业务收入14.1亿元,比上年同期下降7.7%;产品销售率为100.1%,比上年下降0.2个百分点。

六、建筑业

全区共有资质内建筑业企业50家,企业数比上年减少9家,完成总产值51.6亿元,同比下降7.3%。全部建筑业增加值54.84亿元,同比下降0.2%。房屋建筑施工面积394万平方米,同比增长3.7%;竣工产值23.5亿元,同比增长14.6%;实现利润1.7亿元;同比增长30.8%;上缴税金3.5亿元,同比下降30%;其中增值税0.83亿元,同比下降41.9%。

七、固定资产投资

全区完成固定资产投资总额90.8亿元,与上年同期持平。其中:更新改造投资12.15亿元;房地产开发65.11亿元,同比增长7.8%;基本建设投资13.56亿元。

全年新开工项目13个,完成投资额22.3亿元,占总投资额的33%。

全年房地产开发完成投资65.11亿元,同比增长7.8%;商品房施工面积815.6万平方米,同比下降1.82%;销售面积

51.4万平方米,同比下降55.2%;商品房销售额56.2亿元,同比下降46.13%。

八、国内贸易

全区全年社会消费品零售总额比上年增长2.6%。截至年末,全区共有限额以上批发零售企业90家,其中,批发业32家,零售业58家。全区共有限额以上住宿和餐饮业单位79家,其中星级酒店13家:四星级6家、三星级7家。2019年限额以上批发零售和住宿餐饮业实现零售额104.5亿元,同比下降2.9%,其中限额以上住宿餐饮业实现零售额5.2亿元,同比下降2.7%。

2019年新城区限额以上社会消费品零售总额分类表

表1 单位:万元、%

	1—12月	同比±%
限上社会消费品零售总额	1044941	-2.9
按行业分		
批发零售业	993105	-2.9
住宿餐饮业	51836	-2.7
按零售额类别分		
石油及制品类	544090	-5.0
汽车类	286063	4.3
粮食、食品、饮料、烟酒类	10809	23.6
服装、鞋帽、针织品类	53760	-7.6
家具类	—	—
家用电器和音响器材类	50202	-12.8
化妆品类	16460	-2.3
文化办公用品类	216	-62.8
通信器材类	3732	-52.5
建筑及装潢材料类	—	—
金银珠宝类	15843	6.5
其他	11930	12.2

九、服务业

全区共有规模以上服务业企业133家,占全市397家规模以上服务业企业总数的33.5%,实现营业收入534.70亿元,同比增长0.6%。

全区规模以上服务业企业分别隶属于9个行业门类和其中的1个行业中类。其中,交通运输、仓储和邮政业20家;信息传输、软件和信息技术服务业16家;租赁和商务服务业34家;科学研究和技术服务业26家;水利、环境和公共设施管理业1家;居民服务、修理和其他服务业5家;教育业3家;卫生和社会工作2家;文化、体育和娱乐业10家;物业管理16家。

全区133家规模以上服务业企业分别分布在8个街道办事处、保合少镇和鸿盛园区。除成吉思汗街道办事处32家,数量较多,中山东路街道办事处7家、海拉尔东路街道办事处8家、保合少镇4家、鸿盛园区7家,单位数量相对较少外,其他办事处分布较均衡。

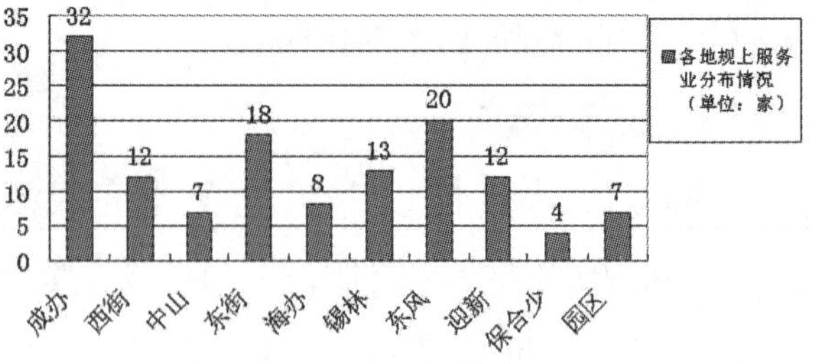

图2 2019年规模以上服务业企业分布情况示意图

2019年,全区20家交通运输、仓储和邮政业实现营业收入436.72亿元,同比增长0.21%,其总量占全区规模以上服务业总量的81.68%。

2019 年新城区规模以上服务业分行业收入一览表

表 2

行业	营业收入(亿元)		增长速度%
	本年累计	上年同期	
合计	534.70	531.52	0.60
交通运输、仓储和邮政业	436.72	435.81	0.21
信息传输、软件和信息技术服务业	55.81	55.81	0
租赁和商务服务业	15.14	14.36	5.43
科学研究和技术服务业	11.04	10.72	2.99
水利、环境和公共设施管理业	0.36	0.25	44.00
居民服务、修理和其他服务业	1.21	1.20	0.83
教育	1.43	1.29	10.85
卫生和社会工作	2.07	1.85	11.89
文化、体育和娱乐业	5.18	5.41	-4.25
物业管理	5.74	4.82	19.09

十、招商引资

全年引进国内资金 121.09 亿元，其中：引进区内资金 31.29 亿元，引进区外资金 89.8 亿元。

十一、科学技术和教育

科技对经济社会的服务功能进一步增强。2019 年全区应用技术研究与开发资金财政支出 220 万元。年内新增国家高新技术企业 20 家，认定自治区企业研发中心 1 家、呼和浩特市企业研发中心 5 家；年内区专利申请数 1641 件，其中，发明专利申请数 393 件；授权专利数 861 件，其中，授权发明专利数 57 件。截至年底，全区有效发明专利拥有量 337 件。

教育事业继续得到巩固和发展。2019 年末全区共有普通中学 22 所，在校学生 38648 人，其中初中在校学生 25748 人，高中在校学生 12900 人；教职工人数 3982 人，其中：专任教师 2786 人。初中毕业生 6686 人，高中毕业生 4112 人。年末共有小学 38 所，在校学生 45171 人；教职工人数 2404 人，其中专任教师 2442 人。年末共有幼儿园 52 所，在园儿童 12219 人，专任教师 1094 人。学龄儿童入学率 100%。取得各类专业技术职称的人员合计 3671 人。

十二、社会保障

社会保障工作和民生保障力度切实加强。城镇新增就业人数 11692 人，实现再就业 2136 人，年末城镇登记失业率控制在 2.36% 以内。城乡居民养老保险参保人数 7756 人，城乡居民基本医疗保险参保人数为 180874 人。截至年末，累计发放城乡居民最低生活保障金 1748 万元，保障城乡低保对象 1758 户、2740 人。

十三、文化、卫生和体育

公共文化体育服务体系不断完善。9 项非物质文化遗产进入自治区级非物质文化保护名录，23 项非物质文化遗产进入市级非物质文化保护名录。建成 72 个社区综合文化服务中心。建成 29 个草原书屋。截至年末，全区共有艺术院校 1 所，业余表演团体 60 支，公共图书馆 1 个，藏书量达 161191 册，文化馆 1 个，博物馆 9 个，影剧院 9 个。

卫生事业继续加强。年末全区共有三级医院 6 家；二级医院 6 家；一级医院 18 家；卫生院 2 家，共有床位数 4490 张，其中，医院 4231 张；卫生院 120 张。全区共有专业卫生技术人员5165人,其中医院2791人、卫生院138人;执业医师及助理执业医师1882人。

体育事业蓬勃发展。全区拥有体育场1个,体育馆5个,游泳馆13个,赛马场2个。全区拥有室内体育场地217个,拥有室外体育场地953个(包含所有驻区单位体育场地数),足球场地202个,室外健身路径267套,人均体育场地2.94平方米。

十四、人口

据新城公安分局人口年报统计,2019年末全区总户数为161744户,比上年增加5188户;户籍总人口为426358人(下同),比上年增加11330人,其中:城镇人口411004人,乡村人口15354人(2016年开始采用新口径)。总人口中:男性为208793人、女性为217565人,男女性别比为100:104.20。

在户籍总人口中:主要有15个少数民族和其他少数民族,少数民族人口共计89553人,占总人口的比重为21.0%。

全年出生人数5077人,比上年增加419人,年出生率为11.9‰;年内死亡人数1711人,比上年减少1433人,死亡率为4.0‰;人口自然增长率为7.9‰,比上年增加4.3个千分点。

全年迁入24288人,迁入率为57.0‰;全年迁出16324人,迁出率为38.3‰;人口机械增长率为18.7‰,比上年减少1.4个千分点。

据呼市统计局人口抽样调查数据显示,2019年末,全区常住人口63.37万人,人口密度为958人/平方公里。

十五、劳动工资

全年在岗职工人数114285人,同比下降1.5%。其中:国有经济45023人;集体经济298人;其他经济68964人。全年在岗职工工资总额达923829.3万元,同比增长13.2%,其中:国有单位在岗职工工资总额为378570.1万元;集体单位在岗职工工资总额1176万元;其他所有制在岗职工工资总额544083.2万元。全年在岗职工年平均工资80558元,同比增长16.6%。其中,国有单位在岗职工年平均工资84691元;集体单位在岗职工年平均工资39864元;其他经济单位在岗职工年平均工资78079元(注:在岗职工含劳务派遣人员)。

十六、人民生活

城乡居民收入继续稳步增加,消费水平进一步提高。据抽样调查显示,2019年新城区全体居民人均可支配收入47732元,同比增长7.1%,人均增加3164元,其人均收入水平较全市平均水平高9426元;全体居民人均生活性消费支出29835元,同比下降1.2%,人均减少372元,其人均支出水平较全市平均水平高3653元。

大 事 记

1月

14日，呼和浩特市民政局局长一行5人深入新城区对各养老机构安全生产工作进行大检查，检查情况面对面进行对接，并出具检查表，提出整改意见。

15日，自治区党委“扫黑除恶”第一巡察组一行4人到新城区公安分局开展“回头看”巡察工作。

21日，东风路街道举办社区春晚暨“筑梦新城 绽放2019”春节元宵节文化惠民演出活动，与民同乐，共谋发展，共促和谐。

23日，迎新路街道联合新城区人民检察院在团结小区社区长城小公园开展扫黑除恶专项行动宣传工作。

29日，呼和浩特市安委办组织市安监、公安、消防、工商、质监等部门人员组成联合执法组，在辖区开展烟花爆竹安全联合执法检查，

是月，新城区档案局联合项目办，赴托县档案馆考察学习档案馆建设。

2月

19日，新城区民政局做客呼和浩特市广播电台“连心桥”政风行风访谈节目，宣传群众关注的城乡低保、临时救助、双拥优抚、高龄补贴等热点最新社会救助政策。

20日，新城区市场监督管理局、新城区卫生健康委员会、新城区应急管理局、区政务服务局挂牌成立。

21日，接待服务中心组织实施机构改革区本级行政事业单位办公用房调整分配。

23日，新城法院举办“蒙苑”系列案案款发放会，共向900余名申请人发放执行案款250余万元。

3月

1日，新城区医疗保障局正式挂牌成立。

12日，新城区园林局联合区属8个街道办事处、25家驻区单位以及10多家园林绿化企业，在阿尔泰游乐场开展以“义务植树，共建魅力青城”为主题的绿化宣传活动。本次活动展出展板30多块、条幅40多条，发放手册、海报等各类绿化宣传资料3000余册及小礼品3000多件。

15日，新城区市场监督管理局围绕2019年消费维权年主题“信用让消费更放心”，在新城区苏雅拉公园主会场和7个分会场同步开展纪念“3·15”国际消费者权益日系列活动。

19日，在新城区法院召开物业合同纠纷协调会，新城区法院、司法局、新城区物业管理局、东街办事处、部分物业公司代表、优秀律师代表、人民调解委员会代表参会。

21日，国家卫生健康委党组成员、国家中医药管理局党组书记余艳红到新城区迎新路东社区卫生服务中心调研。

29日，新城区联建小区10号楼6单元发生爆炸事件，造成1人死亡、2人受伤。

是月，根据住建局“三定”方案，确定住

建局为新城区人民政府工作部门,为正科级,加挂新城区人民防空办公室牌子,行政编制8名,设局长1名、副局长3名。内设综合办公室、城市建设股(人民防空工作办公室)、村镇建设与房产管理股、建筑市场质量安全监管股4个科室;2019年10月任命住建局内设4个科室的股级干部。

4月

4日,新城区园林局应内蒙古广播电台邀请,走进电台直播间,近距离与广大听众互动,录制1期关于义务植树方面的专题节目。

5日,武装部组织民兵应急分队参与处置大青山森林火灾扑救工作。

10日,新城区党政机关办公区新改建职工食堂启用。

17日,新城区法院、呼和浩特市交管支队新城大队、内蒙古保险行业协会共同成立的内蒙古首家道路交通事故一站式处理中心举行揭牌仪式。

19日,由新城区园林局组织,呼和浩特市体育馆、呼市广播电视台、呼市工商联及呼市市政管理局300余名机关干部赴曹家营村义务植树基地,开展全民义务植树活动。

23日,昕城公司与呼和浩特市新城区政府签订《新城区古文化广场项目1#、2#、3#楼建设协议书》及《新城区毫沁营回迁小区二期安置房建设协议书》。

△由新城区园林局组织,自治区和新城区两级政法委10余名机关干部赴面铺窑村义务植树基地,开展全民义务植树活动。

24日,新城区政府召开“新城区2019年生活垃圾分类工作会议”及“新城区‘创建国家卫生城市’推进会”。

25日,西街办事处安装调试呼和浩特市人口监测服务管理平台。

26日,新拓公司配合新华集团承接自治区直属机关庆祝新中国成立70周年职工系列活动启动仪式“公仆杯”健步走活动及迷你马拉松赛事。

30日,迎新路街道办事处和辖区各社区退役军人服务站正式挂牌。

是月,中共新城区委员会审计委员会成立,办公室设在审计局。

5月

6—12日,红十字会组织开展“爱心相伴,‘救’在身边”为主题的“红十字博爱周”活动。

10日,医保局组织辖区内所有定点医药机构召开“打击欺诈骗保、维护基金安全”专项工作会议。

13日,接待服务中心新城区公务用车信息化监督管理平台启用。

△医保局同新城区税务局召开2020年度城乡居民基本医疗保险征缴工作推进会,将参保缴费工作移交至税务局。

15日,蒙古国乌兰巴托市代表团一行8人到新城区迎新路东社区卫生服务中心调研,代表团参观中心门诊大厅、蒙医馆名医工作室、健康小屋、蒙药房、预防接种室及儿童脑瘫康复大厅等。

17日,机关党工委批复成立中共呼和

浩特市新城区应急管理局支部委员会，同时撤销中共呼和浩特市新城区安全生产监督管理局支部委员会。

21 日，机关党工委批复撤销新城区委农工部党支部。

23 日，新城区法院会同新城区司法局联合召开新闻发布会，向社会各界及新闻媒体通报诉讼服务、诉调对接工作情况。

24 日，历经两次开庭审理后，呼和浩特市新城区人民法院对一起寻衅滋事罪案件依法进行宣判。保和少镇约 40 名干部群众及多家媒体记者旁听该“路霸”恶势力犯罪案件庭审。

30 日，机关党工委批复成立中共呼和浩特市新城区文体旅游广电局支部委员会。

31 日，机关党工委批复中共呼和浩特市新城区人民法院总支部委员会改建为机关委员会，同时成立机关纪律检查委员会。

△新城区民政局举行社会救助政府购买服务启动仪式。

是月，举办 2019 年新城区全民运动会。开幕式上来自区属各企事业单位、各行政村的职工、学生、农民、居民的 123 支代表队近 3 万人参加，本届运动会共设 7 个大项比赛，共有 5000 余名运动员参加，其中田径项目设有 101 项。

△政府直属副科级事业单位新城区社区工作办公室更名为新城区社区工作服务中心。

6 月

3 日，机关党工委批复成立中共呼和浩特市新城区医疗保障局支部委员会。

4 日，机关党工委批复成立新城区政务服务局党支部。

6 日，呼和浩特市广播电视台、新城区扫黑办在阿尔泰广场隆重举办以“扫除黑恶势力，共建平安首府”为主题的扫黑除恶专项斗争行动专题宣传演出暨《青城警务》三周年进社区活动。

7 日，城管局高考期间在三十四中、十九中、三十八中和二中 4 个考点外新城区城管局连续第 7 年设立“高考服务站”，积极为生及家长提供各种服务，为考生们加油助力。

17 日，新城区东风路街道办事处光华街社区为老服务餐厅启动。

19 日，机关党工委批复爱卫办党支部整建制转入卫生健康委员会机关党委。

20 日，机关党工委批复成立中共呼和浩特市新城区市场监督管理局机关委员会和机关纪律检查委员会。

25 日，机关党工委批复成立中共呼和浩特市新城区区域经济合作局支部委员会。

28 日，新城区中山东路街道中山社区举行“为老服务餐厅”试点启动仪式。中山社区是新城区居家养老第 9 个试点社区，“为老服务餐厅”是新城区第 7 家餐厅。

30 日，新城区党群活动服务中心揭牌仪式在区政务服务局启动。

是月，文旅局组织开展第四次体育场地调查统计。对辖区范围内体育场地进行为期一个半月的调查统计，经普查，新城区体育场地共有 1140 个，场地总面积

1339252 平方米,人均体育场地面积达 2.36 平方米。

7 月

2 日,新城区人大常委会预算联网监督中心正式运行。

3 日,机关党工委批复成立新城区妇联党支部、新城区总工会党支部。

11 日,机关党工委批复成立中共呼和浩特市新城区退役军人事务局支部委员会,批复撤销新城区总工会、妇联联合党支部。

12 日,新城区民政局在金三角光电科技园区内举办社会救助智能自助申报一体机发放仪式。仪式上为保合少镇、各街道办事处每个地区配发一台社会救助智能自助申报一体机,共计 9 台。

15—16 日,中共中央总书记、国家主席、中央军委主席习近平到内蒙古呼和浩特市进行考察调研。新城公安分局按照市局部署制定勤务方案,共出动警力 668 人次、车辆 200 余车次,确保安全。

8 月

6 日,自治区民政厅、财政厅联合组成调研小组在新城区召开关于社会救助及购买服务调研会。

△新城区政务服务局所属事业单位政务服务中心降为副科级事业单位,收回正科级领导职数 1 名,人员编制保持不变。

8 日,新城区党政机关办公区新改建清真食堂启用。

9 日,机关党工委批复新城区发展和改革委员会机关党委改建为新城区发展和改革委员会党支部。

9—10 日,第二届“草原之夜”中国健美健身精英职业联赛在敕勒川草原举行。

19 日,接待办组织实施新城区事业单位公务用车制度改革。

20 日,来自北京、内蒙古、黑龙江、安徽、河南、广东、广西 7 个代表团的 33 名全国人大代表走进大青山生态保护区,实地查看新城区大青山生态保护情况,检验内蒙古大地上“检察蓝”守护“草原绿”“青山美”“湖水碧”的公益诉讼实践,充分肯定新城区检察院公益诉讼工作对地方生态资源保护的积极作用。大青山国家级自然保护区公益诉讼系列案件入选自治区检察院公布的全区十大典型案例。

23 日,首届中国·内蒙古马头琴艺术节在敕勒川草原开幕。

26 日,新城区园林局更名为新城区园林绿化服务中心。

29 日,新城区物业企业管理协会会员大会暨机构成立大会召开,新城区 50 余家物业服务企业负责人及代表参加成立大会。

30 日,新城区“科创杯”第二届职工技能大赛在呼和浩特鸿盛工业园区祺泰服饰业有限公司开幕。9 家企业、单位共 200 余名干部职工参加开幕式。

是月,新城区社区工作服务中心升格为正科级事业单位,增加 1 名正科级领导职数,增加后核定科级领导职数 2 名(1 正 1 副),人员编制保持不变。

9月

2日，第七届内蒙古“草原英才”高层次人才合作交流会暨呼包鄂人才创新创业周呼和浩特分会场活动在敕勒川草原开幕。

9日，最高人民法院政治部司法警察管理总局警训处、内蒙古自治区高院法警总队、上海市嘉定区人民法院法警队及天津市西青区法警大队、内蒙古自治区高院法警总队等单位的负责人到新城区法院调研。

30日，哈拉沁国足基地尾矿库治理项目开工。中央下拨专项治理资金2011万元，用于大青山前坡在20世纪80年代遗留的3处选金废弃尾矿库。

是月，全国第五届应急救护大赛在呼和浩特市举行，成吉思汗办事处南苑社区和呼市实验中学东河校区作为全国救护大赛的观摩点，迎接红十字国际委员会官员、中国红十字会和全国红十字会系统同仁参观指导。

10月

10日，昕城公司与呼和浩特市新城区政府签订《新城区毫沁营6号地安置小区安置房建设协议书》《新城区下新营9号地安置小区安置房建设协议书》。

13日，内蒙古2019首届“骑行内蒙古畅游大草原”骑游活动在敕勒川草原太阳广场拉开帷幕。

是月，新城区参加呼和浩特市第三届运动会。选拔260余名运动员，组建成区代表队参与田径（拔河）、广场健身操、排球、羽毛球、门球、足球、篮球、乒乓球、跆拳道、游泳、武术、射击12大项目比赛，以团体总分2721分排名位列全市第一。

11月

5日，宏盛公司全资成立呼和浩特市烯城石墨烯技术研究有限公司，注册资金500万元。

7日，中央扫黑除恶第15督导组成员薛跃文（公安部经济犯罪侦查局综合处调研员）带领包腾格里（自治区检察院第八检察部正处级检察员）、张杰（呼和浩特铁路运输中院三级法官）一行3人到新城区公安分局，对扫黑除恶专项斗争工作开展督导“回头看”，新城区政法委副书记张秀荣陪同督导调研。新城区政府副区长、公安分局党委书记、局长胡晓宁及分局在家全体党委成员带领分局扫黑办相关人员参加迎检工作。

11日，宏盛公司成立内蒙古烯青石墨烯采暖科技有限公司，注册资本500万元，该公司承担对新城区岱州营村石墨烯煤改电项目的实施建设。

18日，昕城公司与呼和浩特市土地收购储备拍卖中心签订宗地编号呼土收储挂2019085号和呼土收储挂2019086号两宗土地《呼和浩特市挂牌出让国有建设用地使用权成交确认书》，宗地面积合计147669.207平方米。

21日，昕城公司与中冶天工集团有限公司、内蒙古新华控股有限公司、中投信联（深圳）资产管理有限公司联合体组建成立呼和浩特市新联项目管理有限公司,注册资金1亿元,法定代表人贾立刚。

29日,医保局与辖区内定点医药机构签订“一站式”服务协议的签约仪式。

12月

5日,锡林北路街道办事处三角线社区为老服务餐厅正式启动。

30日,东风路街道完成机关办事机构挂牌工作。机构改革挂牌工作后,街道办事处设置机构为党政综合办公室、基层党的建设办公室、社会事务办公室、城市管理办公室、平安建设办公室5个职能机构。

31日,宏盛公司董事长与中财融商(北京)资本管理有限公司高级合伙人签订呼和浩特融商创新产业基金中心(有限合伙)合伙协议。

是月,新城区档案馆荣获由人力资源和社会保障部、国家档案局联合颁发的全国档案系统先进集体称号荣誉证书。

是年,内蒙古赛马场成功创建国家AAAA级景区,申报市旅发资金200万元。

△文旅局申报国家AAA级旅游景区2家,分别是:呼和塔拉草原、大青山红色主题公园;申报五星级农家乐2家,分别是:悦来悦好、牧原山庄。

政　　治

中国共产党呼和浩特市新城区委员会

【中共呼和浩特市新城区委员会领导名录】

区委书记　云新明（蒙古族）

副 书 记　范志忠（政府区长）

李晓燕（女，政法委书记，3月任职）

常　　委　徐相军（政府副区长）

田志刚（政法委书记，3月离任）

李玉蛟（蒙古族，纪检委书记）

要喜平（统战部部长，3月离任）

李　强（区委办公室主任兼教育局局长）

张鹏志（组织部部长）

秦国珺（宣传部部长兼住房和城乡建设局局长）

任东东（人民武装部政治委员）

要彩霞（女，统战部部长，3月任职）

【概况】新城区委设置纪检监察机关1个，计入机构限额的工作机关9个（设在相关部门的区委议事协调机构的区委议事协调机构的办事机构不计入机构限额）。其中，纪律检查委员会和监察委员会合署办公，实行一套工作机构、两个机关名称；办公室挂区档案局牌子；组织部挂直属机关工作委员会、老干部局、非公有制经济组织和社会组织党工委、区公务员局牌子；宣部挂区精神文明建设委员会办公室、对外宣传领导小组办公室（区政府新闻办公室）、区新闻出版版权局牌子；统一战线工作部挂区宗教事务局、区政府侨务办公室牌子；机构编制委员会办公室挂区事业单位登记管理局牌子；保密机要局挂保密委员会办公室、区国家保密局、区国家密码管理局牌子；教育工作委员会与区教育局合署办公，不计入机构限额。

【重要会议】2019年9月15日，中国共产党呼和浩特市新城区第十一届委员会第十二次全体会议召开。出席会议的区委委员32人，候补委员7人。区有关领导同志，纪委常委，监委委员，有关方面负责同志和部分区第十一次党代会基层代表列席会议。全会的主要任务是，深入学习贯彻习近平总书记考察内蒙古重要讲话精神，按照自治区党委十届十次全会、市委十二届九次全会和《市委关于贯彻落实习近平总书记考察内蒙古重要讲话精神的实施意见》部署要求，审议区委贯彻落实意见，动员全区各级党组织和广大党员干部，不忘初心、牢记使命，强化工作举措、狠抓工作落实，推动全区经济社会高质量发展，为打造祖国北疆亮丽风景线作出新的更大贡献。

区委办公室

【区委办公室领导名录】

主　任　李强

副主任、政研室主任　兰建军(2月任职)

副主任　吴　青(5月任职)

张广华(6月离任)

关　涛(蒙古族,10月离任)

行政服务局局长　张广华(2月任职)

保密机要局局长　云　莉(女,蒙古族,2月任职)

挂职区委办副主任　刘　可(5月任职)

【概况】2月,按照关于印发《新城区机构改革实施意见的通知》,区委全面深化改革领导小组改为区委全面深化改革委员会,作为区委议事协调机构;下设区委全面深化改革委员会办公室,设在区委政策研究室。组建区委国家安全委员会,作为区委议事协调机构,下设区委国家安全委员会办公室,设在区委办公室。区委政策研究室作为区委工作机关。将区委办公室的机要管理职责和区国家保密局的职责整合,组建区委保密机要局,作为区委工作机关,归口区委办公室管理,不再保留单设的区国家保密局。将区档案局的行政职能划入区委办公室,对外加挂区档案局牌子,区档案馆作为区委直属事业单位。

【以文辅政】完成区委十一届十一次、十二次全会、全区党建工作会议、纪委十一届四次全会、主题教育工作会等会议的报告、讲话,《关于深入学习贯彻习近平总书记考察内蒙古重要讲话精神的实施意见》及分工方案,新城区学习贯彻落实习近平总书记考察内蒙古重要讲话重要批示指示精神的报告、全面从严治党主体责任落实情况的报告、扫黑除恶斗争情况汇报材料、党的十九届四中全会宣讲材料等各类文稿140余篇。

【信息工作】利用《信息快报》《要情专报》《新城动态》三大信息刊物,向不同层级"快""准""全"的提供信息服务。2019年,编辑上报自治区党委、市委办公厅信息处《新城区信息》1228期,编发《信息快报》11期,编发《新城动态》46期,下发《信息采用情况通报》3期。特别是《全市首例"涉恶"案件成功宣判》《新城区全面完成呼和浩特科技城(东柜村)征拆工作》等多篇信息得到市委的高度关注。下发约稿通11期,约稿条目24条。每日值班制度和节假日值班制度,紧盯全区重大紧急信息报送,在联建小区"3·29"燃气爆炸、居然之家火灾等重大事故事件处置中,充分发挥信息前哨和耳目作用,及时向市委和区委报告情况。举办全区党委办公系统信息工作培训会,邀请自治区党委办公厅、市委办公室信息调研处领导,专门就信息的写作技巧、报送要点等内容进行专题培训。

【督查督办】围绕全区中心工作、群众反映强烈的热点、难点问题和决策落实中出现的倾向性和苗头性问题开展联合督查、专题督查、专项督查。围绕"创建文明城市""宗教问题督导""违建别墅拆除"

"清洁能源替换""网民留言"等全区重点工作,联合区住建局、林业局、环卫局、环保局、长效办等多个部门实地督查50余次。印发《督查专报》14期,印发节假日期间政务值班情况及精准扶贫干部帮扶情况的《督查通报》6期。按照常委会会议精神要求开展专项督查30余次;按照区委书记批示要求,开展专项督查20余次;办理网民给自治区党委书记、呼和浩特市委书记网民留言99条,上报率100%。

【综合协调】高标准严要求做好会务工作。按照《新城区本级党政机关会议管理办法》要求,组织协调召开区委全会、全区党建工作会、区委常委会会议、中共十九届四中全会精神宣讲报告会等各类会议50余次。做好各类视频会议的组织服务工作,组织视频会议24次。统筹安排全区政务值班工作。在元旦、春节、"五一"、"十一"等节假日前,及时向市委、市政府报送政务值班安排,下发政务值班通知,对各地区、各部门的政务值班工作作出具体要求。全国两会召开期间,及时安排区委部门和重点部门进行24小时值班。执行《四大办公室联席会议制度》,增强与区人大办、政府办、政协办的沟通联系。召开全区办公室工作会议,分析当前办公室工作面临的形势,对全区近期工作进行安排部署。积极配合相关部门抓好"扫黑除恶"、中央脱贫攻坚专项巡视反馈意见整改工作,各类专题会议的组织和档案资料整理工作。主动承接区委主题教育专项整治工作,由区委办牵头制定《关于整治贯彻落实习近平新时代中国特色社会主义思想、习近平总书记关于内蒙古工作的重要讲话重要指示批示精神和党中央决策部署存在突出问题的具体实施方案》《关于整治"违反中央八项规定和实施细则精神突出问题"的具体实施方案》《关于集中整治形式主义官僚主义突出问题切实推进减负工作的具体实施方案》3个方案,制定整改台账,安排专人督促跟进整治工作推进情况。

【党务公开】强化组织领导。及时调整党务公开工作领导小组,规范信息员队伍建设,建立公开信息录入和审批人员队伍。半年开展一次党务公开信息数据统计,准确了解信息报送情况。根据机构改革调整结果,及时合并、变更相关报送单位。梳理区委本级党务公开目录60条,形成全区基层党组织党务公开目录75条,并对公开时限、范围、责任单位、数量底标提出明确要求。维护完善公开平台。及时更新20块党务公开栏内容,对"阳光三务"平台区委党务公开信息和区委党务公开网进行维护完善。区委本级向"阳光三务"平台推送322条信息,区委党务公开网更新1014条信息。

【国家安全工作】筹备召开区委国家安全委员会第一次会议,传达学习中央、自治区党委、市委国家安全委员会第一次会议精神,研究审议《中共新城区委国家安全委员会工作规则》《中共新城区委国家安全委员会办公室工作细则》《中共新城区委国家安全委员会国家情报工作规范(试行)》;研究中共新城区委国家安全委员会2019年工作安排。面向区国家信息直报单位印发《关于加强国家安全情报信息报送工作的通知》,各直报单位均明确一名国家安全信息联络员。按照区委关于开展防范化解重大风险相关工作安排,制定《新城区防范化解重大风险“1+6”工作方案》。

【党建工作】推进“不忘初心、牢记使命”主题教育。9月17日,区委办公室“不忘初心、牢记使命”主题教育全面启动。开展集体学习8次,进行交流研讨4次。通过“开门纳谏”、发放征求意见表等多种形式听取群众意见,深入基层调查研究,完成调研报告2篇。按规定及时召开专题组织生活会,梳理意见建议18条。围绕“基层组织建设标准化规范化”要求,推进“双目标”管理,着力整治党建工作“灯下黑”问题,扎实推动“三会一课”全程纪实。完善“三项制度”,建立“两表一册一档”(计划报备表、审核报告表、纪实手册、党员档案),严格落实党内政治生活有关要求。

纪检监察

【区纪委领导名录】

书　记　李玉蛟(蒙古族)
副书记　党礼义
冯国战
常　委　翟江华
郝　静(女,案件审理室主任)
李翔宇(女,纪委监委党总支书记)
照旭春(女,第一纪检监察室主任)

【区监委领导名录】

主　任　李玉蛟(蒙古族)
副主任　党礼义
冯国战
委　员　翟江华
郝　静(女)
杜勇利(满族)
陈宏远

派驻第一纪检监察组组长　陈建军
派驻第二纪检监察组组长　云　峰(蒙古族)
派驻第三纪检监察组组长　云岱庆(蒙古族)
派驻第四纪检监察组组长　高铁军
派驻第五纪检监察组组长　柳彦春
派驻第七纪检监察组组长　史海军
派驻第八纪检监察组组长　蔡建江(蒙古族)
派驻第九纪检监察组组长　成公光
派驻第十纪检监察组组长　李素平
派驻第十一纪检监察组组长　张丹(女)
派驻第十二纪检监察组组长　高文祥(蒙古族)
派驻第十三纪检监察组组长　薛润月
办公室主任　党　炜(蒙古族,5月任职)
组织部部长　张雨霞(女)
宣传部部长　高红霞(女)
案件监督管理室主任　贾　鑫(女)
信访室主任　崔东梅(女)
党风政风监督室主任　赵红霞(女)
第二纪检监察室主任　张月亮
第三纪检监察室主任　王维青

第四纪检监察室主任　耿铁军

第五纪检监察室主任　王洪兴

第六纪检监察室主任

方玉顺(维吾尔族)

数据监察中心主任　韩丽华(女)

【概况】纪律检查委员会与监察委合署办公,实行“一套工作机构、两个机关名称、履行两种职能”体制。区纪委监委经过“三转”及监察体制改革,内设办公室,组织部、宣传部,案件监督管理室,案件审理室,信访室,党风政风监督室,第一、二、三、四、五、六纪检监察室13个机构。下设1个二级事业单位,新城区纪委监委数据监察中心。设立派驻纪检监察组14个,覆盖新城区61个单位。有行政编制38个,事业编制40个。

【从严治党】严格落实“一周一建议”“一季一通报”工作机制及通报制度,对在落实党风廉政建设责任制方面存在不足的单位和部门,提出意见和建议,要求限时整改、及时反馈,通过监督传导压力,压实责任。利用“一网一屏一微”加大纪律宣传教育力度,传播正风反腐声音。利用“新城廉政”手机短信平台,在重要时间节点向党员干部发送廉政短信。组织召开全区党员领导干部廉政警示教育大会,实行“一案一促改”制度,督促相关地区和部门单位运用典型案例开展警示教育。针对违纪违法案件发出纪律检查建议书或监察建议书,督促开展廉政风险隐患排查,建章立制。建立4588人的新城区党员领导干部廉政档案信息库,全面掌握党员领导干部和行使公权力的公职人员的廉洁从政情况。

【作风建设】在元旦、春节、清明、“五一”、端午等重要时间节点,通过实地查看、电话暗访等方式对全区各单位进行专项检查,公开通报2次2家单位,受理“四风”及中央八项规定问题线索5件,立案1件,处分1人。开展机关作风纪律进行突击检查3次,下发监督建议反馈问题,强调整改要求。对自治区、市、区重要会议开展监督44次。严把党风廉政意见回复,对43批5339人名干部作出廉政意见回复。

【纪律审查】接受信访举报428件,同比增长9.5%;受理问题线索538件,办结463件,办结率86%;立案94件,同比增长10.6%;结案89件,处分82人,同比增长30.2%;给予党纪处分58人、政务处分29人,双重处分5人,移送检察机关7人。加强中央巡视组、自治区巡视组、自治区纪委、市纪委交办问题线索督办力度。交办件实施专人负责,分门别类建立台账,列出清单、挂牌督办,定期向上级纪委报告进展情况。运用“四种形态”处置379人,第一至第四种形态分别占比77%、16.6%、4.2%、2.1%,监督执纪由“惩治极少数”向“管住大多数”拓展。开展执纪审查调查安全专题培训2次,使用谈话室1085人次,执行留置任务6次,安全事故零发生。推进标准化谈话室建设,自主研发谈话对象信息采集、安防管理等审查调查管理系统平台。通过制定《一体化专案人员科技设备保障方案》和配发标准装备,实现“高质量”办案后勤保障新模式。以中央扫黑除恶专项斗争督导为契机,严肃查处涉黑涉恶腐败和“保护伞”,受理问题线索207件,涉黑涉恶线索立案37件52人,处分37人。开展对"黄赌毒"和黑恶势力听之任之、失职失责甚至包庇纵容、充当"保护伞"专项整治工作,办结问题线索6条。开展深入整治形式主义、官僚主义专项工作、民生领域专项整治、人防系统腐败问题专项整治、"大棚房"问题清理等专项整治工作。受理"形式主义、官僚主义"问题线索4件,立案3件,处分4人,受理"民生领域"问题线索64件,立案1件,处分1人。

【巡视整改和巡查监督】督查评估十一届区委前七轮巡察的41个党组织巡察反馈意见整改落实情况,整改完成率87.5%,向前七轮被巡察单位提出督查整改意见建议327条,41个被巡察党组织巡察整改情况向党内通报和社会公开。与区纪委监委建立协作配合机制,印发《关于建立健全新城区委巡察机构与区纪委监委有关部门协作配合机制的实施意见》。加强与组织部、宣传部、审计局、扶贫办等部门的沟通协调,建立工作协调机制,形成有序衔接、互为补充、协调一致的监督链条。开展3轮、20个党组织(含1个交叉巡察,不包括延伸巡察的社区党组织)巡察。2017年4月起累计开展9轮巡察,覆盖55个党组织。前九轮巡察累计发现被巡察党组织问题1296个,督促立行立改171项,向纪委监委移交问题线索53条,立案11件,给予党纪政务处分13人,移送检察院2人。

【深化国家监察体制改革】派出镇(街道)监察办公室全部挂牌成立,聘任监察联络员78名,激活村(社区)级监察监督的"末梢神经"。同时深化派驻机构改革,将"派驻纪检组"更名为"派驻纪检监察组",授予派驻纪检监察组监察职能和权限,发挥派驻纪检监察组的探头和前哨作用。

【自身建设】通过"以案代训"和执纪审查调查业务"跟班培训""集中培训",以"多批次、滚动化、小班制"形式开展培训300余人次。贯彻执行《中华人民共和国监察法》《监督执纪工作规则》《监督执法工作规定》,从安全文明执纪、工作纪律、工作作风、考勤纪律等方面加强对纪检监察干部的要求和监督管理。完成新城区监委首届特约监察员聘请工作,15名特约监察员持证上岗。

巡察工作

【区委巡察办领导名录】

主　任　郑冬维

副主任　柴桂华(女)

　　　　冯利忠

第一巡察组组长　闫文娟(女)

副组长　杨雅清(女)

第二巡察组组长　杜永珍

副组长　赵　凤(女)

【概况】新城区委巡察机构设1办2组,内设2个股室(综合股、督查股)和1个股级事业单位(巡察数据管理中心),核定人员编制23个,其中行政编制7个,事业编制16个。有借调工作人员8人、志愿者2人。

【巡察工作】2019年组建13个巡察组分3轮对20个党组织开展巡察,对区东街街道办事处、审计局、昕城公司等14个地区、单位和区属企业党组织开展常规巡察，对相关街道下辖的所有社区党组织进行延伸巡察。采取常专结合的方式，对5个部门开展常规巡察和脱贫攻坚、扫黑除恶专项巡察。对2个中学开展机动巡察。对鸿盛工业园区党工委开展交叉巡察。累计发现被巡察党组织问题1296个，督促立行立改171项，向纪委监委移交问题线索53条，立案11件，给予党纪政务处分13人，移送检察院2人。

【巡察整改】2019年组建6个督查组，对第五、六、七轮24个被巡察单位开展集中督查，提出督查整改意见建议235条。建立整改情况“回头看”制度，通过再监督、再检查，不断提升巡察整改成效。督查评估十一届区委前七轮巡察的41个党组织巡察反馈意见整改落实情况，整改完成率87.5%，向前七轮被巡察单位提出督查整改意见建议327条，41个被巡察党组织巡察整改情况全部向党内通报和社会公开。

【宣传工作】利用新城区政府网站、纪检监察网站、今日头条、LED大屏、《新城党风廉政》《新城宣传》等媒体和“清风新城”“新城组工”微信公众平台等媒体覆盖面广的优势，提高区委巡察工作社会群众知晓率和参与度。开通“新城巡察”微信公众号，关注人数近千人，发布信息59期、190余条，阅读量1万余次。在新城区政府门户网站开辟巡察专栏，及时向社会发布巡察工作动态。

【党建工作】推进“两学一做”学习教育常态化制度化。组织开展集中学习18次、安排自学内容22次、讲党课4次、主题党日活动11次，组织全体党员干部观看教育影片2次，参观展览3次。利用“学习强国”“法宣在线”等手机APP软件，中央、自治区、呼市纪委监委和巡视巡察微信公众号，系统学习党的最新理论知识，切实做到以学促做、学做互进，不断提升党员干部的政治理论素养。主题教育期间，支部共组织开展8次集中学习、2次专题辅导，并围绕党的建设、全面从严治党主题开展2次专题研讨，强化学习教育。同时严格落实讲好主题教育专题党课要求，区委巡察办党支部书记和第二巡察组组长分别围绕主题教育理论学习讲党课，促进全体巡察干部深刻认识中国共产党初心和使命的科学内涵，准确把握习近平总书记“四个到位”的重要要求，增强“不忘初心、牢记使命”的理念，唤起践行初心和使命的自觉。

【自身建设】区委召开常委会研究巡察工作4次。区委书记专题会听取巡察工作开展情况4次，区委巡察工作领导小组会研究部署巡察工作4次。分批次选派3人参加自治区党委巡视、市委巡察工作，参加自治区党委巡视办、市委巡察办组织的能力素质提升培训班4批45人次，切实转化好学习成果，不断提升巡察干部业务能力和水平。

政法工作

【政法委领导名录】

书　记　田志刚（3月离任）
　　　　李晓燕（女 3月任职）
副书记　许胜利（蒙古族 5月离任）

锡　林(蒙古族)
张秀荣(女)
张笑凡(5 月任职)
唐　亮(5 月任职)

【概况】2019 年经新城区委机构编制委员会办公室审核,报区委批准下设 7 个内设机构:办公室、政治股、维稳股、综治督导股、基层社会治理股、反邪教协调股、执法监督股。实际有 9 个内设机构:办公室、政治股、维稳股、综治督导股、基层社会治理股、反邪教协调股、执法监督股、财务室、宣教和法治室。另下设 2 个事业单位:智慧城市管理中心、法学会。

【巡察整改】认真抓好巡察反馈整改。按照区委巡察工作统一部署,区委第二巡察组于 4 月 28 日至 6 月 12 日对区委政法委进行巡察。政法委收到《巡察反馈意见》后,高度重视,及时召开书记办公会和支委会研究部署,针对巡察反馈的 6 个方面 39 个具体问题,制定《区委政法委关于落实新城区委第二巡察组反馈意见的整改方案》,形成 6 个方面 44 条具体举措,成立领导小组,建立整改台账,明确整改时限,全面压实责任,确保条条要整改、件件有着落。截至 2019 年 12 月 31 日,完成整改 43 条,剩余 1 条。

【党建工作】开展“不忘初心、牢记使命”主题教育,开展专题学习 8 次,专题研讨 2 次。通过主题教育开展开门纳谏及政法机关走基层“推门纳谏”活动,广泛征求意见建议 21 条,完成整改 15 条。按时完成领导班子民主生活会和全体党员组织生活会,加强党风廉政建设。

【宣传工作】建立网络宣传阵地“新城政法”公众号、“政法委网上学习讲堂”微信群、新浪微博、今日头条,建立“新城区长安网”(http://hhht.xcq.nmgzf.gov.cn/),及时发布新城区政法工作动态。2019 年在“新城政法”公众号发布文章 81 篇,阅读量 2758 人次;头条号发布文章 37 篇,阅读量 3114 人次;微博发布文章 535 篇,阅读量 6432 人次。

【维护社会稳定】2019 年以来全区不断强化安全意识,扎实做好信息研判工作,排查矛盾隐患,做好重点人员管控工作,全力保障社会稳定大局。制定《新城区维护政治安全和社会稳定工作实施方案》,成立新城区维护政治安全专责小组和维护社会稳定专责小组,统筹推进工作。成立反恐怖领导小组,加强防范和打击力度,密切关注民族分裂势力、邪教势力活动情况。开展信息研判,在公安、安全、信访等部门情报信息收集、分析和处理的基础上,定期召开会议进行分析研判。组织召开维稳月度工作例会 10 次,分析研判收集各类信息 19 条,编发各类维稳专报或信息 10 期。排查整治,结合国庆期间安保、信访工作,对全区常住和暂住人口、重点区域、重点部位尤其是人员密集场所进行排查,未发现问题隐患。针对易引发群体性事件的房地产领域违法行为展开细致摸排,摸排问题线索 67 条,出具法律意见书 10 份,移交公安分局案件线索 11 条,其中 5 件已经导入司法程序。严格风险评估,按照《内蒙古自治区重大事项社会稳定风险评估工作操作规程(试行)》等 4 个规范性文件,对 5 件重大事项进行社会稳定风险评估审核备案，评估项目主要集中在新建项目上。通过稳评的建设项目，均未发生不稳定事件。强化风险管控能力，累计排查出复杂矛盾纠纷4起，对已列入清单的重大涉稳问题实行登记造册，分类管理，根据问题类别逐一确定矛盾化解责任主体、责任领导和具体措施，确保各类重大不稳定问题发现在早、防范在先、处置在小。排查出区级可能影响社会稳定的其他重点隐患24件，涉稳重点人员605名，全部落实稳控责任，未发生影响社会稳定的事件。

【社会治安综合治理】保持打击违法犯罪的高压态势，开展社会治安整治专项行动，依法严厉打击各类违法犯罪活动。2019年，公安机关立案1369起，同比下降14.1%，治安查处4261起，同比下降7.7%。治安重点地区整治，对红旗街、长途客运西站、北垣吧街、南马神庙街和劝业场等治安重点地区进行综合整治。加强矛盾纠纷排查调处能力，制定印发《新城区开展矛盾纠纷大排查大化解专项行动实施方案》《新城区开展社会矛盾纠纷大排查大整治专项行动实施方案》，在全区集中力量、集中时间，开展社会矛盾化解的攻坚战，切实从源头上消除隐患。成立区级调解组织7个，各地区和相关单位调解组织86个。加强特殊人群管理。在保合少镇、各街道办事处设立9个安置帮教工作站，对回归社会的刑释解教人员及时衔接、建档帮教，通过GPS定位、实时监控和划分活动区域，有效预防脱管现象的发生。根据《内蒙古自治区贯彻落实〈全国社区戒毒社区康复工作规划(2015—2020年)〉的实施意见》，前半年建成4个“绿洲家园”，为各个社区的吸毒人员建档归类，并筹备社区戒毒社区康复工作现场会，以确保社区戒毒、社区康复工作稳步展开。为76名贫困的严重精神障碍患者每人补助1500元，发放“以奖代补”资金2.4万元，支付应急救治148万元。安装整合各类监控10250路，实现对全区重要场所、重点部位、主次干道等公共安全隐患易发点高清视频监控全覆盖。实现区指挥中心与各地区实时互联调度。建成综治中心82个，形成涵盖区、镇(街道)、村(社区)三级的立体化社会治理网络。加强校园周边治安环境整治。走进校园开展安全专项检查同时，就消防安全、校园欺凌等方面开展“法治教育进校园”教育活动12次。加强未成年人心理健康教育。新城区未成年人心理健康辅导站建有25所、区级1所、街道级4所、社区级20所，覆盖率达47.1%。落实《内蒙古自治区铁路安全管理规定》，成立区、街道、社区三级铁路护路领导小组，并且区与街道、街道与社区、社区与护路员签订责任状。建立矛盾纠纷化解服务中心。

【涉法涉诉服务】区政法委受理涉诉信访案件12件，7件处理完毕，1件属老上访户无理上访，其余案件均在法律程序之中。开展案件评查，按照市委政法委要求，结合工作实际，政法委于10月对区政法各部门的相关案件进行专项评查及执法质量大排查。

【队伍建设】制定印发《新城区政法系统纪律作风建设专项行动实施方案》，成立由区委副书记、政法委书记任组长,区政法各部门一把手任副组长的领导小组,有针对性地提出 8 个方面 34 条整治措施。强化理论学习,7 月 21—23 日,在内蒙古党校举办 130 余名政法干警和扫黑除恶成员单位相关负责人参加为期 3 天的专题培训。

【扫黑除恶专项斗争】制定《重大案件会商机制》《线索转办、催办制度》等 25 项制度性文件,建立公安、检察院、法院、纪委联动机制,"两委"班子成员资格联审工作机制等。在常规宣传的基础上,建立"五个一"宣传模式(即:组建一个扫黑除恶宣讲团,编印一本扫黑除恶专刊,制定一个理论学习培训测试制度,建立一个综合排查机制,打造一个网络宣传信息平台)。抽调科级干部和工作人员 35 人充实到扫黑办,组建"一办五组"工作专班统筹推进。加大经费保障力度,将扫黑除恶经费列入财政预算,拨付经费 1204.5 万元。打掉涉黑犯罪集团 1 个("5·02"专案),恶势力犯罪集团 3 个,涉恶犯罪团伙 22 个;宣判涉黑涉恶案件 6 件 22 人;深挖彻查涉黑涉恶立案 37 件 52 人。

组织工作

【区委组织部领导名录】

部　长　张鹏志

常务副部长　徐　强

副部长　李　姗(女,直属机关工作委员会书记)

马晓霞(女,非公有制经济组织和社会组织党工委书记)

张　蓓(女,老干部局局长)

卢艳春(女,机构编制委员会办公室主任)

非公有制经济组织和社会组织工作委员会副书记　刘建清(女,党建秘书室主任)

远程办、考核办主任　张　静(女)

【概况】新城区组织部是新城区委主管组织工作和干部工作的职能部门。设 9 个科室,分别为:办公室、干部科、干部教育管理科、领导干部目标实绩考核办公室、组织一科、组织二科、人才办、党建秘书科、机关支部。

【党建工作】开展"不忘初心、牢记使命"主题教育。区委常委会开展 6 期集中研讨,组织 4 次中心组学习、5 次现场教育,全区 85 家单位、632 个基层党组织、1.3 万名党员参与。选树包青山等 9 名身边优秀共产党员,开展先进事迹展播活动。32 名处级领导干部围绕制约发展的瓶颈问题、群众关心的热点难点问题,深入一线走进企业、直面群众,专题研究解决问题 153 个,形成调研报告 35 个。通过"开门纳谏""推门纳谏"等方式收集建议意见 735 条,汇总梳理为 11 个方面、348 个具体问题,完成整改 282 个,办结率 81%。制定 19 个专项整治方案,明确 188 项整改内容,完成 172 项,整改办结率 91.5%。主题教育期间,中央、自治区党委巡回督导组先后 5 次调研指导,参加区委专题民主生活会。

【队伍建设】以深入学习贯彻习近平新时代中国特色社会主义思想为主线,制定《2019—2022 年教育培训工作实施方案》,

深入实施“百千万干部素质提升计划”，培训、轮训各级各类干部1.15万余人次，选派110名干部进行实践锻炼。进行全区党政机构改革，完成17家新组建及更名部门挂牌工作，分2批次完成涉改部门班子配备，补充调整镇、街道和部分部门领导班子。从事业单位择优选任12名科级干部到行政部门任职，提任19名在各项重点工作任务中担当作为、表现突出的优秀干部。制定完善干部政治素质考察、科级后备干部管理等5项制度，调整后备干部库，完成125名股级干部备案工作。统筹落实职务与职级并行、关心关爱干部意见等制度要求，对62名符合条件的干部进行职级晋升。

【基层党建】落实党组织书记县级党委备案管理和村党组织、党员“星级管理”等制度，完成第三批驻村第一书记选派工作，整顿软弱涣散村党组织2个，24个行政村集体经济收入均达到5万元以上。融入全市党建联盟体系建设，建成各级各类党群服务中心83个，建立21个小区党支部，在祥园社区、河西社区打造红色物业阵地，完善社区“小三级”组织架构。开展非公有制企业和社会组织党组织示范创建活动，创建自治区、市“双强六好”（发展强、党建强；生产经营好、企业文化好、劳动关系好、党组织班子好、党员队伍好、社会评价好）党组织7个。庆祝中国共产党成立98周年、新中国成立70周年，以“礼赞中国·唱响新城”为主题，广泛开展精品党课交流评选和合唱、朗诵比赛等活动，对20名优秀共产党员、20名优秀党务工作者、30个先进基层党组织进行表彰。

【人才工作】贯彻落实“市人才新政9条”等纳贤引智政策，引进“双一流”人才21名。引进东泽干细胞、中石化2个院士工作站，举办创新青城院士论坛。发挥本土人才作用，从农牧、教育等系统选派265名业务骨干深入基层一线，开展“百名人才下基层”活动，服务群众5万余人次。双创服务中心被评为自治区第十批“草原英才”高层次人才创新创业培训基地，1名高层次人才被评为自治区第十批“草原英才”。

宣传工作

【区委宣传部领导名录】

部　长　秦国珺

副部长　张翠丽（女）

　　　　　郝俊杰

　　　　　张文杰（女，网信办主任）

【概况】区委宣传部设综合办公室，所属网信办为副科级事业单位，所属讲师团、思想政治工作办公室、记者站3个股级事业单位，对外挂精神文明建设指导委员会办公室牌子。除此外内设宣传科和文化科。

【党建工作】印发《区委理论学习中心组2019年度学习安排意见》。组织以学习习近平总书记考察内蒙古重要讲话精神、习近平总书记关于扶贫工作的重要论述、习近平总书记关于扫黑除恶专项斗争重要指示精神、中共十九届四中全会精神等为主题的中心组学习研讨21次。组织全区副科级以上领导干部就习近平新时代中国特色社会主义思想、全国两会精神等内容进行学习培训14次,培训人数4100余人次。组织新时代讲习团、草原学习轻骑兵,开展习近平总书记关于扶贫攻坚重要论述、习近平总书记关于“扫黑除恶”重要指示精神宣讲进企业、进社区、进学校等“七进”宣讲活动100余场,受众达3000余人。全区各地区、各单位“网上学习讲堂”微信群,及时发送各类理论文章视频70余次。“学习强国”平台正式上线以来,建立47个下级学习管理组,11139名党员干部下载“学习强国”APP,日积累30分为标准开展学习活动。召开党员大会5次、支部委员会12次、党小组会2次,对支部工作进行及时研究、从严落实。

【新闻宣传】推出扫黑除恶专项斗争、“三城同创”、庆祝中华人民共和国70周年、乡村振兴战略、打赢“三大攻坚战”、“不忘初心、牢记使命”主题教育等重点工作专题宣传组织宣传采访800余条次,各级各类传统媒体累计发稿3000余条。制作《我和我的祖国》《扫黑除恶》等宣传片、微视频7部。进一步加深与各级各类媒体合作,组织集中采访调研活动30余次,承接各类采访任务200余次。投资1000余万元,建设区融媒体中心,按照“应合尽合”原则,将全区媒体资源整合集中运营管理,并严格落实“三审”制度,初步形成多平台传播、多媒体联动的新闻传播格局。

【主题教育专题宣传】印发《新城区委“不忘初心、牢记使命”主题教育宣传工作方案》。设计制作《新城区“不忘初心、牢记使命”主题教育专报》4期,联合区主题办共同开展主题教育先进典型事迹展播活动,制作推出“我心中的优秀共产党员”先进典型事迹系列微视频9期。组织邀请三级媒体记者集中采访宣传2次,“学习强国”发布稿件15篇,融媒体平台发布稿件327篇,累计阅读量109162次。向上级媒体平台推送发稿90余篇,制作专题2期,为主题教育开展营造良好舆论环境。

【网信工作】严格实行7×24小时实时监看线上线下涉区舆情制度。召开周舆情会商会议19次、重点舆情会商会议3次。全区“两微一端”“头条号”等网络新媒体共刊发各类信息5111条,组织开展网络志愿者文化沙龙活动1次,征集发布网评员原创文章49篇,2篇入选《青城观察》,完成转发任务1620次。在微博、微信公众号开设“扫黑除恶”等多个专题,手机客户端增加“国防和双拥宣传教育”“新时代文明实践”等专栏,开设官方抖音号。制定下发《区网络安全工作责任制实施细则》和《区网络安全事件应急预案》,迎接市委网信办网络安全工作检查1次。走访全区互联网企业,并对其实行动态化管理。

【社会宣传】开展扫黑除恶专项斗争社会宣传氛围营造工作,在全区36条主干道、62条小街巷,制作安装道旗2080块、大型喷绘布15638.88平方米、各类宣传漫画161处、各类宣传板2174块、海报1.35万份、展架1265套、横幅1330条、LED显示屏240处。制作发放印有“扫黑除恶”内容的台历、纸杯、手提袋、纸巾盒等宣传物品4万余件。国庆前夕,在各主要街道制作安装宣传标语100余处,悬挂国旗3318面,举办各类活动60余场,参与人数达2000余人。

【精神文明】制作景观小品160余块,印制发放宣传海报、遮阳伞等宣传物品1.6万余份,市民文明手册和宣传折页5万余份,制作文明角40余个,主次干道、商业大街、建筑围挡等实现公益广告全覆盖。开展实地督查百余次,召开居民座谈会十余场,发放调查问卷5000余份,让群众在精细服务中更加满意。发挥"城市啄木鸟"队伍作用,采集不文明现象共上报问题852条,解决率为91%。开展文明单位复查验收工作,有6家单位被评为国家级文明单位,38家单位被评为自治区级文明单位。全年入选全国文明家庭2户、自治区文明家庭3户、市级文明家庭6户。2个村镇被评为全国文明村镇、6个村被评为全区文明村镇。2所小学获得"全国文明校园创建先进学校"称号。

【公民思想道德建设】开展"我们的节日"系列主题系列文化活动300余场。选树"新城好人"56人、"青城好人"6人、"中国好人"1人。举办"道德模范基层巡讲""好家风、好家训巡讲""乡风文明助力脱贫攻坚巡讲"等主题宣讲50余场。印发《新城区"千村示范、万村行动"工作方案》,确定3个村为示范点,进一步建立健全"一约四会"(即村规民约和红白理事会、道德评议会、村民议事会、禁毒禁赌会)制度,举办庆祝2019中国农民丰收节暨第二届全区农牧民文艺会演活动。

【新时代文明实践中心】全区建实践分中心6家,街道实践所3家,社区实践站15家。依托志愿服务开展各类新时代文明实践活动710余次。在保合少镇大窑村成功举办2019年文化科技卫生"三下乡"集中示范活动。以"文明首府·志愿青城"为主题,开展邻里守望、新春送文化、扶老助残、文明交通、植树护绿等志愿服务活动百余次,持续推进"小手拉大手·环境整治齐动手"主题教育实践活动,开展清理卫生死角、铲除非法小广告、综合文明劝导、环境卫生整治宣传等活动千余次,参与人数近10万人次。

【未成年人思想道德建设】开展"扣好人生第一粒扣子"主题教育实践活动。结合重要时间节点组织开展主题活动达百余场,举办以"唤醒红色记忆"为主题的朗读大赛、书信大赛。推送评选出"内蒙古第五届美德少年"2名,市级"新时代好少年"4名,区级"新时代好少年"94名。对区属53所社区未成年人心理健康辅导站摸底排查并进行现场指导。以"爱在新城·让心向阳"为主题的心理健康教育走进丁香路小学、大窑村、新华社区。乡村学校少年宫实现全覆盖。

【文化创作】围绕新中国成立70周年、中国共产党成立100周年等重大主题,创作推出一批讴歌党、讴歌祖国、讴歌人民、讴歌英雄的精品力作,晋剧现代戏《青山生态梦》《内蒙古本土小说研究》,荣获全市"五个一"工程优秀奖,区委宣传部荣获优秀组织奖。建立文化产业项目库和文化企业名录库,入库企业24家、文化产业项目18项,其中2个前期储备项目和1个续建项目入库自治区文化产业项目库。

统战工作

【区委统战部领导名录】

部　长　要喜平(3月离任)
　　　　　要彩霞(女,3月任职)
副部长　刘维祥
　　　　　云　智(蒙古族、5月任职)
　　　　　郭　倩(女)

【概况】区委统战部统一领导新城区民族事务委员会,受区委委托,领导区工商联党组,指导工商联工作,代管新城区归国华侨联合会,2019年加挂新城区宗教事务局、新城区政府侨务办公室牌子。内设3个科室:党政综合办公室(党建办、政务办)、民族宗教科、综合业务科(民主党派、党外知识分子、非公有制经济、新的社会阶层人士、侨台港澳工作、信息工作)。在编在岗人员13人(行政编制7人,事业编制6人),社区志愿者3人。配有1名部长,3名副部长(其中:1名兼任区工商联党组书记,1名兼任区民族事务委员会主任,1名兼任区宗教事务局局长),1名归国华侨联合会主席。

【学习培训】召开统战工作联席会,传达学习全国、自治区、全市统战部长会议及中共十九大和十九届二中、三中、四中全会精神,部署区委工作会议确定的2019年统战工作各项任务。举办各层各类培训11期,培训1000余人次,切实用习近平新时代中国特色社会主义思想武装统战干部、引领统战成员、指导统战工作。

【主题活动】开展庆祝新中国成立70周年主题活动。组织开展"书墨飘香,尽染芬芳——新城区新的社会阶层人士读书分享会"。举办"统战与你同行,共建美丽新城"——中华人民共和国成立70周年书画摄影展。开展系列主题教育活动。通过深化主题教育、构建统战干部与统战成员共同的学习平台、统筹开展教育培训等方法,加强统一战线政治引领。支持各民主党派、无党派人士开展"不忘合作初心,继续携手前进"主题教育活动,在民营经济人士中深化"守法诚信经营,坚定发展信心"理想信念教育实践活动,在党外知识分子中开展"弘扬爱国奋斗精神、建功立业新时代"主题教育活动,支持新的社会阶层人士开展"凝聚新力量·筑梦新时代"主题教育活动,巩固共同思想政治基础。

【宣传信息】加强统战理论政策研究。深入系统地学习研究习近平总书记关于加强和改进统一战线工作的重要思想,围绕全区统战工作的热点、难点问题进行选题,深入开展调研。上报市委统战部、区委信息室、区政府网站信息86篇。市委统战部采用信息2篇,内蒙古党委统战部采用信息1篇,内蒙古自治区宗教局《宗教工作通讯(宗教工作督查整改专刊)》采用8篇。出版新城统战刊物7期,发布统战系统各类信息90多篇。举办全区统一战线工作领导小组成员单位信息调研培训班1期。区委统战部3人参加市委统战部举办的信息调研工作培训班。上报市委统战部3篇调研报告。

【多党合作和政治协商】推进中国共产党领导的多党合作和政治协商制度的落实

和完善。组织召开民主党派、党外知识分子民主协商会3次，为民主党派、党外人士知情明政创造条件。建立“新城区统一战线工作”和“同心同行各党派联系”微信群，为民主党派、党外人士知情明政、建言献策畅通渠道。协助各民主党派加强中国特色社会主义参政党建设，推动各民主党派强化自身建设。开展“不忘初心、牢记使命”主题教育，推动各民主党派加强内部监督，完善制度建设，加强领导班子和干部队伍建设，确保在思想建设、组织建设、制度建设和后备干部队伍建设方面有新突破。协助各民主党派梳理完善规章制度，健全学习、决策、内部监督等制度，引导各民主党派完善组织体系，提升队伍整体素质和能力。引导各民主党派结合自身实际，开展“不忘合作初心、继续携手前进”主题教育活动，进一步统一思想认识，夯实多党合作共同思想政治基础。推动各民主党派履职尽责。以主题教育为契机，支持各民主党派、工商联和知联会开展“关于新城区民营企业参与社会公益活动现状”“加强社区精细化管理、完善物业条例实施细则”等专题调研，形成高质量调研材料，将主题教育的调研成果，转化为推动区域经济社会发展的动力，发挥统战人士在推动民生幸福方面的独特作用，为区域民生改善提升和经济社会发展贡献力量。

【维护民族团结】争创“民族团结进步示范单位”，对2018年受表彰的8家单位进行授牌。开展2019年度全市民族团结进步创建活动示范单位和全市民族团结进步教育基地的申报工作。宣传民族政策，营造良好氛围。联合各街道办事处、村党支部，开展党的民族政策及法律法规宣传教育活动，走进昭君新村社区、长海社区、东影北街社区、三卜树村，发放宣传资料1000余份，结合中华人民共和国成立70周年暨自治区第36个民族团结进步活动月，开展“草原儿女齐心向党、民族团结献礼国庆”主题活动，宣传党的民族政策和法律法规知识。向市民委申请少数民族教育发展资金帮助解决少数民族学校设施不完备等问题，推动少数民族教育发展。初审上报恢复更改民族成分材料13份，所有上报材料全部符合规定要求。联合区食品药品监督管理局开展清真食品加工、销售企业的登记工作，登记清真食品企业35家。完善民族区域自治制度。强化监督检查，提升标准化水平。协调区城市管理行政执法局做好牌匾、广告舆情案件的日常监管和监督，发出舆情整改通知24份。联系市民委牌匾管理中心对新城区北垣街街面牌匾的蒙汉文正确以及牌匾规格、材质的合格与否进行全面排查登记。聘请内蒙古广播电视台蒙古语频道录制部编辑、蒙古语言文字微博博主车勒格尔担任蒙古语文工作委员会顾问，指导蒙汉两种文字并用工作。注重人才培养，提升专业化水平。委派2名新城区牌匾管理中心翻译工作人员参加蒙古语文翻译专业技术人员继续教育培训。组织区内持有蒙汉文字制作许可证的16家企业、社会翻译人员参加市民委组织的业务培训，了解相关法律法规，提高翻译和制作人员的翻译、制作水平，实现对社会市面蒙汉两种文字并用的源头管理。推进专项脱贫攻坚工作。争取少数民族发展资金,加快少数民族聚居区发展。

【宗教事务管理】以习近平新时代中国特色社会主义思想为指引,维护宗教和睦与社会和谐,学习宣传落实《宗教事务条例》《内蒙古自治区宗教事务条例》,规范宗教事务管理,提高宗教工作法治化水平。

【党外知识分子工作】落实同党外知识分子谈心交流制度,搭建建言献策平台,支持广大党外知识分子立足专业特长和优势,为区委、区政府提供决策参考。加强对党外知识分子联谊会的政策引导和业务指导。支持引导党外知识分子在决策咨询、技术培训、法律援助、医疗卫生等方面提供社会服务。加强人才队伍建设,充实党外知识分子人才库。

【新社会阶层人士统战工作】探索把新的社会阶层人士组织起来开展工作的有效模式,适应形势的发展变化,扩大覆盖面,及时把新的社会阶层人士纳入视野。对镇、各街道办事处、园区、双创园等多家单位进行摸底调研、实地走访和座谈交流,为他们解读新的社会阶层人士统战工作的重大意义和新的社会阶层联谊会的重要作用。联合西街街道办事处、艺术厅南街社区,指导内蒙古国风网络科技公司组织开展"新媒体、新阶层、扬起风帆跟党走"主题活动。筹备成立新城区新的社会阶层人士联谊会,充分发挥新的社会阶层人士当前在经济社会中较大的影响作用,引导他们在开展学习、建言献策、服务社会等方面发挥积极作用。

【港澳台工作】贯彻落实习近平总书记在《告台湾同胞书》发表40周年纪念大会上的讲话精神,开展对台宣传和涉台教育。健全相关部门联动机制,推动《内蒙古自治区贯彻〈关于促进两岸经济文化交流合作的若干措施〉实施意见》落实见效。继续将对台工作纳入各党委(党组)、党工委领导班子统一战线监控目标考核内容。建立健全组织机构、涉台工作信息档案台账,做好台资企业和台胞台属服务工作。

【侨联工作】与内蒙古侨商会、鄂尔多斯侨联、湖南省侨联、侨商会建立工作联系,推荐新城区经济项目。与赛罕区、玉泉区、回民区侨联进行交流。创建一街一模式,开展"走基层、访侨户、察侨情、解侨忧"活动。在东风路街道侨联成立"新侨之家"书画院、"侨胞之家"。建立"枢纽型侨联组织",以侨联为中心,通过"1+N"的(侨联加多家机构)模式,延伸侨联工作的手臂。联系侨属企业内蒙古添意文化传媒(集团)公司为东风路侨联安装3块"智慧城市社区物联网应用显示屏",分层次宣传区委、区政府的惠民工程和环境卫生专项工作及为侨界服务相关政策。新城区委、人大、统战部根据归侨侨眷的实际工作表现,把政绩突出,协调能力强的归侨侨眷推荐为人大代表,政协委员和各级部门的领导。侨眷4人分别担任十五届市人大代表、区政协委员,2名新侨使用到领导岗位。组织艺术学院新侨,发放"东风互侨一卡通",架起新侨人员"亲情桥",与东风路辖区内贫困家庭中有意愿学习音乐、美术的孩子结成帮扶,利用每周六、日提供免费帮助。举办"侨爱心"进社区义诊、侨法科普宣传活动,

“笔墨凝书香、新春送万福”活动,“知侨法护侨益 凝侨心 聚侨力”侨法进社区宣传教育活动,“迎新春茶话会”,“迎新年走访慰问”,“新侨之家”笔会书画活动,“留学生交友相亲会”,“华夏情赤子心 中秋联谊活动”等系列活动,不断扩大侨界朋友圈和团结面。

【党外代表人士队伍建设】完善领导干部和党外代表人士联系制度。加强党外代表人士及党外干部、党外后备干部队伍建设。举办党外干部和党外代表人士培训班1期,专题学习中共十九届四中全会精神等。

【党建工作】明确党支部书记为党建工作第一责任人,建立健全督促检查机制,根据实际情况及时召开支委会议和党员大会,研究解决机关党建工作中遇到的新情况、新问题。开展统战理论政策和业务知识大学习以及岗位练兵活动。组织党员、统战干部和统战成员学习中共十九大和十九届二中、三中、四中全会精神,习近平新时代中国特色社会主义思想,统战政策理论知识,中央、自治区、市关于统战工作的重大决策部署和重要文件、会议精神,引导党员统战干部和统战成员树立增强“四个意识”,坚定“四个自信”,做到“两个维护”。通过采取召开党员大会、支部会议、开展座谈交流、写心得体会相结合的方式开展集中学,充分运用党建宣讲微信群、“学习强国”APP等新媒体平台开展自主学,督促党员完成干部网络教育培训,组织参加区委开展的党员教育培训。开展“主题党日”活动。结合党员思想工作实际,组织观看《十八洞村》《守边人》《热土》《我和我的祖国》等多部电影。“七一”前夕,组织党员到大青山红色文化公园开展“缅怀先烈,不忘初心,凝心聚力,携手前行”主题党日活动。组织全体党员参观“庆祝中华人民共和国成立70周年:内蒙古自治区展览”和多松年故居,为残疾人家庭打扫卫生献爱心等主题党日活动。召开“不忘初心、牢记使命”主题教育专题民主生活会、专题组织生活会和民主评议党员。成立“不忘初心、牢记使命”主题教育领导小组,研究制定《中共新城区委统战部关于开展“不忘初心、牢记使命”主题教育工作方案》。组织召开主题教育动员部署会,制定下发《新城区委统战部主题教育主要工作安排》。利用“三会一课”、主题党日、周四下午学习日,逐字逐句学习《习近平关于“不忘初心、牢记使命”重要论述选编》《习近平新时代中国特色社会主义思想学习纲要》,习近平总书记在中央政治局第十五次集体学习时的重要讲话精神、习近平总书记在内蒙古考察并指导开展“不忘初心、牢记使命”主题教育时的重要讲话精神等规定篇目。每名党员干部按照《区委统战部每周学习计划表》,通过“学习强国”APP及关注“青城先锋”“内蒙古统一战线”“青城党建e家”等公众号、微信群推送学习内容等方式开展自学,确保学习教育不断档。围绕“优化营商环境,助推民营经济高质量发展”“发挥好新城区侨界人士作用,加强基层侨联组织建设”“浅谈如何做好新的社会阶层人士统战工作”“关于社会市面蒙汉两种文字并用情况”和“关于如何开展城市民族工作”等中心任务,明确5个调研主题、内容、人员、时间等开展调查研究。对外公布《中共新城区委统战部“开门纳谏”公告》,开设网络邮箱、开通专线电话,发放《中共新城区委统战部“开门纳谏”征求意见表》,设置意见箱,召开座谈会,发放意见征求表,畅通意见反馈渠道,充分听取统一战线成员、广大党员和群众对部领导班子、领导干部在改进作风,提升统战工作业务水平方面的意见和建议以及对突出问题的反映,将检视问题贯穿整个主题教育工作。制定《新城区委统战部2019年党风廉政建设和反腐败工作计划》,将目标任务分解到人,部署党风廉政和反腐败工作,签订《2019年统战部党风廉政建设责任书》,确保反腐倡廉责任落到实处。落实《新城区两级机关作风纪律督查通报机制工作办法(试行)》,每月开展作风纪律督查,并按时向派驻纪检组报送机关效能建设自查自纠统计月报表。严格落实《党政机关节约反对浪费条例》,加强办公用房、公务用车等制度的执行管理。从严控制“三公”经费支出。

【扶贫攻坚】新城区委统战部帮扶的3户贫困户经过帮扶和其自身努力,退出贫困户行列。继续回访1户2人,按照区委、区政府关于精准扶贫工作的要求和安排,新城区委统战部坚持每季度至少回访1次,宣传党和国家的有关政策,了解情况,帮助提高生活水平。完善帮扶档案,开展“回头看”工作,填写帮扶手册、帮扶日记,走访记录等。

【扫黑除恶专项斗争】组织全体干部职工开展扫黑除恶专项斗争专题学习,发放扫黑除恶专项斗争工作应知应会手册,开展扫黑除恶专项斗争知识测试活动,提高干部职工对扫黑除恶专项斗争的知晓率和参与率。

直属机关党工委工作

【直属机关党工委领导名录】

书　记　李　姗(女)

副书记　王鹤蓉(女 蒙古族)

【概况】机关党工委主要负责指导区直机关各党组织做好基层党组织的建设工作。按照单位和行业的不同特点,对区直机关各党组织党建工作进行分类指导。督促指导区直机关党组织抓好党的思想、组织、作风以及制度建设,负责区直机关党员和党务干部的教育、培训、管理工作。

【培训活动】3月29日,举办“加强党的政治建设 坚决做到‘两个维护’”专题辅导讲座。4月26日,举办“深入学习贯彻全国两会精神 推动全区经济社会发展再上新台阶”专题辅导讲座。5月5日,举办“习近平总书记扶贫开发重要论述解读”专题辅导讲座。6月3日,举办入党积极分子集中培训,举办新城区直属机关“不忘初心跟党走,牢记使命勇担当”主题朗诵比赛。6月18日,举办“中国共产党的苦难与辉煌历程”专题辅导讲座。7月18日,举办“扎实做好新时代我区宗教工作——全面贯彻习近平总书记关于宗教工作的重要论述”专题辅导讲座。8月30日,举办“深入贯彻落实习近平总书记考察内蒙古重要讲话重要指示精神”专题辅导讲座。9月25日,举办“不忘初心 砥砺奋进的70年——中国共产党的奋斗历程及启示”专题辅导讲座。9月29日，联合区委宣传部，区文体旅游广电局举办区直机关“不忘初心 牢记使命 礼赞中国 唱响新城”合唱比赛。11月6日，举办“全面从严治党永远在路上”专题辅导讲座。

【基层党组织】5月17日，批复成立中共呼和浩特市新城区应急管理局支部委员会，同时撤销中共呼和浩特市新城区安全生产监督管理局支部委员会。5月21日，批复撤销新城区委农工部党支部。5月24日，批复撤销金融办党支部。5月30日，批复成立中共呼和浩特市新城区文体旅游广电局支部委员会。5月31日，批复中共呼和浩特市新城区人民法院总支部委员会改建为机关委员会，同时成立机关纪律检查委员会。6月3日，批复成立中共呼和浩特市新城区医疗保障局支部委员会。6月4日，批复成立新城区政务服务局党支部。6月19日，批复爱卫办党支部整建制转入卫生健康委员会机关党委。6月20日，批复成立中共呼和浩特市新城区市场监督管理局机关委员会和机关纪律检查委员会。6月25日，批复成立中共呼和浩特市新城区区域经济合作局支部委员会。7月3日，批复成立新城区妇联党支部、新城区总工会党支部。7月11日，批复成立中共呼和浩特市新城区退役军人事务局支部委员会，批复撤销新城区总工会、妇联联合党支部。8月9日，批复新城区发展和改革委员会机关党委改建为新城区发展和改革委员会党支部。8月20日，新城区住建局机关党委改建为新城区住建局党总支。

党员干部培训中心

【党员干部培训中心领导名录】

主　任　郭贵祥

副主任　宋　敏(女)

【概况】2019年，党员干部培训中心有职工8名，主任、副主任各1名，副主任科员4人，科员2人，研究生1名，本科5名，大专2名。主要承担除副处级以上干部外(根据《中国共产党党校工作条例》要求及整合培训资源需要)，对全区乡科级党员领导干部、基层党组织书记、居(村)委会主任等党员干部以及入党积极分子的培训工作。

【入党积极分子培训】6月3日，举办2019年全区入党积极分子培训班，共有300余名积极分子参加培训。结合从严治党的要求，对《关于新形势下党内政治生活的若干准则》《中国共产党纪律处分条例》内容分别作专题讲授。6月24—26日，总计有137名党员发展对象参加为期3天的培训。

【区直机关重点培训】3月29日，邀请市委党校教授作“加强党的政治建设、坚决做到‘两个维护’”专题辅导讲座。5月15日，举办“习近平总书记扶贫开发重要论述解读”辅导讲座。7月18日，举办“习近平总书记关于民族宗教政策的重要论述”辅导讲座。8月30日，举办“深入贯彻落实习近平总书记考察内蒙古重要讲话重要指示精神解读”专题辅导讲座。11月16日，举办“全面从严治党永远在路上”辅导讲座。全年共举办19期“不忘初心、牢记使命”主题教育、“中国共产党的苦难辉煌历程”等专题辅导讲座培训班。

【送课下基层】9月29日,举办保合少镇机关党员干部“不忘初心,砥砺前行——新中国70年”专题辅导讲座。10月23日,分2场对保合少镇所有党员干部分别举办“深化对共产党人初心使命的认识”“不忘初心强党性,牢记使命再出发”专题辅导讲座,300余人次参加学习。

接待工作

【接待办领导名录】

主　任　张俊伟

副主任　何国俊

【概况】新城区接待办是区委直属参照公务员管理的正科级事业单位。内设综合股、接待联络股、车辆管理股、机关事务管理股、公共机构节能股5个股。

【公务接待】与区委、人大、政府、政协四大办公室对接协调,统筹做好用餐、用车、住宿安排等各项接待工作。公务用餐100余次、公务用车860余次。协助元宵晚会、农民丰收节、国庆升旗仪式等大型活动。

【机关食堂经营服务】完成总投资1500万元的机关食堂改造建设工程和旧食堂改建清真食堂,改造改建后可同时容纳450人就餐,满足干部职工日常就餐和公务接待、大型活动自助餐需求。新改造食堂于4月正式运行,清真食堂于8月正式投入使用。同时调整经营模式为政府购买服务,通过公开招标方式引进一家餐饮企业为食堂提供餐饮服务。全年机关食堂总体运行稳定,服务保障机关干部、志愿者、为机关服务单位人员等总数为2500人,工作日早中晚三餐达1100人(次)以上,中午单餐达600人次以上。

【公共机构节能】召开2019年年度工作会议暨培训班,全面落实自治区、呼和浩特市相关文件和会议精神,印发《2019年新城区公共机构节约能源资源工作要点》《新城区公共机构生活垃圾分类工作实施方案》《关于加快推进新城区公共机构生活垃圾分类工作的通知》《关于加快推进创建公共机构节能示范单位和节水型单位工作的通知》等文件,全面部署公共机构节能工作,专项讲解培训公共机构垃圾分类工作。6月11—17日,利用电梯口多媒体电视、办公楼LED屏,对机关节能方面的动漫片、宣传标语等进行滚动播放。按照《呼和浩特市公共机构节约能源资源消费统计实施方案》,开展公共机构能耗统计工作,统计范围实现全区278家单位全覆盖,全部使用网络直报。更换区机关5栋党政办公楼和办公室垃圾装置,初步达到生活垃圾分类收集要求。更换区党政机关办公楼照明灯具,进一步降低电量能耗。

【废弃电器电子产品回收处置】与区财政局联合下发《关于规范全区废弃电子产品回收处置工作的通知》,规范全区公共机构废弃电子产品集中回收和处置工作。累计为36家单位办理废弃电子产品回收处置手续,集中处置废弃电子产品1200件。建立健全《固定资产报废处置存根》《新城区公共机构废旧电器电子产品处置明细》等完整的档案资料。

【公务用车管理】完成区公务用车信息化监督管理平台的建设，将全区党政群机关除公、检、法、司外全部公务用车纳入平台管理，安装定位系统，将公务车日常维修、加油等信息及时录入，按照流程派遣使用公务用车，基本实现公务用车信息化管理，实现公务用车运行管理全过程监控和监督管理部门之间信息资源共享。按照市公务用车制度改革领导小组的统一安排，完成全区企事业单位公务用车改革。

【办公服务】制定《关于机构改革区本级行政事业单位办公用房调整分配方案》，全面调整全区办公用房，确保各单位在办公用房紧张的情况下均衡使用。完成新组建部门、涉改单位、挂牌单位、区委议事机构标牌和门牌的制作，统一设计、统一标准。

【基础保障】实施党政机关办公楼生活用水和消防用水蓄水站改建项目，投资430万元，8月开工，11月底主体工程完工，投入运营后，机关办公楼的生活用水卫生安全得到切实保障，消防用水储备符合规范。重新铺装机关后院破损严重停车场。投资130万元维修改造党政办公楼卫生间，同时实行对外开放。投资123万元，改造机关会议室，增加会议室数量，完善无纸化功能，解决机关会议室紧张、功能不足等问题。

【党的建设】完善支部书记负总责、支委班子成员分工负责、党务干部推进落实、全体党员共同履职的党建工作机制。建立“三重一大”支委会议事制度，保证科学决策、民主决策，不断增强党支部的凝聚力和战斗力。牢固树立“抓好党建是最大政绩”的理念，不断强化“抓好党建是本职、不抓党建是失职、抓不好党建是不称职”的责任意识，支部书记履行第一责任人职责，做到党建工作与业务工作同部署、同落实，真正把党建工作责任落到实处。结合工作实际，按照党支部“三项制度”要求，支委会反复讨论、修改，制定2019年接待服务中心党支部工作目标、党员学习计划、党员履责事项，并经党员大会通过实施。每月召开1次支委会、2次党员大会，研究党建工作、学习政治理论、进行党务公开。要求党员每天至少抽出1小时进行微课堂学习，通过“学习强国”、“清风新城”、“新城组工”、法宣在线等微信公众平台及时关注学习党建要闻和廉政知识。9月18日召开主题教育工作会议，对各项工作进行详细的安排部署。

编制工作

【机构编制委员会办公室领导名录】

主　任　卢艳春(女)

副主任　孟根托亚(女,蒙古族)

　　　　冯　彬(女)

【概况】新城区委机构编制委员会办公室为行政单位，下设2个二级事业单位，分别为：事业单位登记管理办公室、机构编制电子政务中心。核定行政编制5名，实有行政人员4名，事业编制7名，实有事业身份人员7名。

【机构改革】新组建区域经济合作局、公用事业局。2月20日前在全市首家完成17家新组建及更名部门的主要领导任命和挂牌工作。召开“三定”规定制定工作培训会，组织涉改单位学习“三定”规定起草，拟定本部门“三定”规定（草案），及时报送、审核。形成“三定”方案送审稿，经区委编委第一次会议审议通过后印发并组织实施。改革后，新城区共设置党政机构35个（限额36个，限额内预留1个机构），党委工作机关10个，其中，纪检监察机关1个，工作机关9个。政府工作部门25个。

【乡镇和街道改革】起草《呼和浩特市新城区深化镇、街道改革推进基层整合审批服务执法力量工作方案》，明确各单位工作任务、时间节点和工作要求。制定保合少镇、各街道深化乡镇街道改革推进基层整合审批服务执法力量改革方案，经2019年第113次常委会审议通过印发。经区委2019年第113次常委会审议通过，本次赋权事项共62项，其中行政审批7项（区民政局4项、区城市管理综合执法局2项、区医疗保障局1项），行政处罚55项（区城市管理综合执法局42项、区农牧水利局13项）。完成保合少镇、各街道“三定”规定的起草工作以及机构设置、挂牌工作。按照自治区文件要求，保合少镇设置党政综合办公室、基层党的建设办公室、乡村振兴办公室、社会事务办公室、平安建设办公室和城市管理办公室6个党政机构。党群服务中心（挂便民服务中心、退役军人服务站、新时代文明实践所牌子）、综合行政执法局、综合保障和技术推广中心3个事业单位。涉农街道成吉思汗大街街道设置党政综合办公室、基层党的建设办公室、社会事务办公室、城市管理办公室（挂乡村振兴办公室牌子）、平安建设办公室5个党政机构。党群服务中心（挂便民服务中心、退役军人服务站、新时代文明实践所牌子）和综合行政执法局2个事业单位。东风路街道等7个城区街道设置，分别为：党政综合办公室、基层党的建设办公室、社会事务办公室、城市管理办公室和平安建设办公室5个党政机构。党群服务中心（挂便民服务中心、退役军人服务站、新时代文明实践所牌子）1个事业单位。

【事业单位改革专题调研】按照中央、自治区、呼和浩特市关于分类推进事业单位改革总体部署要求，7月中旬开始，由领导班子带队，专题调研全区除学校、医院外的122家事业单位。

【实名制信息系统管理】按照党政机构改革要求，涉改单位办理机构变更、编制及领导职数调整、人员转隶，换发机构编制管理证。按照“撤一建一”的原则，撤销呼和浩特中科院云计算中心智慧产业研究院，成立干部人事档案管理中心。撤销东兴小学，成立足球训练学校。撤销大青山生态局，成立融媒体中心。整合广播电视新闻中心和记者站。成立巡察数据管理中心。接待办、金融办、园林局等7家单位进行机构更名。调整地震局、区委办机关服务中心、房屋征收办等11家单位的机构规格和领导职数。根据呼市机构改革实施意见的精神和上级编制部门的要求，对原市工商局新城分局、原市质监局新城分局、原新城区环保局进行数据核对。原市工商局新城分局、原市质监局新城分局办理下划手续，将其行政、工勤、事业编制和人员纳入新城区实名制系统管理。为原新城区环保局办理上划手续,将其机构、人员、编制上划至上级编制部门。

【事业单位法人登记管理】年内公示172家事业单位法人年度报告,公示率100%,合格率100%;事业单位变更登记32家(含法人变更、住所变更和业务范围变更)。开展事业单位法人登记“双随机、一公开”抽查。按照8%的比例对全区226家事业单位中的18家事业单位进行实地检查,以未年检的16家事业单位为重点检查对象。抽查情况在新城区机构编制网进行公示。

【党建工作】组织集体领学37次,开展典型教育4次,围绕主题教育4个专题开展集中学习研讨3次,支部书记以“不忘初心、牢记使命”为主题,结合工作与自身学习的实际讲党课2次,召开领导班子主题教育专题民主生活会1次。通过召开座谈会、发放调查问卷、书面征求意见、调查研究等形式,从思想、政治、作风、能力、廉政等多方面全角度检视问题20条。在整改落实中,突出实践导向,坚持边学边查边改,列出问题清单,并逐项整改到位。

呼和浩特市新城区人民代表大会

【区人大常委会领导名录】

主　任　高启东

副主任　武素清(女,蒙古族)

杨　燕(女)

秦贵智(兼成吉思汗街道党工委书记)

云海峰(蒙古族,4月离任)

秦贵智(兼成吉思汗街道党工委书记)

党组成员　杨惠袒(女,蒙古族,兼新城区人力资源和社会保障局局长)

二级调研员　范爱荣(女)

办公室主任　樊建军(4月离任)

副主任　张阳

法制委员会主任委员　卜瑞俊(蒙古族)

财政经济委员会主任委员　冯永泉

教育科学文化卫生工作委员会主任　张文俊

选举任免联络工作委员会主任　张海峰

城乡建设环境保护工作委员会主任　王淑君(女)

副主任　张俊伟

农业民族宗教侨务工作委员会主任　乌云苏义拉(女,蒙古族)

副主任　张永珍

【概况】新城区人民代表大会常务委员会,下设办公室、法制委员会、财政经济委员会,教育科学文化卫生工作委员会、选举任免联络工作委员会、城乡建设环境保护工作委员会、农业民族宗教侨务工作委员会。2019年共有干部职工30人。

【重要会议】2019年,召开常委会会议6次,党组会议25次,主任会议27次,开展专题调研视察21次、执法检查3次,听取和审议专项工作报告24项,形成审议意见14份。

【法制委员会】2019年,法制委员会组织开展专项调研视察3项,配合开展工作评议1项,开展委员会调研活动5次,参与其他工委调研2次,监督法院执行案件1件,组织代表观摩法庭审判1次,配合市人大开展立法、执法调研5次,整理上报立法建议意见8条,督办落实代表建议8件,起草审议意见1份,完成调研报告2篇,召开法制委全体会议4次。

3月,联合中山东路街道人大工委、东风路街道人大工委,组织人大代表对区法院家事审判工作进行调研。5月,组织市区两级人大代表12人、特别邀请市人大内司委、法制委、法工委、区委第二巡察组有关领导,对区公安分局等单位扫黑除恶专项斗争工作情况进行专项调研。10月,联合西街街道人大工委、东街街道人大工委组织代表对区监察委员会关于监察体制改革推进情况进行调研。9—11月,联合海拉尔东路街道人大工委,锡林北路街道人大工委组织市区两级人大代表,持续对区政务服务局和政务服务中心进行调研视察。国庆期间,对贯彻落实《中华人民共和国国旗法》情况进行两次调研。组织部分人大代表和城管、市场监管、教育等部门领导组成的执法检查组对辖区部分企业单位、学校、街道、商业场所进行集中检查。配合其他工委开展调研活动,4月,参与农侨委牵头的对农牧水利局工作开展情况进行的调研。11月,参与城环委调研区人民政府环保工作开展情况。

4月,听取和审议区人民法院家事审判工作情况的报告。6月,听取区公安分局扫黑除恶专项斗争工作情况报告。10月,听取区监察委员会关于监察体制改革推进情况的报告。

印发《关于规范性文件备案审查工作的通知》,明确规范性文件报备内容、审查范围和规范备案程序格式。6月,对法院审理判决的内蒙古某汽车服务公司占用房屋进行强制执行腾退一案,实施现场跟踪监督。8月,组织市区两级人大代表对法院一起房屋买卖合同纠纷典型案例进行观摩。8月,对区人民法院司法改革情况进行调研,对区人民检察院司法体制改革情况进行调研。

2019年法制委负责督办的代表建议8条,全部答复代表。其中:4条办结,3条受机制所限暂时不能落实,正逐步推动落实。剩下1条从区政府层面无法办理,需要向自治区、市级层面反映解决。

【财政经济委员会】2019年财政经济委员组织开展调研、座谈会13次,提请常委会审议议题7个;召开财经委员会全体会议4次;提交调研报告4次;督办代表建议2件。召开5次财经委员会全体会议。对提请常委会听取、审议的7个议题及2个预算调整方案的报告进行初审,提出初审意见,提交常委会审议决定。7月2日,区人大常委会举行预算联网监督中心揭牌仪式,区人大常委会预算联网监督中心正式运行。预算联网监督中心监督平台实现与区财政预算执行动态监控查询系统专线连接、数据同步共享,具备对全区预算执行数据进行查询分析和实时监督的功能。

组织区人大财经委员会全体委员、相关代表、工作人员深入到新城区财政局、审计局、发展改革局、经济和信息局等相关部门开展专题调研，进行初步审查。听取和初审区人民政府关于2019年上半年国民经济和社会发展计划执行情况的报告；区人民政府关于2018年财政决算和2019年上半年预算执行情况的报告；关于2018年度区本级财政预算执行和其他财政收支的审计工作报告；区人民政府2018年12月预算调整方案的报告；2019年1—3月预算调整方案的报告；新城区十七届人大常委会第十次会议听取区人民政府关于政府债务管理工作情况的报告；区财政局关于2018年度国有资产管理情况的综合报告；关于区属国有企业监督情况的报告。根据《新城区人民政府向区人大常委会报告国有资产管理情况的制度》，财经委员会组织全体财经委委员、相关人大代表3次召开专题调研座谈会，分别听取财政局、相关区属企业、海东路街道办事处、民政局、城管局、审计局、科技局等部门的国有资产管理工作情况汇报。在区第十七届人大常委会第十次会议上听取《关于区属国有企业经营管理情况》《关于国有资产管理情况》的报告。8月2日，新城区人大常委会组织市、区两级人大代表，围绕全区经济社会发展情况、重点项目推进情况以及乡村振兴战略推进情况进行调研。

【教育、科学、文化、卫生工作委员会】2019年，开展工作评议、听取工作报告、开展专题调研各1次，完成专题调研报告1篇。

根据新城区人大常委会2019年工作安排和《新城区人大常委会2019年工作评议实施方案》要求，3月，对区卫生健康委员会的评议工作。4月9日，召开评议区卫生健康委员会工作动员大会。到海东路社区卫生服务中心、区医院、区疾控中心、成吉思汗社区卫生服务中心、保合少卫生院、哈拉沁村卫生室、迎新东社区卫生服务中心等基层医疗卫生机构进行实地调研视察。4月25日，在新城区第十七届人大常委会第九次会议上正式对区卫生健康委员会的工作进行评议。

4月，通过网上查询、召集教育界人大代表召开座谈会、个别走访等形式对集团化办学进行前期调研。9月15—20日，赴辽宁沈阳、江苏盐城、浙江杭州调研学习集团化办学先进经验。10月11日，到苏虎街小学科尔沁校区、实验教育集团东河校区进行实地调研视察，进行座谈。10月12日，区政府召开集团化办学座谈会，对集团化办学进行专项研究。

【选举任免联络工作委员会】2019年，按照区十七届人大二次会议提出的任务和要求，做好人事任免和代表工作，提高代表建议办理工作，指导保合少镇人大召开第三届三次会议召开。在市人大第十五届第二次会议召开之前，组织新城区代表联组59名市级人大代表进行培训学习、视察，进行建议收集。区十七届人大二次会议上收集整理代表建议共60件，并按照法定程序交于区政府办理，确定8条重点建议进行督办。由于工作调整辞去代表9名，按照法律规定依法补选第十七届人大代表11

名,区人大第十七届代表人数为178名。新城区代表联组的市十五届人大代表向区常委会书面述职18人,在区第十二次常委会上口头述职2人。组织新城区联组市第十五届人大代表出席市十五届人大第二次会议,并在会议期间收集建议110件。组织市、区、镇三级人大代表近210人进行代表履职专题讲座。培训代表1000余人次。

2019年,任命国家机关工作人员43名,免去职务38名。接受辞去区人大常委会副主任1人。接受辞去区第十七届人民代表大会财政经济委员会委员职务2人。补选市十五届人大代表1名。

制定《新城区人大常委会主任、副主任联系基础人大及常委会组成人员联系代表活动方案》。依托各"代表之家"参加视察、调研、联系走访慰。开展为促进教育均衡发展,围绕集团化办学进行专题调研;保合少镇与东街街道人大工委对小区物业管理及新农村建设开展联合调研;海东路街道、东风路街道人大工委围绕民生实事项目试点工作开展视察;西街街道人大工委为打赢脱贫攻坚人大代表助力帮扶结对,采取多种方式帮助贫困户实现稳定脱贫;迎新街道人大工委助力解决辖区居民吃水难问题等。区人大常委会围绕全区中心工作,组织市、区两级人大代表对辖区扫黑除恶专项斗争、现代化农业发展、国有资产监督管理、非公有制企业党建开展情况、《中华人民共和国国旗法》实施情况、大青山前坡生态环境恢复治理工作等进行专题调研。11月11日至12月10日,安排各代表联组开展代表联系选民月活动,各代表联组分别听取区政府组成部门、法检两院、镇、街道办事处的工作情况并进行测评,各代表联组参加评议的代表140名。12月,组织市、区两级100余名人大代表视察新城区重点项目。组织市、区、镇三级代表参加各级视察活动、观摩法院庭审、检察院检务公开、专题教育意见征求会、庆祝地方人大成立40周年会演等活动,以及各代表联组组织开展的活动。2019年,参加活动代表1600余人次。

【城乡建设环境保护工作委员会】2019年,组织开展工作评议1项,听取报告2项,委员会开展调研活动4次,专题调研4次,参与其他工委调研7次,接待外省市调研1次;督办落实代表建议19件,完成调研报告3篇。

法律监督和工作监督中,围绕新城区城市环境卫生建设、园林绿化、人民群众重点关注和关系人民群众切身利益的问题,开展法律监督和工作监督。3—10月,对区环卫局工作开展评议。6月,常委会听取区政府关于园林绿化美化工作开展情况的报告,重点汇报园林绿化美化工作开展情况、存在的问题以及下一步工作改进的措施。12月,常委会听取区政府关于生态环境保护工作开展情况的报告,重点汇报生态环境保护工作目标任务的完成情况和中央、内蒙古环境督察组反馈任务的整改完成情况及问题和建议。

【农业民族宗教侨务工作委员会】2019年,通过工作评议、实地调研、听取专项工作报告等方式,履行各项工作职责,加强对重点联系部门的监督。负责督办的10条建议按时答复代表。

3—10月，对区农牧水利局进行工作评议。4月，邀请部分常委会委员、相关人大代表组成评议组，深入红山口村、野马图现代农业园、大窑村、呼和浩特市乐园宠物医院等地，针对农村饮用水安全问题、脱贫攻坚工作、农业产业发展、畜牧、交通等情况进行调研。4月12日，召开评议区农牧水利局工作动员大会。4月25日，区十七届人大第九次会议上，常委会对农牧水利局的工作进行评议。9月，农牧水利局评议后整改情况进行调研。10月24日在区十七届人大第十二次常委会议上，听取农牧水利局关于落实区人大常委会工作评议意见整改情况的报告。

5月，按照区委《关于“思想再解放、笃行新发展理念推动高质量发展大学习大讨论”落实措施》的要求，组织部分市、区两级人大代表及区属相关部门负责同志组成调研组对新城区现代农业情况进行调研。对北垣街社会市面蒙汉两种文字并用整改情况进行检查。7月，对大青山前坡生态建设情况进行调研，召开座谈会。8月，对全区脱贫攻坚工作进行调研。10月，对大青山前坡生态环境恢复治理工作进行调研。

呼和浩特市新城区人民政府

【区人民政府领导名录】

区　长　范志忠（区委副书记）

常务副区长　要喜平（区委常委）

副区长　徐相军（区委常委）

胡晓宁（公安分局局长）

李欣达（满族）

赵燕茹（女）

敖　登（蒙古族，城管局局长）

区政府党组成员　云海峰（蒙古族，鸿盛园区管委会主任）

区政府副处级干部　李建平

谢　展

【概况】新城区人民政府设置工作部门25个。发展和改革委员会挂粮食和物资储备局牌子；工业和信息化局挂商务局牌子；民族事务委员会挂蒙古语文工作委员会牌子；财政局挂国有资产监督管理委员会、金融工作办公室牌子；住房和城乡建设局挂人民防空办公室牌子；农牧水利局挂扶贫开发办公室、交通运输局牌子；文体旅游广电局挂文物局牌子；卫生健康委员会挂蒙中医药管理局、爱国卫生运动委员会办公室牌子；市场监督管理局挂知识产权局牌子。

政府办公室

【人民政府办公室领导名录】

主　任　张博文

副主任　刘兴双

翟云盛（蒙古族）

关　华（5月任职）

王　珏(女,5月任职)

边岩杰(蒙古族,5月任职)

云国庆(蒙古族,5月任职)

【概况】呼和浩特市新城区人民政府办公室内设党务办公室、文秘室、综合室、研究室、督查室、政务公开办公室、电子政务办公室、信息室、财务室、民生热线办公室、会务办公室、政务值班室、机要室、档案室、机要交换站、文印室、采购中心17个科室。

【党建工作】开展"不忘初心、牢记使命"主题教育。通过微信送学等方式,向党员干部推送《"不忘初心、牢记使命"优秀共产党员先进事迹选编》《习近平在正定》《知之深 爱之切》《摆脱贫困》《习近平的七年知青岁月》等学习材料及爱国主义教育影视资料。结合工作实际拟定2个调研主题,积极主动开展调查研究。政府办公室党支部以党小组为单位开展主题教育集中研讨会,重点围绕党的政治建设、全面从严治党、理想信念、宗旨性质、担当作为、政治纪律和政治规矩、党性修养、廉洁自律等8个专题进行集中研讨。设立"开门纳谏"意见箱、发放征求意见表、"登门纳谏"等形式,收集5方面10项意见建议,均已立行立改。12月9—10日,召开专题组织生活会,处级领导以普通党员身份参加。通报2019年党支部工作情况和3个党小组及支委班子2019年专题组织生活会召开情况,并进行民主评议党员。学习贯彻习近平总书记对内蒙古的重要指示批示精神,观看习近平总书记在《告台湾同胞书》发表40周年纪念会上的讲话、纪念五四运动100周年大会直播、中华人民共和国成立70周年庆祝大会等视频,要求党员站稳政治立场,传播"正能量",对错误言论、歪风邪气敢于亮剑、主动斗争。全年召开党组会14次、支委会14次、党员大会4次。开展主题月系列活动,坚持党建引领业务发展。坚持两个月开展一次主题党日活动,开展政府工作报告学习月、党章学习月、环保主题月、爱党月等主题月活动。在赛马场凯米拉小剧场开展"庆祝中国共产党成立98周年 不忘初心 牢记使命""七一"主题党日活动。

【以文辅政】优化公文办理流程,严把发文起草关、审核关、发送关、时效关,对不符合办理程序和起草要求的文稿坚决退文处理。精减公文数量,可发可不发的坚决不发。坚持政府常务会议纪要、区长办公会议纪要24小时内印发,确保会议决策迅速传达落实。签收公文及时登记、呈批、传阅工作,即收即送,确保不拖、不压、不漏,不断提高办文效率。调整文印室办公场地,办文单位人员在同一楼层即可"一站式"办结发文挂单、拟办、审阅、签发、编号、打印、盖章等所有程序,提高办文效率,优化服务流程。公文交换稳步运行,各类文件收发及时、高效。年内发文1604件,同比增长23%;收文2869件,同比增长11%。严格落实保密工作各项制度要求,规范废旧公文集中销毁工作,组织废旧公文销毁2次。

【会务组织】承办政府常务会议24次、区长办公会议122次,各类专题协调会200余次,组织城建、教育、农业、经济等各领域专项工作会议100余次,坚持"短、平、快"

的工作节奏和力求现场办公的方式，推动全区各项工作的部署落实。

【政务调研】围绕区政府重点工作，就科技城规划、东河以东区块建设、燃煤清洁化替换、老旧小区综合改造、脱贫攻坚、污染防治、政府债务化解等重点工作，安排区政府领导调研311次，比2018年同期增加63次。

【督查督办】开展精准扶贫、“扫黑除恶”专项斗争、居民取暖清洁化替换、全国“大棚房”专项整治、违建别墅拆除等专项工作督查督办78次。完成国务院第五次大督查交办任务，形成大督查专项材料汇编4册。配合区长效管理办公室开展创卫工作督查督办，与相关地区和部门开展实地督查，形成督查专报1份。配合区委督查室、区委组织部开展精准扶贫、创卫、乡村振兴旱厕改造、居民取暖清洁换替换、干部利用名优特产谋取私利等方面专项督查6次，形成督查专报6份。组织相关部门对森林防火、房地产遗留问题、为老餐厅建设、农民工工资清欠、土地卫片执法、基层司法所建设等工作开展督查督办10次。

【信息报送】编发《领导每日动态》365期，收集各类信息2900条，整理上报信息650条，被市政府办公厅信息处采用170条。落实24小时政务值班制度和信息报送制度，为区委、区政府及时、迅速、准确地通报重要工作情况。

【档案管理】室存档案电子化数字化建设工作，1999—2018年20年室存档案数字化录入31368件，档案查询全部实现电子化。受理查阅档案申请40余人次，利用档案200余件，为纪检案件办理、项目手续推进、环保督察、文明城市创建、信访等提供及时准确的档案查阅服务。

【自身建设】推进机构改革，完成内部科室重新划分、机构职能重新定位和工作人员重新调配，新设立党务办、研究室、会务办、民生热线办4个科室，明确各科室负责人，对全体干部进行统筹调配，为所有科室统一制作工作制度展示牌29块。实施机要室安防监控升级改造工程，配备“三铁两器”（铁门、铁窗、铁柜，监控器、报警器）设备，提升安防等级，保障机要文件的安全运行。实施智慧政务协同办公平台建设，平台应用软件开发基本完成，所需硬件设备采购到位，政府各单位政务内网接入工作有序进行，平台将于2020年年初正式上线运行。完成区电子政务平台升级改造工作。更新万兆交换机28台，更新万兆防火墙2台，新增万兆核心路由、上网行为审计、入侵防御、堡垒机、网络管理服务器等设备和软件，电子政务平台兼容性、扩展性、数据传输能力、交换效率、安全性得到增强。机房搬迁工作顺利实施，重新布放光缆3000米，割接光纤400芯、迁移各类网络设备30余台。监测控制室安装8路3×3拼接大屏幕，用以实时显示网络运行状态、视频监控图像。网站全站数据迁入华为新城区政务云，由专业公司和人员负责服务器和网站安全，定期进行门户网站和服务器安全防护检测。配备网络防病毒、安全漏洞扫描、Web应用防火墙、日志审计、主页防篡改等硬件设备和软件产品，加强网络安全和网络行为审计及事后追查取证能力。

【促进科学民主决策】推进行政决策科学化、民主化、法治化。协助处理区政府工作事务,落实《内蒙古自治区重大行政决策程序规定》《呼和浩特市重大行政决策程序规定》,将公众参与、专家论证、风险评估、合法性审查、集体讨论决定作为重大行政决策的必经程序,确保决策科学、程序正当、过程公开、责任明确。适时要求政府法律顾问单位、行业专家学者、辖区居民代表列席政府常务会议、区长办公会议、专题协调会等重要会议,区司法局法定列席,参与重大决策研究论证,提升行政决策合法性、公信力和执行力。在文件办理中,加强合同、协议、公文合法性审查工作,出具合法性审查说明47份、法制审查意见55份,前置合法性审查在依法行政工作中发挥积极作用。认真执行规范性文件审查备案制度。

【政务公开】规范政府信息公开、依申请公开等管理办法,制定依申请公开指南、依申请公开流程图,设立依申请公开接待室,安排专人负责此项工作,确保在法定时限内按规范予以答复。受理政府信息依申请公开12件,办结8件,正在办理中4件。行政复议2件,已办结1件,1件正在办理中。未接到投诉举报和行政诉讼,没有被纠错的情况。强化政务公开制度和监督管理制度的落实,制定《新城区政务公开督促检查制度(试行)》,按照各部门职能,分解细化任务,明确职责。不定期对区属各单位、各地区政务公开工作进行抽查,确保政务公开工作的规范、及时、准确。对各单位、各部门政府门户网站信息公开情况进行即时通报,同时将政务公开工作纳入各单位年终实绩考核,形成纵向到底、横向到边、上下联动、整体推进的工作体系。通过区委中心组(扩大)学习会、政务公开专题辅导讲座、政府信息依申请公开调度会,从新旧政府信息公开条例对比、政府信息依申请公开、政府信息公开案件审理等方面进行培训。印发《新城区人民政府关于做好政策解读工作的通知》,围绕群众关心、关注的重点工作共发布政策解读83条,其中文字类解读41条,图解政策42条,包括本级政策解读3条。协调处级领导在市电台录制在线访谈节目4期。健全完善新闻发布制度,公开全区75个部门新闻发言人名单,对全区重大事件及时组织召开新闻发布会。全新改版政府门户网站全面融入微博、微信、手机APP等新媒体形式,加入智能问答、无障碍浏览等功能,设置“便民服务”等特色栏目,提高群众知晓率和满意度。设有19个一级栏目、近200个二级栏目、专题专栏28个,上线后总浏览量542万人次。通过门户网站整合发布各类公开信息24208条,累计总访问量433万人次。市政府门户网站采用信息592条,在线访谈4期,总分为5572分,暂列9个旗县区之首。新城区政务微博、微信公众号、手机客户端、今日头条等新媒体平台共发布各类信息5200余条。在市纪委“阳光三务服务系统”平台共推送23家委办局各类公开信息10929条。围绕城乡规划、重大建设项目、财政预决算、环境保护、公共法律服务、公共文化服务、食品药品监管、就业创业、社会保险、社会救助、养老服务、城市综合执法、税收管理、义务教育等25个重点领域内容进行梳理，形成政府信息公开目录296项（一级栏目56项、二级栏目240项），全部在区门户网站进行公布。

【民生工作】完成脱贫攻坚任务，通过落实新建住房、办理养老保险、申领社会救助和生活慰问等帮扶措施，帮助保合少村任素青、董中华、张天喜，面铺窑村何白小4名扶贫帮扶人员稳定脱贫。建议提案办理工作有序推进。在区人大和政协的监督、支持和指导下，对自治区、市、区级代表委员提出的涉及城乡建设、城市管理、群众生活、文化教育、人事劳动、医疗卫生共13个类别227件建议、提案进行答复落实。经53个承办单位和经办人共同努力，建议、提案在规定时限内全部办理完毕，办结率为100%。组织市区两级人大代表、政协委员调研11次。承接国务院政策研究中心、自治区人大、政协专项调研6次。受理市长热线件1385件，受理市政府民生微信平台举报110件，受理市长信箱和网民留言问题194件，处理群众信访事项35件，涉及供水、供电、教育、物业服务、医疗服务、社会保障、市政设施管理、行政审批及服务、城市管理、安全隐患、房地产领域、噪音和环境污染、拖欠工资、私搭乱建等多领域民生问题，做到件件有回音、事事有结果。

信访工作

【信访局领导名录】

局　长　唐　亮

副局长　云汉林（蒙古族）

张　俊

李　亮

杨　禄

【概况】内设综合办公室、办信股、督查股，核定行政编制7名，领导职数1正3副，下设二级事业单位人民来访接待中心，事业编制在编在岗人员11人。

【党的建设】2月19日，新城区信访局成立党组，在党组的集体领导下，单位重大问题都经过党组的集体讨论决定，党组成员也以模范带头作用来保证党的路线方针政策的贯彻执行。党支部组织集中政治学习24次，支部书记讲党课4次，支委成员召开支委会讨论支部工作12次，党员大会5次，支部书记带领全体党员召开党建工作推进会3次。组织召开专题民主生活会、专题组织生活会各2次。开展“不忘初心、牢记使命”主题教育活动，主题教育集中学习6次，组织参观“不忘初心、牢记使命”主题教育展览、廉政文化教育基地、多松年故居，组织学习《习近平关于“不忘初心、牢记使命”重要论述摘编》《习近平新时代中国特色社会主义思想学习纲要》，编发主题教育信息8份。

【信访信息系统】完善网上信访工作，积极引导群众通过网上信访反映相关诉求，做到“让数据多跑腿，让群众少跑路”。年内信访信息系统接受信访事项260批次1439人次，来信40批次125人次、来访58批次478人次、网上投诉162批次836人次（其中国家信访局网上投诉41批次41人次、自治区信访局网上投诉18批次18人次、呼市信访局网上投诉29批次278人次、区本级网上投诉74批次499人次）。

本级网上投诉占比77.9%,系统内信访事项除36件在限期内正在办理,其余全部办结答复,按期受理率及按期办结率均为100%,信访部门及责任部门群众满意度参评率均为65.38%,信访部门满意率100%,责任部门满意率99.36%。全部系统信访事项均在规定期限内进行受理,对于不属于辖区受理范围的信访事项在做好沟通的基础上全部在3日内退回。

【群众来访】年内登记信访事项,同比2018年批次下降8.88%,人数下降27.78%,赴自治区同比2018年批次下降25.00%,人数下降51.38%,赴市政府同比2018年批次上升83.33%,人数上升16.82%;区本级接待同比2018年批次下降22.97%,人数下降3.22%。越级进京访同比2018年下降50%。全年信访群众共签订息诉罢访承诺书234件。群众反映的问题均按信访条例及时督促责任单位处理回复。

【信访工作责任制】强化领导干部接访下访,促进重点信访事项化解工作。区信访工作联席会议办公室每月编排《新城区党政处级领导处理群众来信来访值班表》,每天指定1名处级领导到信访接待场所接待来访群众。年内党政领导接待来访群众19批次738人次,解决信访事项104件,涉及6200余人。对涉稳重点群体、重点人员及相关诉求进行逐项梳理、排查,做到底数清、情况明、不留死角,实行分级分类动态管理。加强《教育疏导登记表》的填写工作,按照上级规定教育疏导3次以上即确认教育疏导到位。

【矛盾隐患排查调处】开展矛盾隐患排查40次,专项排查“矿产领域”“涉台人员”“蒙苑项目”。下发信访事项催办函38件。第六巡察组交办8件信访事项,市信访局共交办12件越级访信访事项,均按期答复。重大节日、重要活动和敏感时期实行每日“零报告”制度,按时反馈核实通报的重要敏感信访信息情况,提高信息预警和处理突发事件的能力。

政务服务

【政务服务局领导名录】

局　长　张广华(2月任职)

副局长　刘孝敏(5月任职)

政务服务中心副主任　李永红(女)

【概况】2019年2月20日,政务服务局正式挂牌成立,1个二级单位——政务服务中心。区政务服务局行政编制5名,局长1名,副局长2名。2019年配有局长1名、副局长1名,政务服务中心副主任1名,中心原来有编制6人全部划转到政务服务局,有正式人员5人,志愿者2人,公益岗位1人,共计8人。政务服务中心于2009年6月正式运行,2019年中心设服务窗口65个(含预留窗口16个),入驻区属委办局15个(20个科室),进驻便民服务社会机构2家。进驻工作人员124人,可办理事项121项。

【办事流程公开】通过区政府网站、政务服务局公众号、咨询台放置服务指南以及LED大屏幕播放等方式,公开15个进驻单位“办事流程图”,明确办理事项内容、主责部门、办理要件、办结时限等,让办事的群众"一目了然"，让办事群众"少跑腿"。

【简化审批流程】推进"放管服"改革，简化审批流程，缩短审批时间。卫健委窗口将医疗机构执业许可由法定时限45个工作日缩短为30个工作日、将医疗机构校验由法定时限30个工作日缩短为15个工作日、将提交材料由原来的18项合并精简为12项、将护士执业注册、变更、延续办理时限由法定时限30个工作日优化为12个工作日。户政管理大队窗口户籍地申领居民身份证和区内异地身份证申领时限由法定的60日、偏远地区90日统一缩短为25工作日、居住证申领时限由30日缩短为5工作日。下放户籍审批权限，购房落户所属类项全部下放至派出所办理。出入境管理大队自治区内外居民办理出入境证件持本人身份证即可办理，省内居民办理出入境证件期限由10个工作日缩短为7个工作日，自治区外居民办理出入境证件由原来需要提供居住证变为只需身份证即可办理，期限为20天、申请人办理出入境证件由原来的一证一表改为三表合一。

【帮办代办】针对老弱病残人员办理业务，开展帮办代办服务。由一楼导引台工作人员协助老弱病残人员到窗口帮办相关业务。由相关业务科室的工作人员为老弱病残人员代办相关业务。

【临时增设窗口】针对高频事项和集中办理期事项，采取临时增设窗口及办事人员的模式，分流办事群众，减轻窗口排队压力，加快办事效率。7月社平工资标准公布后，有8966人进行集中办理，增设2个社保窗口方便群众前来核定社会保险。10月残疾人公交卡共有2499人集中办理年检业务，就近增加2个预留窗口，同时，协调劳动就业1个窗口专门用来办理新办补办业务。婚姻登记针对特殊时期随时增设窗口，国庆期间不休息正常办理业务。

【政务服务事项认领】按照自治区、市两级下发《关于切实做好"政务服务一体化平台"事项认领与实施清单填报工作的通知》要求，在全国一体化在线政务服务平台依申请类事项，涉及全区23家单位，含行政许可、行政确认、行政给付、行政奖励、行政裁决及其他事项6类。系统中存在事项480项(含国家级449项、自治区级31项)，认领清单数量288项，填写实施清单212项，对国家"一体化平台"补录地方目录录入事项106项。"互联网+监管"依职权监管类事项，涉及23家单位，含行政检查、行政处罚、行政强制及其他事项四类。国家级系统存在数量为496项，认领数量430项，填检查实施清单427项。

【国家监管行为信息采集】国家监管行为信息采集系统录入执法部门28家，执法人员513人。同时，录入检查行为31项，处罚行为2项。

【基层服务】政务服务体系向基层延伸。调研全区1镇、8个街道的基层政务服务体系建设和运行情况，梳理各镇(街道)、村(社区)办理事项，梳理事项171项，将一体化政务平台应用向基层延伸，为国家一体化政务服务平台上线运行奠定基础。

人力资源和社会保障

【人力资源和社会保障局领导名录】

局　长　杨惠裡(女,蒙古族)

副局长　李大庆

劳动就业中心主任　托　娅(女,蒙古族)

社保中心主任　常　江

医保中心主任　张　霞(女,5 月离任)

【概况】呼和浩特市新城区人力资源和社会保障局是新城区人民政府的工作部门,为正科级。在职 88 人,内设综合办公室、党务办公室、人事管理科 3 个机构,下设新城区劳动就业中心、新城区档案管理中心、新城区人力资源服务中心、新城区劳动争议仲裁院、新城区劳动保障监察队、新城区社会保险服务中心 6 个二级单位。

【就业及培训】城镇新增就业近 1.17 万人,完成目标任务 6800 人的 171%;城镇登记失业率 2.36%;安置失业人员再就业 2136 人,完成目标任务 1800 人的 118%,在内蒙古劳动就业系统中发放就业失业登记证 4391 本。为 2918 名原国有集体企业大龄下岗失业人员发放社会保险缴费救助 1493.7 万余元。转移农村劳动力就业 1.71 万人,完成目标任务 1.6 万人的 106.9%;转移 6 个月以上农村劳动力约 1.39 万人,完成目标任务 1.22 万人的 113.9%;为 345 名公益性岗位人员发放岗位补贴。在创业园建立针对农村和城镇就业困难大学生申请入园绿色通道。加强针对农民、城镇就业困难人员的创业就业服务。安置就业困难对象 1214 人,完成目标任务 1250 人的 97%;发放辖区内就业困难人员社会保险先缴后返补贴 4885 人次 2663 万余元;创业担保贷款放款 24 户,放款金额 299 万元。加强管理培训,促进高校毕业生就业。新城区中小企业和非公有制企业人才储备计划 140 人,完成 140 人;青年见习计划 320 人,完成 320 人。人才市场就业计划 600 人,完成 653 人;创业计划 155 人,完成 155 人;大学生创业培训计划 60 人,高校创业培训 60 人。开展就业培训,搭建供需平台。开展 10 期创业培训,211 人参与培训,22 人创业成功;开展 66 期就业技能培训:853 人参与培训,覆盖网络及软件工程、美容美发、母婴护理、汽车维修、摄像等实用专业。就业技能培训中城镇登记失业人员 619 人、农村转移就业劳动者 214 人,毕业年度高校毕业生 20 人。开展就业扶贫工作。举办新城区 2019 年"春风行动"大型公益招聘会,搭建供需平台,促进转移就业,参加的招聘会的企业 19 家,提供就业岗位 195 个,达成就业意向的有 54 人。10 月,与全国同步开展"就业扶贫行动日"活动。2019 年,新城区 142 户 303 名贫困人员中在劳动年龄内 212 人,3 人有就业培训意愿,开展相关培训,1 人培训完毕。

【社会保险】2019 年,发放城乡居民养老保险待遇约 3.76 万人次,发放金额 1081 万元;完成社会保险扶贫工作清零任务,全区应享受待遇贫困人员做到应发尽发,享受政府代缴养老保险费 131 名困难人员全部完成代缴。完成2019年退休人员养老金调资工作，人均增长养老金178元；完成各项社会保险核定约1.61万人。

【队伍建设】落实《2019年呼和浩特市事业单位人才引进工作实施方案》《关于做好2019年呼和浩特市事业单位人才引进后续工作的通知》要求，协同组织部负责人才引进的具体工作。经过资格初审、复审等环节，引进19名紧缺高层次专业人才。

【监察执法】劳动保障监察部门与信访部门成立联合办公机构，将防范措施前置，通过有效的沟通协作加强对突发性事件的控制能力。加强对劳动用工行为的检查力度，增强劳动者的维权意识，做到农民工工资问题“早预防、早下手、早管控、早排查”。推进欠薪案件化解和“四制一金”制度落实，确保实现“三个清零”“三个不发生”工作目标，充分发挥劳动保障监察的职能作用。2019年，日常巡视检查442户，涉及人数8390人；劳动用工年审2317户，覆盖职工约8.71万人。保合少镇及8个街道办事处建立劳动争议调解委员会，在29家企业设立企业调解委员会。年内劳动争议仲裁院受理劳动争议案件593件，结案573件，涉案金额2622.75万元。已结案案件中，调解和通过给双方当事人做工作撤回申请226件。加强劳动用工信息化管理，扩大劳动合同、劳动用工备案范围。进行劳动合同备案624户、1.32万余人，网上用工备案9726户、约7.52万人。集体合同审查备案38份。评定和谐劳动关系单位48家。

民　　政

【民政局领导名录】

局　长　吴红莲(女)

副局长　刘　刚

于　兵

【概况】区民政局承担着社会救助、基层政权建设、救灾救济、优抚、双拥、社会事务、社会福利与慈善促进等工作。设办公室、财务科、优抚科、救灾救济科、社会事务科5个科室。下属城乡医疗救助办公室、低保办公室、婚姻登记处、综合养老服务中心4个二级单位。

【社会救助】保障城乡低保1758户2740人，累计发放城乡低保资金1884.9万元；保障特困人员112人，累计发放资金158.6万元；临时救助40户49人，发放救助金33.3万元。启动特别救助金制度，一次性救助一名白血病患者10万元。做好社会救助家庭经济状况核对工作，核对出疑点对象91户130人，及时清退不符合救助政策人员7户10人。

【基层政权】印发《新城区民政局关于村(居)委会人员补选事宜的通知》，完成成吉思汗大街街道沙梁村委员补选工作。强化村(居)务公开工作，制定全区公开统一目录、规定公开时间要求、规范公开统一程序，确保及时、规范、全面公开。通过实地检查和网上督查相结合方式全区通报24个行政村存在问题。深入保合少镇、各街道办事处，对村主任、信息员200余人进行村务管理业务培训。全年为144名居委会退养人员发放生活补贴182.5万元。

【社会事务】印发《新城区2019年清明节工作实施方案》,设立6个鲜花祭祀点引导广大群众进行文明祭奠。加强公墓督查管理工作,印发《新城区关于开展违法违建私建“住宅式”墓地等突出问题专项摸排的实施方案》。加强殡葬服务领域综合整治专项治理,印发《新城区开展殡葬服务领域综合整治专项治理工作方案》,联合相关部门对辖区公墓、太平间和殡葬用品店进行检查,督促殡仪馆周边12家商铺办理工商手续。严格落实殡葬惠民政策,办理免除基本殡葬服务手续30件。做好婚姻登记工作,全年办理结婚登记3006对,办理离婚登记1451对,补发结婚证1547件,补发离婚证168件,登记合格率100%。

【养老服务】加强养老机构安全生产检查,印发《新城区民政局关于全区养老机构安全生产专项治理工作的通知》《新城区民政局关于民办养老机构安全生产和养老机构服务质量检查情况通报》等,养老机构实行月查和季汇报制度,对存在问题紧盯不放落实整改,3家民营养老服务机构如期完成室内喷淋安装。落实高龄普惠制,为10933名高龄老人发放高龄津贴1259.45万元。

【社会组织工作】辖区有社会组织87家,办理变更5家,名称核准5家,注销1家,撤销24家,办结率100%。做好社会组织网上年检工作,印发《2018年民非社团年检通知书》及相关表格材料,通过网上社会组织年检办结56家。

【慈善促进和社会工作】推进社会工作发展,开展“追梦新征程、社工在行动”主题讲座,组织参加社会工作者职业水平培训会和专业资格考试,通过社会工作专业资格考试人员33人。协调驻区社工组织——新城区社工宝社会工作服务中心入驻东风路办事处东影北社区,开展专业社工服务试点工作。开展公益慈善活动,发动社会力量为100户困难家庭捐赠3.3万元爱心物资,联合驻区公益组织开展关爱贫困家庭儿童暖心活动。

【社会福利】为发放26名“文化大革命”中受到迫害的农民、牧民、市民“三民”人员生活补贴38万元。发放3260名重度残疾人护理补贴420.4万元,发放1197名困难残疾人生活补贴156.4万元。保障孤儿、事实无人抚养儿童14人,发放孤儿养育金及临时补贴28.6万元,为2名困境儿童发放生活保障金1.8万元。

【区划地名工作】排查新城区行政区域界线领域风险隐患,完成新城区与回民区第六轮行政区域界线联检工作,同时签订平安边界建设协议,补充完善新城区第二次全国地名普查成果资料档案,印制《新城区行政区域图册》,对《新城区地名志》进行编纂校验,完成《国家地名大辞典》新城区编纂内容。

【自身建设】制定《新城区民政局党组学习工作计划》把学习成果转化为谋划工作的思路、破解难题的本领。签订《新城区民政局党组成员严禁利用名贵特产类特殊资源谋取私利承诺书》,自觉接受党员干部监督。制定《新城区民政局提交党组会议题规范流程》《新城区民政局党建、党风廉政建设、安全生产、扫黑除恶专题会议制度》。班子成员坚持以身作则,以上率下,带头严守政治纪律和政治规矩,勤政廉洁从业。召开党组会57次,党组集中学习24次,专题讨论8次,研究"三重一大"内容80余项。

【党风廉政建设】完善《新城区民政局党员干部工作规范奖惩制度》《新城区民政局党支部季度落实党建工作情况民主测评表》,制定《新城区民政局党支部2019年主题党日活动计划》,把扫黑除恶专项斗争、整治"四官"问题专项行动、健康促进等工作纳入主题党日活动中。制定《新城区民政局关于开展整治"四官"问题净化机关政治生态的实施方案》。查摆个人问题清单和廉政风险点清单,形成63条个人问题清单、47条廉政风险清单,作为整治活动重点事项,从源头上遏制可能易出现的廉政问题。制定《新城区民政局"马上办、一次办、就近办、网上办"工作实施方案》《新城区民政局"马上办、一次办、就近办、网上办"四项便民服务制度》《新城区民政局业务服务承诺制度》《新城区民政局业务一次性告知制度》。在全区设立9处民政工作征求意见箱,公开投诉举报电话,接受全社会监督。

金融管理

【金融工作服务中心领导名录】

主　任　张亚东(蒙古族)

副主任　杜家霖(蒙古族)

【概况】原新城区人民政府金融工作办公室于2016年3月成立,属全额拨款事业单位。2019年,根据全区机构改革实施方案,由原区人民政府组成部门调整为区财政局挂牌机构,行政职能划归区财政局,更名为新城区金融工作服务中心,同时积极配合区编办、组织部、人社局进行主管部门及工作人员的转隶工作。原党支部经区直机关党工委批准后予以注销,支部党员关系转至区财政局党支部。

【小贷公司监管】受理小贷公司成立申请1件、人事变更申请3件(法人变更2件、监事变更1件)、股权变更申请3件、减资申请1件、地址变更申请1件。利用小贷公司在线监管系统,每日实时对辖区内19家小额贷款公司进行非现场检查。联合市金融办对辖区内小贷公司进行现场检查,检查内容包括规范经营、扫黑除恶专项排查等。

【防范处置非法集资、互联网金融风险专项整治】采取户外宣传与媒体宣传相结合的方式开展宣传。以自治区非法集资宣传月、"5·15"全国公安机关打击和防范经济犯罪宣传日、国家网络安全宣传周,全市、全区扫黑除恶宣传周等时间节点为契机,在苏雅拉广场、成吉思汗广场、长城便民农贸市场、禾群平价便民市场等地,与自治区、市金融办,区公安分局、属地街道办事处各社区等单位联合举办多场防范非法金融宣传活动,工作人员以案释法,通过真实案例为现场群众答疑解惑。参加市广播电台举办的“连心桥—行风热线”节目,在节目中就非法集资的定义、特征以及危害等做全面细致的讲解,解答群众提出的有关问题。根据上级提供问题线索、本级行业排查、群众举报等多种线索来源,与处非成员单位密切配合,开展实地排查。组织区各有关部门和街道办事处采取明察与暗访相结合的方式,以辖区内各社区为单位进行拉网式排查。与区公安分局、市场监督管理局组成联合排查组,对金融活动的重点区域,太伟方恒广场、奈伦国际、熙华大厦、金天帝广场、金翡丽广场等商圈开展“扫楼式”集中排查。对照全市打击非法金融活动专项行动部署,按照属地管理原则,通过两种排查方式对辖区内企业及商业活动场所开展全方位、多角度的“地毯式”排查。开展对投资类企业摸排工作。组织鸿盛园区管委会、保合少镇、市场监督管理局、创新创业服务中心、各街道办事处,全面摸底排查辖区内开展投资类业务企业。经查,新城区有企业名称中包含“投资”,或经营范围中包含“投资”字样存续的企业694家。信用互助农民专业合作社摸底排查,通过由市场监督管理局调取企业信息、各村自查的方式,摸底调查辖区内开展信用互助的农民专业合作社。经查,未发现名字或经营范围中包含“信用互助”的农民专业合作社。根据区市场监督管理局提供信息,新城区有登记注册农民专业合作社企业116家,均为经营活动正常企业。

【治理农村牧区高利贷】按照《内蒙古自治区人民政府关于综合治理农村牧区高利贷若干措施的通知》文件有关要求,结合本地区实际情况,就高利贷现象要求属地涉及村落的保合少镇、成吉思汗大街街道办事处进行逐月摸排,每月初上报市金融办。

【上级交办的各项工作】配合北京市开展e租宝信息核实登记工作。开展e租宝受损集资参与人信息核实登记工作,要求做好登记点的前期布置工作。各街道办事处抽调2名工作人员进行信息录入,中心作为协调部门,做好设备配置、人员考勤、数据收集等有关保障工作。新城区登记621人,相关登记人累计未被返还金额6335.05万元。配合区政府办制定《新城区关于深入推进非法集资案件处置三年攻坚工作的实施方案》。深入推进全区非法集资案件处置三年攻坚工作,按照自治区非法集资案件风险处置三年攻坚规划以及非法民间借贷和非法集资专项治理行动工作要求,配合区政府办制定实施方案,明确工作措施和相关单位具体工作职责。

【巡察整改督查】区委巡察督查组对原金融办党支部前期开展的巡察整改情况进行督查,就督查意见建议向进行反馈。在原党支部已经被撤销的前提下,召开专题会议,分析问题存在原因并研究制定整改措施,按照一把手主抓、分管领导全面负责、全体成员集中整改的工作原则,主动认领责任,逐一进行整改,确保整改工作的有序完成。

【扫黑除恶专项斗争】按照全区扫黑除恶专项斗争金融领域专项整治工作的有关要求,将金融领域整治工作与防范和处置非法集资、互联网金融风险专项整治工作有机结合。成立区扫黑除恶专项斗争金融领域整治工作领导小组。召开全区两级中心组(扩大)学习会,邀请自治区金融监管局监管三处刘东升处长作题为《深入推进扫黑除恶专项斗争,防范和打击非法金融活动》的专题讲座。在辖区内18家小额贷款公司及各村(居)委会张贴《呼和浩特市人民政府关于开展打击整治非法金融活动专项行动的公告》、扫黑除恶公开举报电话及邮箱,方便人民群众通过有效举报途径反映情况。为鸿盛园区、保合少镇、双创中心及各街道办事处设计制作并发放3万册宣传折页、85块宣传展板、2.4万个宣传手提袋等宣传资料,在各地区选择人员密集场所开展为期10天的扫黑除恶专项斗争暨防范非法金融活动专题宣传。针对各类问题线索,及时组织成员单位开展实地排查,新城区有涉及非法金融活动的问题线索53条。其中,由公安机关或上级处非部门介入查处案件7件;经排查发现相关公司不在本辖区、失联或注销等原因无法排查的36件;不属于非法金融活动,由执法部门警告并密切监控的8件;信访转办实时跟进线索的2件。

【金融扶贫】在成吉思汗街道办事处、保合少镇召开的区工商联民营企业扶贫帮扶对接会上,以企业帮扶贫困户为有利契机,与助力脱贫攻坚的各企业有关代表进行座谈,详细介绍当前针对企业走多层次资本市场融资所提供的相关服务和优惠政策,向与会各企业代表征集企业融资需求情况,对有融资需求的企业,按照国家有关政策搭建融资平台,帮助其进一步发展壮大。对依靠产业脱贫的贫困户,协调有关部门提供金融政策信贷保险等支持。

【银行网点测评达标监控排查】确保"三城同创"工作取得实效,对新城区185家银行网点实地开展测评达标监控排查,对不符合要求的网点当即下达整改命令,全程跟踪确保整改落实到位。

民族事务管理

【民族事务委员会领导名录】

主　任　云　智(蒙古族,2月任职)

副主任　赵紫阳(2月任职)

　　　　　李锐锋(蒙古族,8月任职)

【概况】2019年根据《中共新城区委员会办公室新城区人民政府办公室关于印发〈新城区机构改革实施意见〉的通知》的文件精神,民族宗教事务局更名为民族事务委员会,宗教工作职能职责划转至区委统战部。全单位工作人员13名,其中主任1名、副主任2名、2名转非干部,工作人员8名(公务员身份5人、事业编制8人),政务大厅工作人员2名。设立综合办公室及少数民族工作办公室2个科室。内设二级事业单位牌匾管理中心。

【党建工作】开展"两学一做"思想教育,深入学习党章党规,深入学习习近平总书记系列重要讲话,教育引导领导干部牢固树立"四个意识",坚定"四个自信",坚决做到"两个维护"。组织干部学习《中国共产党党员领导干部廉洁从政若干准则》和《中国共产党纪律处分条例》,观看《榜样——不忘初心、牢记使命》特别节目。组织全体工作人员前往大青山红色主题公园开展“中华民族一家亲　同心共筑中国梦”庆祝中国共产党成立98周年主题党日活动。开展习近平总书记扶贫开发重要论述学习宣讲活动。

【民族团结】争创“民族团结进步示范单位”,5月10日,按照呼市民委的工作要求,对2018年受表彰的几家单位进行授牌。开展2019年度全市民族团结进步创建活动示范单位和全市民族团结进步教育基地的申报工作,民政局、西街街道办事处曙光社区、艺术厅北街社区3家单位被评为2019年度全市民族团结进步创建活动示范单位,落凤街小学被评为2019年全市民族团结进步教育基地。7月,安排部署第十一届少数民族传统体育运动会马上项目分赛场新城区观众组织工作。

【民族政策宣传】联合各办事处及部分村党组织,开展一系列党的民族政策宣传教育活动。走进昭君新村社区、长海社区、东影北街社区、三卜树村等地,发放宣传资料1000余份,并结合中华人民共和国成立70周年暨自治区第36个民族团结进步活动月,在苏雅拉广场开展“草原儿女齐心向党、民族团结献礼国庆”主题活动,区委、区政府发文要求全区各单位开展形式多样的民族团结进步宣传活动,通过悬挂横幅、现场交流等方式,向广大群众宣传党的民族政策和法律法规知识。

【民族教育】5月,对蒙古族幼儿园及满族幼儿园进行调研,调研中发现少数民族学校设施不完备等问题,申请少数民族教育发展资金30万元。7月,有部分家长反映,满族学生入学满小前,存在报名困难的问题,经区民委与区教育局核实沟通,解决少数民族儿童“入学难”问题。

【基础工作】恢复更改民族成分工作。初审上报恢复更改民族成分材料13份,所有上报材料全部符合规定要求。清真饮食备案登记工作。联合区食品药品监督管理局开展清真食品加工、销售企业的登记工作,登记清真食品企业35家。

【精准扶贫】2019年中央财政扶贫资金(第一批少数民族发展资金)150万元,针对此项资金,考察少数民族聚居村及特色村寨项目。3月21日,对成吉思汗大街街道办事处三卜树村至曹家营自然村的道路硬化工程进行实地查看。9月,再次对三卜树村基础设施建设情况进行调研。按照文件要求向市民委经济科进行项目备案工作,款项已拨付至成吉思汗大街街道办事处。关注少数民族群众,切实解决实际困难。6月,接待一名到访少数民族贫困群众,通过与该名群众交流沟通,详细了解该民群众的眼疾问题,与民政局、医保局、残联及东风路办事处工作人员进行沟通,由办事处工作人员陪同赴朝聚眼科医院进行检查,帮助该名群众解决就医问题。

【扫黑除恶专项斗争】开展扫黑除恶专项斗争专题学习。4—7月集中学习扫黑除恶专项斗争知识,进行知识测试,提升全体干部职工扫黑除恶专项斗争知识水平，深入三卜树村进行扫黑除恶专项斗争知识宣讲。针对扫黑除恶社会宣传标语蒙汉文并用情况进行摸底排查，排查出问题标语、图版50余条，其中包括无蒙文、蒙文缺失、错误等问题，及时告知所属辖区进行撤换，增强扫黑除恶专项斗争工作社会宣传效果。

【蒙古语言文字规范化、标准化】强化监督检查，提升标准化水平。协调区城市管理行政执法局做好牌匾、广告舆情案件的日常监管，发出舆情整改通知34份。联系市民委牌匾管理中心业务指导，联合市民委牌匾管理中心对新城区北垣街街面牌匾的蒙汉文正确以及牌匾规格、材质的合格与否进行全面排查登记，并留存影像资料。根据排查问题，建立问题牌匾统计表，翻译工作人员针对错误牌匾进行重新翻译，并将正确翻译制作成图片格式，将图片汇总资料上报至区政府。注重人才培养，提升专业化水平。2019年新城区牌匾管理中心有在职专业蒙语翻译人员4人。专门从事蒙语翻译审核和复核工作，4月末区民委派2名翻译工作人员参加蒙古语文翻译专业技术人员继续教育培训。10月10日，市民委工作人员和技术人员对区民委及城管业务人员、区辖区内持有蒙汉文字制作许可证的16家企业、社会翻译人员进行培训，分别对《呼和浩特市社会市面蒙汉两种文字并用管理办法》和网络舆情等方面进行详细讲解。市民委工作人员发放《内蒙古自治区蒙古语言文字工作条例》和《呼和浩特市社会市面蒙汉文并用管理办法》宣传册。

【宣传工作】5月，开通微信公众号及今日头条公众平台，在平台上及时发布工作动态、宣传民族政策、公开业务流程、畅通舆情反馈通道。

档案工作

【档案馆领导名录】

馆　长　赵海英（女，蒙古族）

【概况】新城区档案馆2019年机构改革后，行政职权划归区委办公室，档案馆为区委直属事业单位，为自治区一级档案馆。有工作人员12人。2019年，档案馆获全国档案系统先进集体荣誉称号。

【日常工作】接待查档人员710人次，查阅档案956卷次，复印2600余张。举办2期消防安全知识培训讲座。档案库房安装监控设备和防盗门，实行全天24小时监控。每周对馆库进行安全检查，投放防虫、防鼠药，节假日安排值班。征集中国第一历史档案馆出版的《明清皇宫黄埔秘档图鉴》《"中华马文化"系列丛书》。整理馆藏13号全宗档案、人事档案和基建档案。完成2018年度档案统计年报，准确掌握新城区20家基层档案室的基本情况。开展馆藏档案数字化工作后续的数据核对、修图、上传、备份等工作。

【档案法治宣传】组织全馆工作人员进行每季度的网络在线学法和考试。借助"6·9"国际档案日与档案法律法规颁布纪念日，组织全区各部门、各单位开展对《中华人民共和国档案法》《档案法实施办法》《档案管理违法违纪行为处分规定》《内蒙古自治区档案条例》等法律法规及办法的集中专题学习。开展主题为“新中国的记忆”的档案宣传活动。利用区政府大屏幕滚动播放档案宣传标语,楼外悬挂宣传横幅,10余块展板在区政府大楼巡展,发放《档案法律法规手册》及宣传袋、中性笔、文化折扇等纪念品3500余份。组织全区档案工作者参加国家档案局举办的“新中国的记忆”主题征文活动。为相关单位征订《档案与社会》《中国档案报》《中国档案》等业务书刊。组织全体干部前往将军衙署博物院参观学习,促进本部门保管史料,发挥好文化事业单位的职能。组织档案馆全体工作人员和区属单位的档案员参加国家档案局组织的全国档案安全知识竞赛答题。

【档案基础业务】按照区委办、政府办《关于在全区机构改革过程中做好档案管理工作的通知》文件要求,档案馆专门组成3个机构改革档案工作指导小组,分组派出业务指导员对2019年机构改革之后全区30余家涉改单位的档案工作予以指导,确保涉改单位在机构改革过程中及完成后档案的规范收集整理和保存利用。对部分机构改革单位开展机构改革档案工作情况调研,形成《新城区机构改革档案工作现状调研报告》。

政协呼和浩特市新城区委员会

【新城区政协领导名录】

党组书记、主席 杨祥麟

副主席 刘智利(女)

杨 军(蒙古族)

白 静(女,蒙古族)

康秀婷(女)

办公室主任 吴文兴(5月任职)

副主任 杨志峰

经济科技委员会主任 白音夫(蒙古族)

副主任 娜布其(女,蒙古族)

学习提案委员会主任 云东升(蒙古族)

社会法制委员会主任 洪宝印(蒙古族)

副主任 荣 静(女,蒙古族)

教文卫体委员会主任 燕 勇

【概况】2019年,政协新城区第九届委员会有15个界别、162名委员。设主席1名、副主席4名、秘书长1名、常务委员23名。内设办公室、学习提案委员会、经济科技委员会、社会法制委员会、教文卫体委员会等4委1办,配置正副科级干部共8名,机关在职人数35人。

【经济科技委员会】召开座谈会,组织委员对政协理论和党的方针政策学习座谈,就2019年经济科委员会的重点工作征求委员的意见。不定期地走访区政协经济科技委员会委员及委员所在企业。对呼和浩特市正北家居有限责任公司、呼和浩特美年大健康健康体检有限公司、华动泰越科技有限公司，浪潮集团有限公司等多家委员所在企业进行参观走访。注重专委会与对口联系单位交流合作，召开对口联系会议14个部门参加，向参会部门介绍2019年经科委的工作安排。开展室内装饰市场监督检查，与新城区市场监督管理局、呼和浩特市室内装饰协会抽调人员组成督查组，开展装饰市场联合执法检查。

组织区政协委员深入保合少镇、成吉思汗街道办事处、鸿盛工业园区，围绕全区经济社会发展情况、重点项目推进情况开展调研。调研组深入国家北方足球训练基地、中蒙博览会永久性国际会展中心、香岛光伏农业生态园详细了解重点项目推进情况，对重点项目建设工作提出合理性的建议和意见。调研组实地走访TCL光电科技、河套酒业有限责任公司。5月，经济科技委员会抽调部分委员成立调研组，制定调研方案。调研组成员多次深入新城区市场监督管理局以座谈的方式就如何利用大数据加强与新城区市场监管工作，进行交流探讨。并实地走访智慧城区中小微企业公共服务网上平台、内蒙古爆米花新媒体有限公司、内蒙古硕博自动化科技有限公司、同方知网技术有限公司内蒙古分公司等，对智慧城区中小微企业大数据应用平台及自媒体应用开发使用、自动化科技研发等情况进行了解。形成《如何加强大数据在市场监管和服务方面应用的调研报告》，为区委、区政府科学决策提供参考。

6月，经济科技委员会组织委员赴和林政协实地参观中国电信云计算内蒙古信息园、中国移动（呼和浩特）数据中心、东方国信工业互联网平台北方区域中心项目及BIM产业基地项目、内蒙古和林格尔新区微软大数据及人工智能应用孵化基地、乳业大数据等。

10月，经济科技委员会牵头，新城区政协举办“不忘初心、牢记使命”主题教育委员专题培训讲座，邀请中国联通网络技术研究院5G创新中心栗霖老师，用通俗易懂的语言从5G行业发展分析、5G在智慧城市中应用、中国联通5G应用探索等3个方面，对5G的概念、发展历程及应用探索进行详细讲解。

经济科技委员会负责督办九届二次会议期间刘瑶委员提出的《加快完善新城区民营经济发展联席会议制度》、王艳春委员提出的《关于增加区域竞技体育项目，推动全民健身运动开展》，联合学习提案委员会对两件提案进行现场督办。

【社会法制委员会】按照《新城区政协党组2019年工作要点》的安排，结合主题教育活动，围绕在城市精细化管理中提升老旧小区物业管理开展专题调研，走访西街、东街等5个街道办事处，15个社区，现场解决楼道卫生清洁不到位、存在垃圾死角等问题6件，形成关于加强全区老旧小区物业服务的调研报告。围绕实施乡村振兴战略，推动特色旅游休闲村镇建设组织委员进行专题调研，到成吉思汗大街街道办事处、保合少镇的6个村镇进行实地调研，提出建议意见。组织对新城区文化旅游项目、大青山前坡生态治理情况及村居民宿进行调研视察。

组织委员对“大棚房”整治情况、“扫黑

除恶”专项斗争成果、基层司法所发挥作用情况开展监督性视察3次,参加委员50余人次,组织委员参加有关单位的民主监督活动,参加法院新闻发布会1次,参加检察院检察开放日活动1次。

主动征求委员对专委会全年工作安排的意见和建议40余人次。召开专委会工作会议一次,安排部署全年工作。主题教育中向委员征集意见建议40余条。

对《关于做大做强大青山全域旅游产业》《关于推行老旧小区物业自治,实现城区物业管理全覆盖的建议》2件提案进行重点督办,利用委员调研、视察和委员界别活动,密切委员与群众的联系,督促委员反映社情民意,在委员中征集社情民意18条。

加强对口联系部门的联系,主动到部分联系单位沟通工作进行交流,与公检法司、政法委、农牧水利局等部门对口联系10多次。接待阿拉善盟、山东滨州市等地政协的考察交流6次。联系建立基层民主协商联系点,与西街街道办事处对接3次,在办事处、社区、小区设立三级联系点。配合办公室,做好委员的联络、服务和统计等工作,完成委员各类数据信息采集3次。配合办公室开展“科技服务到基层,振兴乡村奔小康”果树实用技术现场指导会活动1次,配合经科委视察区重点项目建设情况1次,配合学习提案委走访委员1次。组织委员参加迎接中华人民共和国成立70周年合唱比赛,参加政协成立70周年书画展。

【教文卫体委员会】2019年教文卫体委员会组织委员参加学习培训。1月,听取委员意见建议,结合实际制定专委会全年工作计划。3月,召开专委会工作会议,安排部署2019年工作计划和工作流程,组织委员学习汪洋主席在全国政协第十三届二次会议上所作的工作报告。4月,专委会2人参加全国政协第131期培训。组织委员参加市政协第5次委员培训。8月,组织人员参加第二届“创新青城”院士论坛。10月,组织委员参加关于5G的发展趋势及应用专题培训。10月,组织6名委员参加自治区政协的“知情明政吹风会”。

组织委员开展视察、考察活动,深入开展专题调研、提案督办等工作。3月,视察“小饭桌”的发展现状及管理情况。4月,参观内蒙古博物馆传统工艺品展览和中国艺品网内蒙古工作站。5月,视察新城区民办教育发展情况,组织座谈。7月,在大青山红色文化公园举办以“继承先烈遗志,牢记时代使命”为主题的参观学习活动。8月,视察社区医院建设情况。考察“凯旋素质教育广”场和“恩慈教育”国学讲堂。9月,视察住宅小区配套幼儿园学前教育机构建设情况。

制定《关于新城区全民健身运动开展情况的调研方案》,积极联系各方组织实施。8月,在新城区文体旅游广电局、东河湾社区舜和慢城、成吉思汗大街街道办事处南苑社区、成吉思汗公园、新城区笼式足球等地调研区群众性文化体育开展情况,形成《关于新城区全民健身运动开展情况的调研报告》。制定《关于新城区普惠性幼儿园建设情况的调研方案》,实地调研新城区第六幼儿园分园、南店新村滨水聪慧幼儿园、华夏未来松江幼儿园等普惠性幼儿园的建设情况，形成《关于新城区普惠性幼儿园建设情况的调研报告》。

联合学习提案委对重点提案《关于建设大青山红色文化培训基地》《关于推动非物质文化遗产进入校园》的办理情况进行实地走访和面对面答复会。承办单位负责人分别对提案进行答复，提案人对提案的答复表示满意。

协助分管副主席做好重点工作，5 月，配合分管副主席开展督导检查“扫黑除恶”档案的工作，在新城区 8 个街道办事处、保合少镇、组织部、宣传部、文体旅游广电局、环保局等单位进行档案整理工作督导。协调联系中山东路街道办事处安排分管副主席走进基层以围绕学习《习近平新时代中国特色社会主义思想学习纲要》在中山社区讲授专题党课。

协同其他部门开展活动，3 月，组织委员参加新城区政协联合自治区园艺研究所等单位在保合少镇甲兰板村举办的以“科技服务到基层，振兴乡村奔小康”为主题的果树实用技术指导活动。4 月，组织委员参加经济科技委员会围绕全区经济社会发展情况、重点项目推进情况的视察。5 月，组织委员参加视察新城区公检法“扫黑除恶”专项斗争工作。6 月，按照办公室安排，向委员征集庆祝人民政协成立 70 周年论文 2 篇。9 月，组织委员参加由新城区政协、呼市文联主办的“不忘初心、牢记使命”——庆祝中华人民共和国成立 70 周年暨人民政协成立 70 周年呼和浩特各民族书画名家作品展。10 月，组织委员参加新城区政协召开的“不忘初心、牢记使命”主题教育征求意见座谈会。兼顾新城区政协网站维护更新，信息、动态的联系报送工作，向政府网站、客户端等平台联系报送信息 56 篇。

【学习提案委员会】政协新城区九届二次会议上，提案审查委员会把好立案关，优质高效地完成立案审查工作。会议期间，征集到政协委员提案 124 件，属市属办理的 18 件提案转市政协办理。对未立案的 11 件提案，学习提案委及时与委员进行沟通，做好说明解释工作，转交有关部门，按社情民意、来信来访进行办理。4 月 23 日，协助区政府办召开提案转办会，确定将 95 件提案转区委、区政府相关部门办理。收到社情民意信息 62 件，其中委员个人提交 44 件、联名提交 7 件、未立案提案转来 11 件。以简报、信息的形式报送有关领导和相关部门，编辑《社情民意信息》30 期、30 件。

2019 年，学习提案委确定重点提案 10 件，由主席、副主席及各专委会落实、督办。10 月 25 日，对《关于做大做强大青山全域旅游产业的建议》《关于推行老旧小区物业自治，实现城区物业管理全覆盖的建议》《关于暖气管网引入团结小区清真寺的请求》的提案进行实地调研和面对面答复。11 月 15 日，对《关于建设大青山红色文化培训基地的建议》《关于推动非物质文化遗产进入校园的建议》的办理情况，进行实地走访和面对面答复会。10 月，对《加快完善新城区民营经济发展联席会议制度》《关于增加区域竞技体育项目,推动全民健身运动开展的提案》的办理情况,实地走访呼和浩特市第三十四中学等提案涉及的相关单位,与提案人进行面对面的交流探讨。11 月 29 日,就《关于进一步依法加强农村宗教活动场所管理的提案》《关于探索开展教师跨校任教的思考和建议的提案》等 7 件重要建议提案进行督办。

按照《新城区政协党组 2019 年工作要点》的安排,学习提案委员会牵头对新城区执法队伍下沉工作进行专题调研。5 月 9 日深入成吉思汗大街街道办事处、迎新路街道办事处等部门实地调研,了解执法部门日常工作的开展情况。并组织调研组成员赴上海徐汇区、南京栖霞区、北京东城区等地实地考察,学习先进经验。调研组将收集到的情况和信息分类整理,集中采纳综合各方面的意见和建议,形成《关于加强城市精细化管理相关执法部门队伍下沉工作状况的调研报告》。

民主党派

中国国民党革命委员会呼和浩特新城区总支部

【中国国民党革命委员会呼和浩特新城区总支部领导名录】

主　委　丁朝霞(女)

副主委　代建军

赵子阳

【概况】民革呼和浩特市新城区总支共有党员 56 人。经支部大会通过,在市委会组织外调考察的基础上,总支共有 4 名联系人成为正式党员。

【开展活动】1 月 20 日,民革新城区总支联合回民区总支等支部共同举办“传达呼市两会精神 重温民革优良传统”座谈会。3 月 8 日,民革呼和浩特市新城区总支,组织民革各区委女党员,开展以“健康、快乐、理性、优雅”为理念的节日主题活动。4 月 11 日,民革新城区总支、回民区总支及新城区图书馆文化馆联合党小组共同举办“同心共读 携手筑梦——读书分享会”。6 月 14 日,民革新城区总支联合回民区总支,组织党员及联系人前往呼和浩特市强制隔离戒毒所开展帮教研讨活动。7 月 28 日,赴新城区保合少镇面铺窑村“八路军大青山支队与蒙汉抗日游击队会师遗址”等地进行红色文化学习调研。10 月 13 日,民革新城区总支赴乌兰察布市集宁区开展“不忘合作初心,继续携手前进”主题教育活动启动仪式,赴集宁战役纪念馆和乌兰察布党史馆进行学习教育活动。

【理论学习】3 月 10 日,民革新城区总支部组织支部学习活动,传达学习全国及新城区两会政府工作报告要点并召开 2019 年度第一次支委会,研究制定近期工作计划及调研方案。3 月 22 日,支部部分党员参加内蒙古民革传达学习全国两会精神报告会。3 月 27—28 日，参加中共市委统战部举办的“呼和浩特市民主党派成员培训班”。4 月 30 日，参加市统战部在内蒙古社会主义学院举办的“全市统战系统信息员培训班”。5 月 7 日，参加民革内蒙古区委大讲堂“保持加强生态文明建设战略定力守好祖国北疆靓丽风景线”讲座。5 月 13 日，部分党员参加在内蒙古社会主义学院举办的“第八期民主党派参政议政大讲堂”及“笃行新发展理念 扎实推动经济高质量发展——深入学习贯彻习近平总书记关于内蒙古工作系列重要讲话和指示批示精神”讲座。5 月 25 日，民革新城区总支在新城区政府会议室召开支部学习会。7 月 25 日，参加民革内蒙古区委与内蒙古社会主义学院共同举办 2019 年第 3 期“民革大课堂”、内蒙古社会主义学院第 9 期“参政议政大讲堂”。8 月 21 日，参加新城区统战部 2019 年统战信息调研培训班。

中国民主同盟会
呼和浩特市新城区委员会

【中国民主同盟会呼和浩特市新城区委员会领导名录】

主　委　李少莉（女）
副主委　张跃文
　　　　云晓琴（女，蒙古族）
　　　　倪志宏
　　　　吕志强

【概况】民盟新城区委员会的盟员共 71 人，平均年龄 53 岁，女盟员占 54%，大学专科以上学历 100%，中高级职称占 79%。民盟新城区委员会有市人大代表 1 人，市政协委员 2 人，新城区人大代表 1 人，政协委员 6 人。

【主要活动】民盟呼和浩特市委员会领导班子分赴对口联系的各区总支召开调研座谈会，开展主题教育活动指导工作。新城区总支聘请呼和浩特市党校教授为盟员讲课；组织盟员观看国庆阅兵庆典；为盟员购买发放“不忘初心、牢记使命”等相关书籍。新城区总支和玉泉区总支携手联合调研活动参观莫尼山非物质文化遗产项目，调研大召寺、财神庙（红色教育基地）、大盛魁文创园，加强盟员的红色传统教育。

【精准扶贫】民盟新城区总支在市政服务中心 3 次举行“送温暖献爱心，精准扶贫”点对点捐赠活动，活动现场分别向 14 名品学兼优、家庭困难的学生及家庭捐赠 400 元慰问金、米面油等慰问品。

中国民主建国会
呼和浩特市新城区总支部

【中国民主建国会新城区总支领导名录】

主　委　康秀婷（女）
副主委　王凤林
　　　　孙　莉（女）
　　　　张　强
　　　　李鹏涛

【概况】民建新城总支部有会员 57 名，下设 2 个支部。总支部有内蒙古政协委员 1 人、市政协委员 2 人、新城区政协委员 4

人,4 名会员充实到民建自治区区委经济、法治等专委会。

【**自身建设**】固定每月开展政治学习,把深入学习贯彻中共十九大精神作为总支部全年学习的首要政治任务,以习近平新时代中国特色社会主义思想武装头脑指导实践推动的工作。鼓励会员加强学习多党合作方针、政策、理论,学习会章会史和民建市委会布置的学习内容,弘扬优良传统,坚定广大会员坚持中国共产党的领导、坚持走中国特色社会主义道路的信念,巩固多党合作思想政治基础。

【**开展活动**】3 月,参加民建市委植树活动。4 月,走访会员企业——恒泰证券大学西街营业部,总经理康城为与会会员介绍企业运营情况并就当前国内外宏观经济形势作解读,恒泰证券大学西街营业部副总经理张亚新对国家拟推出的“科创板”有关情况进行详细解读。6 月,联合民建市委为民建会员进行安全用电知识讲座。7 月,迎接京津冀等六省区民建交流活动。8 月,开展主题教育活动“不忘合作初心,继续携手前进”,组织会员开展诗歌朗诵会活动,歌颂祖国,歌颂党,统一思想,激发会员爱国热情,投身各项事业建设。9 月,参观内蒙古工业大学,并与工大统战部进行工作交流学习。

【**参政议政**】结合市、区工作中的难点、重点,提交调研报告 2 篇。围绕市、区的经济建设和社会管理事业参政议政,反映社情民意 15 篇,获一等奖奖 3 篇。提交提案获二等奖 4 篇,三等奖 3 篇。

中国民主促进会呼和浩特市新城区总支部

【**中国民主促进会呼和浩特市新城区总支部领导名录**】

主　委　乔志强

副主委　霍　磊(女)

　　　　　冯立忠

【**概况**】中国民主促进会呼和浩特市委员会新城区总支,有机关支部等 4 个支部,会员 94 名。

【**学习教育活动**】把政治学习贯穿始终,增强“四个意识,坚定四个自信”把提高会员的政治觉悟,自觉向党看齐作为中心学习工作抓紧落实。采取总支、支部集中统一学习和会员单位党课学习相结合的方式,通过线上和线下学习相结合,加强政治理论学习。组织骨干会员召开 2018 年工作总结暨辞旧迎新座谈会。会上学习中共十九大习近平总书记重要讲话、民进新会章、《对党派工作的思考》。参加 1 月 16 日市委会六届四次全委会扩大会议,1 月 21 日民进区委会专题报告会。3 月 17 日,参加民进区委会、呼和浩特市委会传达全国两会精神学习会。3 月 21 日,召集总支委员、各支部主任副主任和骨干会员,传达学习两会精神并研究布置全年工作计划。8 月 17 日,机关支部主任邬瑞霞赴临河区参加区委全委扩大会议、“不忘合作初心,继续携手前进”主题教育活动。10 月 19 日,在新城区教研室,组织民进新城区总支委员及各支部主任、副主任和骨干会员开展

"不忘合作初心，继续携手前行"主题教育活动，会上学习重温习近平总书记在70周年国庆阅兵和70周年国庆庆典活动总结大会上两篇重要讲话。10月20日赴成都参加民进区委和内蒙古社会主义学院联合举办的基层领导人培训班学习。10月27日，新城总支与赛罕总支共同组织民进会员参观内蒙古自然博物馆、把自然科技教育与"不忘合作初心，继续携手前行"主题教育活动结合起来。11月27日，总支委员和骨干会员参加新城区统战部组织的"庆祝新中国成立70周年书画展"。

【开展活动】3月8日，组织民进女会员旗袍秀队参加市总工会文艺演出，获"优秀组织奖"。4月27日，开展"追寻生态梦想，共建绿色家乡"植树活动，组织会员参观蒙牛、蒙草及蒙树3家以生态建设、生态修复和现代生态农业为主业的高科技优秀民营企业，在蒙树生态园植下"民进同心林"。7月28日，组织参观内蒙古银宏生命干细胞公司，手工制作干花竹扇，其间穿插组织提案撰写学习会。10月13日，组织会员赴西乌素图村青山书院调研民办教育特色化发展现状。11月28日，赴武川县第五小学慰问3名孤儿，开展献爱心活动，送去慰问金1300元和儿童衣物、食品。

【参政议政】1月8日，参加市委会2019年参政议政调研课题选题会。1月30日，参加市委会参政议政工作会。3月7日，参加新城区政协就"建立大青山红色文化培训基地""普惠性学前教育"和"'非遗'文化进校园"的专题协商会。4月25日，参加新城区政协社会经济法制委员会《关于推进我区特色村镇建设的调研方案》座谈会。5月29日，参加新城区政协组织的赴大青山红色文化公园的调研活动。7月19日，参加新城区政协赴奎素村等地关于乡村振兴的调研活动。9月11日，民进新城区总支邀请民进市委会部分领导走访调研呼和浩特留学生创业园，就留学归国人员的统战工作进行座谈交流。9月12日，参加区委、市委会赴内蒙古工业学校《关于呼市职业教育现状的调研》活动。2019年，新城区总支提交调研报告2篇、提案8篇、社情民意多篇，由区委推荐自治区政协、自治区统战1篇提案及2篇社情民意。

【公益活动】资助贫困脑瘫孤儿现金6100元，送去生日礼物。2月2日，委托武川县政协为武川县第五小学3名贫困孤儿送去现金1300元。11月28日，赴武川县第五小学慰问3名贫困孤儿，为他们送去现金1300元及大米、白面各2袋，总计合人民币1626元。与该小学就送教下乡事宜进行交流，达成帮教意向。2019年，支部及支部爱心小队总计捐出现金8700元、米面326元及衣服若干。部分会员参加内蒙古爱心公益协会组织的各项慰问活动和社会其他爱心活动。

中国农工民主党呼和浩特市新城区总支部

【中国农工民主党呼和浩特市新城区总支部领导名录】

主　委　李文华（女）

副主委　于涤平（女）

陈美玲(女)

委　员　陈秋晔(女,蒙古族)

梅　波

【概况】农工党新城区总支有2个支部,包括四支部35人、六支部33人,有党员68人(其中在职党员43人、退休党员25人),党员分别来自武川县及市区近30个不同单位,具有高中级技术职称的党员48人。党员中有市政协委员1人,新城区政协委员3人。

【主要活动】参加中共新城区委、区政府、区政协组织召开的民主协商会、政情通报会、党外人士座谈会以及征求意见会以及新城区委统战部和新城区政协组织的各类学习培训、参观、考察。组织党员参加各项学习活动,参加农工党内蒙古区委、市委、各级政协组织的学习会、研讨会、培训班等。组织党员参加农工党市委组织的"中国环境与健康宣传周"和"国际科学与和平周"等活动。

【参政议政】组织党员撰写调研报告、提案和社情民意,7篇集体提案在市政协会上立案;10篇社情民意信息被采纳,其中,1篇被内蒙古党委办公厅《内蒙古动态》采用、1篇被农工党中央《信息专报》采用、1篇被自治区政协采用、7篇被农工党自治区委采纳;调研课题2篇分别获副市长黄继刚和副市长刘文玉批示;理论文章2篇,其中1篇获农工党中央2019年优秀论文一等奖、1篇获呼包鄂三地政协庆祝人民政协成立70周年理论研究论文三等奖,并在《同心》2019年第11期和自治区政协《庆祝人民政协成立70周年理论研讨交流材料》刊载。向新城区委统战部提交调研报告2个。

九三学社呼和浩特市新城区委员会

【九三学社呼和浩特市新城区委员会领导名录】

副主委　王　颖(女,代主委)

杨传颖(回族)

委　员　陈亚嵘(女)

沈宇春

【概况】2019年,九三学社呼和浩特市新城区委员会有社员62名。

【理论学习】学习习近平关于多党合作的重要论述。按照中国特色社会主义参政党的要求,以思想政治建设为统领,全面推进"不忘合作初心,继续携手前进"主题教育活动,增强"四个意识"、坚定"四个自信"、做到"两个维护"。组织社员赴武川抗日游击根据地开展"不忘合作初心,继续携手前进"的主题教育活动。

【主要活动】开展调查研究,建言献策。开展民主监督和参加中国共产党领导的政治协商活动。推进信息工作,组织广大社员积极发掘报送意见和建议。

群众团体

总工会

【总工会领导名录】

主　席　杨　军

副主席　李　浬(女)

刘彩虹

【概况】新城区总工会是新城区工会组织的领导机关。内设机构有经费审查委员会、女职工委员会、办公室,下设困难职工帮扶中心和工会经费核算服务中心2个二级单位。有工作人员10名。

【宣传工作】加强政治思想引导,积极培育和践行社会主义核心价值观。以“中国梦·劳动美”为主题,利用广播电视报纸及“互联网+”等传统和现代媒体宣传教育手段,开展职工社会主义核心价值观宣传教育活动,教育广大职工听党话、跟党走,引领广大职工崇德向善、敬业诚信、遵纪守法、互助友爱、文明和谐。在新城区总工会微信公众号上发布信息152条。在活力新城手机客户端新浪微博、今日头条上发布信息72条。10月18日开通抖音账号,发布信息17条。

【基层工会组织建设】区总工会在园区、双创中心、镇、各街道工会中开展规范化建设,多措并举推进“两新”组织建会、劳动关系领域社会组织建会、八大群体入会等。建立单独基层工会1988家,工会组建率达到86%,发展工会会员17万余人,职工入会率达90%以上。下拨51万元工会经费,在海东路街道工会联合会、东风路街道办事处祥园社区工会联合会等地创建“职工之家”“职工书屋”等阵地。

【劳动竞赛】激发职工的劳动创造热情。成立劳动竞赛工作领导小组,制定《新城区劳动竞赛活动实施方案》。以会议、信息、微信公众号等为宣传载体,介绍劳动竞赛活动的内容、方法、步骤、措施、考核评分办法等。8月,在西远工业园区、TCL光电工业园举办“科创杯”第二届职工技能大赛。

【安全生产】加强职工劳动保护工作。3月,与内蒙古TCL光电科技有限公司工会联合举办“安全在我心中”春季徒步行活动和安全生产讲座。依托微信公众平台开展“安全生产月”在线有奖知识竞赛活动。

【职工创新】加快职工创新工作室系统化、规范化建设。内蒙古华讯软件有限公司、内蒙古创筹网络科技有限公司、内蒙古安达文化传媒有限公司、内蒙古尚亿科技有限责任公司、内蒙古多力邦钢结构有限责任公司、内蒙古成迈信息科技有限公司6家公司被评为“呼和浩特市职工创新工作室”。

【工资集体协商、厂务公开】学习宣传落实中共中央、国务院《关于构建和谐劳动关系的意见》及《内蒙古自治区企业工资集体协商条例》,印制条例宣传单5000余份,通过各类招聘会、标准化企业建设、“双爱双创”等活动进行宣传。新城区总工会在内蒙古银宏干细胞生命科技投资有限公司呼和浩特市分公司、内蒙古金仕顿大酒店有限责任公司、内蒙古碧盛置业有限公司开展2019年度工资集体协商“要约行动季”活动。区总工会工作人员和市总工会工资集体协商指导员深入双创中心和工业园区指导推进工资集体协商工作。以非公有制企业特别是小微企业为重点,大力推行区域性、行业性工资集体协商,建会企业签订集体合同和工资专项集体合同39家,覆盖职工27150人。

【脱贫攻坚】关爱困难职工、助力脱贫攻坚。区总工会深入开展困难职工、农民工入户调查,入户率达到100%,在档困难职工14名。“两节”期间,筹集中央、自治区、市、新城区四级财政专项资金68万元,对教育、环卫系统、鸿盛园区、保合少镇、8个街道办事处的150户困难职工、农民工、劳模进行慰问。开展“送清凉”慰问活动,走进环卫局、城管局、新城交警支队、物业公司、林场、园林局等,看望慰问环卫职工、城管职工、交通警察、建筑工人、保洁员、护林员等1330余名一线职工,为他们送去价值22万元的慰问物资。开展“关爱困难职工、助力脱贫攻坚”公益活动,为困难职工发放电饭锅、公交车卡以及有线电视费年卡等。

【劳模管理服务】对在册的167名三级劳模信息进行电话回访,详细地统计、整理、造册,在各社区工会联合会下发劳模登记通知200余份。争取区财政支持为无工作、农民劳模发放劳模津贴8880元。组织10名劳动模范,前往和林格尔县南山公园,参加由市总工会组织的劳动模范义务植树活动。组织劳模参加区检察院举办的检察开放日活动。“五一”期间,走访慰问5名劳模,为每人送去1000元慰问金。为50名三级劳模进行免费健康体检。国庆节前夕,通过走访和座谈会的形式慰问全国、自治区和呼市三级劳动模范48人,送去近2万元的慰问品。为庆祝中华人民共和国成立70周年,给70名在册自治区级劳模发放慰问金7万元。年底慰问生活困难和特殊困难劳模13名,送去慰问金8万元。在市总工会组织的“五一劳动奖”评选活动中,新城区6名优秀职工荣获“五一劳动奖章”,3家单位荣获“工人先锋号”荣誉称号。1家单位荣获自治区级“五一劳动奖状”、2家单位荣获自治区级“工人先锋号”荣誉称号。

【农民工法律援助】保障农民工权益,落实农民工法律援助制度。按照市总工会《“尊法守法·携手筑梦”服务农民工法制宣传活动实施方案》通知要求,1—2月,新城区总工会3名工作人员和3名律师组成服务队,深入新城区塔利村泓碧置业有限公司、德昇羊绒厂、保和少镇大窑村等地,组织开展“尊法守法·携手筑梦”服务农民工公益法律服务活动。

【“普惠制”工作】加快推进工会会员“普惠制”工作。把普惠工作与工会其他服务项目有机结合起来，联系普惠商家，优化办理程序等，通过现场培训、印制、发放文件和宣传册2000余份，上报市总工会5500名会员实名名单，开卡3200余张。新城区有签约普惠商家30家。发扬“为了职工、服务职工、普惠职工”的理念，使全区职工享受工会便捷、精准、普惠的医疗服务，开展职工医疗互助活动并组织3场大型培训，100余家单位近200人次参加培训。根据职工医疗互助保障的工作要求编制讲解课件。为85家企事业单位办理职工医疗互助5577人，收取医疗互助金50余万元。办理申领互助金业务8人次，共计报销5819.26元。

【工会经费管理】区总工会核算中心制定出报账需要准备的材料、报销注意事项、活动说明、活动物品领取单、工会经费转拨申请书等模板10个，建立工会核算中心QQ群，方便企业办理核算中心报销工会经费的相关手续。截至2019年12月31日，在核算服务中心签订《委托代管协议》的基层工会有1208家，涵盖1662家企业，纳入核算服务中心管理的工会经费有1323万元，为1208家基层工会报销工会经费781万元。

【文体活动】3月，选送8支队伍参加市总工会女干部举办的庆“三八”文艺演出暨表彰会，表彰50余人，获得“优秀组织奖”。4月，主办“展职工风采 建和谐新城”新城区第八届职工羽毛球比赛，45支代表队、310名选手参加比赛。7月，与海拉尔东路街道工会联合会联合举办干部职工“团结力量、低碳环保、骑乐无穷”公益活动。9月，承办新城区全民运动会系统活动中的足球联赛、门球比赛，组织队伍参加呼和浩特市第三届运动会。为庆祝中华人民共和国成立70周年，在新城区创新创业服务中心举办“工会情系中国梦、双创扬帆更拼搏”主题文艺会演。承办新城区“不忘初心、牢记使命，礼赞中国、唱响新城”庆祝新中国成立70周年职工大合唱。11月，举办新城区总工会基础知识和传达自治区工会十一次代表大会的精神，来自全区各基层工会、企事业单位的工会主席、工会专干等70余人进行培训讲座。组织九支足球队参加市总工会第四届职工足球赛，取得第三名。

【党建工作】定期召开专题会议对党建工作进行研究部署，并结合实际工作，修改完善《党支部目标管理制度》《党员学习培训制度》《党员干部廉洁自律制度》等。召开党风廉政建设工作专题会议，认真学习贯彻各级会议精神、典型案例材料、纪委案件通报汇编。按照《关于进一步强化党风廉政建设“两个责任”实施方案》的要求，制定《新城区总工会党风廉政实施方案》，完善财务管理制度，提高工会经费使用效率，保证资金安全有效地使用。开展题为《为民务实清廉》的廉政党课，组织干部职工参观反邪教警示教育展。制定“两学一做”学习教育常态化制度化工作实施方案、工作计划和任务目标。组织全体党员开展专题研讨会暨主题党日活动，学习郑德荣等7名“全国优秀共产党员”的先进事迹，每位党员结合自身的工作实际，撰写自己的心得体会。

共青团

【共青团新城区委员会领导名录】

书　记　布　和(蒙古族)

副书记　云　涛(女,蒙古族)

【概况】共青团新城区委员会内设办公室1个职能部门。核定编制6个,正科级参公单位,领导职数1正1副,有人员6名,其中:1名书记,1名副书记,3名正式在编干部,1名志愿者。2019年,全区有直属团组织33家,专职团干部6名,兼职团干部36名,下级团组织743个,少先队组织1057个,团员6556人,少先队员39857人。

【青少年思想政治引领】深化思想政治引领,培养社会主义建设者和接班人,在青少年中唱响实现中国梦的主旋律,引导青少年在践行社会主义核心价值观方面争当楷模。集中组织团干部和入党积极分子一起观看纪念五四运动100周年大会实况直播,聆听习近平总书记在大会上的重要讲话。各级团组织分别在各自的领域观看直播。邀请自治区团校佟振远老师开展"青春心向党・建功新时代"纪念五四运动100周年专题讲座,90余人参加,学习五四运动的历史,激发团员青年传承五四精神。10月1日,组织团员青年观看庆祝新中国成立70周年大会、阅兵式、群众游行等直播,并要求撰写观后感。推进青年大学习工作,组织团员青年约3.5万人次参加线上"青年大学习",每周每人利用5分钟的时间,学习党团史、时事政治以及习近平总书记系列重要讲话精神等,加强思想政治引领。开展庆祝新中国成立70周年、"新时代・新气象・新作为"、"学习新思想・做好接班人"、"传承红色基因争做新时代好队员、好团员""青春心向党 建功新时代"等主题教育活动,累计超过1000场次,覆盖4万余名团员青年、团干部以及少先队员。5月10日,举办纪念五四运动100周年表彰大会暨"青春心向党・建功新时代"主题朗诵大赛(决赛),表彰2018年度的优秀共青团集体和个人,初赛选出来的17支参赛队伍围绕"青春心向党・建功新时代"主题进行朗诵比赛。8月30日,区团委开展"守护绿水青山、建功亮丽北疆"新城区庆祝新中国成立70周年演讲比赛(初赛),将评选出的3名优秀选手推送至市决赛。以学习会、报告会、座谈会等形式,及时传达学习习近平总书记在纪念"五四运动100周年"大会上的重要讲话、在庆祝新中国成立70周年大会上的讲话以及习近平总书记致中国少年先锋队建队70周年的贺信等内容,开展10余场学习,安排部署各直属团组织在本单位、辖区村、社区中学习传达,覆盖直属团组织31个,50多个社区、村,20多个中小学校,学习传达覆盖率达到85%以上。

【区域化团建工作】重点开展"强基固本"工作。推进街道、学校、企业等团组织开展区域化团建工作,不断推进乡镇实体化"大团委"建设。新建非公有制企业团组织27家,在1家社会公益组织中建团。开展为期8个月的基层团组织规范化建设工作。获得自治区级奖项5个、市级奖项7个。组织和参加各类培训5场,超过200

人次。使用好“智慧团建”系统，培训下级团组织熟练掌握。完成“智慧团建”系统内团员、团组织录入完善工作，团员“学社衔接”接收、转出工作，团组织网上自查自检、整顿整改工作，非公有制企业团组织扩面录入工作，传统领域建团录入等工作。

【志愿服务和青年就业创业工作】组织青年志愿者1500余人次参与开展文明交通劝导、清理垃圾、便民服务等志愿服务。开展双创宣传活动，金融知识讲座，组织团员青年参加技能培训，提供见习岗位，开展“青创易贷”等工作。

【自身建设】推进共青团改革攻坚，区团委按照《共青团新城区委员会改革方案》文件要求，稳步推进，逐项落实。推进“网上共青团”建设，统筹推进“一站两微”和“青年之声”社交互动平台建设，认真落实网宣员、网评员、网络志愿者工作制度。深化“走转改”大宣传大调研活动，落实“五级示范抓引领·常态化联系服务青年在基层行动”，每名团干部确定一个引领点，每个月至少到引领点开展2次或不少于2个工作日的示范引领工作。执行团干部直接联系服务青年制度，逐步建立团干部密切联系青年的工作体系。推进学校共青团和少先队改革，按照上级《中学共青团改革实施方案》精神，出台《新城区贯彻落实呼和浩特市中学共青团改革实施方案》和《新城区少先队改革方案》，明确中学中职共青团改革和少先队改革的时间表和任务书，部署中学中职共青团改革和少先队改革任务完成的工作机制和时间进度，责任到人。区团委联合区教育局团委组织开展中学共改革工作汇报会暨团建档案交流展示活动，各校团委书记进行年度共青团工作汇报、共青团基础档案和特色档案说明与展示，通过展示交流的平台，为公办民办中学、中职团干们提供共青团工作学习交流的机会，推动中学中职共青团改革。

妇女联合会

【妇女联合会领导名录】

主　席　吴红霞(女)

副主席　云金花(女，蒙古族)

　　　　王　敏(女，蒙古族)

【概况】新城区妇女联合会有主席1名，副主席2名，办公室主任1名，工作人员3人。内设主席办公室，副主席办公室，办公室(新城区妇女儿童工作委员会办公室)。

【思想政治引领】以主题宣传为重点，号召广大妇女群众立足实际、发挥优势，引导妇女听党话、跟党走。在永泽建管非公妇委会举办“巾帼心向党，建功新时代”主题党课暨新城区妇联，永泽建管业余党校妇委会公益讲座。“三八”节期间，举办《时代女性 风采飞扬》妇女节专题讲座。开启“巾帼普法，维权宜家”项目活动，在保合少镇、东风路、锡林北路、海拉尔东路、中山东路等街道办事处举办“反家暴”“婚姻财产分割”“毒品远离我”等主题讲座15场。新城区妇联线上注册关注“女性享学吧”与“呼市新城区妇女之家”“呼和浩特女性”及妇联微博等一起，作为“网上妇联”的标配，线下将“精彩人生女性终身学习计划”

融入实际工作当中,以“百千万巾帼大宣讲”“70年我的家与国女性恳谈活动”、基层妇联干部培训班等工作为抓手,利用“妇女之家”和“家长学校”等活动阵地,开展女性沙龙等各类活动。23人被选为“精彩人生女性终身学习计划”重点学员,有3个街道办事处和1个非公妇委会入选“精彩人生女性终身学习计划”学习示范点。“女性享学吧”注册人数达到600余名。实现“人人皆学、时时能学、处处可学”。以庆祝中华人民共和国成立70周年为主题,广泛开展“巾帼心向党、礼赞新中国”——“我和我的祖国”迎“国庆”群众性教育宣传活动,线上线下组织动员全区各族各界妇女开展“唱响祖国颂歌、讲好中国故事、写出家国情怀、献礼祖国华诞”活动,激发广大妇女的家国情怀、爱国热情。保合少镇及各街道社区妇联、永泽咨询、东鸽电器、朝聚眼科医院、美馨月子会所非公妇委会开展“我和我的祖国”“红歌快闪”“群众歌会”等群众性主题教育活动13场次,在新城区“不忘初心、牢记使命、礼赞中国、唱响新城”庆祝中华人民共和国成立70周年合唱比赛上,组织全体干部职工联合永泽咨询妇委会参加比赛。拓宽宣传渠道,壮大网宣员队伍建设。按照上级妇联及区委的相关要求,新城区妇联在全区范围内将各街道、(村)社区妇联主席纳入妇联网宣员系统队伍中,经逐级统计报送,90名妇联干部成为妇联系统网宣员。创新网络载体,抓好舆论阵地建设。加强在美篇——“呼和浩特市新城区妇女联合会”、微博——“新城区妇联”、微信公众平台——“呼市新城区妇联妇女之家”、抖音——“新城区妇联官方抖音号”等多媒体宣传阵地上活动的推送。妇联微信公众平台发文166篇,粉丝数295人、微博发文44篇,美篇发文60篇。开展富有女性特色的恳谈及宣讲系列活动,组织“70年,我的家与国”女性恳谈会58场,2160人次参与。“百千万巾帼大宣讲”51场,2208人次参与。开展“巾帼心向党 礼赞新中国”“倾情礼赞新中国、巾帼奋进新时代”等主题活动。

【家庭文明建设】开展寻找“最美家庭”活动。新城区妇联以城乡遍布的“妇女之家”为平台,以群众自荐、互相学习、共同分享为宗旨,开展每月一主题寻找“最美家庭”活动。开展契合家庭需求、群众喜闻乐见的寻找活动,深入挖掘、宣传“最美家庭”及其感人故事。在“妇女之家”参与各类议家风、晒家书、征家训、传美德活动的家庭有350余户,晒照片700余张,开展家庭故事会56次。入选各类新城区级“最美家庭”23户,自治区级最美家庭1户,市级“最美家庭”11户。传承和践行“好家风、好家训”活动。围绕“弘扬孝文化、传承好家训、培育好家风、倡树新风尚”等主题,开展“好家风好家训”主题系列宣传教育活动,弘扬家庭美德,征集优秀文化作品。充分利用横幅、黑板报、LED屏滚动播放等进行宣传。开展系列家庭教育活动。为庆祝第二十五个国际家庭日,区妇联联合东风路街道办事处丽苑社区、中信银行呼和浩特分行海拉尔东路支行开展“全民阅读、书香中国”——“倾情礼赞新中国、巾帼奋进新时代”新城区妇联纪念“5·15”国际家庭日活动。在保合少镇保合少村、东风路街道办事处丽苑社区、锡林北路街道办事处中山里社区举办家庭教育团体辅导活动15场。组织动员各街道社区妇联，开展形式多样、内容丰富的敬老、爱老、护老活动10场，服务人群450人左右。

【助推“三城同创”】召开“三城同创”工作推进会。面向家庭开展创城宣传，印制《凝聚巾帼力量 助力“三城同创”倡议书》1万份、宣传袋1000个。在迎新路街道办事处团结社区广场举行“三城同创、巾帼助力”新城区妇联2019年巾帼志愿者服务行动启动仪式。举办“爱在青城、让心向阳”暑期家庭教育讲座5场。区妇联编排朗诵节目《巾帼志愿者之歌——别问我是谁》，在社区消夏晚会进行表演。启动巾帼志愿者红马甲队伍行动，为各街道办事处发放志愿者马甲500件，通过“美丽家园我建设、美丽环境我维护、美丽行为我监督”3项内容，调动全区妇女对环境建设的主动性、自觉性、积极性。

【助力乡村振兴】创办妇联创业就业基地，以内蒙古德利源民族服饰有限公司、内蒙古鸿泽服饰有限公司、蒙元素民族服饰为龙头企业解决沿山失地妇女就业问题。企业以承揽加工蒙古服饰、首饰及各种特殊岗位制服、中小学生校服、酒店服饰、手工编织品等业务为主，通过电子商务网店、展销等平台，努力将“巧手产业”打造成为促进妇女增收致富的有效渠道。引导和带领留守妇女投身创业就业，新城区妇联通过调研、摸底，发现保和少村及周边12个行政村妇女普遍存在年龄偏高、文化程度较低、就业困难的现状。3月，保合少村妇联主席赵爱青到北京学习手工编织培训提供机会和经费，学习结束后在区妇联的指导下，保合少村妇联组织周边各村妇女举办手工编织培训班。5月，正式成立保合少村巾帼巧手编织社。9月21日，守望相助好家园、庆丰收、颂祖国庆祝2019中国农民丰收节暨第二届全区农牧民文艺会演活动，区妇联推荐保合少巾帼巧手编织社、丰收种养殖农民专业合作社、风情源种养殖合作社参展。强化农村妇女的生态环保理念，发动、教育、培训妇女从自身做起，从家庭做起，改变生活陋习，建立科学文明的生活方式，以“小家美”促“乡村美”。妇女参与环境保护、植树造林、美化乡村、扮靓家庭。评出市级美丽庭院示范村5个、美丽庭院示范户260户，区级美丽庭院示范村7个、美丽庭院示范户300户。

【扫黑除恶专项斗争】开展扫黑除恶宣讲宣传活动，提高妇女群众扫黑除恶专项斗争的知晓率、参与率。印制《扫黑除恶专项斗争十类重点打击对象》宣传资料1万份，发放到各街道办事处。开展“建设法治内蒙古、草原巾帼在行动”新城区妇联扫黑除恶专项斗争宣讲宣传活动。讲解《扫黑除恶专项斗争十类重点打击对象》及《中华人民共和国反家庭暴力法》内容，号召广大妇女群众参与到扫黑除恶专项斗争中。

【创业就业】新城区妇联围绕自治区妇联关于创建巾帼创业浩特的有关要求，引导和带领女大学生投身创业就业。5月30日举办“思想再解放、笃行新发展理念，推动高质量发展”——巾帼创业浩特工作推进会，了解企业发展状况及困难和问题,加强企业间的横向联系,推动企业高质量发展。

【妇联组织建设】扩大妇联组织覆盖率,提高妇女工作影响力,以“哪里有妇女,哪里就有妇女组织、哪里就有妇女工作的思想”,加大妇委会建设力度,按照“因企制宜,一企一策”的做法,指导和帮助一些条件成熟的“两新”组织成立妇联。调研走访东鸽电器、朝聚眼科医院指导2家非公有制企业妇委会创建升级版妇女之家,走进美馨月子会所、银宏干细胞,指导2家非公有制经济组织成立妇委会。组织6家“两新”组织负责人观摩永泽咨询妇委会工作。新城区有35家非公有制企业相继建立妇女组织,成立非公有制企业妇委会。通过以妇联组织的“巾帼建功、文明创建”等主体活动,广泛开展各种群众性文化活动,把妇女阵地打造成为妇女职工综合发展的平台。加强“儿童家园”阵地建设。作为妇联组织服务社区女儿童的主要阵地,区妇联对标《2010—2020年儿童纲要》任务指标,新城区妇联先后建立35个“儿童之家”。

【巾帼志愿服务队】成立巾帼志愿服务队,采取组织发动和社会招募相结合的方式,发动女党员、女干部、女职工、女企业家、女知识分子、女创业带头人等加入巾帼志愿者队伍。截至2019年12月31日,全区有巾帼志愿者队伍71支、巾帼志愿者272人,分布到全区53个社区、20个村。开展“姐妹手拉手,巾帼脱贫快步走”巾帼志愿服务活动、“爱在青城、情暖你我”新城区巾帼志愿者服务等活动11次。

【服务妇女儿童】春节前为99名贫困妇女发放慰问金51500元,争取全国公益彩票救助金2万元,救助“两癌”贫困妇女2人。为3名“两癌”妇女争取到市妇联救助金14250元。联合新城区妇幼保健所积极开展2019年度宫颈癌免费筛查工作,经过摸底统计有462名妇女在街道妇联的组织下进行“两癌”筛查工作。“六一”期间,在山水小学举办“祝福祖国,我的梦想”——争做新时代好队员、小小追梦人、“庆六一”表彰暨艺术节展演活动——妇联助你实现微心愿活动,为15名儿童送上儿童节的祝福及慰问金,助力实现微心愿,为65名儿童发放书包。加大妇女儿童维权力度。组织开展“三八”维权周法治宣传活动,学习妇女权益保护法、婚姻法、反家庭暴力法以及男女平等基本国策等法律法规知识。在春节和“6·26”期间开办“禁毒流动课堂”,发放禁毒法、反家庭暴力法等宣传资料3000余份。5月,参与大型法治宣传教育活动及科普宣传周活动,发放《妇女法律援助服务手册》等宣传资料30余种,宣传手册5000余份,接待来信来电来访22件(次),提供法律援助3件(次)。

【党建工作】制定“不忘初心、牢记使命”主题教育工作方案,根据方案要求制定详细的主题教育学习计划。成立由妇联党组书记为组长的主题教育工作领导小组。研究制定《区妇联2019年党风廉政建设工作计划》,召开党风廉政建设专题工作会议,专题研究讨论党风廉政建设工作2次。购买《公职人员廉政教育手册》人手一本,发放到干部手中进行学习。

科学技术协会

【科学技术协会领导名录】

主　席　杨　忠（蒙古族）

【概况】新城区科学技术协会内设办公室、新城区少数民族科普工作队2个职能部门，有工作人员4名。

【科普工作】制定《新城区2019年〈全民科学素质纲要〉工作计划》，明确各成员单位2019年的工作职责。利用科技“三下乡”、科教进社区、全国科技工作者日、全国科技周、全国科普日、食品安全宣传周、网络安全宣传周等活动载体，围绕“预防疾病、科学生活”“节约能源资源、保护生态环境、保障安全健康、促进创新创造”“创新引领时代，智慧点亮生活”等主题，开展教育、宣传、培训等相关工作，在重点人群科学素质提升上下功夫，创新工作方法，强化工作措施。建立科普信息员管理制度，主要通过移动端为社区居民、农牧民和青少年传播科普信息、微视频，咨询相关科技知识。成立新城区科普专家服务团，完善新城区科技工作者人才库，入库科技工作者126人。在内蒙古少数民族群众文化体育运动中心、内蒙古蒙草种业科技研究院有限公司以及八一路社区、公主府社区等5个社区新建科普e站，新城区有16个科普e站，各e站有效依托“科普中国”优质资源，举办针对青少年、社区居民和农牧民的专题讲座、报告和培训，广泛宣传科普知识。利用科普e站平台作用，依托科普志愿者力量，辐射带动周围群众广泛下载“科普中国”APP。山水小学、落凤街小学等5所学校被评为“2019—2021年内蒙古自治区科技教育示范学校”，内蒙古蒙草生态环境（集团）股份有限公司和内蒙古绿能农业科技有限公司被评为“2019—2021年内蒙古自治区科普教育基地”，东风路办事处丽苑社区和祥园社区被评为“2019—2021年内蒙古自治区科普示范社区”。

【宣传活动】推进科普进学校、进社区、进农村工作。3月19日，参加在保合少镇甲兰板村“科技服务到基层，振兴乡村奔小康”果树实用技术现场指导会。4月8—15日，2019年内蒙古自治区“百名专家走进盟市旗县科普传播行”春季活动在新城区15所中小学举办，此次活动受益人次达8000余人次。5月13日，科普大篷车走进新城区海拉尔路小学，开展防灾减灾科普知识宣传教育活动。5月16日，“科技畅想、生物体验、快乐成长”——2019年青少年生物科技嘉年华活动在新城区讨思浩小学开幕。5月23日，由区委宣传部、政法委、区科技局和区科协主办的第二十四届科普活动宣传周启动仪式在讨思浩农村科技综合服务站举行。5月30日，在团结小区社区公园，开展区科协承办内蒙古科学技术协会和内蒙古科技厅主办的2019年全国科技工作者日“礼赞共和国 追梦新时代——科技志愿服务行动”启动仪式。6月20日，以“加强知识产权保护，推动科技成果转化，助力科技、经济高质量发展”为主题的“2019年内蒙古知识产权战略巡讲暨科技成果转化推进会”在呼和浩特市启动，新城区科协作为协办方参加此次会议。6月25

日,新城区科协在体校巷社区举行食品安全宣传活动,科协以播放食品安全宣传视频、发放宣传资料、现场答疑解惑等宣传形式向广大市民普及各类食品安全相关知识。6 月 28 日,新城区科协在苏雅拉广场参与食品安全宣传周宣传活动,科普大篷车展示食品安全科普展板,向居民群众发放宣传材料,向群众宣传食品安全法与虚假宣传等相关知识。9 月 17 日,2019 年全国科普日呼和浩特市主场活动启动仪式在新城区胜利街小学举行;“2019 年内蒙古自治区百名专家走进盟市旗县科普传播行”秋季活动在区党委社区和丽苑社区举办。10—11 月,区科协在新城区 13 所中小学举办以“不忘教育初心,牢记科普使命”为主题的新城区科协“不忘初心、牢记使命”主题活动之科普讲座进校园。

【科普设施建设】2019 年,区科协对辖区科普宣传橱窗进行维护,及时更新宣传内容。向中科协申请更新新城区科普大篷车配套展品,更新后的设备包括互动展品 24 件及机器人、无人机等,将有助于我们更好地开展基层科普服务工作。申请自治区科协配发 5 个科普资源包充实校园科技馆。申请自治区科协为新城区配发 20 台大屏幕电视,接通有线电视 4K 网,在部分青城驿站和一些人流密集场所建设“科普 e 站”,宣传播放“科普中国”“科普内蒙古”及相关科普内容。在新城区八一社区打造自治区标准化示范社区,自治区科协给予 20 万元的科普奖补资金,在社区建立线上线下科普书屋,接入 4K 有限电视网络。

【其他工作】申请中科院发放部分太空种子,区科协育苗成功后,下发给辖区有条件的中小学进行试种并取得一定的收获,给中小学生带来全新的科普体验。组织内蒙古绿能农业科技有限公司、呼市合心种养殖农民专业合作社、新城区生盖营村樱桃水世界 3 家单位申报科技小院。极组织中小学生参与呼和浩特市第三届青少年机器人竞赛,16 名同学分别获得一、二、三等奖。

【党建工作】制定科协支部三项制度,确保制度的可行性与连续性。参加中心组学习、领导干部双休日讲座以及自治区科协、呼市科协举办的各类培训学习,认真执行“三会一课”制度,保证组织学习一个月不少于 2 次。坚持“一把手”讲党课制度,通过组织生活学习,提高机关干部的理论水平和工作能力。开展“不忘初心、牢记使命”主题教育活动,按照“守初心、担使命、找差距、抓落实”的总要求,积极加强理论学习,深入基层进行调查研究,了解基层科普所面临的困境与需求,认真检视科普工作存在的问题,及时调整科普工作方式方法,加强整改落实,以便更好地服务基层,最大限度地发挥科普服务功能。认真开展党员信息系统维护工作,确保科协支部与党员信息录入完整度达到 100%。

归国华侨联合会

【归国华侨联合会领导名录】

主　席　武　斌

【概况】2019 年,区侨联设主席 1 名,兼职副主席 3 名,名誉主席 2 名,委员 15

名。其中市人大代表3名,区人大代表1名,市政协委员2名,区政协委员1名。

【党建工作】学习贯彻习近平总书记关于侨务工作的重要论述,学习宣传贯彻第十次全了国归侨侨眷代表大会精神,通过召开侨联全委会、侨联工作会,与基层侨联深入街道社区、侨界群众家庭走访座谈5次。围绕一个中心(思想政治引领),深化两个拓展(拓展海外联谊、拓展新侨工作),加强两个建设(加强基层组织建设、加强基础建设),全面提高为大局服务、为侨服务能力水平,引导侨界群众听党话、跟党走,夯实聚力发展的群众基础。

【为侨服务】协调内蒙古艺术学院参与东风路“侨胞之家”的建设,多渠道、多层次、多形式开展联谊活动,不断扩大侨界朋友圈和团结面。把艺术学院的新侨组织起来,发放“东风互侨一卡通”,架起新侨人员“亲情桥”,与东风路辖区内贫困家庭中有意愿学习音乐、美术的孩子结成帮扶,利用每周六、日为他们提供免费帮助。一卡通背面设立积分制度,每半年街道党工委对归国留学生实施奖励。东风路街道侨联组织协调辖区内机关单位、居民群众、社会志愿者、个体工商户等多个层面的各界人士积极参与到侨联工作之中,开展各类志愿服务活动。开展“知侨法 护侨益 凝侨心 聚侨力”侨法进社区宣传教育活动、“迎新春茶话会”、“迎新年走访慰问”、“侨胞之家”笔会书画等系列活动。东风路“侨胞之家”内设新侨青年创新创业沙龙、侨胞书画院、同心驿站、侨胞俱乐部。

【搭建交流平台】同人民日报内蒙古分社建立联系,运用多种形式记录和传播新城区海外统一战线的各项工作。运用各类华人社团平台向海外宣传推荐新城区。与兄弟省市区侨联、外办的沟通与联系。与市外办、侨办、赛罕区、玉泉区、回民区侨联工作交流。与内蒙古侨商会、包头市侨联、侨商会,鄂尔多斯市侨联、侨商会,建立工作联系,推荐新城区经济项目。侨界企业内蒙古添意文化传媒(集团)公司为东风路侨联安装“智慧城市社区物联网应用显示屏”,通过该显示器分层次宣传为侨服务相关政策、法律条文及区政府的惠民工程。

【公益活动】春节前走访慰问侨眷台属,送去慰问金4000元。1月21日,组织侨界书法家们为东风路街道侨联书写春联。1月22日,同内蒙古政协、内蒙古书法家协会、新城区政协、新城区委统战部在新城区恼包村举办“同心颂华年”送万福新春活动。

【自身建设】推进基层侨联组织建设,在东风路街道基层侨联的基础上延伸工作,在街道9个社区成立侨联工作站,开展“走基层、访侨户、察侨情、解侨忧”活动。在东风路街道侨联成立“侨胞之家”书画院,依托各社区、各驻区单位书画展览活动。推进“侨胞之家”建设,4月,由新城区侨联报请内蒙古自治区侨联,以东风路街道党群(社区)服务中心为载体,以“党建带侨建”为引领,申请建立“侨胞之家”。5月17日,内蒙古侨联组织各盟市侨联主席观摩东风路街道侨联工作,“侨胞之家”举行揭牌仪式。

【对台工作】辖区台属34人登记造册。2

名台属分别担任十五届市人大代表和第九届区政协委员。对台相关工作台账健全。

呼和浩特市新城区工商业联合会

【工商业联合会领导名录】

党组书记 刘维祥

主　席 刘　瑶(女)

副主席 高　智

【概况】新城区工商联具有群团组织和社会组织双重身份,有人员6名,正科级领导1名,副科级领导1名,工作人员4名(参公2人、事业2人),会员235个。

【调研活动】开展民营企业调研活动,深入保合少镇、双创中心、成办、海办等10家单位调研辖区所属重点民营企业的生产经营状况、存在的困难和问题,协调各单位重新解掌握辖区范围内商协会、民营企业数量,摸清底数。发放《民营企业发展环境调查问卷》50余份,撰写调研报告。配合区委常委、统战部部长要彩霞赴内蒙古国风网络技术有限公司、国贸批发城、欣安灯具装饰公司、通达商场、内蒙古东鸽电器集团有限责任公司、内蒙古网智科技服务有限责任公司等重点民营企业进行走访调研。就“新城区小商品批发零售企业发展现状”的专题,提出调研建议,上报市委统战部。

【公益活动】2019年春节前夕,工商联携手内蒙古TCL光电科技有限公司、内蒙古欣安灯具装饰公司、内蒙古兴诚泰达装饰建筑工程有限公司、内蒙古格威特建筑安装有限责任公司、内蒙古朝聚眼科医院等企业为海拉尔路街道办事处100户困难家庭送去价值2万余元的米、面、油、春联等生活物资,举办“慈善送温暖 爱心献社会海东地区暖冬行”现场发放仪式,在现场开展眼健康义诊活动。7月,新城区工商联按照区政府统一部署,联系、协调企业兼职副主席、副会长、执委等重点民营企业,开展宣传动员工作,21家重点民营企业与新城区11个村28户已脱贫的建档立卡贫困户签订帮扶协议。企业派专人多次深入贫困户家中了解具体情况,制定切实可行的帮扶计划,通过智力帮扶、发展养殖、资助学费生活费、提供就业岗位、捐助生活物资等多种方式,为尚未实现稳定脱贫的困难户送去温暖,提供帮助。工商联执委企业内蒙古天房伟业房地产开发有限公司开办慢城益民餐厅,免费接待各类困难人群就餐56350人次,较好地满足周边环卫工人、低保家庭、生活困难的老年人、儿童等弱势群体的实际生活需求。新城区重点民营企业积极参与市委、市政府“百企联百村”精准扶贫行动,内蒙古华讯软件有限公司、内蒙古国风网络技术有限公司、内蒙古格威特建筑安装有限责任公司、内蒙古天房伟业房地产开发有限公司、内蒙古银宏干细胞生命科技有限公司等8家企业投入大量人力、物力、财力,分别帮扶清水河县、武川县、托克托县的贫困村。

【轮值主席制度】2019年,新城区工商联正式实行《新城区工商联轮值主席制度》,召开3次轮值主席会议。通过采取走访企业、组织论坛讲座、开展公益活动等多种形式更好地发挥企业家的优势,提升企业家副主席、副会长参与工商联工作的积极性。12月27日，召开新城区工商联四届四次执委会，新城区工商联副主席、副会长、执委以及各镇、办事处相关领导、工作人员参加会议。执委会上选举增补4位工商联执委。

【培训活动】1月，组织10家企业参加自治区工商联举办的《民营经济大讲堂》，学习《金融政策与融资服务政策解读》《依法保障和服务民营经济高质量发展政策解读》等相关内容。3月30日，组织32家重点民营企业参加内蒙古非公党建办在新城宾馆举办的“民营企业党建工作”大讲堂，企业家们认真聆听“非公企业党建创新与运营”专题讲座。4月，选派企业内蒙古众元测试技术有限公司负责人参加自治区工商联在福建古田举办的“传承红色基因 争做时代新人”内蒙古年轻一代民营企业家培训班。5月，选派内蒙古泽佳环保安全科技有限责任公司、永泽建设工程咨询有限公司参加市委组织部、统战部、工商联在广西百色举办的“年轻一代非公有制经济人士理想信念教育培训班”。7月15日，新城区工商联在清水河县老牛坡党员干部教育中心举办“不忘初心、牢记使命”理想信念教育培训班，工商联党支部联合内蒙古商会联合会(副主席企业)党支部、呼和浩特市鑫冠种养殖农民专业合作社(副会长企业)党支部全体党员、干部20多人参加培训活动。

【基层商会建设】巩固“五好”工商联建设成果，继续加强基层商会建设。2015—2017年连续3年被命名为全国“五好”县级工商联、自治区“五好”县级工商联建设示范点后，2019年继续巩固全国“五好”旗县级工商联建设成果，组织开展设立工商联党组；有工作机构人员、有运转经费、有办公场所、有必要的办公装备、有丰富的活动内容等“一个设立、五个有”回头看，巩固已有成果。2019年11月8日再次被自治区工商联命名为2018—2019年度全区“五好”县级工商联。扩大会员覆盖面，2019年会员达235个。

【服务民营企业】由工商联牵头，在广泛征求工商局、发改局、税务局等部门意见的基础上，推荐上报7家优秀民营企业参加市委、市政府开展的全市优秀民营企业评选表彰活动。最终内蒙古东鸽电器集团有限责任公司等3家企业被评为“优秀民营企业”，内蒙古华讯软件有限公司董事长王大林被评为“优秀企业家”。组织推荐蒙古东鸽电器集团有限责任公司和内蒙古TCL光电科技有限公司上报材料，参加内蒙古民营企业100强评选排序活动。组织10家重点民营企业参与填报《构建和谐劳动关系非公有制经济人士综合评价调查问卷》。推荐10家企业参加自治区工商联开展的2018年度民营企业社会责任调研工作，内蒙古朝聚眼科医院等10家企业详细填写《全国工商联民营企业社会责任调研表(2018)》，推荐辖区履行社会责任较为突出的企业内蒙古朝聚眼科医院参加全国优秀企业案例评选。推荐上报辖区有融资需求的企业参加内蒙古工商联组织的金融服务推进会。组织推荐上报辖区有融资需求的6家企业参加呼和浩特市人民政府主办的“促进高质量发展政金企对接会”,组织3家企业参加市工商联主办的银企对接会,利用各种机会想方设法为企业解决融资难题。组织24家民营企业参与“2019年度呼和浩特市营商环境满意度调查问卷”填写上报工作。

【党建工作】新城区工商联机关加强党员干部的组织建设、作风建设和制度建设,充分发挥党员的先锋模范带头作用,努力推进各项工作再上新台阶。开展“不忘初心、牢记使命”主题教育。按照“不忘初心、牢记使命”主题教育工作的总体部署和“理论学习有收获、思想政治受洗礼、干事创业敢担当、为民服务解难题、清正廉洁作表率”的具体目标,组织工商联党员干部集中学习10余次、开展专题调研3次、谈心谈话10人次、讨论发言12人次。按照“四个对照”“四个找一找”的要求,深入查摆出存在的问题,积极抓好整改落实,坚持问题导向和基层导向,促进工商联党员干部深入企业和商会,靠前服务,保证主题教育成果转化为实际工作成效。7月5日,工商联组织全体党员干部参加区委统战部组织的庆祝“七一”活动,前往大青山红色文化公园开展庆祝中国共产党成立98周年暨“七一”主题党日活动。

文学艺术界联合会

【文学艺术联合会领导名录】

主　席　李　育

副主席　王玉静(女)

【概况】区文学艺术界联合会成立于1998年,是新城区委、区政府联系全区文艺工作者的桥梁和纽带,为科级事业单位。

【党建工作】落实全面从严治党的主体责任,加强党风廉政建设,组织开展“不忘初心、牢记使命”主题教育,推进“两学一做”教育常态化制度化活动。加强党的建设,组织党员干部认真学习贯彻《中国共产党廉洁自律准则》《中国共产党纪律处分条例》。推进反腐倡廉建设,召开专题研究党风廉政建设和反腐败工作会议6次,组织全体干部职工开展反腐倡廉专题学习教育2次。

【文化活动】1月25日,新城区美术家协会在呼和浩特市沐春文化艺术培训机构,举办揭牌仪式及迎新春书画笔会。组织会员把青城面塑、蛋雕、布贴画、剪纸、麦秸画、仿真微型工艺等常态化走进市十四中、市四中、市二中、民族小学、山水小学、内蒙古航天学校、民小、师范大学、新华小学、腾飞路小学、金河镇一中等学校,开展互动交流。4月13日,新城区作家协会在内蒙古交通职业技术学校主办“学雷锋忠于革命忠于党——诗歌朗诵、演讲、书画展”活动,100余人参加。4月15日,新城区美协6人参加在内蒙古德爵文化产业有限公司举办的书画笔会。4月19日,新城区美协8人应邀参加市美协“深入生活,扎根人民”系列写生活动及市美协写生基地挂牌仪式。4月30日,新城区美协4人入选第七届“放歌草原,书写百姓”美术名家作品展并参加在呼和浩特市职业教育学院美术馆举办的开幕式及书画笔会。5月19日,在全国文艺志愿服务日即将到来之际,市文联、新城区文联、恼包村党支部、村委会举办“到人民中去——呼和浩特市文艺志愿者走进恼包村惠民演出”活动。5月21日，新城区美协组织会员参加在内蒙古美术馆举办的“十三届全国美展中国美协专家组”指导、观摩会。5月28日，新城区文联、新城区摄影家协会在林胡古塞生态旅游度假区举行“林胡古塞度假区首届摄影大赛开幕及创作基地挂牌”仪式，收集的100余幅作品在大赛中获奖，其中二等奖1名、三等奖3名。6月20日，新城区作家协会在八一路小学开展“继承革命传统，道德模范，扫黑除恶”主题教育集报剪报进校园宣传活动。6月28日，新城区美协参加东影北街社区庆“七一”书画活动。为庆祝中国共产党成立98周年，牢记使命，凝心聚力，建功新时代，新城区音乐舞蹈戏曲家协会以为祖国歌唱为主题，走进公主府公园红歌快闪唱响《我和我的祖国》，举办“扫黑除恶”系列文艺会演。7月26日，呼市文联、新城区文联、呼市美术家协会、新城区美术家协会联合举办的“壮丽70年——描绘新时代”美术作品展，在市文联展厅开幕，106件作品入选参展。8月10日，新城区文联、新城区作协在哈拉沁村昌隆山庄举办《让农民更富，让乡村更美》文艺进乡村活动。8月14日，由新城区书法家协会举办的“纪念中华人民共和国成立70周年，书画家文艺志愿服务进企业活动”在内蒙古金程房地产公司举行。8月14日，新城区作家协会和海拉尔路街道办事处联合举办“辉煌70年，奋进新时代”暨新时代“扫黑除恶扬正气”诗文朗诵和集报剪报展主题活动。8月16日，新城区文联、新城区书协、新城区美协、在成吉思汗大街街道办事处毓秀国际公馆小区举行“不忘初心、牢记使命，翰墨飘香、书画国粹”中外文化艺术交流公益书画进社区活动，区内外20余位艺术家参加活动。8月20日，新城区书法家协会组织书法家到内蒙古军区某单位进行“送文化进军营”活动。9月10日，新城区书法家协会走进呼和浩特市福源养老中心举办书画笔会进企业活动。9月28日，新城区作家协会在大青山昌隆山庄举行“庆祝中华人民共和国成立70周年诗歌朗诵会”。10月18日，新城区文联与新城区书法家协会在市三十八中共同举办“书法进校园”活动，和学生进行互动交流，让传统文化走进校园。11月2日，自治区文联、市文联、新城区文联联合主办，内蒙古戏剧家协会、呼和浩特市戏剧家协会，内蒙古天行健国际文化传媒有限公司承办，各盟市文联协办的“为人民放歌——内蒙古戏曲名家名段演唱会”戏曲名家志愿服务团惠民演出活动，走进哈拉更村。11月22日，由内蒙古文化馆、呼和浩特市新城区环境卫生管理局、新城区文联、新城区摄影家协会策划组织的“庆辉煌成就 铸环卫之魂”图片巡回展在内蒙古文化馆开展。11月27日，由中共新城区委、区人民政府主办，新城区委统战部、新城区文联承办，新城区书协、新城区美协、新城区摄协协办的“统战与你同行，共建美丽新城”庆祝中华人民共和国成立70周年书画摄影展在新城区金天帝商厦9楼开幕，书画摄影展展出200余位各民族书画摄影家的优秀作品

260余幅,开幕式现场300余人参加。

【公益活动】1月29日,参加由新城区委宣传部、区文体局、卫计局、司法局、科技局等单位在大窑村联合主办的新城区2019年文化科技卫生“三下乡”集中示范活动。为哈拉更村的结对帮扶贫困户送去慰问品和新年祝福,文联组织10名会员参加送温暖活动,现场为村民拍摄全家福,书写春联送祝福。3月2日,新城区作家协会青少年分会与内蒙古公益万里行协会,在内蒙古军区招待所联合举办“学雷锋践行动救助贫困生活动”,救助贫困生10名每人300元救助款,举行学雷锋诗朗诵。5月15日,新城区作家协会青少年分会、内蒙古自治区林业监测规划院第七、第十二党支部、新城区学校卫生学会、内蒙古长城研究会联合开展“关爱老区儿童,培育时代新人”公益活动。为保合少镇金星幼儿园的小朋友购买新书包和学习用品,捐助“红色经典连环画”一套,现场为孩子们发放爱心礼物。

【文化创作】8月,自治区著名词曲家康也维在新城区境内采风,为新城区创作歌曲《感恩大青山》,歌词朴实、曲调优美。新城区各村进行惠民演出近百场,自导自演大型歌舞剧《青山生态梦》反映新城区大青山一带生态建设的成果,获呼和浩特市“五个一”工程奖。

残疾人联合会

【残疾人联合会领导名录】

理事长　刘虹(女)

副理事长　肖敏(女,达斡尔族)

【概况】区残疾人联合会的主要工作内容是开展和促进残疾人康复、教育、劳动就业、文化体育福利,维护残疾人权益,社会服务和残疾预防工作,改善残疾人参与社会生活的环境和条件。设理事长1人,副理事长1人,有干部职工12名,社区(村)残疾人专职委员80名,1个镇、8个街道办事处全部设立残联组织,五大协会(盲人协会、聋人协会、肢残协会、智力残疾人及亲友协会、精神残疾人及亲友协会)。

【残疾人就业】成立新城区残疾人辅助性就业机构(内蒙古众益残疾人辅助性就业服务中心)开展6期岗前培训,30余人次参加。党支部在哈拉更村农村残疾人辅助性就业示范点建立党员志愿先锋岗。12月6日,组织辖区内80名就业年龄段有求职意愿的残疾人参加“就业帮扶,真情相助”内蒙古自治区残疾人就业专场招聘会。参展企业类型涵盖各行各业,可满足不同残疾类别残疾人员的就业需求。

【助残活动】助残日期间,开展主题为“自强脱贫 助残共享”助残系列活动。组织残疾人参加自治区和市组织的朗诵比赛。组织辖区的残疾运动员参加第六届残疾人运动会。协同新城区图书馆开展“共享芬芳、文化助残”盲人讲电影活动。组织残疾人走进内蒙古图书馆开展观影活动。开展文化进社区活动。报送2名残疾人参加市残联主办的文艺会演。7月31日,新城区残联组织辖区内34名听障人士开展斯达克“世界从此欢声笑语”助听器现场验配工作。主要救助对象为6周岁以上、75周岁以下听障患者,优先救助建档立卡贫困残疾人和老年人。活动成功帮助34名听障人士重返有声世界。

【队伍建设】年初，对全体残疾人专职委员进行考核。定期组织专委开展志愿服务活动。开展全国残疾人基本服务状况和需求信息数据动态更新工作，按照上级残联统一安排，通过近两个月的时间，深入到农村、社区残疾人家中，了解残疾人个人基础信息和康复需求、教育就业等项需求，做到底数清、情况明。向政府网站、市残联和各大媒体报送各类信息40余篇。开展新城区社区残疾人文化体育示范点建设工作，河西社区、丽苑社区被评为“新城区社区残疾人文化体育示范点。”

红十字会

【红十字会领导名录】

会　长　李欣达（满族）

常务副会长　张立军（女，满族）

【概况】新城区红十字会编制5人，规格为正科级，领导干部职数2人。

【送温暖活动】2019年1月15—30日组织开展“博爱一日捐，温暖千万家”主题送温暖活动，投入29万元。因患大病（患癌症、尿毒症、白血病任一种）导致生活困难的职工31名，给予生活救助2000元/人。投入5万元对区教育系统因患重大疾病导致生活困难的人民教师，给予生活救助。购买10万元面粉、大米、油等生活物资，配比523份，分配到部分机关、包联村和社区，慰问生活困难家庭。采购价值5000元米面油等生活物资，配合区委宣传部、文明办开展“三下乡”活动。

【宣传培训】5月6—12日，在全区组织开展“爱心相伴‘救’在身边”主题“红十字博爱周”活动。以街道办事处红十字基层组织、学校红十字会为单位，围绕活动主题，结合当地实际，传播红十字知识，弘扬人道博爱、奉献的红十字精神。以社区为单位在社区群众中广泛开展应急救护知识、防灾减灾应急知识的普及活动，通过发放倡议书的形式宣传相关知识。协调区教育局组织区属中小学校，开展应急救护知识普及活动和推广“红十字掌上学堂”工作，新城区胜利街小学等红十字示范校组织开展应急演练活动。5月11日，组织市友谊医院、贝格口腔在成吉思汗办事处哈拉沁村开展义诊活动。协调区教育局、区卫健委、区医院选派人员参加自治区、市红十字会组织开展的应急救护师资培训。

【红十字应急救护】9月，全国第五届应急救护大赛将在呼和浩特市举行，新城区红十字会，根据自治区、市两级红十字会关于“5×100公益项目”的实施要求，结合新城区红十字会工作实际，推进应急救护点的布点推进工作，重点打造成吉思汗大街街道办事处南苑社区、海东路街道办事处公主府社区等一批贴近实训、方便群众的应急救护点（角），通过应急救护点（角）建设，实现就近培训、方便群众、抢救生命、争分夺秒的功能作用。市、区红十字会分期培训25名救护师资和50名社区救护员。新城区红十字会配合区民政、社区办、成吉思汗大街街道办事处对南苑社区进行重点打造，从红十字会基层组织建设、应急救护点建设等方面都作精心的准备,配备应急救护器材、AED除颤设备、应急救护培训器材等硬件,培训社区救护员,制作红十字运动相关知识展板,传播红十字文化。在自治区、市、新城区三级红十字会的指导下,实验中学加强学校基础设施建设,在校区打造红十字文化长廊、应急救护体验教室、红十字卫生室等红十字文化传播阵地,实施中国红十字会总会“实践人道法”课程项目。

【“博爱一日捐”活动】是由自治区红十字会在全区范围内组织开展的一项长期公益募捐活动,是一项关注困难群众的社会公益活动。5月,区政府办按照《呼和浩特市人民政府办公室关于做好2019年“博爱一日捐”活动的通知》精神,印发《关于开展2019年“博爱一日捐”活动的通知》。截至年底,新城区红十字会接收65个单位捐款516280元。建立捐赠档案,为捐款单位出具“内蒙古自治区公益事业接受捐赠统一收据”,捐款及时上交区财政入账,募捐结果在全区进行公示。

【党建工作】按照区委“不忘初心、牢记使命”主题教育活动要求,红十字会2名党员干部按照所属党支部“不忘初心、牢记使命”主题教育活动方案,认真开展党的理论的学习,重温《中国共产党章程》《中国共产党纪律处分条例》等党内法律法规,通读《习近平关于“不忘初心、牢记使命”论述摘编》和《习近平新时代中国特色社会主义思想学习纲要》。牢固树立“四个意识”,坚定“四个自信”,践行“两个维护”。按照支部安排,接受警示教育、爱国主义教育。结合各自实际,开展服务群众做好事活动,为群众办好事2件。

【落实巡察整改】8月19日至9月27日,区委第九轮巡察第一巡察组对区红十字会开展常规巡察。11月14日,巡察组向红十字会反馈巡察意见,巡察出区红十字会在党的领导方面、党的建设方面、全面从严治党方面突出问题8个。巡察意见反馈会后,红十字会坚持问题导向,领导干部及全体工作人员从主观原因和客观原因两方面进行认真剖析,对巡察组提出的问题制定详细的整改方案,建立整改台账,在规定时限内,逐条进行整改。切实落实各项整改任务和要求,实现红十字会整改问题“清零”的目标。切实履行党风廉政建设主体责任,加强思想政治建设、制度建设和警示教育,防范和管控廉政风险,落实“一岗双责”和主体责任,不断改进工作作风,从出勤考勤制度、学习制度、党风廉政建设、“三重一大”制度等方面加以完善。

关心下一代工作委员会

【关心下一代工作委员会领导名录】

常务副主任 朱祥福

副主任 刘向东(女)

办公室主任 付帮友

【概况】区关心下一代工作委员会是以离退休老干部为主体,党政有关部门和群团组织负责人参加的以关心、教育、培养全区各族青少年健康成长为目的的群众性工作组织。组织和动员老干部、老战士、老专家、老教师、老劳模等“五老”对青少年进行思想道德、爱国主义、民族精神、时代精神和社会主义核心价值观教育，引导青少年树立正确的世界观、人生观、价值观，养成高尚的思想品质和良好的道德情操。

【党建工作】始终把学习贯彻中共十九大精神和习近平总书记对关心下一代工作的重要指示精神放在工作的首位。组织全区“五老”和各级关工委专兼职干部进行学习。区将“传承红色基因，争做时代新人”主题教育引向深入，教育引导广大青少年爱党爱国，励志前行，牢固树立“四个意识”，坚定“四个自信”，坚决做到“两个维护”。开展“传承红色基因 争做时代新人”主题教育活动。全区各街道办事处、各社区、各中小学通过参观红色革命纪念馆、红色主题教育讲座、讲革命故事、红色主题文艺会演、传唱红色革命歌曲、民间歌剧表演、网上祭英烈、红色主题大队活动等形式，相继开展中小型活动160余次，活动参与人数达3.3万余人。迎新路街道关工委举办“青春心向党 追梦新时代”纪念五四运动100周年主题朗诵活动。各中小学开展的主题为“铭记红色历史 争做时代好少年”红色传承系列活动。山水小学举办“多松年烈士中队”队旗传递活动。

【爱国主义教育活动】围绕学习宣传贯彻习近平新时代中国特色社会主义思想，庆祝新中国成立70周年，发挥“五老”优势，动员广大老干部、老战士、老专家、老教师、老模范，讲好中国故事、中国共产党故事、新时代中国特色社会主义故事、改革开放故事，开展卓有成效、丰富多彩的系列主题教育活动。全区各街道办事处、各社区、各中小学通过爱国主义教育讲座、诗歌朗诵、爱国主义宣讲、电影放映、快闪、文艺会演、讲青山英烈故事、开学典礼、升旗仪式、志愿者活动等形式，组织活动60余次场次，参与人数1.8万余人。5月27日，苏虎街实验小学以市关工委下发的《青山英烈的故事》为载体，开展第一届“讲青山英烈故事活动”，少先队员代表分别为全校师生讲述多松年、彭德大、荣耀先等9位民族英雄的英勇事迹。5月31日，新城区山水小学承办由市关工委、市妇联、区关工委、区妇联主办的“祝福祖国 我的梦想——争做时代好队员 小小追梦人”庆“六一”活动。昭君新村社区举办“不忘初心 缅怀先烈”清明节主题演讲活动。山水小学举办“粽情山水”端午节主题教育活动。各个中小学开展学习雷锋精神系列活动。7月14日，新城区关工委在全区举办庆祝中华人民共和国成立70周年《民族振兴少年强 筑梦中国赞家乡》新城区少儿才艺大赛，评选出300余名青少年进行表彰奖励。

【青少年教育普法系列活动】联合市公安局关工委、新城区教育局、新城区公安分局关工委在呼市21中开展《预防犯罪，增强自我保护意识》法律知识讲座、在新营小学开展《预防校园欺凌，构建和谐校园》法治进校园活动。

【宣讲工作】新城区关工委关心下一代学校宣讲团2018年8月成立，设4个宣讲团。开展《让我们一起创造幸福假期》系列讲座、《家校合力 共育新时代新人》家长教育讲座、《学习雷锋精神永远在路上》爱国主义讲座、《我和祖国一起成长——心灵心愿共飞翔》心理健康教育讲座、《放假前的最后一课——让爱回家》家庭教育讲座等，9月开学季，相继在东风路街道办事处、落凤街小学、山水小学、第三十八中学开展“开学第一课”系列家庭教育讲座。2019年举办各类讲座31场次，受众达万余人。

【学习培训】召开全区关心下一代工作会议。7月22日，区关工委组织新城区教育局、部分中小学、幼儿园关工委负责同志赴嘉兴参加“不忘初心、牢记使命”党性教育培训学习。8月18日，组织保合少镇、各街道办事处、公安分局关工委的同志赴陕西省延安市进行“不忘初心、牢记使命”培训学习活动，学习体会延安精神，接受革命传统教育。

满族文化促进会

【满族文化促进会领导名录】

会　长　吴安俊(满族)

副会长、秘书长　于　浩(满族)

【概况】呼和浩特满族文化促进会是在中共新城区委、区政府的支持和领导下，由呼市地区党政机关、高等院校、科研院所、企业，以及民间的满学专家、学者满族文化爱好者自愿结成的联合性、学术性、地方性的非营利性社会团体。2013年5月22日正式成立。

【宣传活动】1月27日，组织会员理事及社会各界朋友在满族文化博物馆举办活动。自治区、呼市、新城区相关领导，满促会部分理事会员，呼市满族同胞，文艺、书画界人士，满族文化爱好者，以及多家媒体记者100余人参加活动，多家媒体报道活动。组织举办庆祝中华人民共和国成立70周年活动，由新城区政协、呼市文联主办，满促会承办，呼和浩特民族美术馆、新城区文联、呼市书画家协会、呼市美术家协会、回民区美术家协会协办，于9月26日至10月7日期间在呼和浩特民族美术馆举办“不忘初心、牢记使命”——庆祝中华人民共和国成立70周年暨人民政协成立70周年呼和浩特各民族书画名家作品展。书画展展出60余位各民族书画家的优秀作品100幅。6月16日，主办“青城满韵·泽佳倾城”书画笔会。7月29日，在呼和浩特满族文化博物馆主办“青城满韵. 水墨丹青”——庆祝中华人民共和国成立70周年书画笔会。11月9日，在内蒙古乌兰恰特大剧院多功能厅举办“维护民族团结、共建美好青城”——呼和浩特市第二届满族颁金节暨纪念满族命名384周年联谊会活动。安排汉、蒙古、满各民族特色的歌舞共15个节目。部分书画家在现场书写、赠送书画作品。活动使用网络直播，点播人数23.6万人。

【民族文化进校园】中小学开设满族历史文化语言课程，满族小学、满族幼儿园开设满语文兴趣班。在实验中学开设满族历史文化语言选修课程。5月28日，新城区满族小学承办的弘扬民族精神·传承传统文化“非物质文化遗产进校园教育示范基地”揭牌仪式，在新城区满族小学举行。

【交流学习】6月15日，在呼和浩特满族文化博物馆，呼和浩特市第十三届社科普及第二季度活动周启动。来自各旗县区委宣传部、社科社团负责人、社科普及基地负责人参加活动。7 月 2—4 日，全国满族社团工作委员会调研考察指导工作。7 月 21—23 日，海南省满族联谊会到呼和浩特市考察交流。9 月 3—5 日，应邀参加第十届全国满族社团会长工作经验交流会。

老区建设促进会

【革命老区建设促进会领导名录】

会　长　武志强

副会长　温瑞祥

乌云苏义拉（女，蒙古族）

杨绍斌

张喜龙

李银旺

妇工委主任　陈毅芳（女，11 月任职）

秘书长　温瑞祥（兼）

【概况】2018 年 6 月 26 日，新城区第二届革命老区促进会成立。会员单位 27。

【家助推“一村一品”】为使“一村一品”项目顺利实施，上报市老促会 3 个 2018 年度“一村一品”项目，分别为：成吉思汗大街街道办事处乌兰不浪村的鑫冠合作社智能温室建设项目、保合少镇野马图村喜顺农业种植专业合作社引进新品种水果种植项目、大窑村丰收合作社勺芍花牡丹文化园项目，市财政局为新城区下拨 120 万元作为革命老区“一村一品”项目建设专项补助经费。1 月、4 月，市老促会分别印发关于下达 2018 年度第一批与第二批“一村一品”补助经费的通知，按照通知要求，区老促会分别将资金拨付至保合少镇、成吉思汗大街街道办事处，再由保合少镇、成吉思汗大街街道办事处拨付至项目单位。市老促会对实施的 3 个项目进行验收，3 个项目全部验收通过。

【捐资助学】7 月，市老促会下发《关于上报革命老区贫困大学新生名单的通知》，新城区组织保合少镇、成吉思汗大街街道办事处老促会对应届贫困学生摸排上报，筛选上报 8 名优秀应届贫困大学生。市老促会于 8 月召开贫困大学生捐助仪式，为每名贫困大学生发放 1000 元助学资金。

【革命遗址普查】按照市老促会对革命遗址普查工作的安排部署，组织保合少镇、成吉思汗大街街道办事处老促会对新城区范围内的革命遗址进行普查，上报市老促会。

法　治

公　安

【新城区公安分局领导名录】

局　长　胡晓宁

政　委　何劲坪

纪委书记　云　升(蒙古族)

副局长　高宏昌(朝鲜族)

郭伟在

杨先平(蒙古族)

云柏瑞(蒙古族)

赵灵宽

杜学智

【概况】新城区公安分局位于呼和浩特市新城区成吉思汗大街与东二环交会处公检法办公区。内设机构19个,综合管理机构4个:政治工作办公室、纪检监察室、党建办、警务保障室;执法勤务机构15个:指挥中心(办公室)、警务督察大队、法制大队、信访室、国保大队、经侦大队、治安管理大队、食品药品和环境犯罪侦查大队、户政管理大队、出入境管理大队、禁毒大队、网安大队、情报中心、刑警大队、巡特警大队;派出机构13个:新城新华东街派出所、新城西街派出所、新城中山东路派出所、新城青城巷派出所、新城东街派出所、新城锡林路派出所、新城海东路派出所、新城东风路派出所、新城迎新路派出所、新城成吉思汗大街派出所、新城保和少派出所、新城鸿盛工业园区治安派出所、新城城东派出所。

【党建工作】坚持落实党支部"三会一课"、主题党日活动,推进"两学一做"学习教育常态化、制度化,并根据支部党员的思想情况、家庭工作生活情况,创新丰富学习教育方式,按计划安排各支部负责人主持学习,并以"主持领学调气氛,党员参学多发言"的方式促进学习成效。抓实"不忘初心、牢记使命"主题教育,以党委理论中心组学习为依托,组织召开专题学习12次、专题研讨1次、专题辅导3次,学习习近平总书记系列重要讲话精神,切实增强"四个意识"、坚定"四个自信"、做到"两个维护",自觉在思想上政治上行动上同党中央保持高度一致。

【安保任务】完成新中国成立70周年庆祝活动安全保卫任务。分局按照公安厅和市局的总体部署,全警动员,紧密结合新城区社会治安形势,采取公安机关全面掌控、政府多部门联动的方式。严管严控重点人、危险物和社会面,圆满完成中共十九届四中全会、"改革开放40周年庆祝活动"、"三级两会"、"一带一路"高峰论坛、世园会开幕等重要会议的安保维稳任务。年内完成各类大型勤务安保工作175次,出动警力累计7468人次。

【扫黑除恶专项斗争】接受、发现涉黑涉恶线索1039条,刑专平台录入线索208

条，2019年打掉涉黑、涉恶犯罪团伙、集团共6个，破获涉黑、涉恶犯罪团伙、集团案件28起，抓获团伙成员73人。自扫黑除恶专项斗争开展以来，共打掉涉黑、涉恶犯罪团伙、集团26个，破获案件133起，抓获团伙成员189名（其中网上逃犯62名）。打掉涉黑组织1个（“5·02”专案），抓获成员54人，破获案件26起，移送起诉54人。共冻结银行资金7496740.66元。扣押涉案车辆20台，查封房产29处、车位5个。在扫黑除恶专项斗争的带动辐射作用下，新城区刑事类警情共发4032起，同比下降10.64%，刑事案件立案数1457起，同比下降9.45%，八类主要案件同比下降43.33%，“两抢一盗”案件同比下降19.12%。

【刑事打击专项行动】开展严打电信网络新型违法犯罪专项行动，协破电信网络诈骗案件6起，完成电信诈骗平台跨区核实案件23起。6月13日至10月31日，在新城区范围内部署开展以“打诈骗、抓逃犯、保大庆”为主题的“云剑”行动。11月1日召开全国公安机关“云剑”行动推进会，就“云剑”行动第二阶段工作进行部署。按照上级公安机关要求，分局制定“扫黑除恶”百日追逃专项行动实施方案，行动时间为2019年11月10日至2020年2月18日。抓获网上在逃人员42人，上网逃犯库存下降率为66.07%，抓存比为61.54%，清理分局库存逃犯22人，其中涉恶逃犯9人；抓获外单位库存逃犯20人，其中计入抓存比战果10人。开展打击“盗抢骗”专项行动，破案188起，抢夺3起，诈骗37起，盗窃148起（入室12起、扒窃67起、涉车18起、其他51起），刑拘104人，取保26人，监视居住20人，起诉90人。1月10日—3月10日，组织开展为期2个月的打击多发性侵财犯罪专项行动。专项行动期间，破案64起（盗窃41起、诈骗14起、抢劫4起、敲诈勒索4起、故意毁坏财物1起），刑拘31人，取保4人，起诉33人。10月起，辖区范围内组织开展为期3年的打击整治跨境网络赌博犯罪“断链”行动。6月10日—9月30日，组织开展追逃百日攻坚专项行动，行动期间抓获在逃人员11名。以“最大限度收戒涉毒人员”专项行动、“两打两控”专项行动及青少年毒品预防教育“6·27”工程、社区戒毒社区康复“8·31”工程等为工作主线，破获毒品案件11起，打击处理人员12人，共查获吸毒人员200余人，缴获毒品共300余千克。组织开展打击涉税犯罪“百城会战”。坚持办案与维稳并重，依法侦办“日益盛”“绿源盛”“义利财富”非吸案、李集集资诈骗等等大要案件，挽回群众经济损失1000余万元。

【“放管服”改革】实行节假日窗口预约办理，全年365天为群众提供户籍、出入境业务办理服务。深入推进简政放权，身份证除首次申领外均可在11个派出所和服务大厅通办，自治区范围内跨盟市户籍迁移业务实现一站式办理，取消群众办理户籍业务所需的材料复印件，通过高拍仪直接上传系统。居住证办理实现紧急情况下当日办理当日领取。出入境证件实现“全国通办”。梳理公安机关相关政务服务事项,将60余项权责清单录入政务服务平台,落实责任主体和工作机制,以“公开为常态,不公开为例外”的原则,确保“双公示”工作落到实处。全年共录入行政处罚信息900余条。

【维护社会公共安全】完善处置各类突发事件的预案,规范处置程序和处置行为,及时处置各类群体性事件。开展缉枪治爆和打击“黄赌毒”违法犯罪专项行动等。组织开展缉枪治爆和打击“黄赌”违法犯罪专项行动,收缴各类枪支43支、子弹22261发。查处涉黄行政案件63起,行政拘留86人,拘留并处罚款4人,破刑事案件2起,刑事拘留3人。查处涉赌行政案件126起,行政拘留205人,罚款131人,拘留并处罚款56人,破涉赌刑事案件2起,刑事拘留7人,取保1人。

【从优待警】创新“暖警惠警”举措,分局工会在民警生日及结婚生子等重要时刻,准备慰问金、慰问品送去温暖祝福。重大节日期间,由分管局领导带队深入到一线慰问坚守岗位的民警。首次为退休民警举办欢送会,准备荣休纪念章和礼品。实施战时表彰,4个集体、37名个人立功受奖,增强民警的获得感、幸福感和归属感。关心关爱分局困难民警,通过发放慰问金、谈心谈话等方式,使家庭困难民警感受到集体的温暖。

【呼和浩特市交通管理支队新城大队】

大队长 魏天星

教导员 胡援胜

副大队长 张 俊

副大队长 牛德顺(蒙古族)

副大队长 王洪敏

【概况】呼和浩特市交通管理支队新城大队为股级单位,大队党支部班子成员7人大队辖区面积700平方千米,城区55平方千米,农村和山区645平方千米,管辖道路126条,大队下设16个部门,岗勤中队10个、公路中队1个,政秘股、法制股、宣传股、事故股、车管分所各1个,全面负责新城区管辖范围内的交通管理工作。

【党建工作】9月27日,召开“党的政治建设”和“全面从严治党”专题研讨会。10月16日,召开“理想信念”和“宗旨性质”专题研讨会。11月8日,召开“担当作为”和“政治纪律和政治规矩”专题研讨会。11月11日,召开“党性修养”和“廉洁自律”专题研讨会。支部全体委员均撰写研讨材料和心得体会。各党小组长撰写研讨材料,在党小组会议中与党员交流。开展“四个教育”。革命传统教育方面,9月29日,支部组织党员分批到内蒙古展览馆参观庆祝中华人民共和国成立70周年暨“不忘初心、牢记使命”主题教育展览。10月29日,支部班子成员及各党小组长在大青山红色文化公园开展党日活动。10月1日,大队全体党员观看庆祝新中国成立70周年阅兵仪式。10月9日,支部组织党员参加“我和我的祖国”观影活动。11月4日,支部各部门根据工作实际,分别在各自工作岗位上观看《榜样4》教育片,全体党员撰写心得体会。10月23日,支部全体副科级以上干部在支队观看《初心的蜕变》警示教育片。全年开展党支部委员会议12次,“不忘初心、牢记使命”主题教育学习会议6次,集体学习会议6次、专题学习会6次,专题研讨会4次、支部书记讲党课2次,副书记讲党课1次。各部门按照支部制定的学习计划,重点学习《中国共产党章程》《习近平关于"不忘初心、牢记使命"重要论述摘编》《习近平新时代中国特色社会主义思想学习纲要》《中国共产党党内重要法规汇编》原文内容。

【交通秩序综合整治】开展"砺剑—2019"公路严重违法集中整治专项行动,农村道路交通安全"大排查、大整治、大宣传"专项整治,城市环境综合整治,电动自行车专项整治,酒驾、毒驾,不礼让斑马线,变道加塞,占用车道,假牌假证,机动车乱停乱放交通违法行为集中整治,机动车驾驶人、乘坐人不系安全带整治,道路交通安全"百日整治"等交通秩序整治行动。查处各类交通违法行为258927起,现场处罚302918起,非现场处罚105097起。集中整治不礼让斑马线交通违法行为34700余起,劝导、教育行人、非机动车违法行为3.5万余起。开展查处车窗抛物、路口发放小广告、路口烧纸祭奠等不文明行为专项治理行动,治理车窗抛物962起,劝阻路口乱发小广告328起。严查非法营运机动三轮车上路行驶,严格要求市区货运车辆按规定时间、线路驶入、驶出。

【市区交通】围绕辖区交通拥堵点的治理工作,加强实地调研,抽调精干力量成立治堵小组,召开多次岗勤治堵会议,广开言路、听取意见,收集整理54条整改意见,主动参与地铁施工、道路提升改造工程等市政工程交通影响评估,提出合理化意见和建议,最大限度减少交通影响。

【交通管理勤务模式改革】完善交通执法责任区、责任岗设置,推进四级承包责任制和路长制,落实三级常态化督导检查机制,强化四级管控。最大限度推进警力下沉,完善巡警参与静态执法、交通疏导常态化工作机制。完善"护学岗""高峰勤务"机制,以错时勤务、蹲点查扣、分散设卡等手段严查严控校园周边道路交通违法行为,有力保障校园门前的交通秩序。

【宣传工作】不断拓宽《人民公安报》《人民公安报交通安全周刊》《内蒙古日报》《内蒙古法制报》《内蒙古法制报交通安全周刊》《北方新报》《内蒙古晨报》、内蒙古电视台《晚间新闻》栏目及《平安驿站》《呼和浩特日报》《呼和浩特晚报》等媒体宣传渠道,不断增加稿件的刊(播)发数量,将大队交警队伍新风和交管工作正能量的新闻稿件"登大台、上大报"。新城大队2019年刊发国家级稿件16篇,省级217篇,内蒙古级118篇,市级184篇,新媒体刊稿104条。大队在选树交警队伍当中的先进典型和模范人物方面进行广泛宣传,充分展示扬正气、树新风、服务百姓首府"最美交警"良好形象。组织警力开展"文明交通进校园"活动、校园交通安全日活动、寒暑假期安全教育活动、"122交通安全"宣传活动等系列主题活动。对新城区胜利街小学、府红教育集团等30余所公、私立中小学及幼儿园开展40余次主题安全教育,受教育师生达3万余人次。发送安全提示短信20万余条,集中授课26次,直接受教育人数达20万余人。

【隐患排查治理】分析全市道路交通安全状况,制定交通安全隐患排查方案。定期对辖区道路交通安全隐患、事故黑点进行认真排查,建立健全隐患基础台账,排查出隐患点段13处。对排查出的安全隐患,在依靠自身力量进行整改的基础上,积极向有关部门下达交通安全隐患整改报告15份,提出整改意见23条,保证事故隐患整改率达到100%。

【源头管理】强化"两客一危"重点企业、重点车辆及驾驶人的源头管理工作,充分发挥GPS等科技装备作用,努力做到"问题人员不上车、隐患车辆不上路"。八类重点车辆应检838台,逾期64台,报废32台。开展记满12分驾驶人记分审验教育培训工作,全年共培训记满12分驾驶人667人。

【路检路查】大队充分发挥执法站、公路超限检测站及乡镇交管站、劝导站作用,严格加强"两客一危"、校车、"营转非"、重型货车等重点车辆监管,集中查处"三超一疲劳"等严重交通违法行为。

【农村地区道路管理】加强农村地区交通管理"两站两员"建设,依托农村"两站""两员",实施"大队包旗县,中队包乡镇,民警包村"管理机制,开展交通安全宣传劝导及交通管理工作,并组建农村地区执法小分队,设置临时执勤卡点,严查、严管农村地区道路交通违法行为。

【交通安全保卫任务】召开7次行政办公会,制定3个方案,完成6处驻地、场所调研工作,超前准备,周密部署,为圆满完成任务提供强有力的支撑和保障。完成一级交通警卫任务5次、二级警卫任务6次、三级警卫任务66次、非等级勤务121次,确保各项活动的顺利进行。

【推进"放管服"车管业务改革】加强车辆管理工作。随着支队车管所业务的不断下放,新城交管大队车管所2019年办理9座以下国产小型汽车注册登记(新车上户)1649辆;办理机动车转移登记(包括转出管辖区)2313辆;办理机动车转入业务6650辆;办理机动车变更登记业务1473辆;办理机动车抵押解押登记业务12998次;办理机动车核发六年免检合格标志13229辆;办理异地机动车核发六年免检合格标志610辆;补换领机动车行驶证、号牌、合格标志2058辆;机动车档案更正(油改气)业务490辆;补领机动车登记证书781本;办理机动车注销登记业务132辆;办理机动车临时号牌3143辆。补换领机动车驾驶证5568本;审验机动车驾驶证3093人次;办理机动车驾驶人满分学习23人,恢复机动车驾驶资格19人;机动车驾驶人申请校车驾驶资格16人;取消机动车驾驶人校车驾驶资格8人;注销机动车驾驶证7人。办理互联网个人用户注册登记5000人次。

【便民利民服务】新城区交管大队车辆管理所有人员21人,为高效便民合理安排工作,业务受理窗口实现一窗通办,有机动车及驾驶人业务受理窗口8个、机动车查验预录入窗口3个、导办台人工咨询服务2人,基本实现一窗式服务,有效的缓解新城交管大队车管所业务量大、办事群众拥挤的现象。新城车管所在原有设施的基础上，在上级部门的大力支持下不断新增设部分电脑、电子洗相设备、人脸识别系统、叫号系统、机动车PDA查验等设备。丰富警务公开内容。把办理业务的法律依据、办事指南、办理流程、收费项目及标准、大厅业务办理范围、服务时限等依法进行公示。并在大厅内摆设座椅、笔墨、胶水、老花镜、雨伞、饮水机、一次性纸杯等便民设施设备。

【交通事故处理】配合交管支队党委落实中办、国办和公安部关于深化“放管服”改革推出警保联动工作，内容包括联合巡查、远程定责、网上定损、空中救援、信息共享、伤者救治6个方面。在道路交通事故处理过程中，交通警察通过手机“12123”进行交通事故快速处理、快速认定，与保险公司信息互通，网上无纸化处理轻微财产损失事故，对于事故中的伤者，交警部门联合多家保险公司对抢救费用和治疗费用快速提前支付，为群众提供便捷、快速、高效的道路交通事故快处快赔服务。2019年，受理简易事故1866起，伤人事故77起，受伤79人。死亡事故11起，死亡11人（其中涉逃逸事故24起，侦破22起，侦破率91.67%，涉逃逸死亡事故2起，全部侦破，侦破率100%）。

【执法规范化建设】继续推进“七五”普法工作，加强干部、民警法律业务知识培训，提升队伍严格规范公正文明执法水平。加强内部执法监督，严格执行案件审核制度，开展执法巡查，提高办案效率与执法规范化水平，2019年审核刑事案件55起，行政案件30起，行政拘留34人，吊销驾驶证67人。推进执法公开，监督检查公开行政、刑事案件102起。加强执法记录仪使用和管理，明确管理职责和岗位机制，形成完备的制度规范体系，积极开展执法记录仪专题教育培训，培训251人次。

【警务实战化建设】大队以“练为战”主导训练，开展辅警交通管理培训班4期，培训450人次。各中队微警校每周组织业务培训、警务实战培训至少1次，2019年共开展培训216次。

检　察

【新城区人民检察院领导名录】

检察长　修仕军

副检察长　武建军

云力平

荣永平（蒙古族）

付凯东（满族）

政治部主任　梁补元

【概况】司法改革前，设有办公室、政工科、侦查监督科、公诉一科、公诉二科、未成年人检察科、检委会办公室、监察室、控告申诉科、民事行政检察科、法律政策研究室、刑事执行科、技术科、案件管理办公室、法警队、机关事务中心16个科室。4月24日司法改革后，减少至第一检察部、第二检察部、第三检察部、第四检察部、第五检察部、综合业务部、办公室、政工科、司法警察大队、机关事务中心10个科室。有人员98人，政法专项编制人员55人，事业编制人员12人，聘用制书记员24人，聘用人员7人。设有党组成员6人。检察长1名、副检察长4名、政治部主任1名。检察委员会专职委员2名,内设(下设)领导职数23名(10正、13副)。

【扫黑除恶专项斗争】年内以恶势力团伙或恶势力犯罪集团批准逮捕10件11人,提起公诉6件29人,法院判决5件17人。追捕漏犯8人,追诉漏犯7人。制发《检察建议书》10份,提前介入侦查取证19件次。向监察委移送涉黑涉恶“保护伞”案件线索1件,完成中央督导组交办线索核查3件、新城区扫黑办交办线索1件。办理“黄赌毒”案件40件62人。

【刑事案件办理】办理故意杀人、故意伤害、抢劫、强奸等严重暴力犯罪案件75件94人。办理金融诈骗、非法吸收公众存款犯罪10件14人。办理交通肇事、危险驾驶案件249件250人。严厉打击群众反映强烈的盗窃、诈骗、敲诈勒索等侵财类犯罪,提起公诉87件108人。

【群众来访接待和司法救助】接待群众来访93件109人,检察长接待26件32人,向2名刑事案件被害人发放司法救助金4.5万元。

【纠正漏捕漏诉】纠正漏捕17人,纠正漏捕后判处三年以上有期徒刑3人,纠正漏诉15人。向公安机关发出纠正违法通知书32份、检察建议11份加强刑罚执行和监管活动监督,规范开展羁押必要性审查,受理审查31件,经审查后变更强制措施17人。

【民事行政检察监督案件办理】办理各类民事行政检察监督案件146件,民事执行监督案件92件,审判活动违法案件17件,生效裁判文书监督案件13件。办理行政执行监督案件8件,行政机关不当履职案件15件,生效裁判文书监督案件1件,提出再审检察建议1件,开展专项监督活动发现虚假诉讼线索8件,4件向新城区人民法院发出再审检察建议,其余案件线索正在进一步审查中。

【公益诉讼】办理公益诉讼案件104件,其中民事案件4件、行政案件100件,在诉前发出行政检察建议79件,全部得到回复。刑事附带民事公益诉讼得到法院支持一审判决1件,刑事案件4件。

法　院

【区人民法院领导名录】

院　长　苏虎生

副院长　赵九刚(蒙古族)

王　兵

孟春燕(女)

乌日娜(女 蒙古族)

白雪松(4月离任)

政治部主任　韩文利

派驻纪检监察组组长　薛润月

【概况】新城区人民法院位于成吉思汗大街与东二环交界处。法院核定政法编113个,现在编106人,员额法官51人;核定事业编50个,现在编45人;另有聘用人员146人。9个内设机构,分别为立案庭(诉讼服务中心)、刑事审判庭、民事审判第一庭、民事审判第二庭、行政审判庭(综合审判庭)、执行局、审判管理办公室(研究室)、政治部、综合办公室等,并下设司法警察大队，另有毫沁营人民法庭。内设（下设）机构领导职数11正15副。2019年，受理各类案件19671件，同比增长20.30%，审（执）结17867件，同比增长28.69%，结案率90.83%，法官人均结案350件。

【党建工作】按照“守初心、担使命、找差距、抓落实”的总要求，开展主题教育，成立领导小组，研究制定工作方案，对机关各支部开展主题教育作出具体要求和指导。组织党员系统研读《习近平关于“不忘初心、牢记使命”重要论述选编》等必读书目，重点围绕习近平总书记关于主题教育工作的重要讲话精神开展集中学习。召开“不忘初心、牢记使命”专题民主生活会和组织生活会，进行民主评议党员工作，盘点收获、检视问题、深刻剖析，开展批评与自我批评，明确努力方向和改进措施，把教育成效落实到推动工作的实际行动上。深入一线、深入基层，通过集体座谈、实地走访开展调研，就诉讼服务、队伍建设、房地产领域纠纷等方面存在的问题进行梳理、归纳、研究，逐步加以解决。

【扫黑除恶】坚持三年为期目标不放松，彻查背后“关系网”“保护伞”，确保专项行动取得实效、长效。受理涉恶案件8件38人，全部审结，其中认定恶势力犯罪7件35人；“涉伞”案件1件1人，正在审理中。注重“打财断血”，严格依法适用财产刑，切断黑恶势力经济命脉，认定涉恶案件且涉及财产刑的案件3件，判处财产刑金额123.8万元，按“打财断血”要求，全部财产刑案件进入执行追赃阶段。完善办案机制，落实审理涉黑恶案件“快立快审快结”要求。定期在全院范围内收集审判、执行中发现的问题线索，防止遗漏犯罪事实，确保犯罪线索及时移送上报。完善纵向请示报告和横向联动协调制度。根据工作的实施情况，主动向上级法院、区扫黑办、区委政法委等部门汇报相关工作进展。严格落实公安局长、检察院检察长、法院院长“大三长”和刑侦队长、公诉科长、刑事庭长“小三长”联席会议、重大案件会商等机制。

【刑事审判】2019年，受理刑事案件622件，审结564件，结案率90.68%。完善环境资源司法保护机制，探索建立专家证人出庭制度，落实生态损害赔偿。推进认罪认罚从宽制度改革，鼓励被告人真诚认罪，减少控辩双方对抗，对事实清楚、证据充分、被告人自愿认罪的案件，实行集中开庭、合并审理、精简庭审环节，提高审判效率。保持对腐败犯罪打击的高压态势，严惩征地拆迁、扶贫开发等领域的职务犯罪行为。

【民商事审判】受理民商事案件11110件，审结10036件，结案率90.33%。兼顾民营企业发展与劳动者权益保护。维护金融秩序，审结金融借款、民间借贷等案件2228件，涉诉金额21.80亿元。审慎对待涉及职业放贷人和中介机构的民间借贷案件，加大借贷事实和证据的审查力度，将有可能涉及非法吸收公众存款的2条案件线索移送侦查机关。加强诉非衔接，完善与公证、仲裁等机构的协调联动机制，支持发展各类调解组织，与区司法局合作成立人民调解室，通过诉前分流引导当事人以非诉方式化解纠纷219件。

【行政审判】受理行政案件185件,审结167件,结案率90.27%。坚持合法性审查原则,审查行政非诉执行案件83件。切实履行保障国土资源合理利用的政治职责,审查非法占用土地资源行政处罚案件63件。拓展行政争议化解形式,经诉前协调以撤诉等方式结案20件。支持监督行政机关依法行政,妥善处理涉及信息公开、社会保障等行政争议案件13件。打击"滥诉"行为,依法裁定驳回起诉案件23件。

【执行工作】受理各类执行案件7486件,执结6835件,结案率91.30%。开展集中执行行动7次,加大涉民生案件执行力度,严厉打击涉房地产领域案件拖延执行、逃避执行、抗拒执行行为,提升人民群众获得感。突出信用惩戒作用,通过网络平台曝光失信人员百余人次,限制高消费4483人次,限制乘坐飞机高铁14519人次,采取司法拘留措施164人,以拒执罪对3名被执行人依法追究刑事责任。利用网络司法拍卖提高执行资产变现率,开展网络司法拍卖322次,成交金额1.31亿元。缓解申请人生活困境,发放执行救助金120.8万元。

【诉讼服务】以全面建设智慧法院为抓手,以"两个一站式"建设为依托,打造一流现代化诉讼服务平台。将诉讼服务中心划分为诉讼引导区、自助服务区、当事人等候区、调解接待区和窗口服务区五大区域,设置服务窗口17个,涵盖案件受理、法律咨询、文书送达、材料收转、缴费退费等30余项功能,并开通微信、支付宝电子支付功能,节约缴费时间。安排法律志愿者提供导诉服务,配备智能化诉讼辅助设备,方便群众进行自助办理。建立全区首家道路交通事故一站式处理中心,对道路交通事故纠纷在诉讼前进行分流,提高纠纷处理效率。应用"中国移动微法院"跨域立案系统,设立专门的跨域立案服务窗口,完成跨域立案6件。

【党风廉政建设】以"为民、务实、高效、清廉"为目的,狠抓队伍作风建设。切实履行党组主体责任、书记第一责任和领导班子"一岗双责",将党风廉政建设和审判工作有效结合。针对新型审判管理模式认真研判并细化分解各环节党风廉政责任,对干警日常工作中履行职责、行使职权、遵章守纪、改进作风等情况开展督查,着力规范干警的行为举止。深度结合扫黑除恶专项斗争,对于违法收受物品礼金、涉黑涉恶腐败问题以零容忍的态度重拳打击。扎实开展纪律作风建设专项行动,运用身边典型案例开展警示教育,以案示警、以案肃纪。

【学习培训】培养党员自主学习的意识和能力,把"学习强国"平台的安装使用作为个人自学的一项重要内容,督促党员常学常悟、深学深思。注重提高审判实务专业技能,充分发挥教育培训主渠道作用,引领干警队伍提升司法能力,参加法官学院培训30人次,组织"扫黑除恶"业务知识、庭审一键直播、政务管理信息化、电子卷宗深度应用等培训200余人次。

【普法工作】肩负起普法"最后一公里"的重要任务,开展国家宪法日、"扫黑除恶"、打击"黄赌毒"、保密法制等主题宣传活动。充分发挥基层法院和人民法庭在社会治理现代化中的作用,重视和加强民事诉讼“诉源治理”,为辖区和谐稳定提供有力司法服务和保障。针对校园欺凌热点事件,组织法官赴胜利街小学、巨华小学等学校,开展防治校园欺凌系列讲座,推进平安校园建设。

【接受监督】自觉接受人大及其常委会监督,切实加强沟通联络,及时回应人民群众关切,紧紧依靠人大的监督、支持推进各项工作,开展人大代表、政协委员“一对一”联络150余次。通过主题教育“开门纳谏”广泛征求各方意见建议,共征集意见8条。

司法行政

【区司法局领导名录】

局　长　王国平

副局长　陈翠华(女 蒙古族)

孟常春

张　晶(女 回族)

【概况】按照机构改革要求,3月,区法制办的职能整合至司法局,并将区委全面依法治区委员会办公室设在司法局,司法行政工作进入全新阶段。改革后,局领导设1正3副,司法干警53人,中共党员29名,干警平均年龄44岁,法律专业占81.5%。2019年设9个科室,辖9个司法所,承担着全面依法治区重大问题的政策研究,统筹推进法治政府建设,拟定全区法治宣传教育规划,指导全区依法治理和法治创建,指导、监督全区基层司法所建设以及人民调解、社区矫正、基层法律服务和刑满释放人员的安置帮教,指导实施全区公共法律服务体系建设规划、为重大决策提供法治审查意见、开展行政诉讼及行政复议等工作职能。

【党建工作】加强思想政治建设和组织建设。完成支部换届,8月1日,召开党员大会,选举成立中共新城区司法局支部委员会,召开第一次支委会会议,选举书记、副书记和支部委员。明确党建工作责任体系。牢固树立“一岗双责”意识,完善书记负总责、分管领导分工负责、各科室负责人“一岗双责”的党建工作责任体系,着力构建责任清晰、目标明确、层层落实的机关党建工作格局,及时研究解决机关党建工作中的重大问题,确保管党治党责任落地生根。按照创建学习型支部要求,组织集体学习20次,领导干部讲党课3次。落实“三会一课”制度,召开年度组织生活会和民主评议党员,通过谈心谈话和征求意见,结合实际查摆问题,提出整改措施,增添学习资料,组织观看教育影片,丰富学习内容。夯实统一战线基础,推动统战工作新提升。加强理论学习,提高统战人员政治素质。落实区委第三巡察组反馈意见。召开党组会议,专题研究整改落实工作,制定整改方案,明确责任科室、责任人、整改时限,将整改任务分解细化,做到任务明确,措施到位,责任到人。加强党风廉政建设。加强防范教育,组织学习《中国共产党廉洁自律准则》和《中国共产党纪律处分条例》,开展警示教育、观看廉政教育片。开展“清风干部”评选工作,评选优秀“清风干部”1人。

【法律服务】围绕区委、区政府中心工作,主动为房屋征收、信访调解、重大决策合法性审查等重点工作提供法律咨询服务,发挥政府法律顾问参谋助手作用。为重点区块的房屋征收工作提供法律保障。在北二环区块、毫沁营村等房屋土地征收过程中,及时跟进,提供法律意见。推进信访工作法治化。落实《新城区九个重点信访案件》重点工作,参与解决“蔚蓝家园”“蒙苑广场”“颐和大厦”“义务国际商贸城”“南璞家园”“新华园”“金满街”等信访案件。为重大决策提供合法性审查。在煤改电集中供热岱州营片区项目、新星玻璃厂转制问题、违建别墅清理整治工作、地铁2号线“轻工花园”国有土地上房屋征收工作、“公园一号”“古文化广场”“义务国际商贸城”“信达国贸”等项目的重大决策中提供法律审查意见,推动项目进程。承接地方化债的法律路径工作,对新城区债务压力、数量、形成以及隐性债务做出分析,提出有效建议。

【调研工作】确定《关于做好公共法律服务的思考》《发扬枫桥经验完善源头治理》《进一步完善政府法律顾问制度的意见和建议》3个调研课题,征集问题意见9类20条,形成具体措施8项。

【扫黑除恶专项斗争】成立专项斗争领导小组,制定《新城区司法局“扫黑除恶”专项斗争实施方案》《关于做好律师事务所参与扫黑除恶专项工作的方案》《新城区司法局社区矫正工作预案》等文件,召开10余次领导小组工作部署会,对承担的扫黑除恶专项斗争任务进行细致梳理、研究、部署,对各街道司法所和律师事务所的相关工作做具体安排。开展扫黑除恶专项斗争宣传、宣讲活动。结合“七五”普法工作安排,组织各司法所、注册的律师事务所开展法治宣传活动,在街道、社区、乡村开展普法宣传活动15场,发放宣传手册1万本。按照区扫黑办“五个一”宣传工作方案,司法局牵头,依托律师事务所成立新城区扫黑除恶专项斗争法治教育宣讲团,制作宣讲团标识,开展宣讲活动56场,专题座谈会6次。加强对社区服刑人员、刑满释放人员的线索排查工作。对210名在册社区矫正人员,严格审前委托调查评估工作,全面排查该类人员当中是否存在涉黑涉恶人员以及以前有无涉黑涉恶案底,从源头上彻查涉黑涉恶人员。开展警示教育活动,通过发放扫黑除恶专项斗争宣传册、组织社区矫正人员进行“扫黑除恶”专项斗争知识答题。公布新城区司法局扫黑除恶办公室的举报电话,鼓励社区矫正人员主动提供相关涉黑涉恶案件线索。强化安置帮教人员遵纪守法意识,严防安置帮教对象涉黑涉恶,警示安置帮教人员遵守各项规定,做到底数清、情况明。引导律师参与辩护,依法提供法律帮助。要求律师事务所认真落实律师代理涉黑涉恶案件备案制度,强化集体研究指导,严格办案纪律,指导监督律师依法辩护、代理。2019年,19起涉黑涉恶案件进行审查报备工作。

【普法宣传教育】推进校园法治宣传阵地建设,聘任62人担任中小学(幼儿园)法治副校长,中小学校“校园法苑”建成率达80%。

【基层基础服务】区委、区政府研究安排200万元,每个司法所按照150—180平方米的标准,将9个司法所全部建成一级规范化司法所。推进重大矛盾纠纷化解工作。认真落实调解工作制度,充分发挥调委会作用。2019年,镇街调委会调解纠纷199件,成功184件,涉及人数1305人,涉及金额428万元。3月,诉调委开始运行受理法院委托调解案件395件,成功调解157件,涉案金额累计4700万元,申请司法确认154件,主要涉及物业、买卖、借款、劳务等纠纷。

【社区矫正】加强对社区矫正人员的管理。接收社区矫正在册210人。2019年接收90人,解除113人,有16人次给予警告,收监执行3人,有3人符合特赦。加强对社区矫正人员的管理,严格日常管理规定,加强每日3次手机APP签到。每月提交思想汇报、公益劳动。每月8小时个别教育、8小时公益劳动。每月集中教育学习、心理矫治疏导。规范请假制度、警告制度等日常监管工作。在中秋节、国庆节对9个司法所社区服刑人员进行集中点验,不定时抽查正行通APP签到3次。与新城区人民检察院召开社区矫正工作联席会议。推动社区矫正人员日常监管,严防社区矫正人员脱管、漏管和重新再犯罪现象发生。按照自治区司法厅、呼和浩特市司法局的档案要求,及时规范档案管理和文书格式,对司法所进行档案检查、自查4次。组织矫正大队、司法所工作人员参加自治区、市举办的各类业务培训,进一步掌握JIPAD的使用功能,提高业务素质。提高社区矫正心理矫治工作水平,聘请第三方内蒙古维网科技有限责任公司对矫正人员进行心理干预和心理矫治,更准确地把握社区矫正人员的心理动态,因人制定矫正方案。

【公共法律服务体系建设】建立公共法律服务平台。成立公共法律服务中心1个、公共法律服务工作站9个、公共法律服务工作室77个。设置人民调解、公证、法律援助等窗口,加大基层法律服务建设。推行“148”法律专线进大厅,打造政务公开大厅法律咨询平台,推动法律咨询活动的深入展开。完善律师管理机制,推进法律援助工作。区司法局注册的7家律师事务所,有77名注册律师,其中专职律师75名、兼职律师2名。律所全年担任法律顾问35家,承办刑事诉讼辩护代理36件,民事案件诉讼代理405件,行政案件37件,非诉讼法律事务19件,解答法律咨询360人次,代写法律事务文书110件。法律援助中心接待法律援助来访700余人次,解答电话咨询400余人次,代理民事诉讼272件,其中劳动仲裁代理120余件,刑事辩护135件,代写法律文书10件。无错案无投诉。配合新城区工会举办农民工维权法律援助宣传活动4次,参与“扫黑除恶”宣传活动3次。活动现场为人民群众发放数百本宣传册,进行法律咨询、解答。

【法治政府建设】安排部署法治政府建设工作。根据中共中央、国务院《法治政府建设实施纲要(2015—2020年)》的要求,起草《新城区2019年度法治政府建设工作计划》,印发《新城区人民政府办公室关于报送全区法治政府建设工作完成情况的通知》,组织全区25个部门召开工作推进会,对重点、难点工作进行培训。聘请第三方评估机构对新城区自身的法治环境进行全面的体检和评估,与第三方评估机构共同研发《新城区法治政府建设指标体系》,包含一级指标12项、二级指标32项、三级指标90项。通过文献研究、资料核查、问题诊断会等方式,进行深度访谈34场,访谈51人,向社会公众、行政相对人、法治职业群体发放调查问卷1011份。

【行政执法主体清理确认和人员资格审核认证】开展全区行政执法主体清理确认和行政执法人员资格审核认证工作。经审核梳理,全区有法定行政执法主体27个,授权行政执法主体1个,委托行政执法主体19个。全区有1215名执法人员通过行政执法资格认证考试(其中114人未领到执法证)。经清理,无变动执法人员总数699人,需要取消执法证的(退休或调离执法岗位)执法人员总数52人,需要新申领执法人员总数65人,需要变更执法证的执法人员575人。进行规范性文件清理。按照《呼和浩特市人民政府办公厅关于开展政府规章和规范性文件清理工作的通知》要求,对2018年至2019年新城区人民政府和新城区人民政府办公室名义制发的规范性文件进行清理,清理后继续有效的规范性文件3件,废止或失效的3件,将清理结果向社会公开。

【政府法律顾问】2019年选聘9家法律顾问单位,全面参与政府依法行政工作。进行重大行政决策合法性审查。对以区政府名义向市政府报送的请示、建议类文件进行合法性审查。出具合法性审查说明47件、法治审查意见55份。代理政府进行诉讼活动,出庭代理诉讼案件81件,专项案件服务2件。

【行政复议】成立行政复议委员会。相对集中行政复议审理权,实现一级政府只设一个行政复议机关。建立行政复议案件专家论证会议程序规则,发挥行政复议解决行政争议中的主渠道作用,全年收到行政复议申请14件,5件审结,2件驳回申请人行政复议申请,1件维持,1件撤销,1件确认违法,另外9件正在审理中。增设行政复议申请受理窗口。

军　事

人民武装

【党建工作】坚持以学习习近平新时代中国特色社会主义思想和强军思想为重点,多种途径开展中共十九届四中全会精神学习,第一时间组织收听收看习近平主席接见驻内蒙古部队领导干部的报道。严格党委理论学习中心组学习制度,把《军委主席负责制学习读本》《习近平新时代中国特色社会主义思想》等内容纳入中心组理论学习必学篇目,跟进学习习近平主席系列讲话。开展"不忘初心、牢记使命""传承红色基因、担当强军重任"两项主题教育,撰写学习体会40余篇。

【战备训练和民兵建设】战备工作落细落实。区委、区政府投资150万元对作战值班室,战备器材库进行升级改造,本级投入50余万元购置维稳、防汛、灭火和抗震等应急装备器材。及时修订完善日常战备和非战争军事行动方案,结合春节、两会、国庆等节假日和敏感时段,开展战备拉动演练。完成古路板林场扑火、军事行动警戒、学生军训等任务。民兵整组科学合理。联合区委、区政府出台《进一步深化新城区民兵调整改革工作方案》。军事训练任务如期完成。围绕军事理论、政策法规、指挥技能等内容完成首长机关业务训练。落实每天1小时的体能训练。严密组织基地化轮训、在岗专业训练。组织基干民兵完成自治区首届群众性练兵比武竞赛开幕式警棍盾牌操练演示任务。选拔28人参加呼和浩特市第二届群众性练兵比武竞赛,在11个比赛项目中取得团体7个单项第一名、4个单项第二名、2个单项第三名和总评成绩第一名的成绩。选送民兵参加自治区首届群众性练兵比武竞赛,取得通信专业第一名,医疗救护专业第二名、防化专业第二名的成绩。

【国防动员和后备力量建设】开展国防动员潜力调查。及时调整国动委和潜力调查领导小组成员,健全军地联合指挥机制,完善国防动员方案预案。多次召开专题任务部署会、推进会和数据会审,对相关业务人员进行培训,进一步核查数据,确保真实有效。基层武装部正规化建设。成立军地联合工作组,负责基层武装部全面建设达标、专武干部认证、军地联合考评等工作。对9个人武部逐一督导检查,现场办公,基层武装部办公场所、器材库室有明显改善。协调区委、区政府为每个基层人武部单列专项经费。兵员征集任务圆满完成。组织优秀退役大学生士兵宣讲团,深入9所高等院校宣传发动,报名总人数较2018年增长14.1%。政治考核、体格检查、役前集训组织严密,圆满完成新兵征集任务,大学生征集比例达92.5%。在国防工程维护上,完成国防工程普查工作。

【依法治军】坚持把抓安全保稳定作为保底任务。开展保密整治"大清理"。对所有电脑重新统计MAC地址、IP地址、硬盘序列号,将机房内互联网交换机进行拆除,实现军网、互联网的物理隔离。党委与每名同志签订安全责任状和保密责任书,组织2名退休退役人员落实“清密”要求,2次开展网络安全普查,报废计算机硬盘。开展正规秩序“大会战”。协调区委、区政府投资50万元,对卫生间、淋浴间装修改造,对库室、宿舍重新规划调整,最大化合理利用办公场所。针对人武部“现役+文职+职工+临时聘用”人员构成模式,分别制定管理措施。开展隐患问题“大扫除”。以迎接国动部安全大检查和“百日安全活动”为抓手,7次开展安全检查自查,查纠整改保密问题8个、网络风险21个、管理隐患7个。开展大项任务风险评估,防范7个方面14个风险点。开展后装保障能力“大提升”。坚持党委理财、依法理财、科学管财、节俭用财,严格落实预算执行情况定期报告,从严抓实审计问题整改,落实集中采购办法及细则,从严规范物资采购。加强小缴权力、小型工程项目、小额资金拨付等“三小”建设,食堂食材采购账目公开,指定专人负责菜地种植工作。

人民防空

【概况】2019年4月,机构改革,新城区住房和城乡建设局挂新城区人民防空办公室牌子。设有专职主任1名,由新城区住建局局长兼任,主任科员1名,二级单位编制3人,为事业编制。

【人防工程维护管理】对辖区各单位工程和公共工程进行彻底的排查、摸底和登记归档,针对发现的问题及时处理和改进,坚决遏制人防工程重特大事故的发生。

【防空志愿者】在区属8个街道办事处的人防工作站、所有社区的人防工作联络分站,组建人民防空社区服务志愿者队伍,落实社区居民疏散掩蔽场所。

【防空宣传】“九一八”纪念日,进行防空防灾宣传教育和防空防灾演练活动,增强居民的人防意识和提高防空防灾自我救护能力。

经　济

发改财税

发展改革

【发展和改革委员会领导名录】

主 任 高俊娟(女)

副主任 梁永胜(蒙古族)

刘新平

秦明燕(女)

【概况】新城区发展和改革委员会由原新城区发展和改革局改建,于2019年2月20日正式挂牌成立,是呼和浩特市新城区人民政府工作部门,为正科级,加挂呼和浩特市新城区粮食和物资储备局牌子。将稽查管理办公室转入到区审计局、将价格监督职能转到市场监督管理局和医保局、农业职能转到农林牧水局、物资储备职能转入到发改委。有党组成员4人,其中主任1人、副主任3人,在职职工24人。下设综合事务股、投资管理股、产业发展股、粮食物资股、价格认证股5个内部机构及经济研究中心、价格认证中心、节能监察中心3个二级事业单位,呼和浩特市新城区委财经委员会办公室设在区发展和改革委员会。

【重点项目建设】2019年全面梳理出区重点项目75个,列入自治区重大项目7个,市重点项目38个,并将项目按照属地、责任部门对其进行分类整理,按月进行调度,建立项目台账。编制印发《新城区2019年重点项目册》《新城区2019年市重点项目册》《新城区2019年手续办理进度情况一览表》《新城区2019年储备项目册》。为天地太和、恼包棚户区改造两个项目争取到中央预算内资金9586万元。梳理出重大项目103项,意向总投资1040.24亿元。

【宏观经济监测】提出2019年区国民经济和社会发展主要计划指标建议,完成新城区2019年半年和全年国民经济和社会发展计划执行情况的报告,形成《笃行新发展理念推动高质量发展》《新理念践行新发展新动能创造新机遇——新城区推动服务业发展迈向高质量》等调研报告。开展马产业课题和航空小镇课题研究。为发挥首府优势,加快推进马文化产业发展,将呼和浩特建成"国际马都",根据区政府的工作部署,对"马产业发展"和"航空小镇建设"两个课题进行深入研究,形成课题报告为下一步新城区打造国际马都和航空小镇建设奠定理论基础。研究制定《新城区"十四五"规划编制工作方案(初稿)》,重点开展"十四五"重大课题研究和"十四五"重大项目谋划,突出围绕科技创新,乡村振兴、服务业集聚区建设等经济领域热点难点问题解决路径。

【粮食流通】开展政策性粮食数量质量大清查工作,出台相应工作方案,牵头联合各相关部门成立领导小组及协调办,督促辖区内涉及大清查的政策性储备粮库开展自查工作。维护粮食市场流通、粮食熏蒸作业监管、保障粮食安全生产等方面继续加大管理力度。组织开展国家粮储局举办的大型粮食宣传活动、世界粮食日宣传活动、粮食“一规定两守则”和粮食统计工作培训。推进“优质粮食工程”和“粮食保障工程”项目。为中粮面业、君珍、军粮超市等5家企业争取到上级奖补资金161.9万元。

【信用体系建设】4月组织召开全区社会信用体系建设工作推进会,通报2018年及2019年一季度新城区双公示工作进展情况,请专家对《呼和浩特市旗县区信用监测指标》进行解读和培训。下发《任务分解表》和《双公示账号开通申请表》。开展“双公示”信息目录编制工作。规范信用红黑名单的认定与发布,完善守信联合激励与失信联合惩戒工作,结合国家对信用修复的最新要求,9月底组织召开区社会信用体系建设领导小组成员单位及有信用修复需求的企业专题培训会。

【党建工作】制定2019年度发改委党组中心组学习计划和年度党员政治学习计划,重点开展学习贯彻习近平新时代中国特色社会主义思想、脱贫攻坚、扫黑除恶专项斗争等专题学习,在机关内部营造良好的学习氛围。9月18日开始组织机关党组、党支部开展“不忘初心、牢记使命”主题教育,活动全面落实《中共新城区委员会关于开展“不忘初心、牢记使命”主题教育工作方案》,制定《区发改委关于开展“不忘初心、牢记使命”主题教育工作方案》,成立区发改委主题教育领导小组,领导班子成员履行“一岗双责”,督促分管股室高标准、高质量开展学习教育。要求全体党员每天自学不少于2小时,开展主题为全面从严治党等专题学习、研讨发言3次,读书交流1次,组织主题党日活动12次。通过深入开展研读原著,学习时代楷模先进事迹、革命传统教育、警示教育等形式多样的学习教育活动并撰写学习心得体会60篇。

财　政

【财政局领导名录】

局　长　武亚钢

副局长　王美君(女)

张春雨(5月任职)

杨　卿(5月任职)

【概况】新城区财政局在职职工54人,其中公务员人7人,参照公务员管理26人、事业人员21人。内设办公室、预算股、国库股、教育科学文化股、社会保障股、行政政法和会计股、农牧经建工交经贸股、综合和基层财政股、国有资产管理和采购股。下设国库集中支付中心、财政监督检查办公室、预算编审中心、财政投资评审中心、财会服务中心、金融工作服务中心和新城区保合少镇财政所6个二级单位。

【财政收入】2019年,在减税降费的大背景下财政收入形势严峻,增收较为困难,财政局注重重点税收领域的税源管控,加大综合治税力度,防止“跑、冒、滴、漏”,持续改善收入质量。通过科学分解收入任务、压实工作责任、大力挖掘一次性税源、清理企业欠税等措施。2019 年，一般公共预算收入完成 37.91 亿元，比 2018 年同期增加 2.61 亿元，增长 7.4%，完成年度一般公共预算收入预期目标 33.75 亿元的 112.3%，完成收入调整预算 37.6 亿元的 100.8%。其中：税收收入完成 35.9 亿元，占一般公共预算收入 94.7%；非税收入完成 2.01 亿元，占一般公共预算收入 5.3%。此收入与市级分成后，新城区一般公共预算分成收入为 11.98 亿元，占一般公共预算收入 31.6%。为进一步提高资金使用效益，2019 年对全区各预算单位 2018 年之前的存量资金进行盘活，收回存量资金 7732 万元，其中 5168 万元属于中小企业发展中央专项资金，转为双创投资基金使用。其余 2564 万元全部重新安排支出，主要用于消化政府性债务。

【财政支出】2019 年，新城区财政局坚持从服务大局出发，通过积极向上争取资金、调整支出结构、加强资金监管等举措，重点保障“三保”、债务还本付息和落实中央、省、市、区重要政策的资金需求。2019 年，一般公共预算支出完成 34.76 亿元，比 2018 年同期增加支出 8.41 亿元，增长 31.9%，其中八项基本支出完成 27.89 元，比 2018 年同期增加 6.44 亿元，增长 30%。2019 年，本级支出完成 23.34 亿元，比 2018 年同期增加 4.73 亿元，增长 25.4%。2019 年，用于“三农”、教育、文化、科技、城乡社区、交通运输、住房保障等十类民生方面的支出达 26.17 亿元，占年度一般公共预算支出的 75.3%。

【脱贫攻坚】为稳定粮食生产，保护并促进粮食综合生产能力，提高农民种粮积极性，增加农民收入，通过一卡通发放农业支持保护补贴 59 万余元，同时配合农牧水务局，对红辣椒从种植到销售给予补贴 220 余万元。另外，拨付 200 万元对农业科技园向农民推广新型的农业技术给予资金支持。优先保障扶贫资金一般性预算支出，拨付 200 余万元用于为贫困户提供基础生活保障，实现贫困户生活的“两不愁、三保障”。

【污染防治】助力创卫工作开展，结合环境综合整治工作，为进一步巩固环境综合整治成果，营造清洁、整齐、优美的城乡环境，拨付 7860 万元用于环境卫生整治工作，为各地顺利开展环境整治工作提供资金保障。贯彻落实区委、区政府打好污染防治攻坚战的工作部署，优先安排用于生态环境保护方面的支出 3021 万元。支出 2015 万元用于林业生态保护等。拨付农村土地流转经费 3634 万元。推进棚户区改造及配套设施完善，投入 9879 万余元用于该项工作的开展。

【防范化解重大风险】按照隐性债务化解工作方案，2019 年计划化解隐性债务 3.94 亿元(含 PPP 项目当年补贴预算 2.69 亿元)，由于中央提出 2019 年度要清偿 50%的拖欠民营企业中小企业账款的刚性任务，根据市委第 138 次常委会议要求和 9 月 30 日市委、市政府化债工作会议工作部署，重新调整落实化债工作任务，增加化解拖欠民营企业账款支出 3.05 亿元，2019 年化债任务提高到 6.99 亿元。2019 年实际化解隐性债务7.14亿元,完成年度化债任务的181.27%;其中清偿拖欠民营企业中小企业账款3.42亿元,完成中央要求年度清偿任务的106.21%。

【社会保障】为进一步实现辖区人民生存有尊严、生计有保障、生活有盼头的目标,对于社会保障方面的投入进一步加大。民政、残疾人保障性资金方面拨付3848万元;退役、抚恤类保障性资金拨付7029万元;就业类保障性资金方面拨付4248万元;医疗卫生、计划生育保障性资金拨付5175万元;社会保险类资金拨付2488万元。

【教育保障】为保障辖区各学校日常运转,进一步完善软硬件设施,实现教育设施现代化,拨付公用经费5835万元、专项经费2113万元;为进一步缓解辖区教学压力,补充师资力量,拨付1902万元给予资金支持;筹措专项资金1195万元用于全面提高新城区各中小学班主任津贴;拨付2592万元用于贯彻落实普通高中及中等职业学校学生资助政策。安排安保经费479万元用于加强校园安全保障。

【城乡环境、安全改造】推进城区老旧小区改造,拨付901万元用于供热系统、供水管网、排污管网、公共服务设施等改造工程,切实提升辖区内老旧小区居民生活质量。支出2389万元购买37个村庄道路清扫保洁服务。加大安全领域投入,保障人民生命财产安全。拨付320万元用于全区开展安全生产工作;拨付248万元用于支持辖区公共安全机构开展灭火救援、社会救助等任务;拨付1503万元用于加强外来人口和公共复杂场所、特种行业、重点区域、路段、居民区的整治与管理,预防和减少各类案件发生;拨付895万元用于扫黑除恶专项斗争,切实扫除黑恶势力,保障人民安居乐业,维护社会和谐稳定。

【常态化工作】按时做好预决算公开工作。及时公开政府预决算,及时批复80多个部门的预决算,并组织各预算单位在政府网站预决算公开专栏进行公开。按时完成各项报表的填报工作。根据上级财政部门要求及日常工作安排,按时完成“三保”报表、中央政法报表、行政事业单位资产报表的填报工作。完成国有企业资产报表的填报以及财政供养人员信息数据的采集工作。开展长期已使用在建工程转固工作。做好票据管理、专户非税收入及会计管理工作。加强对各行政事业单位和社会医疗机构票据的领购管理,培训票据领购人员,制定票据使用、保存、销毁制度。持续做好专户非税收入工作。对上级下放给财政局的代理记账许可证的审批和年度备案工作,认真履行职责,积极制定办法,建立制约机制,由专人收集资料、专人实地考核,留取备案信息和影像资料,将代理记账工作做实做细。按照上级工作安排,4—10月,审核会计人员信息7900余条。做好国库集中支付、政府采购及投资评审工作。对纳入支付中心管理的各预算单位统一启用新的政府会计制度,按照收付实现制和权责发生制分别完成预算会计和财务会计的账务处理。截至12月,支付中心共完成38.23亿元资金的支付业务。政府采购预算金额11000万元,实际完成10435万元,节约资金565万元,节支率5.1%。委托20家社会中介机构完成项目评审88个,项目报审金额总计7792万元,审定金额总计5382万元,审减金额总计2410万元,审减率为30.9%。做好金融工作。做好辖区19家小贷公司的日常监管及有关变更初审工作;按照宣传与排查相结合的思路认真开展防范处置非法集资、互联网金融风险专项整治工作;加强综合治理农村牧区高利贷工作,规范民间借贷行为。

【财政资金规范使用】加强和规范政法经费保障管理工作,联合公检法司四家预算单位开展2018年政法经费保障及使用情况自查,并将自查报告及专项经费支出明细上报市财政局。结合巡察整改内容,对局内行政政法股、社保股就中央政法转移支付资金及公、检、法扫黑除恶专项资金和卫生系统部分二级单位的专项资金开展检查。2018年纳入财政扶贫资金动态监控平台的扶贫项目共12个,预算金额513万元,涉及扶贫项目5类。为落实扶贫项目开展效果,委托内蒙古中证联合会计师事务所对2018年部分扶贫资金开展绩效评价,完成健康扶贫与保险业助推脱贫攻坚两个项目的绩效评价工作,评价结果均为优秀。

【党建工作】2019年,新城区财政局切实发挥党建引领作用,以“大学习大调研大改进”“新时代新理念新担当”系列活动为抓手,突出运用习近平新时代中国特色社会主义思想,教育引导全体干部职工不忘初心、牢记使命,在强化党性修养这个“根上”持续用力。领导班子带头,按照财政局关于开展“不忘初心、牢记使命”主题教育工作学习计划,依托“三会一课”、主题党日、微信课堂、学习强国、青城党建e家等学习载体,组织集中学习21次、专题辅导6次、开展主题党日活动7次、推送自学内容140余期。主要领导牵头,聚焦热点难点,深入调查研究。通过召开党组会议,紧紧围绕债务化解、预算绩效管理、扶贫资金使用等问题,研究制定《调查研究工作计划》。多措并举,全面检视问题,全面查找不足和短板。在财政局门户网站公布《新城区财政局“开门纳谏”公告》,在国库集中支付中心设置意见箱,开设网络邮箱、专线电话,召开座谈会、发放意见征求表,充分听取党员群众对局领导班子、领导干部在改进作风、工作,提升财政业务水平方面的意见和建议。

税 务

【税务局领导名录】

局　长　杨建生

副局长　张和生

侯建华(女)

孙继新

杨炳成

刘利平

田锦辉

刘曙光(女)

綦忠恩

祁　飞

总会计师　杨　郁(女)

纪检组组长　呼　和(蒙古族)

【概况】新城区税务局共有22个股室、分局(所),分别是办公室、人事教育股、纪检组、党建工作股、风险管理股、法制股、税政股、社会保险费和非税收入股、收入核算股、纳税服务股、征收管理股、税源管理一股、税源管理二股、海拉尔路税务所、东风路街道税务所、锡林北路税务所、东街街道税务所、副科级单位分别是第一税务分局、第二税务分局、鸿盛工业园区税务局、成吉思汗街道分局。事业单位:信息中心。2019年,新城区税务局总登记户数48124户,其中正常登记41422户、非正常户6702户。正常登记户中单位纳税人16939户,个体24483户。正常登记户中增值税一般纳税人4276户,小规模纳税人12663户,个体24483户。另有跨区域经营在新城区税务局报验户1131户。2019年新增管户6051户,正常注销管户5478户。

【组织收入】局党委召开税收任务调度会,加强税收调研,分析当前税收形势,注重税收增减因素分析,研究部署组织收入工作,把握税收主动权。对重点税源户纳税和经营情况、经济运行态势、税收征管质量等方面进行比对分析,深挖潜力,确保应收尽收。清理欠税和多缴税款清退工作。对所有纳税人开展欠税的摸排工作,对摸排出来的欠税企业安排相关职能股室与税源股共同组成清欠小组,落实清欠计划,同时杜绝新欠发生。对纳税人辅导相关政策,督促企业进行自查,确保工作不留死角。加大多缴税款清理退税工作,联合中国人民银行、财政部门组织开展多缴退税集中工作现场,优化退税业务流程,缩短退税时长,为纳税人排忧解难。

【纳税人信用等级评价】符合参评条件的企业17630户,严格按照纳税人日常征收管理情况做出客观评价,在确认所有指标扣分记录采集无误、评价结果准确后,经过3级审核,国地税数据比对、联评,产生35户A级纳税人、5985户B级纳税人、9894户M级纳税人、1036户C级纳税人、2910户D级纳税人。对A级纳税人进行公示。

【网上税务局】内蒙古自治区税务局在新城区税务局试点运行新版网上税务局。结合原电子税务局试点上线的试点经验,配合自治区税务局工作组,在局办税服务厅稳步试运行网上税务局。1月开始单轨运行。

【减税降费】成立减税降费工作领导小组和减税降费办公室,统筹协调推进减税降费各项日常工作。在办税厅、商场、高速路口、社区、宾馆、繁华街道等人流密集区域大型LED滚动播放政策解读视频。举行减税降费政策培训宣讲会40场,面对面培训辅导纳税人1.2万余人次,发放“纳税人需求调查问卷”1万余份,收集到不同类型的意见建议50余条。组织辖区内近千户纳税人通过内蒙古i税平台参与观看“轶宾课堂”的直播视频培训。办税服务厅设置小微企业普惠性税收减免政策咨询服务专岗,由业务骨干为纳税人提供相关业务的专项服务。设置领导值班台,安排局领导每日在办税服务厅轮值,确保小微企业涉税诉求有处提、疑惑有人解、事项有人办。印发《国家税务总局呼和浩特市新城区税务局减税降费督察督办工作方案》,就政策宣传辅导、贯彻执行、跟踪问效、核算分析、纳税服务等方面全面开展督察自查。利用RED(内控机制防御和管理评价系统)系统规范税收执法,结合各项涉及减税降费的风险指标,查找存在的问题。将基层落实减税降费政策情况、存在问题及意见建议上报总局。报送总局7期减税降费信息直报表,提出经验做法53条、问题与风险14条、意见建议28条。1—8月,呼和浩特市新城区纳税人累计减免税费51799.79万元,其中2019年新出台的减税政策减免税费22387.18万元,2018年减税政策在2019年的翘尾减税政策新增减免税费29288.86万元,2018年到期后在2019年延续的减税政策新增减免税费123.75万元。

【**党建工作**】开展"不忘初心、牢记使命"主题教育,成立主题教育领导小组,成立6个主题教育工作组。召开党委班子推进会议4次,工作组会议5次。学习《习近平关于"不忘初心、牢记使命"重要论述摘编》等内容。开展支部学习,全局16个支部每周召开至少一次集中学习。开展个人自学,每名党员利用智慧党建、学习强国以及相关书籍,每天学习至少一小时,线上学习不少于半小时。制定《领导班子成员专题调研计划》,12名党委成员结合实际确定调研课题。10月16日,组织开展税企座谈会。10月22日,组织开展干部座谈会,征集到13条对全局和党委成员的意见建议。检视问题立行立改。局党委结合征集的意见建议和工作中存在的问题,逐项梳理、认真研究解决办法和整改措施,确保做到立行立改、整改到位。针对企业退税业务不畅问题,10月16日,组织16户退税企业开展多缴税款集中清退现场办公,税务、财政、国库等部门人员现场为纳税人一次性办结退税业务,办理退税1.2亿元。针对无参保信息缴费人无法缴纳社保费的问题,在系统内增加相应功能,参与完成系统测试,确保了缴费人顺利缴费。

【**扫黑除恶专项斗争**】成立扫黑除恶专项斗争工作领导小组,统筹负责全局扫黑除恶专项斗争各项工作。召开"扫黑除恶"专题中心组学习会议5次、全局"扫黑除恶"推进会、局务会和研判会等各项会议25次。发挥税收职能,加强线索摸排。按照"有黑扫黑、有恶除恶、有乱治乱"的工作思路,针对发票乱象,开展发票排查。第一批下发的内控风险线索,涉及90户取得虚开普通电子发票的纳税人,经各税源部门逐户核实后,5户不存在风险点,其余存在此风险点企业通知其调整处理,并对上述企业是否涉黑涉恶进行排查,暂未发现涉黑涉恶情况,但存在取得虚开发票的行为。出台《国家税务总局呼和浩特市新城区税务局扫黑除恶专项斗争行动方案》《国家税务总局呼和浩特市新城区税务局2019年扫黑除恶专项斗争下一步工作计划》等文件。建立汇总上报制度,制定《扫黑除恶排查时间表》,明确要求各税源部门每周四上报排查工作台账;为确保扫黑除恶专项工作的顺利开展,提供经费保障1.2万元。治理行业乱象,聚焦重点领域。辖区内发现46户涉嫌虚开发票企业。经税源部门排查,这46户企业注册地址、生产经营地址查无下落,均为虚假地址,且法定代表人、财务负责人、办税人员电话均已无法联系。对以上企业采取相应的处理。跨区域协作失控发票。第一批集中下发112户取得虚开普通电子发票的纳税人,经各税源管理部门核实,尚有22户需继续排查,排查完成90户企业,暂未发现涉黑涉恶。辖区内欠税金额较大的企业79户,涉及欠税金额5.7亿元,主要集中于房地产开发、电力、公路管理与养护行业。对于涉及欠税金额较大的企业,责令欠税企业限期缴纳相应税款及滞纳金;对15户欠税企业采取冻结存款账户、查封、扣押资产等税收保全和强制措施;发布欠税公告,禁止欠税企业法人出境;降低欠税企业纳税信用等级;禁止或限制欠税企业申领发票。同时对上述15户企业进行涉黑涉恶线索排查,暂未发现恶意欠税等涉黑涉恶情况。制定《国家税务总局呼和浩特市新城区税务局关于在房地产领域开展扫黑除恶专项斗争的自查方案》。排查房地产企业204户,入库税款4250万元,滞纳金1353万元。

【纳税服务】4个办税服务场所全部实现“税费一厅通办”,实现“到一扇窗办所有事”目标。结合工作实际,按照“放管服”有关要求,将“最多跑一次”业务清单进行梳理,将所需资料、办税流程做成电子版,印刷了宣传册,利用电子屏、公告栏等进行一次性告知,同时在导税台及资料受理台实行前置服务,实现纳税人办理相关业务的提前告知,资料齐全的情况下一次办结。结合实际工作,创新性的开展“后台前移、分类服务、动静结合、简事快办”的工作方式。组织开展好2018年度纳税信用等级工作。按照市局纳税信用等级评价工作要求,提前对各税源部门进行系统操作培训,组织各税源科室、分局对18860户纳税人开展纳税信用等级评价工作,评出A级纳税人221户、B级纳税人7020户、M级纳税人7141户、C级纳税人1014户、D级纳税人3464户,同时对10户符合复评条件的企业进行复评。

审计统计

审　计

【区审计局领导名录】

局　长　高　燕(女,蒙古族)

副局长　高　峰

　　　　　刘海英

【概况】区审计局设有3个股室:办公室、业务股、法规审理股,2个二级事业单位:经济责任审计办公室和内部审计管理中心。核定行政编制6人。实有人数21人均为大专以上学历。

【党建工作】组织全体党员干部集中学习71次,党组织书记带头讲党课3次,党员领导讲党课1次,邀请专家辅导5次,撰写心得体会80余篇,组织应知应会知识测试3次。开展“不忘初心、牢记使命”主题教育,按照“不划阶段、不分环节”的要求,严格将“学习教育、调查研究、检视问题、整改落实”贯穿始终。组织开展慰问社区困难党员、志愿者服务、社区共建等一系列活动12次。按照《新城区纪委监委关于深入整治形式主义、官僚主义的实施方案》文件要求，主动接受派驻纪检监察组监督，按时向派驻纪检监察组报送节假日值班表、公车封存报告等文件，及时反馈“监督检查建议书”落实情况。完善《新城区审计局审计程序和廉政纪律公示》制度，向被审计单位发放《新城区审计局派出审计组执行纪律监督卡》，自觉接受监督，确保干部做到廉洁从审。

【审计监督】年内完成审计项目27个。财政预算执行和部门预算审计项目2个、决算审计1个、领导干部经济责任审计项目8个、专项审计和审计调查项目14个、领导交办任务2个。查出违规问题金额159.94万元，管理不规范问题金额14899.27万元。

【预决算审计】年内分别对区财政局2018年度区本级预算执行及其他财政收支情况、锡林北路办事处预算执行及其他财政财务收支情况、保合少镇人民政府2017年至2018年度财政决算及其他财政财务收支情况进行审计。通过审计发现违规问题金额49.09万元，管理不规范问题金额12640.91万元。

【防范化解重大风险】审计调查区本级财政总预算会计“借出款项”和“其他应收款”情况。通过审计调查摸清2017年7月至2019年4月“借出款项”和“其他应收款”科目增减变化情况、形成原因、消化计划，规范财政对外借款管理，防范财政资金风险，提高财政资金使用效益。对内蒙古银行贯彻落实支持实体经济防控金融风险的重大政策措施情况实施审计。专项审计调查2018年和2019年9月底化解地方政府债务情况和2015年以来地方政府债券管理使用情况。

【精准脱贫资金审计】核查区财政局关于扶贫资金下达、使用、整合、管理等自查情况。审计监督区本级财政预算执行对扶贫资金的安排情况。审计新城区2016年至2018年扶贫专项资金，涉及主管部门和用款单位16个，查看扶贫项目4个，审计发现管理不规范问题金额285万元。财政局、扶贫办已按审计要求整改，项目、资金退回市扶贫办、财政局。通过审计进一步保障资金安全规范使用，推动扶贫政策落实，推动建立监管长效机制。

【民生工程审计监督】完成对区属部门及机构、事业单位、区属企业清理拖欠民营企业中小企业账款情况的专项审计和审计调查，8月底区属国有企业拖欠民营企业中小企业账款全部清偿，无大型国有企业欠款。配合市局实施城镇保障性安居工程资金投入和使用绩效审计。委托社会中介机构审计调查2018年度教育经费专项资金使用情况，调查教育经费专项资金22242.62万元，通过审计发现管理不规范问题金额957.41万元。教育局对局本级及全部学校、二级单位在审计调查中发现的问题进行整改。根据自治区审计厅的统一部署，完成新城区落实国家和自治区减税降费政策措施情况跟踪审计、第三季度加快城市基础设施重大项目建设政策措施落实情况审计。通过审计发现违规问题金额22.65万元,管理不规范问题金额354万元。

【经济责任审计】以促进领导干部履职尽责,持续深化领导干部经济责任审计。组织实施锡林北路街道办事处原主任卜刚毅、原安全生产监督管理局局长王国华、原区委农村牧区工作部部长杨连生、苏虎街实验小学原校长张莉、原扶贫办主任温瑞祥、原交通局局长云捷、原食品药品监督管理局局长戴彩霞、保合少镇原镇长张俊庆等8个单位8名领导干部经济责任审计。通过审计发现违规问题金额88.2万元,管理不规范金额661.95万元。审计局对相关单位审计发现的问题下发整改要求,各单位正在积极整改。与区纪委监委协同配合,抽调人员配合区纪委监委、区委巡察办工作,提供审计报告、业务档案。严格按照《关于建立区委巡察工作大协作机制的意见》履行职责和任务,选派3人参加区委第七轮、第八轮和第九轮巡察工作,派2人配合内蒙古纪委监委查案。

统　计

【区统计局领导名录】

局　长　牛志刚

副局长　郭潇红(女)

　　　　　巴秀成(蒙古族)

【概况】新城区统计局有工作人员54人,其中局机关33人;下设8个街道统计站,每站有2—3名工作人员,共21人。局机关根据统计工作要求,设有17个科室与市统计局工作业务相衔接,包括办公室、财务室、党办、综合科、核算科、社会科技科、服务业科、人口就业科、财贸科、投资科、工业科、能源科、法规科、执法队、统计信息自动化建设及普查办、农经科、建筑业科。此外,在8个街道办事处还设有垂直管理的基层统计工作站。承担着全区农业、工业、固定资产投资、商贸流通、能源、劳动工资、服务业、建筑业、文化产业和其他相关统计工作以及统计法治建设、统计资料的分析、咨询、开发和各项普查、抽样调查、专项调查等工作。

【主要经济指标监测】2019年,地区生产总值实现601.66亿元,增速4.9%。规模以上工业增加值完成18.1亿元,同比增长7.5%。固定资产投资完成64.2亿元。社会消费品零售总额完成343.9亿元,同比增长2.6%。

【统计数据监控和检查指导】定期召开经济分析研判会,分析讨论经济发展中存在的问题并提出解决方案,及时撰写经济运行分析报告。加强部门联动,组织发展和改革委员会、工业和信息化管理局、各街道办事处召开全区经济运行通报会,通报新城区及各地区经济运行情况。建立被监控单位指标完成情况记录,按月编印《统计月报》手册,及时通报全区及各地区主要经济指标完成进度情况。

【第四次全国经济普查】新城区第四次全国经济普查于7月完成。本次普查登记单位9430户,其中一套表单位306户、非一套表单位9124户;抽样调查个体工商户6514户,结果符合新城区近五年的发展实际。

【专项调查】部分行政事业单位统计调查。开展近200多家事业单位的核查工作,最终确定44家事业单位符合国家统计调查标准,纳入国家联网直报平台。人口变动抽样调查。抽取7个街道办事处,13个调查小区。10月,完成13个调查小区的人口变动抽样调查摸底及PAD数据录入、审核、上报工作。内蒙古重点单位监测调查。筛选工业、服务业、商贸业、房地产业近千家法人单位,通过进一步核实,新增178家企业进入内蒙古重点监测联网直报平台,按月报表。其中房地产专业的企业12家,直接进入国家统计局联网直报库;其他新增扩大财贸专业的企业有:批发零售业35家,住宿餐饮业7家,其中批发零售业17家,住宿餐饮业2家达到国家统计入库规模;新增扩大服务业专业的企业有124家。

【统计决策咨询服务】每月每季及时以统计通报的形式发布新城区主要经济指标数据,按期编印《统计月报》,通报全区经济指标完成情况。发布统计信息和统计通报25篇,撰写统计分析报告20篇,编印《新城区国民经济和社会发展统计公报》。坚持统计咨询服务便捷化,为区委、区政府及相关部门提供数据资料100余件(次),接待来访及电话查询统计数据资料近200人(次)。

【统计执法】设立专门的执法队,配备专职执法人员。定期学习《中华人民共和国统计法》《统计违法违纪行为处分规定》《统计执法检查规定》等各项统计法律法规。加强企业法律法规意识。为全区规模以上工业企业、资质等级建筑企业、限额以上批零住餐企业、国家委员服务业企业等"四上"企业制作统计法律法规展板,要求企业法规制度上墙,随时提醒企业严格遵守统计法,确保源头数据准确。开展统计执法检查,按照"双随机、一公开"要求,对15家"四上"调查企业进行数据质量检查,对"四经普"中大量不配合普查的企业和个体户进行统计执法。

【党建工作】制定《党支部工作计划》和《党支部学习计划》,对全年的党建工作和政治理论学习作了安排部署。每周五定为支部学习日,每月至少开展2次集中学习、1次自学,形成领导带头学、带头抓的良好学习机制。建立健全《统计局党员学习制度》《统计局党员履责制度》《统计局党支部工作目标制度》和"三项制度"实施方案。建立健全完善党组和党支部各项规章制度,新建制度14项,完善11项。认真学习《习近平新时代中国特色社会主义思想学习纲要》和《习近平关于"不忘初心、牢记使命"论述摘编》等内容,为确保主题教育全覆盖,要求全体党员、干部每天撰写学习笔记和简要学习心得。组织全体党员干部参观内蒙古博物馆、大青山红色文化展馆,观看《榜样》等专题教育片。

城乡社会经济调查

【新城区城乡社会经济抽样调查队领导名录】

队　长　孔德全

副队长　张建勇(蒙古族)

其木格(女,蒙古族)

【概况】市统计局新城区城乡社会经济抽样调查队设队长1人、副队长2人,有工作人员17人。

【日常调查】一是执行调查制度和方案,做好居民收支、规模以下服务业、规模以下工业、畜牧业、建筑业小微企业、批零住宿限额以下企业统计调查工作,认真做好住户专项、农业和劳动力及新小微企业和个体经营户、工业品价格、采购经理调查。二是加强统计业务培训。提高住户调查工作质量和效率、推进住户调查信息化,9月组织召开城乡住户业务暨电子记账推广会。结合工作实际经常深入农村、企业、居民住户进行调研工作,主动发现经济社会热点、难点问题,分析农村社会发展、农业生产情况、农民增收问题以及影响企业发展的原因,提出科学合理的对策和建议。撰写上报各类动态信息、分析报告97篇,其中动态24、信息57篇、分析16篇。

【普法教育】组织统计法律专项学习5次、开展统计法培训2次。组织统计调查人员走访企业、个体户,开展统计法律知识宣讲活动,发放普法宣传品,宣传统计法律法规知识。12月4日在第六个"国家宪法日",组织党员到新城区体校巷社区呼和佳地小区开展"法律进社区"活动。通过悬挂普法宣传条幅、向居民发放宣传手册、现场咨询解答等形式,让统计法律法规知识走进社区、深入民心。

【统计造假专项整治】执行《统计造假专项整治工作方案》。按照市局转发《内蒙古自治区统计局关于进一步明确统计造假专项整治工作有关问题的通知》和市队关于印发《统计造假专项整治工作方案》的通知要求,及时对各专业开展自查,落实并报送《统计造假专项整治进度情况表》周报表。

【统计调查专业协调】加强统计调查专业协调工作。按照《呼和浩特市统计局关于开展2019年统计执法检查工作的通知》要求,组织对照检查内容,以统计专业核查的方式,重点针对规模以下工业、规模以下服务业、建筑业小微企业批零住餐限额以下企业进行检查。同时增强统计服务,主动为条件差的企业提供档案盒、打印纸等办公用品,进一步规范、完善统计台账和档案资料等管理。

工 商 业

鸿盛园区

【鸿盛园区管委会领导名录】

主　任　云海峰（蒙古族）

党工委副书记　韩耀珍

副主任　赵团锁

卢小华（女）

张玉龙

党政综合办主任　乔二忠

财政审计局局长　刘　香（女）

城建环保局局长　贾紫扬

经济发展局局长　吕志华

招商局局长　刘　昌

【概况】鸿盛园区规划总面积约33平方千米，东至机场高速连接线，南至机场高速路，西至东河，北至G6高速。内设党政综合办公室、人事劳动和社会保障局、经济社会发展局、招商局、建设环保局、财政审计局6个职能部门，下设鸿盛工业园区事务管理中心1个事业单位。园区编制人数41人，实有在编人员40人，其中工勤人员3人、工人1人。

【党建工作】以创建“双强六好”非公企业党组织为目标，确立“党旗领航、党企连心、融合共建”工作理念。加强非公党支部规范化建设，9个非公党支部结合企业文化确立特色品牌，建有活动阵地。通过组织整顿配齐德昇、多力邦两个党支部组织设置，并录入全国党员信息系统。为进一步发挥非公有制企业党组织政治引领、凝心聚力、推动发展的作用，在非公有制企业中发展党员5名，培养积极分子16名，在华测质检、警通标牌、正味食品、泽佳环保、易脑科学5家企业中筹建党组织。认真落实党风廉政建设主体责任，统筹推进区纪委监委2019年重点工作落实。党工委班子成员认真履行“一岗双责”职责，加强对分管部门和领域落实党风廉政建设的监督管理，并在年度民主生活会、考核述职中进行对照检查。班子成员严格执行请假报告制度和个人事项报告制度。认真执行财政预算管理制度，严格控制“三公”经费支出。持续开展“雁过拔毛”式专项整治及档案管理系统上报工作。严格落实中央八项规定及实施细则精神，持续强化正风肃纪，加强对干部职工参加会议、上下班考勤、节假日值班等作风纪律方面的教育提醒和监督检查。重新制定机关干部考勤管理制度和值班制度。完成2018年度清风干部评选及干部个人廉政信息采集建档工作。重新调配治理机关办公用房，现在所有办公室不超标准。主动邀请派驻组参加有关会议、联合开展监督执纪，及时解决回复整改建议，注重支持派驻组在强化“四种形态”以及在廉政风险防控、“抓小抓早抓苗头”等监督执纪方面发挥权威和优势,共同推进党风廉政建设各项任务落实。

【经济指标】2019 年园区有入驻企业 217 家,其中规模以上工业 8 家,规模以上服务业 12 家。营业收入完成 24 亿元,工业总产值完成 16 亿元,税收收入实现 3.58 亿元,固定资产投资全年完成 3.5 亿元。

【重点项目】东源水环境项目、荣丰产业园项目、浪潮数据产业园项目均落地科技城核心区,内蒙古师范大学鸿德学院、国药生物医药、铁甲机器人等项目前期落地对接。航天六院研发中心完成选址。浪潮大数据产业园取得 2.8 公顷的产业用地使用权,正在进行规划方案的评审修改。

【招商引资】牢固树立全区招商引资主阵地和主力军的"大招商"理念,围绕产业规划布局,加大招商引资力度,一批市场前景好、辐射带动能力强的项目相继落户科技城。2019 年签约项目 32 个,其中落地项目 23 个。在大数据应用方面有中关村智库软件园、东源水环境大数据中心、福建溪元(内蒙古)大数据交易平台等项目。在大健康方面有内蒙古东泽生物科技有限公司、内蒙古易脑科技有限公司等项目。在新材料方面有中碳石墨烯、量子碳素等项目。在新能源方面有中国石化能源、电道银光新能源等项目。在现代农牧业产业化方面有内蒙古低覆盖治沙科技有限公司、内蒙古天骏高科技有限公司、卓资味等项目。在文化创意方面有天堂草原、布丝瑰等项目。

【人才建设】落实市区两级推进人才优先发展若干措施,通过研发机构、院士工作站、"草原英才"创新创业基地、校企合作实习实训基地等人才创新创业平台和载体,不断推进园区人才建设。《呼和浩特市大学毕业生安居工程(试点)实施办法》的出台实施,吸引各类人才集聚科技城就业创业。大学生半价购房的建设用地共 6 宗,9 月 17 日,签订土地成交确认书。塞外安居新城提供 200 套公租房,用于落实科技城创业就业大学生免租公寓相关政策,经审核第一批有 119 人符合申租条件,12 月 26 日进行住房分配。3 月,组织园区 48 名企业经营管理人才走进厦门大学,举办能力素质提升培训班,交流经验、拓展思路、提升能力。园区有院士工作站 2 个,研发中心 8 个,各类人才 1136 人,其中院士 3 人、博士 23 人、硕士 82 人、本科 1027 人。

【基础设施建设】通过与市政、水务、供电等部门的协调对接,按照科技城规划要求推进东河以东市政设施一体化配套建设,万通路北段配套铺设供水管道 1.2 千米、雨水污水管各 3.2 千米。哈拉更沟河道整治工程完成前期土地拆迁调查摸底工作,协调水务局调整防洪规划。园区一期实现双电源供电,从第九水厂接入园区的供水管网铺设完毕。协调推进 TCL、F12、大学科技园、α 亚麻酸、宣和建材等项目土地挂牌手续办理工作。同时,对东河以东已报批土地进行核查,明确土地补偿、"两公告一登记"及土地手续办理等情况。

【城市环境卫生综合整治】照市区两级关于"三城同创"有关部署要求,为扎实推进各项任务落实,园区管委会成立"长效办",加大日常巡查和协调解决问题的力度。推动企业落实“门前三包”责任制,加强与公安、城管、环卫、食药、园林等相关部门单位的协调配合,齐抓共管扎实推进渣土整治、交通环境、景观绿化、公厕改造、物业管理、垃圾分类、文明养犬、食品药品安全等综合整治工作,区域整体环境得到质的提升。

【安全生产】始终坚持“安全第一、预防为主、综合治理”方针,按照“党政同责、一岗双责、齐抓共管、失职追责”工作要求,全面落实安全生产责任制,开展安全生产大排查大检查大整治,强化生产安全监管。开展5次隐患排查专项行动,排查企业82家,完成整改隐患800余条。全年没有发生重大安全生产事故。

【产业规划】按照“两轴、一心、一带、一环、七片区”的规划方案(两轴:以百合路和察哈尔大街为依托,打造综合发展轴和中央服务轴。一心:在综合创新中心,引入东河景观水系,打造科技城绿心,作为科技城核心景观区。一带:沿东河及哈拉更河打造滨水景观生态带。一环:设计活力绿环,串联七大创新片区,为居民提供低碳环保的出行方式及宜居的户外活动场地。七片区:根据主要交通道路划分为七个主要功能片区)。主动会同市区有关部门对接完善科技城控制性城市规划和产业规划编制工作,并严格依据规划进行招商引资、摆布项目,全力推进规划的落实落地。科技城核心区约33.3公顷土地完成供地,占地16公顷的荣丰产业园完成9栋楼6万平方米的建设装修任务,为下一步围绕企业总部基地、产业孵化基地、数字经济产业园、文创信息产业园四大主题产业园区进行招商奠定基础。科技城180公顷创新中心区完成6.5公顷土地征拆任务,一期整理的77.6公顷土地出具规划设计条件、土地勘界报告、土地调查报告,具备组件报批条件。

工业和信息化管理

【工业和信息化局领导名录】

局　长　炎　龙

副局长　张立新(女)

　　　　李得方

商务服务业管理中心主任　李增瑞

【概况】工业和信息化局原名经济和信息化局,设综合办公室和综合业务股。

【经济指标】2019年,新城区共有12家规上工业企业,预计全年完成规模以上工业产值75亿元,增速6%,完成规模以上工业增加值25亿元,增速8%;新城区限额以上商贸企业共计118家,全年完成社会消费品零售总额482亿元,同比增长2.6%。

【项目及专项资金申报】按照2018年度“政策大讲堂”“电子服务券”资金项目要求,为符合要求的8家企业拨付专项资金134万元。按照呼市商务局、财政局组织申报2019年家政、养老服务培训工作要求,推荐2家符合要求的企业进行项目申报。按照呼市财政局申报2019年服务业发展专项资金工作要求,组织企业进行申报工作,13家企业进行申报。按照申报内蒙古大数据发展专项资金项目工作的要求,开展项目申报推荐工作,推荐上报6家企业。按照呼市商务局和呼市财政局要求,组织5家企业申报国际市场开拓资金项目。

【便民市场建设】完善基础配套设施,让群众享受到便捷舒适的生活环境,推进便民市场新改扩建工作。至年底,2家新建市场均在建设中,改造的“5303”便民市场已完工并投入运营。

【电商基地建设】采用“政府购买,第三方专业公司提供服务”方式,与专业公司签订专项服务合同,分别为辖区电子商务企业提供免费云存储、物流仓储、渠道推广、法律咨询、财务咨询相关服务。组织电商企业70余家召开“专业服务 惠及企业——呼市新城区电子商务企业专项服务启动仪式暨业务宣讲会”。8家电商企业享受免费云存储服务支持,3家企业进驻600平方米的仓储物流场地,新城区电子商务整体发展状况及重点企业发展宣传片制作完成并持续在媒体推广,法律咨询、财务咨询专业的运营指导持续服务电商企业,组织辖区30余家电商企业深入深圳华为公司,开展为期6天的电子商务发展观摩学习培训活动。

【安全生产】与区规模以上工业、重点商贸流通企业、加油站签订《安全生产责任书》。围绕“防风险、除隐患、遏事故”主题进行安全生产月宣传活动,通过现场咨询、发放宣传材料等方式进行安全生产专题宣传。重大节假日期间,组织相关部门对重点工业企业、大型商超、人员密集场所、加油站进行安全生产检查,对排查出的安全隐患问题提出整改要求和时限。

【农贸市场摸底】组织人员对便民农贸市场进行摸底调查工作。新城区有600平方米以上的便民农贸市场18家,在摸底过程中对便民农贸市场建设运营情况和存在问题等相关信息进行整理上报。

【“登云服务商”和自治区级企业“技术中心”申报】开展自治区第三批“登云服务商”和自治区级企业“技术中心”申报工作,通过对申报材料的初审,筛选出符合申报标准的3家登云服务商和2家企业技术中心,上报至呼和浩特市工信局审批。

【盐业管理】共出动执法人员50余人次,深入盐产品批发市场、零售店等销售终端开展检查工作,对部分企业进货渠道、相关票据、产品备案和规范储存等相关情况进行监督检查,对检查出违规情况进行及时处理。

【人大建议、政协提案】接到人大建议1条(《加快推进大青山前坡旅游区网络全覆盖的建议》)、政协提案2条(《关于电子商务如何真正下乡几点意见》《关于打造北部农贸综合市场,提高新城区综合服务能力建议》),按照区政府要求的时间节点,按时保质认真地对人大建议、政协提案予以答复。

【党建工作】制定《2019年党建工作一览表》,对领导班子工作进行统筹部署,责任分工。开展主题党日活动12次,组织召开支委会11次、党员大会5次,领导干部讲党课6次。支部明确一名收缴党费人员及时足额收缴党费,共收缴党费2784元。组织党员干部开展集中学习9次,专题研讨4次，组织领导干部讲党课3次，开展主题党日活动4次。集中学习《习近平关于“不忘初心、牢记使命”论述摘编》、《习近平新时代中国特色社会主义思想学习纲要》、《中国共产党章程》、《中国共产党党风监督条例》、习近平在内蒙古考察并指导开展“不忘初心、牢记使命”主题教育时的重要讲话、中共十九届四中全会精神、优秀共产党员先进事迹、党史、新中国史等相关内容。通过“开门纳谏”“推门纳谏”和自我检视等方式认真梳理查摆工作中存在的问题，召开检视问题交流会，对查摆的问题进行深刻分析。12月10日召开专题民主生活和专题组织生活会及民主评议党员会议，对查摆出的问题进行深刻剖析，提出下一步整改措施。制定《2019年党风廉政建设工作计划》，部署任务分工，层层落实责任，狠抓工作推进落实，形成“一把手”负总责，分管领导具体负责的工作格局。同时研究制定《2019年度党风廉政建设责任清单》，细化分解责任制内容，班子成员按分工分别负起职责范围内的直接领导责任，并抓好组织实施，确保党风廉政建设各项措施切实得到贯彻落实。单位主要负责人同班子成员，班子成员同相关股室分别签订《党风廉政建设责任书》，全面落实班子的主体责任和班子成员“一岗双责”，新城区委第三巡察组对全局开展巡察，2019年11月13日反馈7个方面、16条巡察意见。为全力抓好反馈意见的整改落实工作，区工信局制定反馈意见的整改方案，成立巡察整改领导小组，全面分析研究问题，确定巡察的方法步骤和整改措施，将整改任务落实到人，按时上报整改进度，召开巡察整改专题民主生活会，不断完善各项工作制度，把巡察整改与各项工作紧密结合，形成长效机制，切实把巡察整改成果融入日常工作的各方面。

区域经济合作局

【区域经济合作局领导名录】

局　长　李永红(2月任职)

副局长　武文甲(5月任职)

【概况】新城区区域经济合作局是新城区人民政府工作部门，为正科级单位。2019年2月19日正式挂牌成立。设置办公室和投资股2个科室以及招商服务中心1个二级单位。

【招商引资】接待企业来访近68个批次，150人次，开展外出招商引资25次，洽谈项目71个，签约及有意向签约项目55项。其中签约注册落地项目25项，协议投资额128.23亿元，注册资金112.18亿元，作为纳贤引智项目，东泽干细胞院士工作站和中石化院士工作站准备落户新城区。

【重点项目】华润综合体项目，1月正式开盘。慢城海洋世界项目，主体结构正在施工。碳化硅项目，碳化硅生产炉设备已安装和调试，并已按要求生产碳化硅晶体样本，碳化硅产品经过一次优化达到电子产品级应用标准，二次优化产品送专业检测部门检测。碧桂园房地产开发项目开工建设。浪潮大数据产业基地项目、东源集团总部项目、时代广场项目等8个项目稳步推进。

【精准招商】聘请专业团队围绕“科技城、建成区、大青山前坡”进行产业深度梳理,编制新城区招商引资项目册,策划包装项目 300 余个。研究分析国际国内 500 强、行业 100 强、央企、知名民企的投资方向,找准契合点,主动叩门,与华润、中关村、华为、中石化等 20 余家 500 强企业或上市公司对接洽谈,部分达成合作合同或意向协议。接待中关村、中铁建工、上海大润发、中国供销社农批集团、华为等大企业大集团来新城区考察,吸引一批国际国内 500 强和行业 100 强企业落户。围绕三大区块产业发展需要,紧盯产业链关键环节、核心企业、配套企业进行招商。科技城围绕“产城一体、创新驱动”的发展理念,着力引进一批国家级科研院所和高新科技产业集群,建成区以推行特色街区建设和提升拓展商圈为抓手,对传统服务业进行提档升级,继续完善服务设施,打造教育、新闻、金融、保险及通信信息中心。大青山前坡基本形成生态旅游格局,结合发展需求,引进国内国际知名文旅企业,打造足球文化、草原风情、户外休闲、人文古迹、会展商贸等产业集群。

【平台搭建】举办和参加各类活动 10 余场次,举办“第二届创新青城院士论坛”“民营企业家走进华为”等重大投资促进活动,活动规格和成效较 2018 年有大幅度提升,组团参加“2019 华为锦州云产业合作高峰论坛”“2019 年中国国际进口博览会”“呼和浩特 · 中关村智酷人才与产业创新平台论坛”等活动。主动出击叩门招商,先后赴北、上、广、深等地开展“一对一”“项目对项目”的招商。建立信息平台。委托专业公司,对招商引资平台、招商引资项目库进行开发建设,以实现市区招商信息共建共享、网上招商。建立项目库。根据招商引资项目类别,组织全局干部分类跟踪项目进度,协助企业做好落地工作。建立招商引资联席会议制度,通过各部门联动,协同推进解决招商引资项目落地过程中存在的困难和问题。

【招商宣传】利用新兴媒体开展招商宣传工作。充分利用“两微一博”发布各类招商信息百余条。筹备拍摄新城区招商引资宣传片,从“看、听、说、选”四个层次进行立体展示。通过大力宣传推介,提升新城区对外知名度和影响力。

【自身建设】加强制度建设。坚持项目跟踪落实机制,层层夯实抓项目的责任。推动新城区制定出台相关产业招商项目管理办法及招商引资优惠奖励政策。强化协调服务。区政府主要领导主持召开招商引资会议,对全区需要重点协调推进的签约项目和在谈重点合作项目,逐一通报进展情况、存在问题和意见建议,明确协调的市级领导、牵头单位和配合单位,强力推进项目落地。加强考核通报。完善《目标责任考核办法》,优化考核指标体系。开展引进企业评价政府部门活动,形成倒逼机制,充分调动各级各部门服务企业的积极性和主动性。

【扫黑除恶专项斗争】坚决扛起扫黑除恶政治责任,及时召开会议部署,成立工作领导小组,加强相关知识学习,畅通举报机制,针对招引企业开展明察暗访,不间断的组织开展重点排查和集中排查。未发现涉黑涉恶案件,保障新城区招商引资工作安全有序发展。

【党建工作】强化组织建设,2019 年,局党支部推进“两学一做”学习教育常态化制度化和扎实开展“不忘初心、牢记使命”主题教育,切实加强党员干部队伍建设,不断改进党建工作方法,创新工作思路。坚持“党要管党、从严治党”的方针,进一步强化主体责任,主要负责同志要担起“第一责任人”职责,负总责、亲自抓、带好头,班子成员认真履行“一岗双责”,自觉把主题教育各项任务抓在手上、扛在肩上、落在行动上。组织党员学习《中国共产党支部工作条例(试行)》、习近平总书记考察内蒙古时的讲话精神、中央政治局第十五次集体学习上的讲话精神等内容,组织学习 21 次、研讨交流 8 次、党支部书记讲廉政党课 1 次、其他内容党课 2 次。严格执行“三会一课”制度。召开支部党员大会 3 次,开展书记讲党课 2 次、主题党日活动 6 次,有效增强党支部在基层组织建设中的战斗堡垒作用。12 月 6 日,严格按照区委组织部的部署要求召开专题组织生活会。利用新兴媒体学习。充分利用“学习强国”“北疆先锋”“青城党建 e 家”等 APP,“活力新城”“清风新城”“新城组工”等微信公众号进行自主学习,利用好碎片时间,做好学习管理,提升自身综合能力。党支部将主题教育学习安排与每周政治学习紧密结合,开展重要讲话学习、专题讲座学习、榜样模范学习、现场教学学习、党史新中国史学习等,集中学习 21 次,专题讨论 4 次,党员交流 4 次。组织参观主题教育展览、组织观看《我和我的祖国》《国礼》等爱国影片。开展志愿服务活动。组织全体党员走进社区,经常性开展除广告、打扫卫生等活动,为居民营造宜居环境。

创新创业服务

【创新创业服务中心领导名录】

主　任　方　达(蒙古族)

副主任　高　欣(蒙古族)

　　　　　高　娃(女,蒙古族)

【概况】创新创业服务中心专职从事新城区创新创业示范园(以下简称双创示范园)的管理和服务工作。负责制定双创示范园发展规划、管理措施,提供创新创业咨询、企业设立、项目申报、知识产权、人才对接、政策解读等服务,开展孵化企业、转化科技成果、承接招商项目、推动科技合作等业务,通过数据共享、互联互通、业务协同,推动新产业、新业态、新商业模式产业集约发展。内设综合事务科、企业发展科、规划建设科、信息金融科、科创服务科、统计服务科 6 个科室。

【政策措施】新城区人民政府出台《关于支持创新创业工作的实施意见(试行)》,将惠及创新创业企业的政策进行固化。入园企业享有免征房产税、城镇土地使用税、房租补贴、一址多照虚拟注册、创业岗位开发补贴、高新技术企业所得税减按 15% 征收等一系列优惠政策。这些政策为企业集聚发展发挥明显作用。

【产业与效益】双创示范园建立与新城

区内13所高校共建模式,搭建科技创新产业园、文化创意产业园、软件产业园、电子商务产业园、云计算智慧产业研究院、生物科技产业园、现代农业创业创意产业园、互联网众创园、创业社区、乐创部落、创客工厂等15个主题产业园,集聚软件和信息技术服务业、信息传输业、法律服务等技术服务业、文化、体育、现代物流、环保等10大产业领域企业达132家,从业人员1559人。虚拟注册企业358家。2019年入园企业营业收入达12.2亿元,缴纳税金3277.5万元。

【党建工作】为确保党建工作与非公有制企业日常业务有机融合,园区党委从园区实际出发,以支部为单位,确定"一企一特色,一楼一品牌"党建发展战略,通过支部这一支点,搭建"共建、共融、共享"为发展理念的联合党支部,覆盖各个楼宇孵化器。中心党委要求各非公党支部制定实施方案,将企业例会、复盘、考评与党的建设相结合,明确《习近平新时代社会主义思想学习纲要》《习近平关于"不忘初心、牢记使用"重要论述选编》和《中国共产党章程》"两书一章"的学习计划安排,将集中学习与自学相结合,提升学习效果。召开党委专题会议2次,书记讲党课5次,主题党日活动3次,举办读书班4次,集中学习研讨3次,收集心得体会54篇,发表信息简报19篇,发放书籍100余本,收回试卷42份,开展参观现场教学2次,分别参观内蒙古展览馆"不忘初心、牢记使命"主题展览、乌兰夫纪念馆。

【人才引进】双创人才工作重点集中于高层次人才引进和企业需求型技能人才的培养和引进两个方面。针对高层次人才,双创园区建立高层次人才信息交流平台及人才工作站,努力打通政策"最后一公里",实现人才引进后政策的落地的实效性,以便捷、高效、限时的方式,建立人才服务体系,至年底入库人才172人,其中博士58人、硕士114人。针对入园企业需求的技能型人才,园区依托大学科技园"多校一园"的建设模式,整合各高校专业技术资源,定期向企业征集需求信息,与高校进行信息互换,开展人才交流会3次、专项对接5次,配合园区完成大学生安居工程及人才公寓统计工作。

【服务平台建设】以内蒙古自治区科技厅知识产权服务中心落地搭建的"内蒙古技术转移及知识产权一站式服务平台"为抓手,完成14个项目的交易,项目合同总额约为4.8亿元,主要涉及无机非金属材料、装备制造、电子信息等领域。通过线上与线下相结合模式,开展生物医药、信息技术、智能制造、新材料等领域160余项科技成果的路演发布,开展科技成果交易相关培训7次,宣传3000余人次,发放宣传相关材料3150份。为创新主体申请、注册、登记各类知识产权1350件。"内蒙古技术转移及知识产权一站式服务平台"面向企业、创新主体所提供的免费公益性服务,为优化园区创新创业环境发挥重要作用。

【园区信息化管理】针对小微企业由于市场知名度低、业务量少、业务范围狭窄、市场信息滞后等情况,双创服务中心为入园企业量身定制"小微企业资源共享平台”，搭建双创服务中心与入园企业之间、企业与企业之间在线互动交流的综合性信息平台。该平台供入园企业免费使用，企业可以在平台上进行品牌宣传、展示产品和服务、发布招商信息、在线预订会议室、上报企业数据、工商注册信息检索、失信记录查询、业务伙伴互相评价等功能。

【企业融资】根据《呼和浩特市申报国家创业创新基地城市示范工作推进方案（2016—2018 年）》和新城区委、区政府安排部署，由中心牵头负责设立一支扶持小微企业创业创新工作的基金——呼和浩特市双创投资基金。5 月，确立基金方案，委托呼市公共资源交易中心，完成公开遴选市场化基金管理公司的招标工作。该基金总规模 10.03 亿元，采用母子基金及直接投资模式，用于支持呼和浩特市大数据、医药及大健康、农牧科技、新能源、高端制造、文化旅游、信息技术等领域创新企业。基金首期将完成注资 2 亿元，重点支持新城区小微企业创业创新项目及呼和浩特科技城建设。

【建设主题产业园区】打造文化创意产业园、大数据云计算产业园、生命健康产业园及 1 个院士工作站，新增企业 32 家。2 万平方米文化创意集聚新华网、安达文化传媒、印象蒙古、赞部落等文创企业 10 家。云计算按数据产业园引进华为云数据、网智科技、信元、华讯等 IT 企业 16 家。银宏干细胞生命健康产业园引进蒙药研究院、普尼检测等生物制药及研发检测企业 5 家。同时与中科院共同成功举办呼和浩特市首届“老专家院士论坛”。

市场监督管理

【市场监督管理局领导名录】

党组书记 戚 英

局 长 安瑞卿

副局长 李少军

张淑清（女）

赫 富

吕智利

申宝平

郑 莉（女）

欧阳颖婕（女）

左会素

闫瑞光

【概况】按照机构改革，调整原新城区工商分局、质监分局市级管理体制，下划到旗县区政府管理，组建新城区市场监管局。2 月 19 日，新城区市场监管局挂牌成立，加挂区知识产权局牌子。2 月 28 日，完成工商、质监、食药集中办公，3 月 27 日，区编办批复新“三定”方案，设立内设机构 26 个。9 月 30 日，完成原工商所与食药所集中办公。10 月 19 日，完成 26 个内设机构和 10 个市场监管所人员定岗工作。整合原工商、质监、食药职责和价格监管、知识产权职责，主要承担市场主体登记注册、食品药品、特种设备、产品质量、价格、知识产权等市场监管执法和消费者权益保护工作。内设办公室、科技信息与新闻宣传股、人事股、财务股、法规股、登记注册股、行政事项审批服务股、信用监督管理股、消费环境建设指导股、网络交易监督管理股、市场规范监督管理股、反不正当竞争股、计量与价格监督管理股、知识产权发展保护股、质量发展与标准化股、安全生产股、食品生产监督管理股、食品流通监督管理股、餐饮服务监督管理股、特种设备安全监察股、认证认可与检验检测监督管理股、药品化妆品监督管理股、医疗器械监督管理股、综合执法大队、非公企业和个私经济组织党建办公室、区食品安全委员会办公室、机关党委。设鸿盛工业园区市场监管所、保合少镇市场监督管理所、成吉思汗大街市场监管所、东街市场监管所、西街市场监管所、锡林北路市场监督管理所、东风路市场监督管理所、中山路市场监管所、海东路市场监管所、迎新路市场监管所 10 个派出机构。设信息中心、综合执法大队 2 个事业单位。设局长(兼区知识产权局局长)1 名,副局长 3 名。机关行政编制 40 名。派出机构和所属事业单位编制另行规定。有干部职工 289 人,其中行政编 109 人、事业编 89 人、工勤编 2 人、区招 25 人、聘用 64 人。

【商事登记制度改革】推进全程电子化登记,实现"网上申报、网上受理、网上审核、身份认证、电子签章、电子归档"登记注册。2019 年新增市场主体 8923 户,同比增长 21.1%。内资企业 252 户,同比增长 12.5%。私营企业 2592 户,同比增长 22.4%。个体工商户 6078 户,同比增长 20.9%。市场主体总量 5078 户,同比增长 5.6%。新增食品销售许可证 1112 件、餐饮服务 891 件、食堂 45 件。完成"企业开办全程网上办"试点改革任务,试点期间,主动协同自治区市场监管局优化再造"网上申请平台"流程,整合共享互通"五部门"信息资源,开通"企业开办一网通"系统,系统进一步优化"税务传输"功能,开设"印章刻制、社保登记、银行开户"通道,增加"海关、商务"备案功能,实现填报一次信息,后台自动流转,部门同步办理,全流程、全环节"一网通办"审批。

【企业服务】主动承接呼和浩特市地铁实业有限公司等 3 家重点项目企业,及时协调解决名称使用"无字号""无行政区划"和部队身份保密等遇到的困难。设立项目落地服务处,全程对接项目企业在日常经营活动中遇到涉及企业登记的问题。走进鸿盛工业园区、科技园等产业聚集区,广泛宣传提品质、创品牌行动,引导企业走商标富企、品牌发展之路。新增注册商标 1327 件,总量 9753 件。宣传引导企业运用股权出质、动产抵押等融资手段,解决资金瓶颈问题。办理股权出质 25 家、动产抵押 9 家,为企业实现融资 9000 多万元。组织 21 家企业开展"银企对接"见面会,现场 4 家企业与中国建设银行签订贷款意向书,意向金额 1900 万元。

【食品安全经营监管】创建卫生城市期间,采取驻场制措施,对照食品安全 15 条标准,约谈履行主体责任较差的市场主办方 33 家(次),关停改造基础设施较差的便民市场 11 家(次),提档升级建设示范化市场 7 家。现场销毁"三无"豆芽、豆腐和腌制品 500 多千克。与农牧部门联合取缔市场内外私屠滥宰 4 户。配合自治区"滚动式"检查食品生产企业 31 家次,责令整改 5 家,立案查处 1 起。加大丰泰园区 30 户

“小作坊”和园外14户“小作坊”整治力度，责令整改小作坊8家，关停整改1家，取缔黑作坊3家，立案查处2起。防控“非洲猪瘟”，出动检查人员3200人次，检查猪肉经营3410户次，农贸便民市场27家，重点检查“进货台账”和“两证两章”情况，责令整改索证索票不规范79户，严禁销售无合法来源、未经检验检疫或者不合格的生猪产品。

【餐饮服务监管】按照市政府要求，成立多部门联合检查组，全覆盖排查辖区“小饭桌”开展食品安全、住宿安全、消防安全、公共卫生安全等多方面，联合排查“小饭桌”974家，关停38家，联合验收合格192家，备案发证167家，仍需整改749家。在持续巩固“明厨亮灶、四化管理”基础上，强化对14条示范街566家餐饮和主次干道餐饮监管，防止问题反弹回潮，检查餐饮4670家次，责令整改1003家。开展餐饮量化分级管理，取得餐饮经营许可2536家，其中量化分级管理A级占26%，B级占61%，C级占13%。履行驻会监管职责，进驻内蒙古“两会”、世界柔道大奖赛、马拉松等重大活动20次，重点对原料收购、原料验收、供餐等各个环节进行全程监管，完成食品快检2000余批次，实现“零事故”“零投诉”。

【药械化市场监管】开展“处方药、药师挂证、中药饮片、化妆品、小药店”等专项整治7次。检查执业药师“挂证”285家、药品经营企业700余次，责令整改80家，立案查处10件。检查中药饮片医疗机构85家，药品经营185户。组织辖区300余家药品零售店开展新修订药品法培训1期。加大对“四类高风险”医疗器械监管频次，检查医疗器械企业2户，医疗器械批发企业60余家，医疗器械零售企业240余家次，医疗机构100余家次，责令整改5家。配合市局验收药品医疗器械经营企业57家次。受理药品、化妆品投诉20起，立案查处15起。

【特种设备安全监管】围绕服务保障党代会、节日期间、中华人民共和国成立70周年，开展7次专项整治。日常监管，重点对老旧住宅、商场、酒店、车站等电梯安全运行检查，出动人员464人次，监察特种设备使用单位93家次、特种设备792台次。办理开工告知和开工前审核140件、748台。办理特种设备使用登记11件531台。在太阳城小区开展特种设备进社区、进校园宣传活动。重点监管，配合上级滚动检查阿尔泰游乐园、内蒙古科技馆和内蒙古博物馆特种设备安全，处罚并完成3个隐患整改。9月，接受呼铁局所属特种设备地方管理，经现场核查后，着手接受呼铁局在新城区使用的特种设备20台。开展危险化学品安全整治，现场检查辖区8家车载气瓶充装站在用设备和作业人员、管理制度等方面。重视投诉举报，查办投诉类案件18件。强化培训，组织干部职工100多人开展特种设备培训，派出40多人参加市局培训，领取监察证13人。

【质量安全监管】2019年新城区有工业产品生产许可证管理企业4家，其中食品生产企业3家、特种服装生产企业1家。质量抽检，按照“衣食住行”整治要求，配合市局抽检儿童服装、校服 13 批次。为防控食品安全风险,组织抽检 1023 个批次,完成检测 300 个批次,1 个批次不合格。质量监管,开展质量监督专项检查 4 次,出动执法人员 20 人次,检查企业 14 家次。计量监管重点对加油站、医用计量器具、用于贸易结算的衡器监管,立案查处计量违法案件 13 件,罚款 2.1 万元。同时备案登记强制性检定计量器具 3182 台(件)。认可认证工作,重点对环境类检验检测机构和机动车检车站检查,检查强制性认证产品生产企业 6 家,检验检测机构 11 家,立案查处环境类检验检测机构 2 家,罚款 5 万元。推进标准化,验收自治区服务行业标准化试点新城区养老院 1 家。5 家企业在信息公开平台自我公开声明使用标准。适时跟踪监督检查和服务该 5 家企业运用标准情况。

【企业信用监管】开展“双随机”监管,组织安全生产隐患、服装企业商标使用、检验检测机构、严重违法失信企业、药品化妆品经营双随机抽查 5 次,合计抽查市场主体 499 户,抽查发现问题企业 389 户,针对问题分别采取列异、责令改正、抄告行业主管部门、结果公示等措施,推进部门协同监管和联合惩戒。推进涉企信息归集公示,归集公示涉企信息行政许可和行政处罚信息 1.136 万条。16 个职能部门公示许可信息 9464 条,处罚信息 4901 条。强化企业年报,采取灵活多样的宣传方式,引导市场主体自主年报,提高年报知晓率、准确率,不断增强市场主体的责任意识,提升市场主体履行年报公示义务的主动性、自觉性。2019 年,市场主体年报 44333 户,年报率达到 91.2%,企业年报率在全市排名第二。列入异常名录企业 1869 户。推动联合惩戒,在变更登记环节,限制“列异企业”申请 38 人次,限制被法院冻结股权的企业申请 10 人次。指导 62 户市场主体修复企业信用,申请移出异常,恢复正常经营状况。

【市场秩序监管】保护知识产权,加大宣传重点对商标使用行为执法监管,通过“双随机、一公开”监管、受理投诉举报等方式,对侵犯商标专用权进行查处,查处商标侵权案件 19 件,罚款 19.8 万元。加强价格监管,重点对医疗、殡葬、转供电环节、房地产、停车场等价格收费监管,查办“澳洋医院”违规收费案 1 件,退回多收价款 2780 元,并处 4500 元罚款。立案调查 4 家墓地涉嫌价格违法行为。指导转供电企业降价退费,应退费户数 4067 户,实际退费户数 3876 户,退费率达到 95.3%。开展“衣食住行”专项整治,查办“衣”领域案件 21 件,罚款 13.6979 万元。查办“食”领域案件 23 件,罚款 25.06 万元。查办“住”领域案件 8 件,罚款 28.2 万元。查办“行”领域案件 7 件,罚款 3.9 万元。强化执法办案,查办各类违法案件 142 件,罚款 160 万元。查处虚假宣传案 1 件,罚款 4.3 万元,查处广告违法案 10 件,罚款 12.6 万元。

【扫黑除恶专项斗争】将“行业治乱”作为推动专项斗争的“发力点”。查处房地产领域违法案件 4 件,罚款 4.95 万元。查处保健行业违法案件 1 件,罚款 10 万元。立案调查 1 起涉嫌非法集资传销案件。将涉嫌非法集资企业 120 户列入异常名录。

【消费维权】提高维权效能，落实"12315""12365""12331"和市长热线、问政平台、开门纳谏、上级转办等平台诉求，快速处理每一件消费投诉举报，受理投诉3010件，办结2850件，办结率94.7%。受理各类平台投诉133件，办结122件，办结率91.7%。完善维权机制，在17家商场市场开展首问负责、赔偿先付制度，同时，加强与法院联动，促进行政调解与人民调解相对接。53个一线消费维权站解答消费咨询1.6万多次，处理消费纠纷8000多人次，占总投诉量71.7%。深化放心消费，以创建文明诚信经营活动推进放心消费，评选出文明诚信市场9户，文明诚信经营户经营118家，鼓励参创者公开承诺经营，接受社会监督，承担社会责任。借助各类主题宣传日活动，引导商家自觉树立诚信兴商的理念，规范经营行为，做到诚信守法经营，以诚信带动放心消费。

【队伍建设】面对机构改革后队伍扩大、职能增多、任务加重的实际，局党组坚持把加强党建工作作为抓班子、带队伍的重要抓手，贯穿于机构改革、市场监管、队伍建设的全过程。开展"不忘初心、牢记使命"主题教育，学习习近平总书记系列重要讲话精神，学习党章党规、党史国史，组织中心组学习9次，党组成员讲党课12次，参加党课近400人次，支部学习12次，撰写心得体会272篇、自我剖析报告96人次，调研报告11篇，100%党员加入"学习强国"APP，教育引导党员不断增强"四个意识"、坚定"四个自信"、坚决做到"两个维护"。开展爱国主义教育，参观乌兰夫和多松年故居，600余人次观看《守边人》《热土》《国礼》和《榜样4》《时代楷模》教育片，激发党员干部政治觉悟和事业心、责任心，努力形成人心齐、士气旺、风气正、干劲足、顾大局、促发展的干事创业氛围。制定完善《党组会议事规则》《三重一大会议制度》《党组议事目录清单》《财务管理制度》等刚性制度，从源头上堵塞漏洞，党建引领逐渐突出。加强支部建设。机构改革后，实现从机构融合向职能融合蜕变，关键是队伍融合。将机关党委纳入"三定"方案机构设置。新一届机关党委成立后，选举成立12个基层党支部。开展"四官"整治，采取宣传动员、案例警示、问题查纠、建章立制、接受监督等举措，治理干部队伍中"懒官、庸官、乖官、巧官"问题，组织学习26次，自查自纠286人次，开展督查11次。全面落实市、区两级党风廉政建设会议精神，层层签订党风廉政建设责任状，专题研究党风廉政建设10次。完善内部监督制约机制，严控"三公"经费，凡属"三重一大"事项，严格执行党组议事制度，召开党组会16次。结合机构改革，重新梳理"三部门"岗位廉政风险点，建立风险防控点46个，制定防控措施90条，建立起一级抓一级、一级带一级、一级对一级负责的责任体系。围绕公款吃喝、婚丧喜庆、公车私用等开展明察暗访10余次，下发廉政通知、预警提示6次、纪律通报2期。与新任76名股所长签订廉洁自律承诺书，开展集体廉政谈话，强化党风廉政建设工作的规范化、常态化。

应急管理

【应急管理局领导名录】

局　长　张惠铭(2月任职)

副局长　张利君(6月任职)

　　　　王懿霞(女 6月任职)

总工程师　李　永

【概况】按照中央和自治区有关机构改革的部署要求,把区安全生产监督管理的职责,区政府办公室的应急管理职责,公安部门的消防管理职责,区民政局的救灾职责,区国土部门的地负灾害防治,区农牧水利局的水旱灾害防治和草原防火,区林业局的森林防火,区地震局的震灾应急救援职责以及区防汛抗旱、减灾、抗震救灾、森林防火等指挥部的职责整合,组建新城区应急管理局,2019年2月20日举行挂牌仪式。新城区应急管理局是呼和浩特市新城区人民政府组成部门,正科级,新城区安全生产委员会办公室设在区应急管理局。内设3个正股级部门——办公室、矿山综合管理股、应急救援和危险化学品管理股。下设1个参公单位——新城区地震局,2个事业单位——新城区安全生产执法监察大队、新城区应急办公室。应急局党组于2019年2月成立,成立时有党员15名。党支部于2019年6月成立。

【安全生产法汉体系建设】应急管理局按照中共十九大以来习近平总书记关于安全生产工作的一系列重要讲话精神、新安全生产法以及应急管理部的有关规定和具体要求进一步完善《新城区"党政同责、一岗双责"实施细则》《新城区安全生产"五级五覆盖"实施方案》《安全生产约谈制度》等一系列制度,逐步健全安全监管责任体系,明确目标责任,安全生产工作逐步步入法治化和规范化轨道,并形成工作长效机制,促进安全生产工作开展。

【应急安全宣传教育培训】开展安全生产类培训20余次,组织专家或行业能手对企业主要负责人培训5次,培训人员累计达1000余人次。在全国"安全生产宣传月""安全咨询日"及"5·12"国家防灾减灾日开展专题宣传活动,向群众发放宣传资料1万余本,宣传品、宣传袋5000余个,设立现场咨询台,并由消防救援大队、森林消防大队、卫计等专业部门进行现场演示,普及生产作业、用火、用电等初期险情应急处置、逃生自救等安全常识技能。开展安全生产宣传教育"七进"活动,利用现代宣传手段,运用网站专栏、LED滚动屏、条幅、头条号、微信公众号等形式,加强安全知识的宣传普及。针对辖区危险化学品企业负责人及安管员组织培训4次,受训人数150人,发放《全民应急安全知识手册》《公众应急手册》等宣传材料1000余册。组织全区相关部门及重点企业的200余人举办"防震减灾"专题知识讲座。向区公开办、宣传部、区委信息室等部门及时报送应急管理局工作动态信息112条,通过微信公众号、头条号、网站等平台转发,阅读量12万余人次。2019年,获自治区级"安全生产宣传月"先进集体荣誉称号。

【工贸企业综合整治】重点对大型商业综合体、宾馆、酒店、商场等人员密集场所和仓储物流企业进行全面检查。对城发物流园区等多家物流企业、鼓楼大厦等多个大型城市商业综合体存在重大消防安全隐患单位下达限期整改指令书42份,对限期不能整改的交由区安委会挂牌督办。加大对2家涉氨制冷企业和小型木器粉尘涉爆企业的管控,参加区政府组织的二级水源保护区范围内木器加工企业专项整治行动。

【非煤矿山监管】辖区有6家矿山企业。从2014年10月始逐步关停清退,矿山的监管工作主要是围绕矿山日常巡查、打击非法盗采,配合有关部门对矿山进行退出和恢复治理,配合市应急管理局完成矿山企业安全生产的有关工作。每月对有矿区域巡查至少1次,发现存在非法开采行为立即进行处理并以函告形式通知国土、环保、林业等相关部门和属地办事处。

【建筑施工监管】区安委办组织区住建局,城管局等部门和相关地区全面检查自治区、市监管工地,重点检查辖区遗留项目,整治各类隐患134项。

【交通运输监管】全面检查2家道路运输客运站、2家公共交通客运公司、6家货运企业和7家旅游客运公司。清理府兴营公园的1处非法站外客运乘车点。

【消防安全监管】联合相关地区和行业主管部门全面开展消防领域安全隐患大排查大整治,主要涉及商业综合体、高层住宅、管道燃气、大型市场、仓储物流、“三合一”“多合一”等小微场所等领域。5万平方米以上城市大型商业综合体有5处,区消防救援大队查处重点隐患8项,整改完毕。25处高层住宅小区消防设施不健全或不能正常使用,正在整改的12处,已整改13处。有管道燃气用户24万户、罐装燃气用户8万户,重点排查老旧小区和经营户的燃气安全。全面加强燃气使用的专项排查和整治,联建小区爆炸发生后,召开专题会议,安排部署专项整治方案。

【危险化学品监管】出动执法检查160余次,发现一般隐患90余项,全部完成整改。并按照市安委会要求完成新城区28家加油站及2家危险化学品储存企业安全风险评估、烟花爆竹零售点压减到10家以内并搬迁和对4座加油站进行双层罐改造的工作任务[辖区内有加油站点28座;(乙类)危险化学品经营企业17家,其中无仓储经营企业15家,有仓储经营企业2家;烟花爆竹批发公司储存仓库1家,零售店10家]。

【高铁沿线专项整治】铁路沿线一百米控制区内影响高铁安全运行的隐患逐一进行排查,对每个隐患提出治理方案,督促责任方立即整改。经摸底排查,新城区高铁沿线问题整治涉及53项问题。11月5日,新城区成立京呼高铁沿线安全隐患整治工作组,工作组办公室设在应急管理局。由应急管理局牵头协调各办事处、各单位开展高铁沿线问题整治工作。12月18日,53项问题全部完成整改。

【扫黑除恶专项斗争】召开扫黑除恶专项斗争工作专题会议,成立以党组书记、局长为组长,副局长为副组长,各科室负责人为成员的扫黑除恶专项斗争工作领导小组,针对各科室负责业务范围进行扫黑除恶专项斗争宣传,开展以“治乱”和“防风险、治隐患”为主的扫黑除恶专项斗争工作。充分利用专题宣传活动、悬挂宣传标语、LED屏、微信群等深入广泛宣传,全力做好扫黑除恶专项斗争宣传工作。制作发放宣传品1万个,宣传条幅60余条,LED屏幕滚动宣传4380余次,展板24块。发动人民群众检举揭发黑恶犯罪线索,提升"扫黑除恶"专项斗争宣传教育实效,召开专题培训会6次,邀请宣讲团进行专题宣讲1次。按照新城区纪委办公室《关于开展涉黑涉恶腐败和"保护伞"问题线索排查工作的通知》文件要求,全方位开展集中排查、滚动排查。排查整理出5条违法乱象,上报区扫黑办。打击黑加油站点13处,类似"黑加油点"的移送区扫黑办1起、移送公安部门的案件4起。打击河道内私挖盗采行为3起,将线索举报区"扫黑除恶"专项斗争领导小组办公室。查处哈拉沁沟口东侧大院一小房内377米导火索和2.5吨(62.5袋,40千克/袋)硝酸铵钙。现场发现的疑似危险爆炸物品移送新城区公安分局做暂扣处理,案件移送公安机关做进一步处理。鼓励群众积极踊跃揭发检举黑恶势力、"保护伞"等违法犯罪线索,切实增强扫黑除恶专项斗争的针对性、实效性。按照"有黑扫黑、有恶除恶、有乱治乱"的工作总要求,建立安全生产监管领域扫黑除恶长效机制。设立违法行为有奖举报专线电话,发放通告125份,24小时接收举报信息。接到2起生产安全事故举报,已经调查清楚并处理。

【隐患排查】重点对危险化学品、烟花爆竹、金属非金属矿山等重点领域开展专项检查工作共检查隐患4867项,整改4624项,整改率95%,243项隐患整改中。梳理重点问题和重大安全隐患44个,其中重大火灾隐患41个、地质灾害隐患3处,下达整改指令书52份,确保全区安全生产形势的稳定。

农牧林水

农牧水利

【农牧水利局领导名录】

局　长　杨连生(3月离任)
　　　　戈二平(5月任职)

副局长　温瑞祥
　　　　云　捷(蒙古族)
　　　　王志刚
　　　　李宏宇
　　　　乔国彪(2月任职)
　　　　李建光(2月任职)
　　　　刘晓君(女 2月任职)
　　　　巴增林(蒙古族 2月任职)
　　　　康　宁(蒙古族)
　　　　孙　丹
　　　　薛俊平(蒙古族)

【概况】新城区农牧水利局(加挂交通运输局、扶贫开发办公室牌子),为新城区人民政府工作部门,区委农村牧区工作领导小组办公室设在区农牧水利局，属财政全额拨款单位。局内设5个内设科室，下辖14个二级事业单位。有工作人员101名。在职人员中，有高级职称技术人员1名、中级职称3名、初级职称2名。

【党建工作】深入学习习近平新时代中国特色社会主义思想，提高党员干部政治思想水平，各支部开展集中学习86次。加强党的政治建设，严格落实民主集中制，召开党组会议16次，开展集中学习18次。抓实党的基层支部建设，各支部召开党员大会共计13次、支委会29次，5个党小组各召开会议12次，讲党课11次，开展主题党日活动16次。加强党员教育管理，全年转出组织关系4人，转入6人。党费做到专人管理，按时收缴，2019年第一到第三季度，共收党费15101元。严肃党内政治生活，各支部召开“不忘初心、牢记使命”专题组织生活会，开展民主评议党员工作。开展“不忘初心、牢记使命”主题教育活动，研究制定《新城区农牧水利局关于开展“不忘初心、牢记使命”主题教育工作方案》，制定《新城区农牧水利局领导班子及领导干部主题教育工作安排》《新城区农牧水利局党支部主题教育工作安排》，领导班子及领导干部集体学习8次，召开专题研讨班3次，各支部同步开展学习21次，并交流心得体会3次，组织全体党员参观主题教育展主题党日活动3次、党组成员在所在支部开展讲党课系列活动6次。开展调查研究。召开局党组会议，组成5个调研组，通过开座谈会、广泛征求服务对象的意见建议、实地走访等方式深入基层开展调研，并形成5篇调研报告，梳理出存在问题共15条。多措并举检视问题。通过发放征求意见函，设置“开门纳谏”征求意见箱、开设网络邮箱、开通专线电话查找问题，结合区委主题教育专项整治文件精神，建立《关于落实习近平新时代中国特色社会主义思想、习近平总书记关于内蒙古工作的重要讲话重要指示批示精神和党中央决策部署存在突出问题的整改台账》等9个台账，梳理出整改任务共50条。对照党章，各支部全体党员通过自己找、部门普通干部帮助找等多方式相结合进行检视，梳理122条自身存在问题。根据调研报告建立的5个工作台账，15条问题整改完成10条，取得阶段性成果并长期坚持4条，正在办理1条；根据区委文件制定的9个工作台账，梳理出50条问题，整改完成35条，达到阶段性成果需长期坚持12条，正在办理3条。党员干部查找的122条问题，一时能改的，立即整改；需要长期解决的，逐步到位。抓好党风廉政建设工作。加强反腐倡廉宣传教育，增强廉洁自律意识。强化从严治党政治责任落实。开展区纪委监委安排的各项工作。完成整治庸官、懒官、乖官、巧官等“四官”问题各项工作，共梳理整改问题44个，整改完成问题44个，排查廉政风险点20个，都制定风险防控措施，建立健全规章制度9个，开展理论学习38次，明察暗访8次，发现问题3个，督促督办3次，警示教育10次，通报曝光3人次。

【扫黑除恶专项斗争】成立区农牧水利局“扫黑除恶”工作领导小组，制定实施方案。抓好《新城区关于中央“扫黑除恶”第

15督导组反馈意见的整改方案》的落实。召开党组专题会议7次,专题调度会8次,局党组成员学习扫黑除恶相关政策11次。开展扫黑除恶专项斗争宣传工作。在微信公众号宣传27期,政务网宣传4期,悬挂“扫黑除恶”宣传展板13块,发放宣传册8000余份,发放民意调查问卷和驻区涉农企业调查问卷共计380余份。开展10次“扫黑除恶”宣讲活动,在辖区醒目地段张贴专项整治通告50份。组织干部职工进村入户,同时加强同上级业务部门、镇(办事处)村及区有关部门协调联动,开展线索摸排。组织干部职工出动254次、445人,未发现涉黑涉恶线索。

【乡村振兴战略】按照“产业兴旺、生态宜居、乡风文明、治理有效、生活富裕”的总要求,制发《新城区乡村振兴战略实施方案》,整合原有的乡村各类规划编制《新城区乡村振兴战略规划》,全面实施乡村振兴战略。发展都市观光农业、休闲采摘农业,推动一、二、三产业融合发展,全力推动农业全面升级。在乡村人才振兴、文化振兴、生态振兴、组织振兴方面,重点围绕“乡风文明”要求,扎实推进农民素质提升、乡风涵育、基础创建提升工程,推动社会主义核心价值观在乡村生根落地。建成新城区“三务”公开信息监督平台,把脱贫攻坚、“新农村建设”工程项目、“三资”使用管理和“一卡通”发放、支付等情况作为重点公开内容在平台进行“亮相”,针对老百姓重点关注和信访举报问题集中,矛盾反映强烈的内容进行专项公开,群众直接可以通过微信扫描二维码、输入身份证号、手机验证码三种方式,随时查询公开信息。强化农村基层党组织建设,2019年全区14个村实现书记、主任“一肩挑”,占58%。全区24个村集体经营性收入超5万元的有16个,占66.6%。

【农村人居环境整治】按照《新城区农村人居环境整治三年行动实施方案(2018—2020年)》和市、区两级会议精神,重点围绕“村庄规划管理、农村生活垃圾治理、农村生活污水治理、厕所粪污治理、农牧业生产废弃物资源化利用、巩固提升村容村貌、完善建设和管护机制”7个方面,推进19个行政村的农村人居环境整治目标任务落实。引入环卫作业市场化运营模式,实现城乡环卫一体化管理,提升农村环卫作业能力和管理水平,达到农村生活垃圾治理常态化、长效化。大青山前坡排污管网接入市政大管网工程投入使用,该工程分6个施工区域,长度5.81万米。拆除农村旱厕188座,新建水冲厕所35座,3290座户厕无害化改造加快推进。农作物总播面积133.3公顷,农作物秸秆产量1380吨,全部还田利用和菌类种植使用。大青山前坡属二级水源保护地,养殖业发展受限,畜禽养殖主要以村民圈养、散养为主,畜禽粪污综合利用率达到75%以上。新城区农业生产主要以特色果蔬、花卉、药材种植为主,地膜、农药、化肥使用量较小,通过推广使用可降解地膜和标准地膜,农药、化肥使用量实现负增长。在巩固提升村容村貌方面,结合城市环境综合整治,全面加强村容村貌整治和提升,在村庄周边栽植各类树木6000多株,辖区村庄绿化覆盖率达

35.07%。在完善建设和管护机制方面,坚持建管并重,推进规模化、专业化、市场化、社会化运营,确保已建成设施长期稳定运行。

【农村综合改革】基本完成农村土地、草原确权颁证工作,完成农村集体产权“三资”清产核资,推进村集体经济组织成员身份确定工作。指导监督村级财务公开,推进“三务”公开电子平台建设,做好日常监控,上传财务公开信息983条,组织开展镇、村财务人员业务培训班2期,制发《新城区农村集体经济组织财务公开实施方案》等制度方案,制定村级财务公开流程图,明确财务公开各级工作人员职责。

【“大棚房”问题专项清理整治】按照《新城区开展“大棚房”违法用地清理整治专项行动工作方案》,实施“大棚房”整治工作。3月底,辖区“大棚房”违规问题842个(涉及19个农业园区,违规面积10.3公顷。一类问题143个,二类问题35个,三类问题664个)全部整改完成(拆除265处、整改178处、按“一事一议”办理用地手续399处),4月上旬顺利通过国家“大棚办”验收。推进“大棚房”清理整治后恢复生产。为各园区提供免费的优质经济林苗木5万多株,对部分农业园区自行采购的果树苗木,实行全额补贴,对规模较大的香岛古路板农业园区和讨思浩农业园区恢复生产给予政策支持,在未享受过政策补贴的日光温室配套设施建设、集装箱耳房临时租赁、冷库租赁等方面给予一定补贴,支持其加快生产。

【农业园区发展】重点培育花卉、草莓、中草药、都市草业、特色水果及蔬菜等。采取“公司+合作社+农户”的模式,发展红辣椒、黄芪、草莓种植和加工等特色产业,推广种植红辣椒68.7公顷,亩产达1500千克,市场收购价2.2元/千克。在红辣椒种植中面铺窑村采取集体土地入股,有3家农民专业合作社和50余户农户参与其中。组织召开全区农村集体经济发展推进会,制发《新城区进一步发展壮大村级集体经济工作实施方案》,全力推动农村集体经济发展。加大新品种新技术的引进示范推广力度,区农业科技示范园推广新品种10余种。提升农牧业生产经营主体能力,扶持1家重点企业成功申报市级龙头企业,完成10家家庭农牧场认定,指导1家合作社创建国家、自治区级示范社。加大专业技术人员的培训和农村实用人才的培养力度,全年举办农牧业实用技术和农产品质量安全培训班4期、果树修剪现场教学班5期,培训农技人员和农民800余人次。推进“质量兴农、品牌强农”行动,不断提升本地产品知名度,制定《新城区“三品一标”及农畜产品商标品牌发展方案》,组织辖区企业参加各级农博会,承办自治区第二届农民丰收节。与32家农业企签订《农产品质量安全承诺书》,建立生产经营主体诚信档案。蔬菜农药残留速测801个样,上级部门抽检63个样,检测全部合格。抽检饲料17个批次送市检测中心检测,抽检动物尿样450头份,通过快速检测卡检测均为阴性。专项检查“三品一标”认证的4家单位35个品种,指导轩悦达合作社进入内蒙古农产品质量安全追溯平台,实现安全优质农产品全程追溯“一个码”。

【重大动物疫病防控和动物卫生监督】做好动物疫病防疫工作和监测工作。制发《新城区2019年动物疫病免疫计划》《新城区2019年重大动物疫病监测计划》,完成监测免疫牛口蹄疫2240头次、羊口蹄疫19196只次、羊痘小反刍二联14033只次、猪口蹄疫、猪瘟、猪蓝耳3814头次、鸡禽流感26万羽次、鸡新城疫17.8羽次、犬包虫驱虫7940只。开展流行病学调查,流调和巡查规模养场(户)1400余户。监测犬棘球蚴粪便样品160份,检测结果均为阴性。采集动物血清样品1080份,免疫抗体效价合格率均高于国家规定的70%以上。结合春秋季防疫,组织开展集中消毒,使用消毒剂2吨、消毒面积达60余万平方米。做好布病防控工作。完成羊布病血清监测3100余份;1—10月人间布病网报病例8例,经排查新感染病例6例、老病例2例,较2018年同期下降50%(2018年1—10月人间布病网报新感染病例12例)。完成全国第十一届少数民族运动会呼和浩特市马上项目比赛、第二届中国马文化节暨首届内蒙古国家马文化博览会马匹检疫和消毒工作,检疫参赛马匹818匹,消毒面积90余万平方米。严格动物检疫相关操作程序和规定,做到有检必报、接报必到、应检必检,完成产地检疫动物964头(只)、动物产品30.38吨。3月完成辖区动物诊疗机构年检,出动执法人员60余人次,对辖区内的20家动物诊疗机构、4家兽药经营企业和养殖户进行执法监督检查,立案查处违法违规案件6起,结案6起,立案率、结案率均达到100%。

【民生水利建设】编印《新城区农村饮用水水源地环境保护工作综合整治实施方案》,安全保护围封辖区6处农村集中供水工程,并安装监控设备,落实专人看护值守。复核保合少镇、成吉思汗大街街道办事处辖区内的110眼饮用水水源井安全保护落实情况,将检查发现的问题及时通报相关责任单位。在哈拉沁水厂成功试点安装紫外线消毒设备。经卫生部门检测,辖区集中供水点水质均达标,符合国家规范要求。农区防汛抗旱方面,汛前组织人员对辖区内10条重点沟域及面铺窑水库和沿河村庄险工险段进行防汛安全检查,及时整改问题,消除安全隐患。入汛后执行24小时值班制度,组织镇、村防汛工作人员进行专业知识培训。监督保合少镇、成吉思汗大街街道办事处严格落实防汛值班制度,明确责任、上下联动。对接市级水利部门和气象部门做好水情、雨情、汛情的监测预警工作。编制《新城区农业水价综合改革规划》《2019年农业水价综合改革实施方案》,在甲兰板开展试点工作,实施小管出流,安装计量设施及信息平台建设。小哈拉沁沟应急防洪疏通工程完工,正在编制工程决算,准备审计验收。落实河长制工作,做好区河长办日常工作,及时将河道巡查检查发现问题以《河长制工作简报》形式通报各级河长及成员单位。各级河长巡河160次,清除河道障碍6处,制作、更新河长制公示牌及河道安全警示牌25块,通过区、镇、村三级河长及责任单位密切配合,提升辖区河道水域安全。重点查处水利领域河道“四乱”问题，开展综合执法检查40余次，出动执法人员150余人次，及时制止违法行为2件，整改河道乱堆问题2处，下达执法文书20份。

【扶贫工作】落实中央脱贫攻坚专项巡视反馈意见的整改工作。根据中央第八巡视组脱贫攻坚专项巡视反馈意见，结合实际制定《新城区落实中央脱贫攻坚专项巡视反馈意见整改方案》，对标对表中央巡视指出的4大类24个具体问题，认领4大类21个具体问题，这21个具体问题均属立行立改、长期坚持。按照区整改方案要求，承担整改工作任务的7个部门会同14个责任部门对各自承担的整改任务认真落实，均取得阶段性成效。根据市扶贫开发领导小组《关于印发〈呼和浩特市关于落实2018年内蒙古自治区党委政府脱贫攻坚成效考核指出问题的整改方案〉的通知》文件精神，结合工作实际制定下发《新城区关于落实2018年内蒙古自治区党委政府脱贫攻坚成效考核指出问题的整改方案》，针对上级文件提出的6大类48个具体问题，结合实际认领6大类10个具体问题。至年底所有问题均整改完毕。落实自治区反馈2018年盟市党委政府扶贫开发成效考核发现问题的整改工作。根据自治区扶贫办《关于反馈2018年盟市党委政府（行政公署）扶贫开发成效考核发现问题的函》文件精神和市扶贫开发领导小组反馈的3个方面9类问题清单，结合实际制定下发《新城区关于落实反馈2018年盟市党委政府扶贫开发成效考核发现问题的整改方案》，认领2大类4个具体问题。至年底所有问题均整改完毕。根据《内蒙古自治区2019年脱贫攻坚“清零达标”专项行动实施方案》文件精神，结合实际制定新城区脱贫攻坚“清零达标”专项行动工作方案及任务清单。新城区所承担的“清零达标”任务均完成，全部达标。开展扶贫资产管理工作，完成2012—2018年各级各类财政扶贫资金投入及形成资产情况摸底清查、登记造册、分类管理、界定产权、资产监管工作，共有11个单位投入扶贫领域资金5746.16万元。形成固定资产1084.50万元，未形成经营性资产。开展扶贫对象动态管理工作。制定下发《新城区2019年度扶贫对象动态管理和数据信息采集核查核准工作方案》，截至11月10日共摸排普通农户2416户，入户摸底登记已脱贫建档立卡贫困户799户。上报标注稳定脱贫30户55人，上报后已脱贫仍享受政策的建档立卡贫困人口为142户303人。开展内蒙古扶贫手机APP推广使用工作。要求全区扶贫系统所有干部、各单位结对帮扶干部、驻村第一书记下载内蒙古扶贫手机APP。截至11月15日，新城区所有帮扶干部均已下载注册手机APP。帮扶干部利用APP各项功能，在APP的帮扶日志中填写上传入户时的帮扶情况，并利用手机APP查看自己帮扶户的基础信息是否正确。开展脱贫攻坚“回头看”工作。按照市扶贫办印发的《呼和浩特市脱贫攻坚“回头看”任务分工方案》文件，及时制定下发《新城区脱贫攻坚“回头看”工作方案》，全区围绕专项行动及问题整改五个方面，本着“谁摸排，谁签字，谁负责”的原则，逐村逐户开展各项排查和整改工作。

【重点公路建设征拆和农村公路建设】协调解决呼包高速公路(G6)新城区段遗留问题,代州营村水塔维护改造工程、下新营村自来水预留管道工程全部完工。督促成吉思汗大街街道办事处完成国道110线一级公路新城区段主线征地拆迁,协调完成国道110线新城区段主线地下管网迁改。圣水梁红色生态旅游公路工程项目可行性研究报名报区发改委批复,协调市自然资源局出具规划意见和用地预审意见。S105至满族坟道路抢险工程完工验收。X002(国道110线至坝上)面铺窑段公路安全防护工程设计图纸、图纸审查报告、批复和请款报告已报市财政局、市交通运输局。

【公路养护】铺撒防滑料1200平方米,刨冰100平方米,整修路肩4.2万平方米,整修边坡8000平方米,清理杂草2.36万平方米,清理工业垃圾32立方米,路面保洁16.2万平方米,种植路树(云杉)1500棵、花卉(八瓣梅)1万延米,路树浇水3000棵,清理边沟650延米。补坑槽1750平方米,刷坡4450立方米,粉刷警示桩3273根、桥头防撞墩30个、高压电线杆两处,安装标志标牌30块(其中更换标志标牌17块),划标线8000米,处理急弯硬化路肩3处,修复大护坡2700平方米,维修挡墙85立方米,增设限高架1处。X002生命安全防护工程安装波形护栏4700米,安装警示标牌47块,刷坡1.5万立方米,安装警示桩360根。X002管涵改板涵3处。

【路政执法检查】进行农村公路安全隐患排查,加大汛期和节假日期间管辖道路安全巡查力度,区公路执法大队联合市公路执法支队、交管部门开展集中联合整治,在105省道与生态路交叉路口、防火指挥中心与生态路交会处设置检查点,实行24小时轮流值班,开展联合执法集中检查20次,出动执法人员100余人次,劝返超载超限绕行车辆314台次,安装限高架2处。

【交通安全生产】加强对管辖范围内的农村公路安全检查,重点对路线、沿线桥涵、桥梁及隐蔽部位的安全生产隐患进行排查,加强新建桥涵的隐患排查,确保辖区道路安全畅通。加强农村道路例行巡查和清障工作,对存在积雪融化结冰的现象及时进行清理。结合新城区"安全生产月"活动,开展路政宣传4次,发放《中华人民共和国公路法》《公路安全保护条例》《路政管理条例》等宣传材料1000余份。开展安全生产联合大检查活动,结合扫黑除恶专项斗争,强化危险化学品存储安全和运输安全,加强对旅游客运企业的安全生产检查,节日期间开展安全生产自查,确保旅客运输工作的安全、畅通、有序,有效预防重特大道路交通事故发生。

林业管理

【林业局领导名录】

局　长　蔡欣哲

副局长　赵玉锁(5月离任)

梁红梅(女 5月离任)

李世珍(蒙古族 5月任职)

【概况】新城区林业局是区政府综合管理全区林业工作的职能部门,内设5个科室:综合办公室、法制股、业务股、资源林政股、防火办公室。下设 4 个二级单位:森林公安局、古路板林场、林业工作站、森林病虫害防治检疫站。

【重点区域绿化植被恢复】4 月正式开工实施,项目位于呼和浩特市新城区保合少镇水磨行政村的黄花窝铺和达赖沟两个自然村,总造林面积 135.7 公顷,造林地块主要为荒山。按照适地适树的原则,营造云杉、樟子松、华北落叶松和沙棘的乔灌木混交林。完成造林 30 万株,其中云杉 7.92 万株、樟子松 7.12 万株、落叶松 9.38 万株、沙棘 6.31 万株。

【村庄绿化补植】4 月开展村庄绿化补植工作,对新城区保合少镇面铺窑村、庄子村、水泉村、大窑村,以及成吉思汗大街街道办事处的红山口村、生盖营村、姚家湾等村中道路和广场景观的树木缺损和枯死区域进行补植,完成樟子松、云杉等苗木补植 5500 余株。

【G6 高速(甲兰板—赛罕界段)两侧补植】4 月,G6 高速(甲兰板—赛罕界段)两侧开展补植工作,补植樟子松约 4000 株,为消除安全隐患,8 月对 G6 高速(甲兰板—赛罕界段)两侧集中清理,清理死树、枯枝修剪 2 万余株,清理林地内杂草约 166.7 公顷。

【火烧迹地恢复】8 月,对新城区古路板东坡及破庙子东坡两处火烧迹地进行人工造林恢复,按照因地制宜、适地适树的原则营造油松、樟子松、山桃和山杏的乔灌木混交林 33.3 公顷,栽植樟子松、油松 2.5 万株。

【森林草原防火】召开全区森林草原防火工作会议,与保合少镇、成吉思汗大街街道办事处、驻区各重点防火单位、沿山各村委会签订《森林草原防火责任状》。与林场管护人员签订责任状。4 月 22 日,副市长、区委书记云新明检查全区防火工作,召开森林草原防火工作专题会议,详细部署防火工作。4 月 24 日,中共新城区委员会办公室、新城区人民政府办公室印发《关于调整新城区森林草原防火指挥部成员的通知》,区委书记任总指挥,政府区长任常务副总指挥,办公室设在林业局。春节、清明节、农历“十月一”期间,在主要路口为祭扫群众发放鲜花和水果各 2000 余份,同时大力倡导植树、献花等文明祭祀行为,引导教育群众移风易俗、破除陋习,逐步改变以烧纸为主的祭扫习俗。清明节、“五一”、国庆节期间在青山大道沿线的各行政村、大学城,开展专题森林草原防火宣传活动,发放森林草原防火手册 2 万余册;结合扫黑除恶专项斗争,发放宣传卡片 3 万余张,悬挂横幅、彩旗 500 余条,并张贴标语、摆放展板。同时利用车载高音喇叭,经常性地对村民宣传野外用火常识和用火规定。在青山大道、101 省道、105 省道、电台路、雅马图登山步道、旗县界节点等重点火险区设立永久固定森林草原防火宣传警示牌和宣传标语 80 余块。采取 24 小时轮班制,对火灾多发地、重点地段、旅游景点、主要路口进行重点设防,加强对祭祀人员和游客等入山人员管理,并加大流动宣传和巡查力度,发现野外用火坚决制止,各防火检查站对进入林区的车辆和人员进行登记、说服教育和劝返,严防一切火种进入林区。对违犯规定、对擅自使用火种者严加处罚,对造成火灾的依法严惩。将重点火险区域的11475座零散坟登记造册制作零散坟分布图。全面提升森林草原防火综合能力,加大森林草原防火基础建设。在主要路口、重点地段增设5座可移动式防火检查站(集装箱型式),对各防火小队及检查站进行维修亮化。在重要地段哈拉沁沟、小井沟、奎素沟等5处增设防火检查站。利用非重点防火期,对357千米的防火通道进行维护,山上重点火险区域打草200公顷、G6高速两侧打草160公顷。应用最先进森林防火新技术,建设多光谱雷达森林草原防火预警监控系统,在了目山、猴山等山体制高点,建设完成5个多光谱火险预警监测雷达站点和信息指挥中心,完成制高点的铁塔基坑建设,购置铁塔部件及其他设备。扩招16名专业防扑火队员,充实防扑火队伍,新城区专业扑火队66名。对防扑火队员进行严格管理,每月进行一到两次体能测试,主要是10千米跑步。专业防扑火队员有火进行扑火,无火进行巡逻,实行24小时待岗待命制度。

【有害生物防治】2019年,新城区有林地和未成林地面积为32.493公顷,成灾面积为0;林业有害生物预测发生面积57.33公顷,实际发生55.33公顷,预测预报准确率为96%;防治各类林业有害生物3167公顷,使用药剂2.35吨,其中人工防治500公顷,飞机防治1667公顷,无公害防治率100%;应施产地检疫面积20.6公顷,实施产地检疫面积20.6公顷,种苗产地检疫率100%。完成了上级下达的年度各项指标。4月,在塔沟、奎素5万亩森林公园观光路两侧的人工油松林、母树林等地挂粘虫板5万片防治松阿扁叶峰成虫,防治面积约500公顷;6月初在以上地区采用植保无人机喷洒苦参碱的方式防治松阿扁叶峰幼虫,防治面积约1667公顷。在主要新造林地悬挂美国白蛾诱捕器15套,由专人监测。组织技术人员于6月10—20日、9月16—26日开展松材线虫病和红脂大小蠹的春、秋季普查工作,全面清查新城区范围内松树,未发现松材线虫病和红脂大小蠹疫情。编制《呼和浩特市新城区松材线虫病疫木检疫执法专项行动实施方案》。对相关企业进行现场复检和登记备案,累计复检松木板方130.4立方米。严把产地检疫关,确保出圃苗木的质量,颁发产地检疫证书2份,检疫面积20.6公顷。

【专项行动】3月8日—5月25日,开展2019年春季保护候鸟专项行动;4月30日—12月25日,开展严厉打击破坏森林和草原资源违法犯罪专项行动;5月6日—9月22日,开展打击破坏野生动物资源违法犯罪专项行动;6月—9月25日,开展绿卫2019专项行动;9月29日—12月30日,打击秋冬季森林草原火灾违法行为专项行动;10月21日—11月12日,开展2019秋季保护候鸟专项行动。出动车辆553台次、出动民警1335人次,在候鸟迁飞停歇的重点区域、重点路线开展彻底的排查活动,检查野生动物活动区域80处,排查林区车辆70多台次,检查重点市场场所4处。检查野生动物人工繁育场所1家。检查餐饮场所72家。排查网站和论坛2个。清理网上违法信息15条。排查案件线索18条。在“58同城”“微信”“转转”“快手”等网络平台检查相关信息200余条。参加野生动物园组织的保护野生动物宣传及放生活动,活动现场放生野生动物50余只。

【其他重点工作】天然林资源保护工程二期,与古路板林场签订责任状,安排林场落实2019年天保管护地块与管护人员,与管护人员签订管护协议。森林生态效益补偿工作,编制完成森林生态效益补偿实施方案,完成2019年管护责任状的签订,完成破损管护标志牌的清理;结合“扫黑除恶”宣传工作,更换喷绘布61块,共计636.84平方米;完成保合少镇集体国家级公益林的兑现工作;建设完成2018年森林生态效益补偿围封项目,项目在小井沟新修建的公路两侧,起于十里坡沟口北,止于小井沟黑家沟口,总长度11千米。退耕还林补助发放工作,为退耕还林农户发放退耕还林惠农资金15.08万元。国有林场改革,按照国家、自治区关于国有林场改革的要求,对古路板林场的档案进行整理汇总,将改革措施、改革成效等形成文件报告,上报至自治区林草局并将进行验收工作。国有林场管护用房加固改造项目,7月由新城区林业局、财政局、发改委对项目的监控、消防、办公和生活设施等内容进行实地整体验收,项目资金、建设均符合验收标准。创建森林乡村工作,10月,根据上级林草主管部门创建森林乡村评价标准,推荐恼包村参与评选国家级森林乡村,已在自治区公示。推荐符合绿化标准的乌兰不浪、生盖营、水磨、恼包村为自治区、市两级森林乡村。

城建环保

住房和城乡建设

【住房和城乡建设局领导名录】

局　长　秦国珺

副局长　任真平(蒙古族)

　　　　王雪冰

　　　　李赛云(6月任职)

【概况】新城区住房和城乡建设局内设综合办公室、城市建设股(人民防空工作办公室)、村镇建设与房产管理股、建筑市场质量安全监管股4个科室;下辖建筑工程质量监督站、建筑工程安全监督站、园林绿化建筑市场监察队、人防工程监察维护管理所、土地收储中心(未正式组建运行)5个二级单位,有工作人员78名。

【党建工作】深入学习贯彻习近平新时代中国特色社会主义思想,深化“不忘初心、牢记使命”主题教育,从严加强党的思想建设,切实推动改进机关作风建设。开展区委巡察组巡察住建局整改工作,高标准、严要求,落实巡察反馈问题清单取得实效。

【依法行政】结合行政事业单位机构改革,完成住建局“三定”方案,调整内设机构及干部的配置。完成棚户区改造回迁安置房设5200套。住房保障工作和公租房租售并举工作有序推进。建筑市场依法行政管理工作,建筑工程施工许可证办理9项,建设项目招投标30项,建设工程质量监督与建筑安全监督2019年度监督25个项目,总面积1869826.5平方米,辖区“四制两金”基本落实。

【征拆工作】毫沁营征拆工作毫沁营村110国道南侧涉及宅基地2476个院落,占地面积约101.66万平方米,完成99%。毫沁营村国道北涉及宅基地669个院落,占地面积约36.57万平方米。

【基建工作】新建道路完成毫沁营规划三路、二经路、教堂南路三条道路,道路长度1213米,铺装面积17608平方米,并配套天然气、雨污水、供电等地下管道。小街巷精细化管理步入常态管理。

房屋征收

【房屋征收管理办公室领导名录】

主　任　李　睿

副主任　杨清权

　　　　　李心诚

　　　　　樊海青

【概况】新城区房屋征收管理办公室为区财政全额拨款正科级事业单位,单位编制55人,领导配备为正职1名、副职3名。设科室有财务科、办公室、法制科、管理科、信访科、监察科、征收(一、二、三)科共9个科室,有在编在职人员49人。2019年征收办负责实施动迁的征拆项目累计动迁546户,征拆建筑面积约96563平方米。征收永久性占地10处,占地面积4042.28平方米。租用临时性占地6处,占地面积4621.73平方米。

【轨道交通一、二号线项目征拆】轨道交通一、二号线征拆项目于2016年启动,共需征收房屋656户(建筑面积54524.88平方米)、征收永久性占地22处(占地面积9087.34平方米)和租用临时性占地11处(占地面积8390.81平方米)。年内重点实施呼和浩特市地铁2号线轻工花园1号楼和呼和浩特站1号出口(火车站南侧)房屋征收工作,完成新华广场站、鼓楼站、呼和浩特站、体育场站、成吉思汗广场站、毫沁营站、人民会堂站等征地补偿协议,完成车站后街全体征拆户整体完成奖的补偿工作,签订房屋征收补偿协议22户(建筑面积1280.61平方米),征收永久性占地10处(占地面积4042.28平方米),租用临时性占地6处(占地面积4621.73平方米),剩余12处永久性占地和5处临时用地因补偿途径不明确暂未签订协议,但协调相关方面并征得同意,施工单位如期进入施工现场,保证轨道交通一、二号线出入口的顺利施工。

【北二环棚户区改造区块代州营村征拆项目征拆】该项目于2013年启动,截至2019年年初剩余66个宅基地院落、20个厂院,其中一期项目征拆范围内有35个宅基地院落、8个厂院,二期项目征拆范围内有31个宅基地院落、12个厂院。为盘活征拆资金,按照区政府总体安排,2019年重点对一期项目范围内1号、2号、3号、4号、5

号、6号、7号地实施精准拆迁。截至年底，一期重点地块征拆21个宅基地院落(占地面积7840.7平方米，建筑面积7203.5平方米)、3个厂院(占地面积6101平方米，建筑面积10123平方米)，1号、2号、3号、4号地全部完成扫尾清零任务，征拆工作方面具备挂牌条件。5号、6号、7号地剩余14个宅基地院落(占地面积约1357.38平方米，建筑面积约1904.64平方米)、5个厂院(占地面积约95333.93平方米，建筑面积约33934.27平方米)因涉及法律纠纷、权属认定、被征收人期望值太高等问题还没有达成征收补偿协议。推进二期非重点地块征拆17个宅基地院落(占地面积6347.25平方米，建筑面积5831.52平方米)，剩余14个宅基地院落(占地面积约5244.44平方米，建筑面积约4624.61平方米)、12个厂院(占地面积约91739.07平方米，建筑面积约37567.06平方米)。

【居家财富中心房屋征收项目征拆】居家财富中心房屋征收项目建筑面积约22265平方米，涉及76户被征收人，其中私产75户，建筑面积5893.52平方米。2月15日征收工作正式启动，3月底征收工作基本结束。

【下新营8号地棚户区改造项目征拆】为整体推进北二环棚改项目的征收进度，2019年8月下旬，区政府安排办事处负责下新营村8号地513户的房屋征收任务，占地面积约84061.14平方米，建筑面积约87570.61平方米。9月初正式启动征收工作，截至12月31日，385户(占地面积30580.57平方米，建筑面积40909.35平方米)签订房屋补偿安置协议。

【成吉思汗办事处区块棚户区改造项目】该项目属区政府为消除煤烟污染而临时下达的任务，共22处宅基地院落，占地面积1.2万平方米，建筑面积8950平方米，要求征收任务于2019年10月中旬完成。征收工作于9月15日正式启动，至年底。全部被征收人已签订房屋补偿安置协议，完成征拆任务。

【征收项目成本认定】完成元福城、金翡丽二期、团校巷、三合村、古文化广场、机场辅路地块项目和下新营3号、4号地以及毫沁营2号、3号、4号、5号、6号、7号、8号、9号、10号、11号、12号、13号、14号地的成本认定审核工作。确保相关房地产开发项目的正常推进。

【征收项目协议审核】适时完成市容局、住建局实施的毫沁营征拆项目的协议审核工作。完成市容局实施的府兴营征拆项目的协议审核工作。完成成吉思汗大街街道办事处实施的新城区呼和塔拉西街、三合村、下新营村、东柜村、110国道改扩建、大青山前坡红山口征拆项目的协议审核工作。完成新城西街街道办事处实施的新城区政府旧址南侧住宅楼房屋、中山东路街道办事处实施的金翡丽二期、锡林北路街道办事处实施的领秀阁、海拉尔东路街道办事处实施的团校巷征拆项目的协议审核工作。

【信访接待】执行来访登记接待制度，对于来访者，工作人员热情接待，对反映的问题认真做好记录，能及时答复和解决的当场给出明确的答复，不能及时解决的在事后梳理总结,通过召开部门会议、征求各方建议意见、研究后作出答复,无法解决的问题由行政办公室告知来访人,并将来访人的问题转交有关部门进行答复。答复“阳光信访”“开门纳谏”及接待群众来访20余件,回复率100%,没有发生一起因拆迁引起的重大不稳定事件。

【“三务”公开】落实信息公开制度,更新政府信息公开目录,形成严格的信息收集、整理、分析和报送工作模式,确保重要信息当日报送,信息报送及时、准确,业务数据全面翔实,为上级部门和领导决策提供科学依据。部门网站信息公开79条。

项目服务

【项目服务中心领导名录】

主　任　任真平(蒙古族)

副主任　闫利军

【概况】新城区项目服务管理中心为新城区人民政府直属科级事业单位,设3个内设机构。建设手续审批服务办公室、遗留项目推进办公室、党政综合办公室。有事业编制6名。

【遗留项目完善手续】4月24日,中共呼和浩特市委办公室、呼和浩特市人民政府办公室印发《关于2019年解决城镇国有土地上房屋权属登记等历史遗留问题的通知》。房地产领域存在遗留问题的项目112个,总体分为3大类,第一类为土地已挂牌未办理产权手续的项目69个,主要是建成的经济适用房、房改房、自建房和其他建设手续不完善项目,办结67个。第二类为已征转土地未挂牌的项目29个,主要是村民回迁安置小区和城中村改造的安置房等项目,上报23个,办结10个,其余的6个项目梳理上报。第三类为土地未征转的项目14个,主要是在集体土地上建设的村民还迁小区和未销售的商业等项目,计划12月底前完成上报。年内办结项目78个,涉及5.2万户、13万人、530万平方米(其中已办理大房本项目50个、完成房屋分户办理123户),办结率为70%。

【土地整理成本审核认定】完成审核认定土地整理项目20个,涉及地块45宗,其中:出让并成交的地块36宗,供地面积135.8公顷,成交地价款84.7亿元,土地净收益约10亿元;正在出让地块13宗,供地面积48.13公顷,预计成交地价款约30亿元,预计土地净收益约5亿元。

【重点项目手续办理及开工建设】国家北方足球训练基地一期工程手续办理及建设工作,至年底项目办理建设用地规划许可证、建设用地批准书、建筑工程规划许可证和建设工程施工许可证,正在组织竣工验收工作,项目竣工结算审计工作进入收尾阶段,年底将工程整体移交自治区体育局。国家北方足球训练基地二期PPP项目(公建部分)已入库并完成社会资本采购,自治区体育局征求自治区政府及相关部门意见,意见征求完毕后签订《PPP项目合同》。草博园项目总占地约133.33公顷(含种植区),8月,协调市规划局为草博园项目办理《规划设计条件初审意见》,协助国土部门完成用地报批,配合企业完善其他建设手续。新城区足球训练学校总占地面积64599.17平方米，总建筑面积约5万平方米，总投资约2亿元。项目以PPP模式投资建设，为使用者付费，至年底项目已入财政厅和财政部PPP项目库。项目已办理建设用地规划许可证，办学机构已批复，项目已基本建成。完善中蒙博览会永久性国际会展中心（敕勒川国际会展中心）项目建设审批手续，项目建议书、土地预审意见、社会稳定风险评估报告、节能报告、规划选址意见和项目可行性研究报告等均已办理和批复。按要求完成PPP项目“两评一案”的论证和批复，项目已通过审核并列入财政厅和财政部PPP项目库，完成PPP项目社会资本采购，《PPP项目合同》草签。展览中心主体工程基本完工，进行装饰工程，计划2020年展览中心整体完工，会议中心开工建设；项目用地正在报批，增减挂钩指标已落实。

【债券置换】置换债资金涉及24家企业，28个地块，总计到位资金124302.818841万元。至年底已支付108595.340184万元，主要用于支付拆迁款、回迁房工程款及过渡费。按照支付进度分类，全部支付完成地块14个（和成、铁路中院、宝莲、名都和景、世纪华盛、联发、新西美、蒙力威、昌立、巨华集团一家村地块、太古、鼎盛华、天地长、融兴），部分支付地块14个（巨华集团新城区旧址地块、太古、元福、兴松、鲁桥2个地块、天盛、兆丰、联合中建、93502部队、滨海2个地块、宝莲、紫越），至年底账户余额为15707.478657万元。

【其他工作】协助鸿盛供水加压站办理相关手续，鸿盛供水加压站办理规划选址，土地成本审核认定完成。推动四座变电站征地报批工作。保障重点项目和重点区域供电，协助呼供进行胜利220千伏、恰西110千伏、东客站110千伏、野马图110千伏变电站办理规划选址、土地征收报批等工作，至年底各变电站手续办理和工程建设正有序推进。推进村民回迁安置房土地报批，下新营、上新营、毫沁营、塔利村等村建设的村民回迁安置房，列入全市房地产遗留项目，推进解决“办证难”问题。但上述项目用地均未批转为国有建设用地，中心组织各村委会并协调市自然资源局进行组件报批，推进新建项目完善手续并开工建设，协助2018—2019新开工建设的划拨用地项目（内蒙古地质实物馆、内蒙古革命历史博物馆等）和经营性用地项目（荣丰科技城、东源水务等）完善相关手续并开工建设。办理宗教项目相关手续，按照区委、区政府安排，为辖区范围内的11个宗教项目，办理不动产登记手续。配合市自然资源局完成科技城城市设计和控制性详细规划编制、新城区土地利用规划调整、项目规划设计方案评审等工作。配合市土地收储中心完成科技城土地整理项目征地协议签订和资金支付。

【扫黑除恶专项斗争】贯彻落实中央扫黑除恶第15督导组对房地产领域的反馈意见，按照区委、区政府《关于深入开展“四个百日行动”的通知》要求，加快房地产项目遗留问题集中治理进度，维护购房业主合法权益。针对中央扫黑除恶第15督导组反馈意见、自治区纪委、市委、市政府交办重点房地产信访案件及其他群众关心的房地产遗留问题,做到全程跟踪,做好居民服务,对涉及各个项目的具体问题线索进行排查、梳理、分办落实、全力处置化解。

园林绿化

【园林绿化服务中心领导名录】

主　任　史晋光

园林科研所所长　孙丽清(女)

【概况】新城区园林局于2018年3月组建。2019年5月27日,根据《关于为新城区园林局更名的通知》的文件精神,将新城区园林局更名为新城区园林绿化服务中心。中心核定正科级领导1名,内设综合办公室、绿地规划科、生产技术科、绿化管理科、工程建设科、设备安全科6个科室。下设园林科研所1个二级事业单位,核定副科职数1名,中心在编在岗共45人。

【党建工作】落实党建工作责任制,研究制定党建工作计划、提出具体学习方案、确定党支部工作目标、党员专题学习制度、党员履责制度,开展集中学习、专题学习、小组学习、参观学习、参观教育等活动。严格落实"三会一课""两学一做"。开展各类政治学习、党员活动75次,其中开展党日活动12次、报送各类党建信息55篇,组织干部职工赴北京参观学习世界园博会、参加全区干部职工运动会及区篮球赛,并派出30名干部职工参加市运动会。开展"不忘初心、牢记使命"主题教育,开展8个专题的集中学习和集中研讨,成立3个自学小组,各小组每周开展2—3次自学。全体党员认真撰写心得体会、专题研讨发言材料,做好学习笔记。确立开展6个专题的调研项目,从中发现问题、解决问题,对调研过程中发现的小区绿化病虫害防治欠缺、城市绿化树种单一、园林绿化施工有不文明现象等情况及时进行整改。结合中心业务工作采取"开门纳谏""推门纳谏""座谈走访"三种形式进行检视、查摆问题。组织开展开门纳谏社区代表座谈会1次,社区登门纳谏走访4次,共查找出26个问题全部整改到位。落实"一岗双责",抓好党风廉政建设,强化落实党风廉政建设责任制。支部书记认真落实第一责任人职责,支部班子成员认真履行"一岗双责",坚持齐抓共管党风廉政建设的责任机制,定期召开专题会、支委会,研究部署党风廉政建设各项工作。全体党员签署个人履责事项书,明确岗位职责。强化党员干部廉政教育,集中学习《党章》《条例》《准则》等文件,通过违法违纪典型案例反面教育、观看警示教育片等方式,筑牢干部职工拒腐防变的思想防线。班子成员认真报告个人有关事项,严格遵守干部职工外出培训考察请示批复程序。组织职工观看廉政警示教育影片4次,在线观看3D廉政警示教育厅1次,开展"廉洁自律"专题讲座1次,开展对照检视整改1次。

【公共绿化】以创建国家生态园林城市为抓手,秉承"生态、自然、节约"建设理念,根据市政规划对元利东巷、塔利东街等4条道路实施绿化新建工程项目,对110国道、长海巷等12条道路实施提升改造工程。通过拆违建绿、拆墙透绿、清废建绿、增加园路及凉亭小品等措施,完成丰州路绿地、一家村道北游园、呼伦路绿地等 8 块新建绿地项目,以及惠新苑绿地、创业园绿地等 24 块提升改造项目。实施绿化面积 50 公顷,新增绿化面积 20 公顷,累计栽植各类苗木 213 万株(丛)(其中乔木 2.4 万株、灌木 210.6 万丛),各类花卉 15 万盆(株),各类地被 2 万平方米,垂直绿化 800 延长米。因地制宜,利用地形特点与周围街景相结合,以中华人民共和国成立 70 周年为主题,在赛马场北路与呼伦路路口、中山东路与呼伦路路口等节点摆放造型各异的大小型花坛 7 个。在辖区内 109 座青城驿站、公厕周边及沿街节点摆放花器花箱 510 组(约 1200 个),使用各类花卉 45 万盆(株),用大绿大美扮靓城区,为人民群众创造更加良好的生态宜居环境。

【庭院绿化】对辖区内筑福城、沁丰园等 7 个社区庭院进行绿化新建,大量增植乔灌木,提高绿化覆盖率,对锦绣园 1 期、察哈尔实验中学等 7 个社区庭院进行提升改造,并对 106 个有绿化基础、物业管理较好的社区庭院提供苗木支持、树木修剪、病虫害防治。实施绿化面积 23.3 公顷,新增绿化面积 7.3 公顷,累计栽植各类苗木 82 万株丛(其中乔木 0.2 万株、灌木 81.8 万丛),各类花卉 20 万盆(株),各类地被 3 万平方米,垂直绿化 700 延长米。

【日常巡查养护管理】派驻组工作人员每日对各自辖区养管的道路、绿地、庭院进行巡查,发现缺株、枯死、护树设施损坏等问题及时上报并处理。修剪乔木 4.6 万株,整理绿地 148 万平方米,清理枯死树(含灌木)0.5 万株(丛),维修护树设施、园林设施 2500 余处,处理数字城管案件、"12319"城建热线、市长热线、市民反映的各类问题 3000 余起(其中清理老枯、病树案件约 400 起,树木遮光案件 150 起,其他案件 2450 起)。

【植保防治】根据各派驻组工作人员对辖区巡线观察情况,以巡查、观测、记录的数据为主,制定防治范围和植物病虫害防治方案。对 63 条道路、69 块绿地、300 处社区和庭院多次进行药剂喷洒,对辖区内 112 条道路、58 处绿地、55 个社区庭院的 8.7 万株树木使用石硫合剂进行涂白工作。

【义务植树】对 230 余家驻区单位印发开展义务植树工作通知。广泛宣传,营造氛围。利用电视、广播、报刊、网络等媒体,在辖区内组织各类义务植树宣传活动 17 次,利用宣传车多次深入社区,并发放各类宣传册、宣传单、环保宣传品 1.5 万份。组织驻区单位、社会力量、家庭及个人共计 1 万余人次,在市区内、哈拉沁、面铺窑、奎素等多个义务植树基地大规模地开展全民义务植树活动 13 次,累计栽植各类乔木 1.6 万株,完成绿化面积 11.13 公顷,面铺窑义务植树基地外围防风林初步形成规模,全民义务植树尽责率达到 90% 以上,中心被评为"呼和浩特市国土绿化先进单位",许春岭及付红丽被评为"呼和浩特市国土绿化先进工作者"。

【园林科研】建成 2000 平方米智能温室和 1500 平方米拱棚,初步形成集"产、学、研"于一体的科研基地,已开展"新、优、奇草本花卉的引种研究"项目,主要针对北方地区园林用花种类少、品种单一、花期短的缺陷,拟对百合科等球根花卉、石竹科等宿根花卉进行引种研究。引进球根花卉(亚洲百合、唐菖蒲等)5种(共17个品种),完成部分实验材料的生物学习性的观测及无性繁殖、耐逆试验等工作。引进宿根花卉(银莲花、洋地黄、羽扇豆等)11种,掌握该项目中引种花卉的花期预测和调控,为园林绿化提供技术支持。

【创新工作】探索立体绿化,打造空中花园。为提升城市整体绿化覆盖面,同时可以呈现良好的景观视觉效果,以中山路碧玉小区和海东路DIY写字楼两处为试点,进行屋顶绿化实验项目。室外屋顶覆绿,尽可能地合理规划空间,有效地利用雨水、雪水进行浇灌,既节约资源又降低成本。提高绿化废弃物利用率,建立回收试点。为有效处理在城市绿化养护的过程中产生的大量枯枝、落叶、枯草等绿化有机废弃物,在北二环设立1处园林绿化废弃物回收点,将城市园林绿化废弃物统一运送到回收点,进行集中处理,经粉碎发酵后加工成有机肥料进行二次利用。至年底,成功转化600立方米有机肥料用于新植树木。

城市管理

【城市管理综合执法局领导名录】

局　长　敖　登(蒙古族)
副局长　邬广军
　　　　常　斌
　　　　孙　毅

【概况】新城区城市管理综合执法局内设综合办公室、计财装备股、城市综合管理股、政策法规宣教信息股等职能部门。城市管理行政执法监察大队,分为城市管理行政执法监察一大队和城市管理行政执法监察二大队。监察一大队下设8个执法中队,负责新城区辖区内市容市貌和环境卫生的管理工作,监察二大队下设渣土中队、园林中队、特勤中队、督查大队、机动大队等部门,负责专项事务、应急处置等工作。数字城管和应急处置中心,承接受理数字化城市管理系统派发的任务件,负责对任务件进行分类派遣、督查反馈和结案上报工作。城市治理创新中心,负责城市管理方面理论研究创新,技能培训,科研成果的研发、推广、转化、信息收集咨询等。有职工525人,其中行政编制8人、事业编制360人、助管员157人。

【落实“门前三包”工作】与沿街商户、单位签订“门前三包”责任状1.2万余份。加大宣传力度,发放《呼和浩特市市容环境卫生管理条例》宣传页等宣传资料。

【户外广告整治】拆除不符合设置要求的广告牌匾。拆除破旧损坏户外广告174处,约1311平方米。拆除未经审批户外广告48处,约370平方米。拆除设置不合理户外广告79处,约1584平方米。整改修复缺行断字、亮化设施残缺89处,约337平方米。拆除门头小型LED、刀牌82处,约812平方米。

【不文明祭祀整治】春节、清明节、中元节、“送寒衣节”期间,针对不文明祭祀现象,开展集中清理整治行动,出动执法队员

2230余人次，执法车辆312台次，电动车253辆次，清理店外出摊、堆物408余处，清理祭祀用品流动摊点713处，劝离不文明祭祀人员29人，说服教育77人，保障祭扫场所周边秩序平稳和市容市貌的整洁。

【临建、违建整治】严厉打击新建临时建筑和违章建筑，始终保持高压态势，重点整治市区道路两侧、建设项目周边、住宅小区等区域违法建设。畅通举报渠道，通过“12319”热线、数字城管平台等渠道接收各类私搭乱建举报线索，并进行及时处置。全年拆除临建、违建57处，约2747平方米。按照区委、区政府工作部署，年内拆除奎素村占用耕地建房1处，350平方米，拆除香岛大棚房145栋共计22137平方米，拆除恼包大棚房30栋共计2880平方米。10月，依法对保合少镇违规别墅进行整改，共整改4处院落、5277.5平方米。

【“三城同创”工作】细化管理措施，根据城区、城乡接合部、村三大区域的实际情况，整治重点各有侧重。城区开展社会乱象整治工作。发放“创卫”宣传海报约1万张，组织集中整治行动180余次，出动车辆21050余台次、人员113700余人次。清理店外堆物12160处、非机动车占道5512辆、促销活动174处、流动摊贩2972处。清理、取缔不合格废品收购站63处。铁路、公路沿线及城郊接合部方面，重点改善环境卫生状况。清理积存垃圾、堆物，清理垃圾回收站。联合环卫局按需增设生活垃圾收集站、公共厕所等市容环卫公共设施。通过无人机技术，对铁路、公路沿线及城郊接合部进行全覆盖、无死角、无盲区的高空巡查。清理流动摊贩55家，店外堆物125处，“三乱”小广告400余张，条幅88条，玻璃贴纸600余张。联合保合少镇政府对村居环境卫生进行清理整治，清理各村乱张贴小广告400余处，条幅90多条，房前屋后堆积杂物20余车。清理大型水罐4个，大型储水池1个，占道洗车修车10处。清理整治110国道两侧乱堆乱放，104、105省道边商业门脸的各类违法违章行为100多处，玻璃贴纸贴字80余处。

【施工工地扬尘污染治理】治理扬尘污染，加强辖区在建工地管理工作。杜绝黄土裸露、建筑工料无覆盖等现象。苫盖黄土裸露224处、8000平方米。对24米以下道路破路施工实行登记、核准、缴纳保证金等方式进行管控。加大辖区内乱到渣土行为的巡查力度。查扣运输渣土车辆23辆，罚款3.4万元。清理渣土1210立方米。

【散煤运输整治】深入红山口村、上新营村、下新营村、塔利村，每日上午8:30至晚间12:00，集中清理违法销售高污染煤炭的摊点。查扣高污染煤炭125吨，暂扣运输车辆25辆。

【整治不文明行为】全面整治车窗抛物、乱到污水、随地便溺等不文明行为，动员全社会关注、参与、支持城市文明程度的提高。发现随意乱扔烟头225起，涉及当事人225人，处罚167人1670元，批评教育58人。查处车窗抛物行为，设立12处宣传整治点，纠正违法行为218人次，发放宣传手册3000份，处罚13起“车窗抛物”违法行为。针对便溺行为集中地、多发地，多次组织集中行动并实行夜查机制，查处随地便溺118人,罚款4万元,批评教育48人,清理卫生死角84处。污水整治工作逐步形成长效管理机制,保持“严管、严治、严查、重罚”高压态势。处罚商户92户,罚款5.85万元,教育批评33人。

【校园周边整治】采取定点值守、机动巡查、集中整治等的方式进行整治,执法人员每天6时至8时、11时至12时、16时至18时三个时间段在学校周边设立固定执法岗点。与辖区学校建立协同管理机制,引导广大师生积极参与管控工作。清理散发小广告行为252起,查扣传单约2.2万份,清理摊贩629余处,清理违规宣传条幅304处,清理各类违规展板139块。中高考期间,设置高考服务棚亭60处。先后出动334名城管队员,车辆61台次。清理流动摊贩占道经营15处,取缔悬挂违规商业宣传条幅7条,户外高音喇叭展销活动1处,查扣散发商业性宣传广告传单1600余张,责令停工考点周边产生噪音污染的施工现场24处。

【油烟污染整治】加强长效管理,强化对大气污染防治法律法规的宣传。实现餐饮业油烟噪音问题逐步减少。依法依规开展露天烧烤整治。清理露天烧烤摊点235家,清理露天摆放桌椅140家。开展餐厨垃圾整治工作,每日巡查监管餐厨垃圾收储情况,多次组织餐厨垃圾集中整治行动,加强夜间巡查,对违规拉运泔水车辆进行查扣。先后发现偷倒、乱倒餐厨垃圾2起,罚款1500元,查扣偷运餐厨垃圾车辆19辆。

【便民市场管理】规范管理便民市场,开辟临时市场。针对所管理的便民市场的实际情况,通过提高巡查频次,规范货品摆放,放置垃圾收集容器,改善市场内环境卫生。严查证照手续,排查安全隐患,规范市场内摊贩经营秩序。开辟冬储菜临时销售市场2处。

【静态车辆管理】辖区内重点点位、路段加大巡查,加强疏堵保畅建设。清理阻车器970处、店外出摊740处,规范商户门前乱停放车辆700处,清理石球110个、隔离锥桶425个。按规定审批停车场24个。

【门头牌匾审核】规范审批流程,提高审批效率,树立窗口形象。对受理的行政许可事项中申请材料不全或不符合法定形式的,当场一次性告知申请人,对于符合条件的均在有效工作日内办结。受理行政许可审批事项1665件,办结1665件,按时办结率100%,无一超期办理事项。

【数字城管】针对新城区实际情况,改进数字城管工作模式,创新工作机制,采取切实有效的措施,把提升案件处置办结效率作为工作重点。实现案件快速处置、快速反馈,平台案件无积压。派发案件“99825”件,结案率100%。“12319”城管热线平台受理案件4996件,公众满意率达100%。受理一支队督办案件792件,电话举报2233件,全部按时限完成。在全市数字城管年终考评中,位列第一名。

【扫黑除恶专项斗争】召开6次党组(扩大)会议,召开4次工作推进会,部署扫黑除恶专项斗争。成立14个扫黑除恶专项斗争工作组。面向社会设立举报箱15个。发放、张贴各类宣传资料3万余份。

强化综合治理，持续整治社会乱象，重点加强沿街秩序、校园周边、户外广告三个领域的综合治理。对辖区内主次干道、小街巷、校园周边等重点场所加强监管。

【扶贫攻坚】按照区委脱贫攻坚工作的要求开展扶贫工作，健全和完善帮扶对象档案，全面掌握帮扶对象脱贫情况，及时走访慰问，帮助他们解决生活中的实际困难。全局所有帮扶对象全部按照区委要求脱贫。进一步加强机关与农村党组织的联系沟通，有4名党员干部任“第一书记”。

【队伍建设】强化教育培训。采取分批次闭卷考试形式开展“新城区城管局法律法规及业务知识专题考试”活动，及格率达到99%。严格队伍训练。制定年度学习训练计划，每天至少保证一小时训练时间。完善执法队伍标准化建设。配备对讲机37部、执法记录仪70部，保障日常执法过程记录。全面推广标准化中队建设，办公区域设置、办公场所样式、标志标识全部得到统一。在苏雅拉广场和车站东街配备执勤岗亭，打通服务群众的“最后一公里”。运用政务信息网、信用呼和浩特“双公示”系统以及“双随机、一公开”监管平台，全面、及时、准确公开有关行政处罚和行政许可信息，方便群众查询和社会监督，报送行政处罚案件“双公示”信息213条，行政许可信息671条。制定《新城区城市管理综合执法局行政执法全过程记录制度》，新城区城管系统98%以上的行政处罚案件实现执法全程可回溯管理，从根本上杜绝有案不查、有法不依的违法乱纪行为，为城市管理证据采集和执法记录工作提供依据。

环境卫生

【环境卫生服务中心领导名录】

主　任　王国华

副主任　樊　庶

　　　　　郝凤军

【概况】2019年12月，新城区环境卫生管理局正式更名为新城区环境卫生服务中心，环卫服务中心是区环境卫生工作的业务部门，属于正科级事业单位，领导岗位设有1正2副，内设机构有党政综合办公室、清扫队、清运队等11个科室。全中心有职工3841名，其中：在编在岗事业编制109名，合同制工人40名，临时工3692名。服务中心主要职责有：对城区62条主次干道及243条小街巷的道路进行清扫保洁，清扫保洁面积1551.64万平方米；负责辖区环境基础设施的建设和585座公厕、51座各式生活垃圾转运站的日常管护；负责辖区居民生活垃圾的日产日清和冬季降雪后所辖街道的清雪除冰工作；负责辖区沿山37个村庄的环卫市场化作业的监督管理工作。根据《呼和浩特市人民政府印发呼和浩特市生活垃圾分类收运处理工作实施方案（试行）》和《新城区生活垃圾分类收集处理实施方案》文件要求，环卫服务中心作为区生活垃圾分类工作的牵头单位，负责协调各街道办事处与相关部门统筹开展辖区的生活垃圾分类工作，确保到2020年年底前全区生活垃圾分类回收利用率达35%以上，逐步实现生活垃圾处理减量化、无害化、资源化的目标。

【党建工作】开展“不忘初心、牢记使命”主题教育,组织集中学习16次,学习交流研讨3次。赴大青山红色文化公园、多松年故居等红色文化革命传统基地开展党性教育2次,观看《榜样4》进行先进典型教育1次,支部书记讲党课1次,支部副书记讲党课1次,支部委员讲党课1次,开展考试测评2次。党员干部以“推门纳谏”活动为载体,到街道办事处、居民小区物业公司、慧丰公司及城郊三卜树村等海东路铁路沿线等地听取民意诉求,就垃圾处置精细化、旱厕改水厕、加快城乡一体化建设等情况进行6次调研活动,经过梳理、汇总,共发现9条突出问题,通过多种举措,立行立改7条,2条涉及资金和旱厕改水厕的问题积极协调,持续整改,确保为民服务解难题工作落实。召开环卫服务中心党员领导干部检视问题专题会议,检视反思自身在党章党规方面存在的差距。召开“不忘初心、牢记使命”主题教育专题组织生活会,在组织党员盘点参加主题教育的收获提高、查找初心和使命差距的基础上,重点检视党支部在组织开展主题教育、严格党员管理、联系服务群众、改进工作作风等方面存在的问题,剖析主观上、思想上的根源,逐一列出问题清单。召开“不忘初心、牢记使命”主题教育专题民主生活会,领导班子成员按照习近平总书记“四个对照”“四个找一找”的要求,进行自我检视剖析,对于找出的问题,分析存在问题的主要原因,列出问题清单,逐条进行落实整改。党支部立行立改群众反映的环境卫生重点问题125条,办理市长热线平台转办的群众诉求1件,按照市民建议增加上午11点之前和下午4点30分之前在青山小学周边路段的洒水、降尘频次,通过数字城管平台,对市民反馈的环境卫生问题,及时落实整改,实现6小时结案,充分发挥数字智慧城管的作用,全年处置数字城管案件20113件,结案率100%。

【道路清扫保洁】着力打造“定人、定岗、定责”网格化道路清扫保洁精细化体系,创新管理理念和模式,健全管理标准和规范,优化管理流程和手段,构建权责明晰、管理优化的常态化、长效化城市管理体系。加强环卫设施、机具的清洁工作,在每天每班作业人员对沿街果皮箱、垃圾桶进行清洗之外,坚持人机结合开展道路隔离护栏、公交站牌、树篦子等公共设施大清洗行动。加强巡查和专项整治,组织人员集中对沿街绿地、绿化带树木及建筑物上玄关的白色垃圾及时进行清理做到及时发现及时清理,不留死角。要求保洁工着工衣、戴帽子、佩戴工牌上路作业。年内出动各类车辆68624台次,清理树坑20320处、便溺点2346处、清掏雨水篦子16240处,疏通清理爱民街、科尔沁快速路、机场辅路等污水管网不畅地点的积水1658处、2923车。购置5台泥沙泵,抽排积水1.3万余立方米(每小时抽排60立方米/台)。

【公厕管理】辖区578座公厕按照分布情况,设置6个维修管理所,每个所配备所长1名、公厕巡查员3名、维修工1名,执行“3324”工作机制,即:每座公厕配备3个专管员,实行3班轮岗制度,执行24小时开放制度。并配备200个对讲机,确保损坏设施设备能在第一时间得到维修。

【垃圾收集清运】建立垃圾转运站、清运车辆维护保养计划和日常检查、维护、检修等长效化管理机制,对群众投诉、媒体曝光或上级督查问题,在24小时内作出响应,并在规定时限内完成整改,处置"12319"案件约20条,全部回复,没有超期返工案件,结案率达100%。建立重大问题处置及保障机制,完善保障方案,圆满完成昭君文化节等重大活动保障工作。严格执行"容器化收集、密闭化运输"制度,城区全年清理各类垃圾14万余吨,生活垃圾做到日产日清。环卫作业机具遵守"净身洁容"规定,清运车辆及箱体每日清洗,保证车身洁净、无泥尘、无垃圾、整洁美观。站内外场地及时清理,保证环境整洁清爽,无撒落垃圾和堆积物,无积留污水,墙面无明显污迹、积尘和无明显异味。每日5次对垃圾转运站内外进行药物消杀。对气象局西巷、集通、迎宾北路等26座垃圾转运站,完成地坑包钢板、安装转运站发光标识、内外墙粉刷等60余项的提标改造。新建垃圾转运站3座。建成环卫新作业场站1个,占地约1万平方米,设有29间车库、1个维修车间、3个功能不同的设备储存库和办公区。

【城乡一体化】代州营、上新营、下新营等村庄属于棚户区,环卫基础设施落后,为解决群众如厕难、污水无处倾倒问题,在上述区域增加120座环保泡沫厕所、350个垃圾污水收集桶,在哈拉更、保合少、大窑等村庄完成15座旱厕改水厕任务。清理清运37个村庄各类垃圾53540吨,出动人员8万人次,出动机械18105台次。

【生活垃圾分类】开展大型科普宣传120余次,各新闻媒体宣传报道生活垃圾分类工作100余次,设置生活垃圾分类展板1500多块,悬挂宣传条幅6000余条,发放宣传材料3万多份,扩大垃圾分类知晓率。同时,积极联系西街办事处、迎新办事处等部门,针对驻区党政机关、公共机构举办32场次生活垃圾分类培训会,通过深入浅出的讲解,提升广大干部职工垃圾分类的知晓率和投放准确率。在居民小区设置固定宣传展板和垃圾分类收集清运处置流程图,垃圾分类管理更加规范。与教育局联合在城区37所中小学、幼儿园组织垃圾分类运动会、垃圾分类知识竞赛等新颖多样的趣味活动100余次。举办垃圾专题讲座100余场次,培养孩子们参与垃圾分类的好习惯。新城区515处公共机构,37所中小学、幼儿园实现生活垃圾分类全覆盖。利用鸿盛园区的呼和浩特市真色彩塑业有限责任公司旧厂房建设1座生活垃圾分拣中心,日分拣处理生活垃圾60吨。新城区垃圾分拣中心内的垃圾分类调度平台,利用移动互联网、大数据、云计算等方式,通过信息化手段,从垃圾分类投递、垃圾分类收集、垃圾分类处理等方面着手,对垃圾分类各个环节进行智能化管理,提高生活垃圾收集、转运、处理能力和水平。

社区管理

【社区服务中心领导名录】

副主任 杨金慧(女)

【概况】2019年5月,政府直属副科级

事业单位新城区社区工作办公室更名为新城区社区工作服务中心。共有领导干部及工作人员9人,在编人员7名,有2名工作人员属合同制。

【社区居家养老服务】选址建设光华街社区、中山社区、三角线社区3处为老服务餐厅。至年底,新城区共打造居家养老服务试点社区10个,其中有8处为老服务餐厅,为社区居民特别是老年人提供低价、适口、便捷的订餐配餐服务。按照户籍地与居住地均在试点社区范围内且年满65周岁的条件,为7456人办理新城区试点社区老年卡,按照每人每年200元标准,每年至少发放近150万元的居家养老补贴金,累计发放新城区试点社区居家养老服务补贴资金约227.88万元。

【党建工作】组织党员干部学习党章党规、《关于新形势下党内政治生活的若干准则》《中国共产党纪律处分条例》《习近平关于"不忘初心、牢记使命"论述摘编》及党史、新中国史等内容,认真组织开展学习研讨。领导干部做好学习笔记,撰写学习心得,强化学习效果。观看中央电视台播出的《榜样4》,集中和自学相结合的形式学习《"不忘初心、牢记使命"优秀共产党员先进事迹选编》中张富清、黄文秀等各行各业涌现出的党员先锋模范,以激发党员干部的工作热情。组织全体党员领导干部参观"庆祝新中国成立70周年成就展",观看《热土》《国礼》教育影片,使党员领导干部进一步增强党性修养,时时处处以党员的标准来严格要求自己。开展主题党日活动,组织党员干部重温入党誓词,开展支部书记讲党课活动,进一步深入了解中国共产党发展的光辉历程和发展。按照《中共新城区委员会关于开展"不忘初心、牢记使命"主题教育工作方案》的要求,认真学习把握区委关于主题教育的安排部署,成立工作领导小组,研究制定支部《关于开展"不忘初心、牢记使命"主题教育工作方案》,组织党员领导干部到内蒙古展览馆集中参观"不忘初心、牢记使命"主题教育展览,观看国防教育影片《国礼》等。党员每日在"学习强国"平台进行学习,并进行学习内容测试。

物业管理

【物业服务中心领导名录】

主　任　贾　宏

副主任　孙密珍

【概况】区物业服务中心内设4个科室,办公室、财务室、旧改办、物业办,工作人员17名(含临时工3名)。

【党建工作】严格党员管理,按标准收缴党费。落实"三会一课"、组织生活会、民主生活会、谈心谈话、民主评议党员等制度。认真抓好政治理论学习,落实每周一"学习日",党员干部集体学习43次,个人自学11次,研讨交流4次。组织党支部书记讲党课6次,抄写学习笔记4万余字,讲授党课3次,组织开展支部主题党日活动6次。结合"不忘初心、牢记使命"主题教育,组织观看《守边人》《热土——影像中的珍贵记忆》《我和我的祖国》等一系列爱国教育影片。组织全体党员观看中华人民共和国成立70周年成就展网上展馆、网上3D廉政教育展厅。制定《新城区物业服务中心2019年廉政风险防控机制建设工作方案》,使廉政风险防控机制建设工作做到有计划、有步骤地落实。并组织全体干部职工学习《中央八项规定实施细则》《中国共产党廉洁自律准则》《关于新形势下党内政治生活的若干准则》《中国共产党纪律处分条例》,传达各级有关加强廉政风险防控机制建设的指示精神等有关材料,组织观看自治区纪委监委网上3D廉政教育展厅,参观呼和浩特第一监狱——内蒙古自治区预防职务犯罪警示教育基地。

【物业管理】新城区有住宅小区897个,总建筑面积2927.25万平方米,其中老旧小区共计401个,面积约567万平方米,按照全市综合整治工作和老旧小区综合改造的要求,新城区计划将401个小区全部纳入市场化、社会化、专业化的物业管理,形成专业物业管理的长效化、常态化。把老旧小区改造和物业长效管理作为密切联系群众的惠民工程来抓,紧紧围绕三年物业提升年,按照"属地管理,分类指导,条块结合,以块为主"的原则,采取以市场为导向与政府支持相结合,将辖区未实现专业化物业管理的老旧住宅小区全部实现物业服务全覆盖。采取"三个纳入"和"三个不纳入"的管理方式,"三个纳入"即"准物业管理小区、50%以上业主认为自治管理不好的小区、'三供一业'依法依规移交街道办事处的小区"。"三个不纳入"即"有专业化物业公司管理的小区、50%以上业主不同意物业企业进驻管理的小区、'三供一业'不依法依规移交街道办事处的小区"。高层建筑的小区原则上不纳入。培养小区业主主动缴纳物业费的意识,物业服务中心要求各物业服务企业在小区内明显位置,对物业服务收费标准,服务内容和服务标准及物业服务的各项服务电话进行公示。制定《新城区准物业管理长效机制实施方案》。2019年401个老旧小区已全部由专业化物业企业接管。根据区政府对接管老旧小区的物业公司进行阶梯式奖补的方式,物业服务中心制定《新城区物业长效管理实施细则》及《新城区物业长效管理考核评分标准》,对已进驻老旧小区的物业企业所管理项目要求辖区办事处联合社区及物业公司每周考核评分一次,物业服务中心联合辖区办事处、物业公司进行每月一次的月考评,对发现的问题及时下发整改通知书督促其限期整改。同时选取30个各具鲜明特色的老旧小区作为试点进行全力打造,投入资金制作物业服务相关知识的展板,利用文字、漫画等形式在老旧小区明显位置进行宣传物业管理的相关法律法规,提高居民对物业服务的认识以及主动缴纳物业服务费的意识。各街道物业办对部分条件较差的老旧小区以多种方式调配物业用房,改造或补建停车位,增强物业管理公司的"造血"功能。

【老旧小区改造】对"三供一业"移交需维修的小区进行摸排,提交的设计方案改造资金预算约2400万元,办理立项手续,区委、区政府已批准实施。对30个老旧小区总投资2700万元进行综合改造,物业服务中心推进老旧小区综合改造,不断改善居民居住环境。

【二次加压泵建设】将246个小区上报市供排水公司,确定建立89个加压站泵房,待市政府批准后,物业服务中心将积极配合施工工作。对团结小区北区投入120万元建设加压站泵房,解决1700户居民的生活用水问题。

【推进生活垃圾分类管理】按照新城区人民政府印发《新城区生活垃圾分类工作实施方案》要求,引导物业服务企业开展垃圾分类工作,广大业主了解垃圾分类工作的重要意义,逐步养成文明良好的生活习惯,制定住宅小区垃圾分类工作责任状并与辖区住宅小区物业公司陆续签订。组织辖区内各街道办事处物业办主任以及北京绿博伟业环保科技有限责任公司负责人开展垃圾分类推进会。截至12月31日,全区有52个住宅小区及2个村投放垃圾分类设备,52个小区由北京绿博伟业环保科技公司投入垃圾分拣设备52组,分类垃圾桶(可回收物、厨余垃圾、其他垃圾)935组,有害垃圾桶166个,其余两个村由慧丰公司投入分类垃圾箱。

【扫黑除恶专项斗争】新城区物业服务中心深入学习贯彻落实习近平总书记关于扫黑除恶专项斗争的重要指示精神,进行广泛宣传动员,在住宅小区内悬挂横幅、制作宣传展板;要求物服务企业利用LED显示屏、小区公告栏张贴通告等多种方式向小区居民宣传扫黑除恶专项斗争工作。制作扫黑除恶宣传展板131块,安装在各小区显著位置,制作扫黑除恶单元宣传帖1.3万余份,在各小区单元门上粘贴,致居民的一封信2.5万余份,分别在辖区内住宅小区进行宣传投放。小区走访300余次,出动人数900余人次,处理投诉案件228件,共接到扫黑除恶线索共10条。其中,本单位排查出线索5条、接到居民举报线索4条、物业公司举报线索1条。对6个小区线索问题进行研判。对研判结果上报区扫黑办、纪委,移送公安机关5件。

国土资源

【国土资源局新城分局领导名录】

局　长　云舒敏(蒙古族)

副局长　薛奇峰(满族)

　　　　琪　赫(女 蒙古族)

纪检组组长　张　怀

毫沁营国土资源管理所所长

闫春艳(女)

保合少国土资源管理所所长　孙双宇

【概况】呼和浩特市国土资源局新城分局内设地籍股、耕保股、矿管股、执法监察股、规划股、办公室、党办、纪检监察室、信访办9个部门,下设毫沁营国土资源管理所、保合少国土资源管理所2个国土所,在编人员45人。

【规划调整】结合规划要求,在保持土地利用总体规划基本框架的前提下,征求乡镇部门意见,优化土地利用结构布局,完善调整方案。受理项目初审3宗,全部通过审核并上报市国土资源局预审,上报项目预审1宗。

【土地管理】加强土地管理利用,保障项目落地。上报市局审查恰西电站、中蒙博览会永久性国际会展中心建设项目、内蒙古少数民族群众文化体育运动中心赛道工程建设项目、内蒙古少数民族群众文化体育运动中心周边配套设施建设项目、野马图村399个“一户一宅”宅基地(只转不征项目,经市政府批准用地),总用地面积170.6129公顷,农用地面积98.52公顷(耕地66.60公顷)、建设用地面积40.8256公顷、未利用地面积31.26公顷。正在组件的项目有毫沁营村和下新营村棚户区改造项目、蒙能国电住宅、集通补征地块等。

【耕地保护】上级下达的永久基本农田保护任务700公顷,实际划定面积720.8114公顷,全部集中在保合少镇水磨村、大窑村、面铺窑村。根据自然资源部、农业农村部《关于加强和改进永久基本农田保护工作的通知》文件要求,对已划定的永久基本农田与大青山自然保护区、呼和浩特市水源保护地范围进行套合,经比对,有130.52公顷在自然保护区核心区,101.8387公顷在缓冲区,354.69公顷在实验区,133.76公顷在水源保护区范围。按照文件规定,已无法完成永久基本农田保护任务,将申请在本次划定工作中核减保护任务700公顷。

【第三次国土调查】8月16日,经过自治区三调核查组先后6次核查整改,新城区三调初始数据提交。9月5日,新城区三调初始成果通过国家内业核查,全图图斑检查差错率为2.66%(国家核查标准为3%)。新城区三调办、作业单位严格按照技术标准,整改按时上报国家核查组反馈的1422条核查记录。

【不动产统一登记发证】根据自然资源部《关于全面推进不动产登记便民利民工作的通知》、自然资源厅《关于加快推进全区不动产权籍修补测工作的通知》《呼和浩特市人民政府办公厅关于印发呼和浩特市农村宅基地及集体建设用地房地一体确权登记实施方案的通知》要求,推进辖区城镇权籍修补测和农村房地一体权籍修补测工作。经请示新城区人民政府,召开不动产权籍修补测动员培训会议,按照试点先行、全面推进、先易后难、平稳有序的方式,稳步推进辖区不动产权籍修补测工作。外业航飞25个自然村,完成7718宗宅基地三维数据外业采集和内业数据处理,权属调查工作同步推进。

【矿产资源管理】新城区辖区原持有采矿许可证企业共8家,分别位于哈拉沁小沟和哈拉更沟等沟域内。2018年各家企业陆续组织人员、机械进场开始施工,治理工程总面积约为3平方千米,至2019年底治理工程基本完成。

【土地执法监管】立案75宗,由镇政府组织,相关部门联合行动,拆除违法建筑共25666多平方米。经过持续不断地整治,2019年辖区土地违法行为较2018年明显下降。

【卫星图片执法】新城区2018年度土地变更调查图斑扣除飞地后共下发199个,占地面积193.33公顷,其中耕地78.6公顷。2018年度卫片新增建设用地共137.13公顷,耕地7.2公顷,其中合法用地图斑30个,占地面积44.46公顷,耕地27.9公顷,违法用地图斑126个(107宗),面积

92.7 公顷,耕地 39.31 公顷。按照可扣除比例要求,110 国道组件报厅图斑 10 个(只扣除分子),面积 521.7 公顷,耕地 185.6 公顷;扣除 110 国道图斑后违耕比例 40%。截至 12 月 31 日,已拆除图斑 35 个(扣除分子及分母),面积 12.83 公顷,耕地 11.1 公顷;扣除 110 国道及已拆除图斑违耕比例为 28.2%。占用耕地较大图斑 167、158 号,占地面积 8.44 公顷,其中耕地 7.9 公顷,扣除 167、158 号图斑后,违耕比例 14%。原定整改方式为拆除,未拆图斑 42 个,占地面积 11.77.9 公顷,其中耕地 1.31 公顷,整改方式为组件报批图斑 39 个,占地面积 33.3 公顷,其中耕地 14.53 公顷。

【信访工作】收到信访案件 26 件,市局转办 10 件,直接来访 2 件,违法线索微信举报平台接收 14 件,全部结案。

【科技城国土事务部】呼和浩特科技城是 2018 年市委、市政府确定的一项具有重大战略意义的工程,为推进呼和浩特科技城的建设,加强科技城范围内的土地管控,实现依法依规管地用地,分局专门成立驻科技城国土事务部。对科技城范围土地现状进行航拍制图,锁定土地现状影像,制作正射影像图、三维立体影像图。梳理科技园区范围内的土地性质、面积、地类、权属、用地手续办理等情况。计划将建设园区土地规划利用情况数据库,设定规划、现状、影像等数字图层,实现土地规划、城市规划、科技城控规的无缝对接。为科技城企业入园、项目选址、项目用地审批、基础设施建设提供国土资源法律法规政策方面支持,避免出现建设项目违法违规用地情况。完成成吉思汗大街街道办事处沙梁村东柜自然村征地拆迁土地权属性质认定工作,保证科技城核心区建设的实施。

【"大棚房"整治】按照上级部署,分局以两所为主要力量,对辖区内大棚项目逐棚排查,对国家下发的疑似大棚房图斑,逐一甄别,核查并建档。全面摸查,辖区有农业园区 28 个,总占地面积 1133.42 公顷,各类温室 1900 个(其中日光温室 1845 个、智能连栋温室 30 个、拱棚 25 个),占地面积 118.23 公顷。对摸查上报的 28 个园区,区政府召开专题会议,确认有 19 个园区存在"大棚房"违规问题。分局按照整改要求,逐一核查有问题的园区,确保整改到位。按照"一事一议"项目处理的,组件报批。19 个园区均按要求整改到位,通过国家核查组核查。

【扫黑除恶专项斗争】成立由支部书记任组长的扫黑除恶专项斗争工作领导小组。组织召开扫黑除恶专项斗争工作动员会,部署全局扫黑除恶专项斗争工作。印发扫黑除恶专项斗争工作方案。组织召开扫黑除恶专项斗争工作推进会,安排部署宣传和线索摸排工作。组织党员大会、全体干部职工大会共 12 次,传达相关会议、文件精神,其间组织专题学习和专题汇报,分局全体干部职工进行扫黑除恶专项斗争工作应知应会知识测试。在毫沁营国土所、保和少国土所、镇政府及辖区各行政村悬挂扫黑除恶宣传条幅 50 余条,印发扫黑除恶宣传折页 8000 余份、海报 1000 余份,制作展板 7 块。在哈拉更村、水泉村和庄子村陆续开展扫黑除恶专项斗争集中宣传活动，通过设立咨询台、悬挂横幅、摆放展板、LED 电子屏滚动播放、发放宣传单等形式，采取面对面的形式向村民宣传扫黑除恶专项斗争知识，动员村民积极举报揭发各类涉黑涉恶违法犯罪线索。在毫沁营和保合少国土所悬挂扫黑除恶举报箱并公开举报电话。线索摸排针对征地报批、非法采矿、非法占地、信访举报和内部涉伞等领域，进行 320 余次线索摸排，出动人数 600 余人次，领导班子研究线索专题会议 2 次。收到市自然资源局扫黑办移交线索 4 条，赛罕区公安局移交线索 1 条，自行排查发现和接群众举报涉黑线索共 2 条，均将调查情况上报。

【党建工作】组织召开各类会议 22 次，深入学习宣传贯彻中共十九大精神和习近平新时代中国特色社会主义思想。严抓实党风廉政建设，组织召开党风廉政专题会议，及时传达自治区、市、区纪委会议精神，学习《中国共产党廉洁自律准则》和《中国共产党纪律处分条例》，制订《2019 年全面从严治党责任状》。进行工作纪律督查 21 次，其中分局 6 次、毫沁营国土所 8 次、保合少国土所 7 次，发通报 3 次。加强基层党组织建设，开展创建学习型党组织，支部组织党员赴内蒙古展览馆开展主题党日活动。

环境保护

【生态环境分局领导名录】

局　长　朱瑞祥

副局长　赵利民

　　　　　马新龙

【概况】呼和浩特市生态环境局新城区分局前身为新城区环境保护局，于 1996 年 6 月正式成立，2019 年，按照政府机构改革要求，3 月 27 日挂牌成立呼和浩特市生态环境局新城区分局。有行政办公室（包括党务办）、规划财务科、政策法规科、综合业务科、宣教中心、扫黑办 6 个部门，环境监察大队和环境监测站 2 个二级单位，工作人员 71 人。

【党建工作】组织集体学习“不忘初心、牢记使命”主题教育 10 次。组织开展生态文明建设专题辅导讲座，观看爱国主义影片，实地参观主题教育系列展览，开展“我和我的祖国”“倡议我响应、志愿我行动”“微笑行动”等主题教育活动。研究制定主题教育调研实施方案，确立“加强大气污染防治，打赢蓝天保卫战”和“关于生态环境系统垂改后，如何开展环境监察工作”等调研课题，根据调研课题深入开展调研工作 10 次，将调研中发现的问题认真收集整理，列入调研问题清单和整改清单中，研究制定出具体的整治措施，确保发现的问题切实整改到位。紧抓检视问题，坚持深挖细查。征集监管服务对象、基层党员群众意见建议 6 类 12 条，“开门纳谏”受理问题 15 件，针对每一类每一条都研究制定具体的整改措施和完成时限。对照党章党规“十八个是否”方面检视自身差距，查摆自身不足，查找工作短板，深刻剖析原因，列出问题清单，明确努力方向。整改整治，坚持真抓真改。制定《“不忘初心、牢记使命”主题教育关于深入推进污染防治攻坚战专项整治工作实施方案》，确保新城区环境空气质量不断改善,二级水源地保护区内散乱污企业逐步清退,全面提升新城区环境质量。结合“扫黑除恶”专项斗争,将生态环境领域治理行业乱象发现的问题一并纳入主题教育整改过程,对发现的问题、群众反映强烈的问题,以及中央环保督察、自治区大气强化督查反馈的问题、检视剖析出来的突出问题等,立查立改、即知即改。

【廉政建设】班子成员自觉带头遵守党的政治纪律和政治规矩,按照“一岗双责”和“谁主管、谁负责”的要求,构建权责明晰、逐级负责、层层落实的责任体系。主动接受监督,构建“横向到边、纵向到底”的纪检监察组织网络体系,自查“吃空饷”“雁过拔毛”等腐败违纪问题,加强干部职工遵守请示报告制度、日常出勤等情况的监督检查,落实“三重一大”决策制度,重点强化对环保专项资金、项目管理、项目评审、机关作风纪律及日常考勤等重点部位和重要岗位人员的监督管理,构建起“思想防控、制度防控、技术防控”三位一体的廉政防控体系,最大限度消除和压缩公共权力岗位人员发生腐败的可能性。建立推进反腐倡廉警示教育常态机制,多次组织党员干部召开廉政教育学习会议、组织收看反腐倡廉专题教育片、组织进行现场说教重点剖析党风廉政正反案例典型,牢固树立廉政意识和纪律意识。

【生态环境领域扫黑除恶专项斗争】成立以分局党组书记为组长的扫黑除恶专项斗争领导小组,设立分局扫黑办,研究制定《呼和浩特市生态环境局新城区分局开展扫黑除恶专项斗争实施方案》,召开扫黑除恶专题会议7次,组织干部职工学习20次,邀请企业代表2次,听取各推进小组工作汇报5次。针对生态环境领域7个风险点重点摸排涉黑涉恶和黑恶势力“保护伞”线索,出动人员6000余人次,执法车辆800余台次,摸排重点企业270多家,摸排出生态环境行业乱象问题线索4条,按照案件线索管理及转办移送制度,分局党组组织“扫黑除恶”专项斗争领导小组进行研判,并移送上报。按照市生态环境局的要求,重点整治4个行业乱象问题,已全部完成销号。结合环保“六进”活动,执法人员深入一线发放宣传资料、张贴标语、开展问卷调查,聘请专业团队制作扫黑除恶专项斗争宣传片,发放各种宣传材料3000余份,张贴标语横幅350余条、宣传海报1500余张,发放调查问卷600余份。通过全方位、多角度宣传,营造舆论声势,引导广大群众积极参与。

【督查反馈整改】2018年中央环保督察“回头看”反馈全市21项意见问题,新城区承担11项整改任务,完成整改任务9项,剩余2项整改任务正在按照“一项一方案”实施清单式管理,逐项整改,逐个销号。2018年中央环保督察“回头看”期间,新城区收到举报案件33批次104件,在整改时限要求内,全部案件已完成整改。自治区大气污染强化督察反馈问题案件涉及新城区262件,已完成整改261件。自治区生态环境保护督察期间,新城区完成档案调阅25批次,受理督察组转办信访案件17件。

【雾霾治理】重点治理燃煤锅炉,拆并

35 蒸吨/小时以下燃煤锅炉 6 家 10 台,脱硫除尘脱硝限值改造 15 家 32 台,其中 2 家(旭阳热力、滨水热力)按照超低排放改造。推进燃气锅炉治理,完成脱氮改造 82 家 192 台。完成 15 家印染企业、17 家加油站和 38 家汽修企业挥发性有机物的治理。辖区内 165 家餐饮企业安装餐饮油烟在线监控或工况报警器。完成 9 家民营加油站储油罐防渗改造。推进散煤综合管控和清洁化替换工作,抽调专人深入各村巡查散煤运输、贮存、销售、散烧行为,逐村逐户对居民储存的散煤和劈柴进行回购和置换清洁燃料,确保散煤管控实施到位和清洁煤炭替换到位,销售清洁煤炭 11008 吨,置换回收原煤 1262 吨、劈柴 853 吨,查扣散煤运输车辆 34 辆,查扣原煤 152 吨,查处原煤销售点 63 处,处罚金额 5.7 万元。代洲营村开展“煤改电”石墨烯电采暖试点项目,安装 21 户试点进行首批试用,完成代洲营村 1170 户居民燃气集中供暖改造。施工工地扬尘管控方面,重点加强地铁一号线、海东路高架桥等市政工地施工监管,开展工地夜查 50 余次,严格要求落实施工工地周边 100% 围挡,物料堆放 100% 覆盖,出入车辆 100% 冲洗、施工现场地面 100% 硬化,拆迁工地 100% 湿法作业,清土车辆 100% 密闭运输等“6 个 100%”要求,有效减少建筑工地扬尘污染。道路扬尘污染防治方面,新城区环卫局通过“三班倒、全天候”的洒水和喷雾作业模式,确保道路扬尘污染治理工作持续有效推进。安装 10 台环境空气质量精细化监管设备,并配备质控站及监管平台,通过全方位、无死角的监测和智能管控,以更加精细和智能的方式实现全区大气环境监测的智慧化管控。

【水源保护】拆除取缔饮用水水源二级保护区内 37 家混凝土搅拌站,拆除饮用水水源一级保护区内违章建筑 15100 平方米。二级保护区内,沿山 18 个村庄及太伟运动休闲度假村铺设污水管网,统一接入市政大管网,共计铺设管网 57.95 千米,解决污水散排问题。清理、取缔“散乱污”企业 58 家。饮用水水源二级保护区内 33 家木器加工厂全部下达限期搬迁通知书并与供电部门配合全部断电,年内搬迁 11 家,停产 22 家。

【尾矿库治理】为彻底消除新城区大青山前坡遗留尾矿库环境安全隐患,委托中国环科院编制《大青山前坡炼金废弃地土壤及地下水环境风险与评估报告》,通过专家评审。针对风险评估报告中提出需治理的污染风险隐患,编制完成尾矿库治理实施方案和施工进度图纸,通过科学的施工方案有效消除 20 世纪 80 年代新城区大青山前坡遗留的 3 处炼金废弃尾矿库环境安全隐患。争取上级资金 3877 万元,哈拉沁尾矿库治理项目开工。

【排污许可证核发】根据《呼和浩特市生态环境局关于进一步做好 2019 年度排污许可证核发工作的通知》要求,分局成立排污许可证核发工作领导小组,分解工作任务、明确工作职责,组织精干力量及第三方公司集中指导企业完成申报,切实加快初审进度,确保排污许可证核发工作有序推进。2019 年国家排污许可证核发行业中新城区涉及企业 149 家,核发完成 116 家。

【全国第二次污染源普查】开展普查入户调查、数据核算、档案整理等工作,完成普查工业源152家、行政村24个、移动源24家、农业源7家、生活源78家。

【环境监测】完成辖区城中村水源地、工大二五三水源地、鸿盛园区水源地、乡镇水源地、农村水源地18口水源井的2次水质监测。完成38个点位的区域环境噪声昼间监测、28个道路交通噪声点位的昼间监测以及重新调整后的区域环境噪声点位监测。完成20家供热企业一季度监督性监测和质控检查,5家工业企业的废水监督性监测,2家医疗机构监督性监测,10件噪声信访案件的监测。配合自治区环监局完成辖区供热企业的执法监测,配合市监测中心站完成农村饮用水水源地水质监测以及配合自治区环境监测站完成白塔机场监督性监测,配合新城区市场监督管理局对辖区4家社会环境监测机构进行抽查。完成集中式饮用水水源地环境状况评估和基础信息调查、乡镇及以下水源基础信息调查,以及土壤基础信息调查和空间信息的复核,并及时上报相关数据。对辖区地表水及辖区内的湖库、河道进行多次巡查,无藻类暴发、覆盖水面现象发生,无黑臭水体形成。

【执法工作】开展环境执法检查工作,下达行政处罚决定书33件,查封扣押案件12件,行政复议1起。加强辖区燃煤供热企业监管力度,执行监察人员驻厂制度,跟踪监察污染源及各类污染物排放情况、污染防治设施运行情况,台账式管理锅炉运行时段、脱硫除尘和在线监控设备运转情况,确保达标排放。加强自然保护区监管力度,推进哈拉沁大小沟、哈拉更沟内8家矿山企业生态恢复工程,打击自然保护区内违建设施。开展“双随机、一公开”工作,建立“一单两库”即随机抽查事项清单、污染企业市场主体名录库、执法检查人员名录库,组织执法人员开展“法宣在线”的学习培训工作,提升执法人员法治意识,树立遵法、学法、守法、用法的理念。

【宣传工作】开展环境保护宣传进社区、进学校、进企业等“六进”活动、节能宣传周活动、世界环境日宣传活动等各类宣传活动16次,发放宣传手册800余册、环保宣传纪念品1000余个,发布微博1489篇、微信公众号520篇、今日头条137篇、原创信息164篇、约稿信息3篇。

区属企业

内蒙古新拓投资发展有限公司

【新拓投资发展有限公司领导名录】

董事长 郭 强

董　事 王 慧(女)

监事会主席 吕鹏飞(蒙古族)

【概况】内蒙古新拓生态投资发展有限公司主要以大青山生态综合治理保护工程项目投资、融资、运营、管理,现代农业观光旅游业、汽车租赁业务为主。公司注册资本3000万元,是国有独资公司,由呼和浩特市新城区国有资产监督管理局履行出资人的职责。公司共设置5个职能管理部门,分别为:行政部、投融资部、项目部、事业部、旅游发展部。

【内蒙古少数民族群众文化体育运动中心资产移交工作】按照市委、市政府的有关要求,由市体育局将内蒙古少数民族群众文化体育运动中心交由新城区人民政府管理,此项工作由公司作为新城区的代表,3月26日开始与市体育局进行内蒙古少数民族群众文化体育运动中心固定资产及管理权的移交。4月30日,完成固定资产的盘点,并按照区委、区政府的要求,将内蒙古少数民族群众文化体育运动中心固定资产移交至蒙新马业集团进行运营管理。

【中蒙博览会会议中心日常维护管理】2019年,公司对会议中心破损情况进行统计并参与维修。主要包括蒙古包篷布更换,维修陶脑、蒙古包大门等。定期开展安全生产隐患自查工作,对会议中心进行水、电、暖、燃气的排查,确保没有安全隐患。

【公车租赁】建立完善的公车租赁管理制度,对出租车辆实行定点加油,定点维修,同时建立车辆使用台账,极大地提高管理和办公的效率。此项工作对保障区委、区政府各部门工作顺利进行,优化交通出行体系具有积极意义。

【敕勒川草原整体养护工作】敕勒川草原是新城区大青山前坡生态保护综合治理工程项目当中一项大型的生态保护绿化工程项目。对敕勒川草原进行日常的养护工作,包括植被的种植、施肥、灌溉、割草、清理杂草等工作。还雇佣专职的安保人员对敕勒川草原进行防火、防盗、看护等工作。

【圣水梁景区交接工作】2016年6月,按照区委、区政府的要求,由公司对圣水梁景区进行全面接管,接管后,圣水梁景区各项秩序日趋稳定,违法运营及乱收费现象得到遏制,景区的秩序得到良好维护,景区的自然生态环境也得到极大修复,接管期间,中央环保督察组先后对圣水梁景区进行2次环境卫生的检查。5月,按照属地管理的原则,区政府决定将圣水梁景区管理权由新拓公司移交至保合少镇,由保合少镇负责后续管理,相关资产纳入保合少镇进行统一管理。

【精准扶贫】结合被帮扶对象实际情况,有针对性地开展精准扶贫工作。每季度定期回访帮扶对象,对他们的生产生活和健康情况进行细致的询问,为帮扶对象送去米、面、油、被套等生活用品,并帮助其整理房屋院落,更换老旧电线等。

【扫黑除恶专项斗争】开展扫黑除恶专项斗争,邀请新城区扫黑除恶宣讲团到公司开展扫黑除恶专题讲座。通过专题讲座学习,进一步营造"扫黑除恶"专项斗争的浓厚氛围,提高广大群众对开展扫黑除恶专项斗争的认识。

【党建工作】开展"不忘初心、牢记使命"主题教育,全体党员能够围绕"守初心、担使命,找差距、抓落实"的总要求,切实落实"理论学习有收获、思想政治受洗礼、干事创业敢担当、为民服务解难题、清正廉洁做表率"的目标要求。充分结合工作实际,扎实开展各项工作。制定详细的学习计划,结合工作实际,深入开展调查研究。认真检视问题、整改落实。组织全体党员、干部、职工观看爱国主义电影片《我和我的祖国》《国礼》《守边人》《国家记忆——中国有了共产党》《榜样4》。

呼和浩特市宏盛城市发展有限责任公司

【宏盛城市发展建设有限责任公司领导名录】

董事长 殷 煌(蒙古族)

副董事长 王智慧

董 事 李赛云(蒙古族,6月离任)

监事会主席 刘孝敏(6月离任)

副总经理 韩建民

【概况】8月22日,宏盛公司组织机构进行调整,取消物业部和融资部,成立双创工作推进部和投资融资合作部。公司内设5个部门分别为:综合部、财务部、工程部、双创推进部、投资融资合作部。有员工20人,其中董事长兼总经理1名、副董事长1名,副总经理1名、在编3人,外聘17人。

【浪潮大数据产业基地项目】按照区政府重点项目推进的安排,协助浪潮集团跑办土地招拍挂前期工作,该宗土地完成招拍挂工作,取得土地使用证,正在办理工程规划许可证等,将于2020年奠基建设。

【荣丰续建项目】按照区政府确定的科技城核心区启动建设要求,推进荣丰续建项目手续办理工作,完成荣丰项目前期各项工作。荣丰集团对现有地上9栋楼进行内、外装修,2020年奠基建设新项目。

【足球训练基地PPP项目】该项目选址在呼和浩特市机场路以北,化工队以东,鸿德学校以西,占地面积约6.5公顷。8月,3号宿舍楼主体封顶正在二次结构施工,标准足球场及室内体育馆全面竣工。

【内蒙古医疗健康旅游示范项目】依照区政府指示,公司与内蒙古发展投资有限公司、内蒙古银宏干细胞生命科技投资有限公司、呼和浩特市明源基业股权管理中心合作成立内蒙古通泰医疗健康管理有限公司,建设内蒙古国际医疗健康旅游示范项目。公司占股20%。2019年完成该项目备案工作,向国家卫健委积极申报内蒙古通泰肿瘤医院甲类大型医用设备配置许可证。

【组建烯城石墨烯研究有限公司项目】根据新城区人民政府常务第12次会议纪要精神,公司与常州二维暖烯科技有限公司多次谈判,全资成立"呼和浩特市烯城石墨烯技术研究有限公司"。成立内蒙古烯青石墨烯采暖科技有限公司,该公司承担对新城区岱州营村石墨烯煤改电项目的实施建设。

【双创投资基金进行托管银行的招标项目】根据新城区政府部署,用部分中央财政扶持小微企业专项资金组建基金,由双创中心和公司完成基金中心的组建。前期双创中心通过招标确定中财融商(北京)资本管理有限公司中标,12月31日,宏盛公司与中财融商(北京)资本管理有限公司高级合伙人签订呼和浩特融商创新产业基金中心(有限合伙)合伙协议。

【内蒙古东源鑫水源项目进展情况】该

项目于4月2日由东源集团成功摘牌。签订土地出让合同,办理土地使用证、规划方案设计及工程规划许可证等。10月31日,内蒙古东源投资集团总部基地建设项目开工奠基。

【大学科技园项目手续办理工作情况】按照区政府的工作安排,由鸿盛工业园区与公司共同完成大学科技园项目建设手续办理。完成项目地形图测绘工作,起草与园区楼主拟签订的《内蒙古自治区大学科技园项目建设审批手续办理协议书》。因项目的建设用地与规划不符,协调相关单位对规划进行调整。

【提升服务功能,发挥资金实效】完成2019年政府采购项目。完成对大学科技园食堂、大学科技园基础设施的建设,更好地服务于大学科技园区内的企业。以合理的价格承租园区内、东方银座3号楼、A、B、D、E座以及海东一号部分楼宇,满世西侧商业楼、银宏生命科技产业园,租赁面积约12.6万平方米,为159家企业提供优惠、优质的工作环境。

【掌握企业动态,避免资金浪费】公司委派专人针对与产权方租赁合同到期的情况,及时跟进解企业享受免租金的政策情况,确定后与产权方签订续租租赁合同,或签订解除协议。

【科技园区修缮工程和安全生产工作完成情况】完成大学科技园区七号楼地库出口路面硬化,园区内道路井盖更换、维修,十二号楼北侧路面下沉及十二号楼屋面漏雨维修的修缮工程。公司协同鸿盛工业园区管委会安监站、内蒙古嘉泰物业公司对园区内的10栋楼进行安全隐患检查,对检查中出现的的问题及时进行整改。

【泓利泰采暖费收取情况】配合泓利泰供热公司收取2018年至2019年供热费,解决入园企业拖欠供热费而产生的各种纠纷问题,年内收到还款200万元。

【党建工作】坚持民主集中制,召开董事会18次。落实“三会一课”制度,6月14日召开支部换届大会。发展预备党员1名,发展对象2名。重点学习习近平总书记系列重要讲话精神、全国国有企业党建工作会议精神,购置《党建研究》《全国干部学习培训教材》等各类学习教材。党支部认真学习贯彻党中央关于开展“不忘初心、牢记使命”主题教育的一系列部署要求,制定主题教育实施方案,召开“不忘初心、牢记使命”主题教育动员大会。学习《习近平关于“不忘初心、牢记使命”论述摘编》、《习近平新时代中国特色社会主义思想纲要》、中央政治局第十五次集体学习上的讲话等规定文件,围绕“从严治党”“担当作为”进行专题研讨。组织观看《我和我的祖国》《国礼》等爱国影片,撰写心得体会9篇。注重调查研究,开展调研5次,以公司为主体围绕“履行创新创业服务原则、推动园区创新发展”“党建引领各项工作,服务中践行初心使命”两个调研课题,制定调查问卷,面向企业开展调研。领导班子成员结合分管工作,通过座谈、个别谈话等方式开展调研,调研共找出问题15条,针对调研工作召开成果交流会,认真研究梳理,结合工作实际提出有针对性和操作性的意见建议。

昕城建设投资发展有限公司

【昕城建设发展投资有限责任公司领导名录】

董事长 申国栋

董　事 来俊杰

副董事长 孙密珍(6月离任)

监事会主席 闫利军

【概况】呼和浩特市昕城建设发展投资有限责任公司成立于2016年7月25日,注册资金3000万元,是新城区区属国有独资企业,股东为呼和浩特市新城区人民政府城区改造建设指挥部,主要负责与市政府成立的贷款融资平台对接棚户区贷款工作;做好使用贷款征拆形成的资产及档案资料的接收工作;负责棚户区拆迁后的土地储备工作;根据各棚户区拆迁征收的需要代建棚户区回迁安置房,并办理回迁房建设手续等。内设有综合部、融资部、开发部、工程部、运营部5个部门,2019年公司人员23人,其中领导班子成员3人、员工20人。成立子公司呼和浩特市昕城物业服务有限责任公司。

【党建工作】组织学习34次,研讨交流12次,讲党课6次,开展迎"七一"庆祝中国共产党成立98周年主题党日活动,组织以"学习先进典型,坚守初心担使命"为主题的党日活动等,全年共开展主题党日活动12次,完善8名在册党员档案资料,做到"一人一档""一学一记录",收缴党费2655元,召开增选支委委员党员大会,增选支部委员2名。6名员工提交入党申请书。组织研讨9次,围绕规定专题研讨8次,围绕"推动国企高质量发展"进行研讨1次。集中学习15次,交流学习10次,理论讲座1次,现场教学9次,开展志愿服务活动1次。在微博、今日头条、微信公众号等平台发布简报42期。

【棚改项目国开行贷款情况】棚改项目国开行贷款资金总额133.15亿元,到位129.16亿元,支付120.04亿元(含利息13.39亿元),2019年支付15.95亿元,余额8.79亿元,累计完成征拆14556户。

【国有资产管理】按照区政府工作安排,公司负责对征收后暂不拆除的房屋及相关部门移交的房屋进行统一管理,2019年回收房屋4套,累计接收房屋318套,出租房屋115套。对于暂不出让地块在土地挂牌前进行短期出租,年内出租地块16块,提升地块使用价值。

【征拆档案管理】征拆档案资料接收涉及大青山前坡节点村、北二环区块、城区区块的古路板村、野马图村、府兴营村、天地太和、团校巷等21个项目。累计接收征拆档案资料12002户,2019年接收征拆档案资料919户,其中北二环区块接收883户、城区项目接收36户。

【推进北二环棚改腾退土地的组件报批工作】需报批的土地总面积约314.3公顷(含北二环棚户区区块和东河以东区块),2019年完成北二环区块报批土地一个批次,报批总面积70公顷,可供建设用地64公顷。

【储备土地整理工作】2019年累计招标13个项目,分别为围挡工程1个、施工标3个(劳动力市场、毫沁营安置小区二期项目施工、毫沁营安置小区二期项目消防)、地勘3个(毫沁营安置小区二期项目、毫沁营6#地安置小区项目、下新营9#地安置小区项目)、监理标2个(劳动力市场、毫沁营安置小区二期项目)、设计标1个(毫沁营安置小区二期项目)、设备标3个(古文化电梯、劳动力市场箱变、毫沁营安置小区二期项目箱变),累计签订工程类合同45份,其中施工合同19份(包括设计、施工、监理合同、地勘、测绘),咨询合同8份,投标代理合同11份,其他合同7份。

【回迁安置小区的建设】公司负责代建毫沁营安置小区二期、毫沁营6号地、下新营9号地安置小区建设项目,3个项目总占地面积15.5公顷,总建筑面积440151平方米,可建设回迁房2829套,总投资约17.1亿元。公司将毫沁营安置小区二期及毫沁营6号地安置小区两个项目建设用地成功摘牌,签订《国有建设用地出让合同》。

【地块围挡围合】2019年围挡围合大小地块约130块,面积约16.7公顷,安装围挡约8100米,其中代洲营1500米,下新营约2500米,毫沁营约4100米。

【古文化广场项目】4月与呼和浩特市新城区政府签订《新城区古文化广场项目1#、2#、3#楼建设协议书》,由公司作为代建单位完善后续建设。除室内消防、通风管道其余,室内工程12月全部施工完成。2019年公司筹集资金5000万元,解决古文化广场项目28户经营户的货币补偿问题。

【便民市场建设】铁路小区便民市场、毫沁营便民市场、毫沁营集中回迁小区便民市场、塔利便民市场及铁木真小区便民市场全部完工,全部移交昕天璟公司,并由昕天璟公司负责运营管理。

【合作项目推进工作】公司作为政府方出资代表与敕勒川国际会展中心PPP项目中标方中冶天工集团有限公司、内蒙古新华控股有限公司、中投信联(深圳)资产管理有限公司联合体组建成立呼和浩特市新联项目管理有限公司,负责本项目投融资、建设及后续运营维护工作,注册资金1亿元,法定代表人贾立刚。

教　育

教育管理

【教育局领导名录】

局　长　李　强

副书记　刘向林

副书记、机关纪委书记　武爱珍(女)

副局长　王　昇

王学东

白海平

【概况】2019年,新城区所属公办校园共38所,其中中学6所,小学26所(城区22所、农村4所),幼儿园5所。在校学生58913人,教职工4171人。民办学校105所,其中中等职业学校9所,十二年一贯制学校3所,九年义务教育学校4所,中学5所(完全中学2所、初级中学3所),小学4所,幼儿园45所,培训机构42所。在校学生33057人,教师3936人。全区教职工总数8107人,学生总数91970人。全区公办生均公共财政预算公用经费:幼儿园600元,小学815元(其中经费600元、取暖费215元),初中815元(其中经费600元、取暖费215元),高中1015元(其中经费800元、取暖费215元)。各年龄段寄宿生经费增加200元。

【党建工作】2019年新城区教育局召开25次党工委(党组)会议,研究部署党建、党风廉政、"三重一大"、扶贫攻坚、宗教工作以及扫黑除恶专项斗争。扎实推进"不忘初心、牢记使命"主题教育工作,两次举办集中学习研讨班,参学人员达到2000余人次,确保党员学习的全覆盖,66个参学单位共集中学习研讨100余次,参与党员将近4000余人次。强化党风廉政建设,认真落实《新城区2019年集中整治"雁过拔毛"式腐败问题专项行动实施方案》,研究制定整治重点。狠抓'扫黑除恶'专项斗争,先后召开8次教育局党组专题会议、15次区属各中小学、幼儿园党支部书记、校(园)长、职业学校法人代表参加的"新城区教育系统'扫黑除恶'专项斗争工作推进会、业务培训会",集中宣讲6次,各校园举办"扫黑除恶"专题讲座267场,普法专题讲座195场。将校园欺凌融入"扫黑除恶"工作中,各校园设立校园欺凌举报信箱及校内举报电话,建立健全举报线索管理台账,细致摸排,做到底数清、情况明。

【教育保障】办理毫沁营集中回迁小区配套幼儿园和保合少镇中心幼儿园移交手续。教师待遇继续提高,为符合条件的1000余名教师进行职称兑现,为1000余名教师进行岗位晋级及工资审批;为所有义务教育学校在编在岗人员提高绩效工资标准,为教职工正常晋升薪级工资,为符合增加两项津贴的教师变更教龄津贴及取暖补贴;班主任经费按照绩效考核办法进行发放。规范办学行为,进行民办学校年检和换证工作,新审批幼儿园3所,对第二批全市非学历学校进行实地评估,对96家培训机构进行实地检查,对16家下达停办通知书,对25家下达整改通知书。不断提升专业化水平,举办内蒙古自治区乡村中小学校长影子研修班培训、自治区在职特岗教师提高研修培训,借力"国培计划",与清华大学继续教育学院、北京大学、北京师范大学等高水平培训机构合作,实施名校(园)长、领航校(园)长培训工程,逐步推进“互联网+教师培训”,实行集中培训、校本研修和远程培训相结合的混合式培训学习模式。实施配餐和课后延时服务,下派相关人员到新华小学、名都小学进行跟踪调研,及时解决存在的问题,推进山水小学等第二批营养餐配工作。将垃圾分类教育纳入教育体系,启动“垃圾分类教育课程”及垃圾分类工作。

【教育脱贫攻坚】加强义务教育阶段“控辍保学”工作,全面落实各学段学生资助政策,实现学前教育到高等教育全覆盖。2019年下达各类学生资助资金1611万元,惠及学生1.1万人。对43名建档立卡贫困学生进行精准扶贫,效果明显。教育系统28名科级干部开展贫困户精准帮扶工作,确保不出现返贫现象,达到稳定脱贫。

【教育科研】开展对各中小学幼儿园的教学视导活动,进行视导校校行,学科视导全覆盖,加大对边远薄弱学校和薄弱学科的视导力度,对区属4所农村校进行常规视导及送教下乡。规范民办学校教学管理,提高办学质量,强化对民办学校的教学视导工作,鼓励民办学校教师积极参与各级各类教学教研及培训活动。促进民族教育教学工作稳步前行,挖掘民族学校内部潜力,提高学科教研活动质量,促进民族学校、幼儿园间的合作与交流。提升教研工作质量,开展“片区联动教研”模式,为一线教师提供丰富的网络教学、教研资源。开展中小学、幼儿园第九批学科带头人评比工作,评选出学科带头人60人,报送22人参加市级青年教师基本功比赛。进行学科课题研究申报,共有40项课题立项,其中重点课题4项。

【德育品牌创建】落实立德树人,夯实“特色学校”示范校创建成果,评选出40所学校为“新城区特色学校”,其中22所申报并通过市级验收,被评为“呼和浩特市特色建设示范学校”,“文明校园”创建提前完成全区100%全覆盖的任务。弘扬社会主义核心价值观,围绕中华人民共和国成立70周年积极开展各级各类主题教育活动,推进“三城同创”和“未成年人思想道德建设”工作。开展自主探究,以“名班主任工作室”创建为载体,构建“文化传承品德生态课堂”,成效显著。成立家庭教育讲师团及专家库,构建家校合作三位一体和谐校园。

【教育信息化】采用创新协同教研机制、联盟校共发展、引进远程双师课堂的方法,通过同频互动平台,把师大附中的优质资源引进高中校园。在中央电教馆公布的2019年度基础教育信息化应用典型案例评选结果中,区信息中心报送的《区域整体推进信息化建设与机制创新》案例入选2019年度示范区案例。推进人工智能建设,开展“新城创客名师工作室”工作,录制100余节微课上传到新城创客公益教育平台,让广大师生受益。组织“小创客 大未来——新城区创客夏令营”活动、共有8所学校300多名学生参加活动。融合创新“双十”示范行动,遴选建立10个区级信息化应用试点学校,促进信息技术与教育教学深度融合,逐步实现信息化教与学应用师生全覆盖。2019年，荣获世界机器人大赛青少年机器人设计大赛DOBOT智造大挑战优秀组织奖。上报“全国中小学生电脑制作活动”作品400多份，在“全国中小学生电脑制作活动”“呼市中小学创新作品竞赛暨学校创新创客教育成果展评活动”等活动中，获得自治区和两级奖项300多个。

【安全管理】全面部署安全管理工作，召开15次由各校园长、分管综治安全负责人和民办学校法人代表参加的校园安全生产工作会议，印发、转发包括加强安全教育、火灾防控、危险化学药品整治、隐患大排查大整治等37个文件通知，利用校园安全工作微信群，发出温馨安全提示200余条。强化安全教育，按照“责任‘零缺位’、隐患‘零漏洞’、事故‘零发生’”的校园安全生产总体工作要求，落实校园主体责任。督导检查1800所次，发现较大安全隐患94件，完成整改90件，整改率为95.7%；与各相关部门联合督查，对校园周边小饭桌进行2次全面摸排，初步掌握各校园周边的小饭桌开办情况。

【督政督学】完成义务教育阶段34所学校优质均衡发展的调研工作，有效助推校园特色培育。安排12场片区学校特色交流展示活动，24家中小学、幼儿园做特色展示，促进校际间的交流。完善《教育部幼儿园办园行为督导评估系统》，督评完成率达到60%以上。

【文体卫生活动】推进足球、篮球校等特色校的建设指导和活动组织。八一路小学获得“市长杯”亚军、实验中学获得“市长杯”冠军。三十四中学被自治区体育局授予现代五项高水平后备人才基地。举办第三届啦啦操比赛，选取600名学生组成大型表演队参加新城区全民运动会。实验东河校区派出500人参加呼和浩特市第三届运动会开幕式的团体啦啦操表演。根据国家体育总局《冰雪运动发展规划（2016—2025年）》中推行“校园冰雪计划”，开展青少年冰雪运动，申报北垣小学、三十四中学、实验东河校区3所国家级冰雪示范校。创建“健康促进区”，联合内蒙古朝聚眼科医院在全区范围内启动青少年爱眼护眼活动。实施健康管理，龋齿、寄生虫、营养不平衡等学生常见病和传染病防控和干预，苏虎街实验小学完成“2019年呼和浩特市学生体质与健康调研及国家学生体质健康标准抽查复核工作”。开展“戏曲进校园”活动，光华小学和第一幼儿园在第七届中国童话节之草原童话节——校园（童话）短剧会演中获得金奖；呼和浩特市实验中学东河校区获得银奖。实验中学东河校区的舞台剧，参加内蒙古自治区教育厅举办的“中华人民共和国成立70周年中小学生中部区艺术展演。”

【招生工作】坚持细化流程、规范操作的原则。组织完成中考（6个考点6306人）、初二结业考试（8个考点8499人）、高考（4个考点4939人）、学业水平考试（4个考点4328人）工作。按照相对就近的原则合理划分施教区。提前做好“幼升小”网报工作，完成一年级新生的招生工作，完成“分招”资格的审核上报，完成小学六年级毕业生7100多人、初三毕业6500多人的学籍管理工作,为500多名学生做转出转入手续。

实验中学

【实验中学领导名录】
党总支书记、校长 屈惠华(女)
党总支副书记 刘颖靖(女)
副校长 贾灵旺
范广英(女)
齐　涛

【**概况**】呼和浩特市实验中学有教职工465人,其中高级专任教师115名,硕士研究生学历专任教师50名。2019年在校学生3090名,初一入学新生11150名,学校办学条件和设施优良,教室、教学辅助室、阅览室、运动场地、教学仪器、实验设施、电教设备、体卫艺器材设备、设施等严格按照国家教育部颁布的配备标准分类配置;建有校园网,所有教室都安装多媒体网络教学平台;建有教育教学信息资源库和现代办公管理系统。实验中学率先推行涵盖各个学科领域,满足学生不同兴趣爱好的近30门特色课程。

【**教学成效**】2019年中考,学校初三九班毕业生刘同学以裸分585.5分拔得全市中考成绩的头筹,另外毕业生中有34人总分在550分以上,占比全市550分以上人数的81%;530分以上累计102人,500分以上累计294人。

【**德育工作**】针对学生在校三年不同阶段,开展不同的主题活动,全面实施"三全"(全员育人、全程育人、全面育人)育人战略。奏响青春"三部曲",初一围绕青春与责任展开活动;初二学生围绕生命与生活展开活动;初三学生围绕成长与荣誉展开活动。注重环境渗透德育、文化渗透德育、管理服务渗透德育、各项活动渗透德育。深化宣传阵地建设,拓宽教育途径。以学科知识为载体,进行爱国主义教育。开展以"社会主义核心价值观进课堂"为主题的专题教育活动。道德与法治学科教师深入分析教材,发掘各学科教材中的社会主义核心价值观教育渗透点,切实发挥好课堂主渠道作用。教师不断钻研适合初中学阶段孩子特点的教学模式,把培育和践行社会主义核心价值观融入未成年人思想道德建设的全过程。

【**教育教学**】为减轻学生学习负担,设置"高效低负奖",鼓励教师减轻学生学习负担。学生学业水平奖励多样化,设置校长奖学金、拔尖奖、优秀奖、雄鹰奖、进步奖和勤奋奖6大奖项,扩大学生的获奖面,让更多的学生有荣誉感。搭建平台,促进教师专业化成长,开放公开课教室,为听课教师提供学习研究的机会。以"干部推门课"制度帮助每一个老师上好每一节常态课。落实"青蓝工程",专设"新入职教师培养计划""助理教师工作职责",启动"青椒计划",落实青年教师"约课",促进青年教师快速成长。组织"复习示范课"活动、"放飞梦想、冲刺2019"毕业班动员大会、"校园开放日"、"青年教师分学科研讨课"活动、"鼓角飞鸿,青春不散"毕业典礼及欢送毕业生仪式、"开机!来呼市实验鼓楼,做青春的主角!"新生家长见面会、学科示范课展评”活动、“真教研促教学——集体教研活动展示”活动,启动“名师骨干示范课”展示活动。

【体卫艺工作】1月,学校部分师生应邀参加内蒙古电视台全民才艺大比拼《我要登场》节目的录制。5月,开展心理健康文化周系列活动,丰富同学们的课余生活,传递心理健康知识,提升对内心健康的关注。9月,举办2019实验秋季运动会。12月,开展“艾滋病防控知识进课堂”活动,教师为学生详细讲解艾滋病的病因、传播渠道、临床表现及防控措施。

【实验中学东河校区】实验中学东河校区成立于2017年9月,是新城区唯一一所集小学、初中一体的优质公办学校。位于万通路与成吉思汗大街交会处,小学部、初中部共有可用教学班教室60个,功能教室51间。总建筑面积20959平方米,中学部教学楼5层,小学教学楼4层,风雨操场2层。

【实验中学察哈尔校区】实验中学察哈尔校区成立于2014年,位于察哈尔大街,占地79373平方米,软硬件设施配套齐全,教学楼可容纳60个教学班,综合楼、体育馆、食堂、男女生宿舍楼、400米塑胶跑道等均按大学标准建设,是呼和浩特市政府重点扶持的一所可以寄宿的初、高中一贯制中学。

呼和浩特市第十五中学

【十五中学领导名录】

党总支书记、副校长　葛永清

校　长　郝素兰(女)

【概况】呼和浩特市第十五中学是一所初级中学,学校占地面积4450平方米,校舍建筑面积7640平方米。教学及辅助用房面积4976平方米,生均6.44平方米。运动场地4615平方米(其中和光华小学共用3600平方米操场),生均5.97平方米。配备及装备音乐、美术、书法、劳技、心理咨询室各1个,计算机室2个,多功能教室1个。图书资料室1个,有图书27874册,生均36册。阅览室、卫生保健室、体育器材室各1个。教职工85人,其中专任教师60人,高级职称教师9人,一级教师25人,二级教师25人;市级学科带头人3人,市区级教学能手30人。配备心理健康专职教师1名,兼职心理教师1名,兼职保健人员1名。设有党支部、办公室、工会、团委大队部、政教处、教导处、总务处、综治办等组织机构。

【德育工作】以习惯养成教育为抓手,打造“一体两翼”德育模式(“一体”即以课堂德育渗透为主渠道,重点抓好班会课及主题班会活动和学科德育渗透,突出全员育人;“两翼”是依托文明班级建设和主题教育实践活动两个抓手,营造良好的育人环境,提升校园文化的育人功能)。以主题班会课为切入点,以班会课内容为研讨内容,初步形成十五中学的班会课授课模式及班主任经验交流模式。发挥党、团活动和学科课程德育教育作用,以主题教育活动为载体,实现习惯养成教育。丰富周一升旗仪式的形式和内容,强化学生的思想品德教育,做到时效性、文学性、政治性并重。利用雷锋月、植树节、清明节、中秋节、教师节、国庆节等节日组织纪念活动,培养学生的道德情感。组织学生参加社会公益劳动,开展志愿者服务,培养学生关爱他人,回报社会的道德品质。通过科技节、读书节、艺术节、体育节等活动,实现对学生健康人格的培养。开展法治教育,针对校园欺凌事件的发生及未成年人犯罪的发生,采取形式多样的教育形式,加大宣传力度,使学生了解有关法律知识,知法、守法、护法,做合格的中学生。开展各类主题教育、班团队会,学生礼仪行为养成教育,通过优秀学生干部、“三好”学生、星级学生、美德少年等评选活动,搭建不同的平台,培养“明事理,懂是非,知荣辱,辨善恶,求上进,学做人”的社会合格公民。

【教学工作】加强集体备课的规范与落实,提高集体备课的实效性。备课组全体成员充分研究学生,降低教学重心,进行导学案和合作学习的研究、推进和应用,制定切实可行的教学进度计划和教学高度,使学生掌握知识扎实有效。在集体备课活动中资源共享,注重“三精”——精选、精讲、精练。继续推进学科组建设,学科组深化组间合作、组内竞争的自主合作学习模式。开展市级及校级微型课题研究,每一位任职教师积极参与课题研究,切实解决教学中存在的问题,提高教学质量和教学水平。2019年继续开展呼市教科所“十三五”课题研究:文综组《核心素养在初中文综课程中贯彻与落实》、语文组《中华传统文化与现代课堂教学实践研究》。

【教师队伍建设】骨干教师与青年教师的培养落实在学科组和备课组活动中。名师引领学科组的集体学习,年轻教师成为集体备课的主体,其他教师补充、指导。依托市、区名师工程建设,加强全体教师的培训,确定分层次培养目标,提高教师的业务水平。2019年学校有市学科带头人4人、区级学科带头10人、市区教学能手16人、教学新秀26人、市区名师工作室的优秀教师9人,市、区基本功大赛获奖者38人,各级先进受奖人次达60多人。

【安全及后勤保障】建立一支专职或兼职的学校安全及综治工作队伍,动员、组织师生积极参与,群防群治,与安全职能部门协作配合,做好联防联控,预防“校园欺凌”,共同做好学校安全和综治工作。整治校园周边环境,铲除校园及周边存在的安全隐患,开展安全法治教育,帮助学生牢固树立安全法治意识,把学法、知法、守法、用法化作学生的自觉行动。做好教育教学场所、教学物质的维修、购置,为教育教学工作提供物质保障。

呼和浩特市第十九中学

【十九中学领导名录】

党总书记 乔 阳(女)

党总支副书记、校长 李生贵

党总支副书记、副校长 郝瑞芬(女)

副校长 蒋 华(女)

薛 宁(女)

【概况】学校占地面积3.93万平方米,教学楼面积2.0万平方米,图书室、阅览室面积700平方米,400米标准跑道操场,拥有一个比较完善的积极心理健康中心,校园电视台,数字地理教室,2个录播室和30个功能教室。2019年,建设完成3849平方米文体馆、550平方米校史馆和STEAM创客教室。学校有52个教学班,在校学生人数2585人,在编教职工235人,离退休教职工96人。中考取得优异成绩:722人参加考试,体育满分280人,40名学生以较高分数考入二中,升入附中学生60人、一中学生110人,实现学生低进高出、高进优出。学校体育特长生升入二中2人,附中3人,一中3人,十四中1人。被共青团内蒙古自治区委员会授予"全区五四红旗团委"称号。学校艺术组、团委选送的《我爱你中国》在新城区艺术节展演活动中荣获中学组一等奖,学校体育代表队在呼市中学生田径运动会取得初中甲组并列第三、新城区中小学生田径运动会第二的优异成绩。女足获得主席杯第五和市长杯亚军。参加新城区"阳光体育"中小学生跳绳比赛荣获第一名。崔文老师荣获市级教育系统优秀教师,申迅老师荣获市级优秀班主任,郭选华、王农菲、高新梅、邬志强等12人荣获新城区优秀班主任、优秀教师、教育工作者、德育工作者等荣誉称号。

【党建工作】开展学习型党组织建设,在党员中组织各类学习40余次。通过对上级巡察反馈意见的"精准整改、全面整改",建立健全在党建、财务、教育教学等领域的24项制度和管理规范,让学校管理更为制度化、科学化。以党建带团建、队建;校行政班子、环节干部沉下身子,深入一线做好引领;年级组、学科组和备课组发挥基层团队作用。开展书记讲党课、"守初心、担使命"党团员演讲比赛、"为中高考考生助力"等特色党日活动10余次。围绕主题教育开展学习研讨、调查研究、检视问题、整改落实等19项专题活动。

【队伍建设】强化环节以上干部值周和深入年级组和学科组、跟踪每年读一个本教育学理论著作,确定一个年度教研课题、上好一堂教学公开课、完成一份高质量课件、撰写一篇高质量教育论文等"五个一"活动、跟进班级课改工作等。校领导、干部深入备课组、学科组800人次,跟踪班级、听课3000余人次,其中深入课改班级1645节。利用班主任例会、专题讲座、主题班会展示等形式对班主任队伍进行培训。通过教育案例分享和讲座,用身边的人和事进行自我教育,准确、有效地提高班主任业务素质和德育工作能力。依托"124"名师培养工程、名师工作室,发挥骨干教师引领示范作用,开展讲座、示范课、公开课系列活动,为青年教师提供学习交流平台。外派教师前往北京、厦门、辽宁、山西及区内各地学习近200人次。

【德育工作】利用校园广播、板报、主题升旗仪式、校园微信公众平台等阵地,积极开展特色教育活动,加强学生思想教育。利用校园四大节、阳光体育大课间、校本课成果展示、"三城同创"、学生志愿服务、最美教室评比、"五个一"活动评比等主题德育实践活动,增强学生的班级凝聚力和荣誉感。确立分级目标,团员示范引领,学生会干部挂牌上岗,明确责任和管理范围。以打造"五个一"精品活动为抓手,举办每日一歌PK赛、每日一歌视频展示、跑操比赛,结合《星级杯实施方案》,实现多元激励评价,实现学生规范合格率达98.3%,年度校星级班集体占比达26%。建立完善的“重点关注学生档案”,形成动态化建设机制,把“重点关注学生”帮扶工作做到实处。规范家长学校,系统安排家校课程,通过家长课堂系列培训学习,让家长了解学校动态、参与学校、班级日常管理,提升家长育教素质,提高家校合作能力,推动德育工作进一步深化。

【教学工作】推进“双载体—四导型”自主课堂有效落实,教学工作紧密围绕三个“主体”进行,即备课中以导学案研究为主体、课堂上以合作学习为主体、评价以全面发展为主体,努力建设新型师生关系,构建生本课堂,释放课堂活力。结合《呼市第十九中学行为规范养成教育星级杯实施方案》,强化以班级小组为单位的多方位考核,做到日汇总、周通报、月展示。精细化教学常规管理,突出一个“实”字。通过学校信息反馈小组和环节以上干部跟踪,加强教学常规监控,逐步建立起学生成长记录,实现信息化管理、科学化评价。举办生本课堂研究课、新城区教研室视导公开课、课改十佳展示课、名师示范课、名师培养工程考核课、教研组长示范课、校长进课堂、特级教师课程点评、教研员参与的考核推进课、张和平老师的全校生本示范课、田媛媛、高敏等4人进行的期中期末分享交流、史彦君做的班会课分享等教学活动,342节,听课总量近4000人次,参与各类讲座、经验交流38人次。编印校本导学案10册,编印学生故事手册、防校园欺凌学生、家长、老师手册。

【特色活动】9月23—27日,举办“五十年教育教学成果展”活动,为母校50华诞献礼,同时将学校50年的发展历程进行梳理。

【其他工作】加强校内外安全排查与整改工作,调整值周干部检查内容、增加值班人员加大巡查力度。针对上下学期间校园周边的秩序,由值周干部带队,由值周干部、学生处老师、保安、家长志愿者组成家校联防队对校园周边及其延伸段进行安全排查,发现问题立行立改。开展送温暖活动;校务、财务公开,通过教代会、学代会加强民主化建设,为师生提供优良的后勤服务。

呼和浩特市第二十一中学

【二十一中学领导名录】

党支部副书记、校长 康莲枝(女,蒙古族)

党支部书记 黄咏梅(女,蒙古族)

党支部副书记、副校长 任宝财

副校长 焦平原

薛海峰

张明生

【概况】呼和浩特市第二十一中学于1968年建校,2000年恢复高中办学,是一所有着悠久办学历史、丰富办学经验和优良办学传统的优质完全中学。学校办学规模不断扩大,教育教学质量不断攀升,综合竞争力不断增强,被评为“呼和浩特市教育教学管理先进集体”。有40个教学班,在校生2200人,教职工222人。

【工作情况】学校秉承“为每一个孩子终身发展奠基”的宗旨,确立“人本和谐,师生共进；自信自强，追求卓越”的办学理念，坚持走“内涵发展、特色发展、优质化发展、多样化发展”之路，在教育教学实践中，坚持立德树人，推行深度课改，培育学生的核心素养，为学生终身发展奠定坚实的基础。学生的学业成绩及中高考成绩稳步提升，实现“低进高出，高进优出”的办学成绩。中国教育电视台以《让学生成为课堂的主人》为题采访报道二十一中学本课堂。学校先后承担2期自治区中等职业学校公共基础课骨干教师及自治区中小学德育骨干教师培训。

【党建工作】学校党支部以学习践行中共十九大精神为重点，扎实开展“两学一做”学习教育活动，坚持中心组学习制度，提高理论素养、文化素养和依法治校的水平。强化领导班子和干部队伍建设，完成清风干部的评定工作。创建党建品牌“施爱．立德”，关爱贫困学生，扎实开展结对帮扶活动。开展党员先锋岗活动，领导干部负责守责尽责，在不同岗位上坚守初心使命，做好本职工作。以“祖国，我想对您说”为主题，师生真心告白中华人民共和国70周年华诞。开展“我们是党员”主题党日活动，重温入党誓词。

【师资建设】开展校本研修活动，构建教师学习共同体，搭建教师专业发展和精神成长平台，提升教师的教育智慧和精神境界，形成一支具有深厚的文化底蕴，乐教善教爱岗敬业的教师队伍。与内蒙古师大附中结成联盟校，实施教师提升计划，加大教师的培养力度，开展同课异构等活动。以有效集体备课为着力点开展校本研修，注重教研活动的针对性和时效性，通过组内公开课，骨干教师课改示范课等，加大教研力度。组织校级、区级、市级青年教师基本功、教学能手大赛，以赛促教。2019年，学校有正高级教师1人，高级教师60人。自治区特级教师1人，自治区优秀教师2人，自治区及市级学科带头人6人，市级教学能手5人，市级“名师工程”培训优秀学科带头人、教学能手、骨干教师33人。

【特色教学】学校把提高教学质量摆在突出的位置，坚持正确的育人观、教学观、质量观，严格教学管理。深化学本课堂模式，通过问题引领、合作探究、自主展示、反馈矫正等环节，优化课堂教学结构，改进教学方法，探索学科育人的有效途径，引领学生思维，提高学习效率。规范音乐、体育、美术、心理健康、通用技术和理化生实验教学工作，切实保证体艺类课程和综合实践活动课程的开设。军体拳、武术、五步拳、太极拳等传统体育项目进课堂，促进学生综合素质的全面提高。

【德育教育】通过“开学典礼”“新生入学教育”“国旗下讲话”等渠道，践行社会主义核心价值观，对学生进行目标、理想、信念教育。开展“主题班队会”行为规范养成教育、心理健康教育、感恩教育等，做到德育工作系列化，将核心素养融入课堂、日常教育生活中，为学生良好道德品质和行为习惯的养成奠定坚实基础。在宣传日、纪念日开展家国情怀、礼仪教育和中华传统美德教育，评选新时代好少年。

【安全教育】树立“安全无小事”意识，建立健全各项安全制度，设立安全岗，成立青年教师护校队,坚持学校领导带班的早、中、晚值班制度,以预防为主,责任落实到人,落实重点和要害部位安全措施,自觉履行护校职责,维护校园安定和谐。通过国防教育、法治讲座等安全教育,提高学生的法治观念、安全意识和自我防范能力。坚持食堂陪餐制度,加强对食堂进货质量和台账管理,做好食品留样工作,确保食堂的环境卫生与饮食安全,师生食堂就餐质量不断改善。积极排查各种安全隐患,确保学校无重大事故发生,为全校师生提供安全稳定的教学、生活环境。

呼和浩特市第三十四中学

【三十四中学领导名录】

党总书记 李艳峰(女)

校　长 刘晓林

副校长 张学云

薛　媛(女)

王晓涛(女)

蒯国楗

【概况】呼和浩特市第三十四中学始建于1979年,是一所“一校两址”的普通初级中学。西校区位于呼和浩特市新城区哲里木路68号,占地面积15125平方米,校舍面积7100平方米;东校区位于呼和浩特市新城区爱民东路18号,占地面积42688平方米,校舍面积10159.52平方米。有48个初中教学班,在校学生人数2407人。在编教职工207人。

【办学理念】倡导“人文教育”,让每一个学生都得到发展,每一个教师都有尊严,人与人之间平等、互助、尊重、包容的办学氛围正逐步形成。坚持校园绿化,绿化水平位居呼市学校前列。坚持依法治校、规范办学,逐步形成“教师一言一行,学生一生一世”的师风,“抓学习、树人文、重落实”的育人理念蔚然成风。

【亮点与特色】以“人尽其才、自强不息”为校训,立足于每一个学生的全面发展,体育教育成为学校特色与亮点。校运动队在全市中学生田径运动会上连续多年获得好成绩,为市第一中学、第二中学、师大附中等内蒙古示范高中输送大量体育人才,代表呼和浩特市参加全国的大型比赛获得优异成绩,被确定为内蒙古自治区竞技体育后备人才基地、国家级竞技体育后备人才基地。在呼和浩特市及新城区中学生运动会均获得优秀组织奖;校园足球队组建以来,连续多年参加主席杯、市长杯、区长杯足球联赛,取得一系列的好成绩。2019年成为全国校园篮球特色校;被内蒙古体育局评为现代五项“2019年—2022年高水平后备人才基地”。陆续成立击剑、射击、现代五项、旱地冰壶特色体育项目,射击、击剑、现代五项呼和浩特市教育局评为“特色建设示范校”,旱地冰壶教育部授予“全国青少年校园冰雪运动特色学校”;乒乓球、啦啦操等项目受到学生们的喜爱,获得新城区及市级团体奖项。

【教科研工作】注重教学科研,有多项国家、自治区、市级科研课题,其中参与“十三五”重点科研课题“中华优秀传统现代语文课堂教学实践研究”授予先进科研学校称号;2019年学校开设新的课题《基于学生学科核心素养发展的从“讲堂”到“学堂”课堂转型的策略和方法的研究》;《三四分层教学法的实践研究》获市人民政府颁发的“重大科研攻关课题二等奖”,相关论文在国家级学术刊物《基础教育研究》上发表。

【党建工作】开展“不忘初心、牢记使命”主题学习教育工作,坚持“三会一课”规定,落实“三项制度”。保持对党员干部的培训、管理力度,强化角色意识,责任意识、大局意识。根据角色定位,理清工作思路,获得工作成效。处室做到开学有计划、期末有总结、每周有安排。工作周周明,期期清、增强工作目的性、针对性和实效性。开展困难党员帮扶和“暖心党建”工作,开展志愿者服务工作。

【德育工作】把弘扬优秀传统文化,树立社会主义核心价值观作为德育工作的根本方向。从学生日常行为规范入手培养良好的行为习惯,开展爱国主义教育、法治教育、孝道教育、感恩教育、励志教育、美德教育等。把营造学校、家庭、社会相结合的德育教育网络作为重要抓手,加强与家长、相关社会单位的沟通联系,形成全面德育的良好态势。加强班主任队伍建设,加强学生管理,创建文明校园,营造安全稳定的校园环境。

呼和浩特市第三十八中学

【三十八中学领导名录】

党总支书记　刘　涛(女)

校　长　王建新

副校长　王月志

宝力高(蒙古族)

郭明清

栗卫兵

【概况】呼和浩特市第三十八中学位于新城区团结小区迎新东路,始建于1986年,是新城区一所完全中学,也是新城区唯一一所示范性普通高级中学。学校占地面积31668平方米,建筑面积16935.02平方米,由“明志楼”“明远楼”“行知楼”3栋综合楼组成。拥有一流的标准化操场,会议报告厅,心理辅导中心,图书阅览中心,音、美、理、化、生、地、计各功能室设施齐备。学校现有43个教学班,学生2163人,教职工201人,其中国家级优秀教师3人,自治区级骨干教师2人,市区两级学科带头人、教学能手53人,高级教师65人,入选呼市“名师工程”骨干教师43人。学校现有63位教师拥有国家级心理咨询师称号,免费师范生教师28人。学校明确“理念立校、文化兴校、特色强校、环境美校”的办学思路,让学生成为“良好健康的行为习惯,积极向上的学习态度,阳光乐观的精神面貌”的学习者作为培育目标。根据自身发展要求,形成自主课堂导学案教学模式、学生自主管理、毽球项目三大特色。先后被命名为呼和浩特市“特色学校”、市基础教育改革“十大”科研基地校、自治区教师培训基地、自治区示范性普通高级中学、全国毽球运动示范学校。

【党建特色】通过党建直通车、集中专题学习、书记、校长讲党课等方式使党员同志不断有新进步、新领悟。深入学习党史、新中国史,由历史教研组承担党史系列讲座任务,全体党员和广大教师对党的认识得到进一步升华,做到知史爱党、知史爱国,常怀忧党之心、为党之责、强党之志。11月,学校组织42名青年教师开展以“思想筑魂、立德树人”为主题的演讲比赛,提高教师“爱岗、敬业、奉献”的责任意识,激发教师的工作热情。

【制度建设】完成第八届工会委员会换届,选举产生新一届工会主席。筹备第八届教职工代表大会,使民主治校、制度治校真正落到实处。进一步落实学校精细化管理,完善工作流程建设,促进学校各项工作更加规范化、细致化、精细化。有效开展教师分层培养,完善教师培养体系。2019年,学校推出“青蓝工程”,通过青年教师与骨干教师“结对子”形式,形成帮扶对象,相互学习,共同进步。

【德育工作】加强对班主任工作的培训力度,发挥名班主任工作室的作用,推进自主管理体系的落实,促进德育工作扎实有效开展。推进志愿服务,深入践行社会公德。充分发挥社会与学校的可用资源及联动作用,与内蒙古科技馆,内蒙古博物院等8家场馆达成协议,成为学校义工实践基地,学生利用节假日、假期时间到相应场馆做志愿者,进行社会实践。推行“文明志愿者协会”自主管理模式,以常规促创新,实行志愿者值周制度,突出学生自我管理,使每位学生既参与管理实践,又从中得到锻炼,真正体现出志愿服务的意义。2019年,学校被市、区两级评为优秀志愿者服务集体。

【教学科研】深化教科研活动,促进教科研工作与日常教学有机结合。推进呼和浩特市教育科学规划“十三五”课题“构建发展性评价体系,促进学生全面而有个性发展的实践研究”的研究工作。探索申报一批教育教学“微课题”。结合日常教学实践中的思考,总结方法策略,形成一批“微课题”。

新华小学

【新华小学领导名录】

党支部书记、校长 康静波(女)

副校长 周晓东

白　荣(女)

白　雪(女)

【概况】新华小学始建于1961年,其前身是内蒙古自治区政府办公厅直属小学。有“华英”“华雅”2座教学楼,包括24个教室、20个功能教室、3个图书室、1个学生书吧、2个教师书吧,图书室藏书2万余本。2019年正式在编教师71人,有内蒙古级学科带头人及教学能手2人,市级优秀青年教师、学科带头人及教学能手等10余人,区级首席教师、学科带头人、骨干教师等30余人,学生人数1336人。在半个多世纪的发展历程中,始终坚持“继承、发展、创新”的办学原则,2019年确定新时期学校的办学目标——育中华英才、办华雅教育,学校以“办学生喜欢、教师幸福、家长信赖的学校”为办学愿景,以“帮助每一个孩子做更好的自己”为核心价值观,通过构建华智管理、建设华英课堂、开设华雅课程努力建成家长社会信赖的学校。学校先后荣获“自治区义务教育示范校”“自治区现代教育优秀学校”“内蒙古科研规改革整划重点课题教育技术实验学校”“呼和浩特市特色汉学校”“呼和浩特市优秀家长学校”等荣誉。学校以“精常规 促养成 师生共成长”为目标，努力把“精、细、实、严”落实到管理工作的每个环节，全面提升学校管理水平和办学质量。

【党建工作】党支部严肃党内政治生活，落实“三会一课”，讲好高质量党课。2019年，召开支部党员大会14次、支部委员会22次，党小组会议10次，专题党课3次，组织生活会2次，民主评议党员2次。将“两个责任”和“一岗双责”落到实处，实行一把手亲自抓、带头做、总负责。书记带头讲党课，带头学习，全体党员学习党史，观看中华人民共和国成立70周年成就展、廉政展厅。开展专题研讨3次，撰写心得体会117篇，进行主题党日6次。开展开门纳谏活动，在教师、家长中以问卷、座谈等形式进行调研4次，征集意见26项，对征询意见进行认真梳理。开展“学生最喜爱的华雅教师”评选活动，由全校学生投票评选为2019年度学生最喜爱的华雅教师，树立典型，弘扬教师高尚师德。

【教学工作】推进各学科主题教研，承担新城区片区教研展示活动5次，新城区教材分析2次，各学科承担新城区视导教研展示15次。接待两批自治区中小学影子校长跟岗培训，全方位展示学校各科教学研究工作。以“青年教师赛课”为“课堂”的载体，通过“研究团队”和“学科组”两个研究共同体的研课，加以“学科组基础的指导”，“团队领队专项的指导”和“分管领导跟踪的指导”这三层指导，打造出40余节各学科精品课，每位教师经过五、六次的研课，教师的教学水平进一步提高。推出青年教师参加各级各类观摩课活动，承担自治区级观摩课1节、市观摩课1节、新城区观摩课7节，推出新城区视导课、影子校长观摩课20余节。同时推送教师参加各级各类比赛，获奖率达到百分之百。1人获自治区级比赛一等奖，4人参加呼市级教学比赛，获得呼市学科带头人等荣誉，4人参加新城区级教学比赛，获得获新城区学科带头等荣誉。

【德育工作】建立与学校育人目标相一致的课程体系，研发丰富有营养的“课程自助餐”。形成本校的华彩课程体系，分3个模块8大类13小类课程。2019年，特色课程模块新增四门，达到30门课，涵盖艺术、文体科技、学科拓展等内容，满足二至五年级所有学生的自主选择课程。规范对特色课程的管理，采取过程性评价、展评性评价、竞赛性评价，促进特色课程的全面建设。特色课程展示“七彩童年”嘉年华活动，为同学们带来一个别样的课程体验。2019年，除学校传统的“五节四礼”和主题升旗仪式外，开展“我爱你祖国”“庆祝中国少年先锋队建队70周年”等主题课程7次，“绿色包裹献爱心”“研学毕业典礼”等实践体验课程2次。

【体育、艺术】开展丰富的学科类活动：“体育活动日”、“队列汇操比赛”、“校长杯足球联赛”、篮球、乒乓球、跳绳比赛等体育活动；音乐“三独比赛”；美术“优秀课堂作业展”,展出24期25块展板。科技类邀请北京符教授为孩子们做科技讲座并开展活动;环境教育开展“垃圾分类 保护环境共建美丽校园”、“文明见于心 环保践于行”等系列主题活动。丰富的活动使孩子们长见识,增才干。开展“爱眼护眼知识宣传”和“眼保健操评比”活动,增强学生爱眼、护眼的意识,降低近视率,活动评选出6个眼保健操规范优秀班级和30名“护眼小卫士”。

【工会工作】3月初,工会组织教师参加呼和浩特市“逐梦新时代 巾帼展芳华”庆祝“三八”文艺演出,获优秀组织奖。张广娜老师获得呼市2019年“最美家庭”荣誉称号。开展送温暖活动,对生病、怀孕及生产的教师进行看望和慰问。邀请“中医专家”入校进行健康义诊,组织全校教职工进行健康体检,真正将关爱教师健康落到实处。

【营养配餐工作】作为首批配餐试点学校,完善硬件设施,安装洗手池、饮水设备、监控设备、配留样柜等。教师加班加点,让每一项制度细则落地实施,与企业对接,与上下级协调,与家长沟通,培训学习,反复敲定,最终做到培训流程规范、卫生,学生就餐有序、合理。配餐期间,所有教师参加配餐服务和课后延时服务,配餐工作开展顺利。

【安全后勤保障】建立健全安全工作领导机构和工作机构,利用校会、讲座、主题班会等形式,对学生进行安全知识的教育渗透。后勤方面,给全校安置13台净水器,教师、学生随时可以饮用安全、洁净的热水。

讨思浩小学

【讨思浩小学领导名录】

党支部书记、校长 邢卫华

副校长 史文艳(女)

王志刚(女)

王俊俊

呼思乐太(蒙古族)

【概况】讨思浩小学是一所公办农村寄宿制学校,为新城区4所农村学校之一,占地20272平方米。2019年学校学生135名,其中住宿生59人;学生主要来源为周边20多个自然村村民子女,部分外来务工人员子女及少数市区正居户口孩子;毕业班学生凡具新城区正居户籍的孩子均享受优质中学派位政策,参加派位的学校有实验中学察哈尔校区、东河校区,敕勒川实验中学,二十一中学。学校有教职工26人,84.6%为近几年招考的本科以上高学历大学生,教师整体素质明显提升。学校管理团队均由区政府、教育局通过组织程序从城区学校干部中竞聘择优选派。学校坚持“高效公正、和谐人文”的绿色生态发展理念,紧紧围绕“立德树人”的育人目标,坚持“规范管理提质量、彰显特色求发展、促进均衡做贡献”的工作思路,以质量效率为主线,以改革创新为动力,以增强学生知识学习和实践能力为核心,加强干部教师队伍建设,竭力打造“生态校园、和谐校园、人文校园”,提升学校品位,全面提高学校的办学水平和教育质量,促进学校教育事业持续、协调、健康发展。“坚持人与自然和谐共生”，结合学校自身条件，将生态文明理念渗透到学校各个层面。按照“高效公正、和谐人文”的理念，梳理修订学校制度，形成可持续、动态性管理目标，打造充满活力、和谐人文的学校。

【党建工作】学校党支部直面问题，剖析原因，查找症结，开门纳谏，广泛征求意见建议140条，班子成员及党员严肃开展谈心谈话42次，经梳理问题及不足4项15条。开展革命传统教育，初心学堂、专题研讨、调查研究、党员干部讲“全面从严治党”专题党课。开展专项整治、对照党章党规找差距、红色烙印主题党日、传承红色精神志愿讲解、深入群众家长座谈会、精准扶贫家访全覆盖等活动，确保“不忘初心、牢记使命”主题教育形式多样、取得实效。明确动员部署、学习教育、调查研究、检视问题、整改落实等主题教育各项具体任务、工作内容和时间节点，为开展主题教育明确“任务书”“路线图”和“时间表”。

【教师队伍建设】强化师德建设，把3月和9月定为学校师德师风月，组织青年教师进行师德师风演讲签订师德承诺书。开展教学研讨实践活动：两周一次教研组教研活动；每周周三上午第三、四节开展语文组教研活动，周三下午第一、二节开展数学组和英语组教研活动；分别在3月、9月和4月、10月进行教师公开课、青年教师推优课活动。2019年，经过区教研室教研员的送课、讲座，青山小学、东门外小学的送课交流，累计自治区及以上的11人次培训，新城区级13人次的培训，30多人次的教研室培训，校长和副校10多人次的长培训，学校从教师到管理层，教育教学能力、管理能力不断提升。

【德育工作】深入挖掘乡村熟人社会蕴含的道德规范，结合时代要求进行创新，强化道德教化作用，引导学生向上向善、孝老爱亲、重义守信、勤俭节约。遵循学生年龄特点，开展德育教育。在德育课程上进行改变和尝试，活动以操作类实践活动为主，将单一活动转变为同类活动整合系列课程。在实践中发现，很多英雄事迹就发生在离学生不远的祖辈身上，老一辈革命家王建功、杨植霖曾在这里活动，建名言小学，宣传革命思想。在此基础上，学校发挥地理优势，到大青山红色文化公园进行义务讲解，深入挖掘红色文化的意义和内涵，先后为教育局机关、兄弟学校、机关单位、企业讲解20余次，有效地提升学生的爱国情感以及积极向上的道德情操。

【教育教学】开展聚焦课堂教学质量的主题活动，坚持教学相长，注重启发式、互动式、探究式教学，教师课前指导学生做好预习，课上讲清重点难点、知识体系，引导学生主动思考、积极提问、自主探究。融合运用传统与现代技术手段，重视情境教学；精准分析学情，重视差异化教学和个别化指导。研发校本课程，以“少年农科院”综合实践品牌，探索基于学科的课程综合化教学，开展研究型、项目化、合作式学习。通过“少年农科院”课程，进一步推进和深化课程内涵，开发校内外教学资源，提高师资队伍的专业素养，以此帮助全体学生更好地积累劳动和生活的直接经验，培养其爱劳动、爱文化、爱自然、爱生活、爱探索的态度。打造学校耕读园,让学生学习民俗民风,丰富学生对北方农村民俗文化的理解,激发学生对农村、农业、农民的热爱。外聘“机构名师”和退休教师,完善教师结构,引入不同风格课堂教学模式;积极配合教研室、进修学校、督导名师送教活动,提升教学质量,全年为学校送课50余节;联合呼和浩特市职业学院派遣实习生,补充教师短缺,接收86名实习生,在实习生的协助下少年宫、体育课和大课间质量得到提升。通过上述措施,学校数学、英语学科成绩明显进步,六年级英语2018年均分58.93,优秀率24%,合格率56%,2019年均分80.8分,优秀率53.32%,合格率84.38%,二年级数学均分97.55分,优秀率95%,合格率100%。

【帮扶、后勤工作】扶贫、家访精准结合。2019年有59名住宿生,按照60%计算符合条件贫困学生36名,其中建档立卡2人、留守儿童1人、外来务工学生有10人、单亲9人、非义务教育阶段就读10人、其他4人。非寄宿家庭经济困难学生6人,其中建档立卡1人、低保2人、残疾3人。为准确甄别贫困学生、促进家校共育,学校支部党员、干部和班主任在10月、11月期间,利用中午时间走进14名贫困学生家中,了解学生家里的困难,征求家长对学校的意见建议。解决教师实际困难,为夜自习教师提供暖心夜宵、为过生日教师送蛋糕、为结婚教师送祝福、为女教师和男教师家属送妇女特病保险等,让教师感到暖心、安心。

胜利街小学

【胜利街小学领导名录】

党支部书记、校长 马静漪(女)

副校长 娜 拉(女)

王 岩(女)

李 萍(女)

【概况】学校机构设置有校长室、副校长室、教导处、总务处、大队部、心理咨询室、各学科、各年级办公室、保健室、财务室、后勤保管室、保卫室及各功能室。其中校长书记1人,副校长3人,教导主任6人,大队辅导员1人,总务处3人,保健老师2人,财务人员2人。有在编教师98人,合同制2人。学校“胜利之音”合唱队被自治区党委宣传部选送于9月27日参加自治区庆祝新中国成立70周年合唱活动和内蒙古自治区2019年“十佳法治人物”颁奖典礼。2019年,学校进行校园建设重新铺装学校操场,更新国旗台,更换国旗杆,抬高硬化北院地面;升级改造教师卫生间,增设直饮水设备;装修规范32间教室及五楼会议室;增加40个点的监控摄像头,达到校园公共区域监控全覆盖。

【党建工作】推进“三亮十比三评”党建品牌创建活动,落实“党员先锋岗”制度,树立典型,促进党员整体素质的提高。开展理论中心组学习12次,书记讲党课3次,党员集体学习8次,班子和党员专题讨论6次,开展主题党日活动8次,组织开展革命传统教育2次。慰问困难、生病教职工及家属共10余次,带去学校的关怀,凝聚人心,增强团队精神。2019 年学校党支部获“呼和浩特市先进基层党组织”称号。

【教师队伍建设】通过集体教研、骨干教师引领示范、青年教师的成长课堂、引进专家指导帮扶、外出学习开阔眼界等几方面提升广大教师的教育教学水平。承担市区级的观摩课、片区教研 7 节次,教学视导也得到教研员广泛好评。2 位老师获得新城区学科带头人的称号。

【立德树人】修订《胜利街小学学生素质报到册》完善学生评价体系,使学校的办学思想、培养目标、途径措施、评价体系完善统一。推行学生自主管理,加强养成教育。成立红领巾监督小队分班级文明监督岗、校级文明监督岗,充分发挥学生的积极性、主动性,推进自主管理,提高学生自我管理的意识和能力。完善对班级的目标管理,隔周一进行“六星”评比,对卫生、纪律、早操、间操、路队、眼操及时进行表彰奖励。通过强化卫生习惯、礼貌习惯、纪律意识,学生的精神面貌焕然一新。各班级根据学校月教育重点和学生的实际,每周分重点、分专题对学生进行“规范”的学习教育,使学“规范”更细致、更深入。

【体卫艺工作】外聘心理健康专职教师,对全校学生进行心理健康量表筛查工作。进行筛查后分别开展有针对性的专项活动:面询教师 31 人次、家长 59 人次、学生 50 人次,开展主题性家长成长课堂、家长培训等。搭建平台夯实学生科学素养,获得 WER 能力挑战赛自治区中小学电脑制作活动二等奖、WER 能力挑战赛呼市赛区小学组冠军;学校管乐团获得“市级美育节器乐类”一等奖;获得新城区教育局中小学生田径运动会小学组团体总分第四名;参加全国小篮球联赛,获得女子第一名、男子第四名;参加新城区第二节中小学啦啦操大赛,获得规定动作第三名,自选动作第二名;呼市第四节届中小学啦啦操大赛,获得自选动作第三名;9 月 27 日,“胜利之音”合唱队被自治区党委宣传部选送参加自治区庆祝新中国成立 70 周年合唱活动和内蒙古自治区 2019 年“十佳法治人物”颁奖典礼;获得全国人工智能特色活动单位(中科协);获得全国科普日活动优秀组织单位(中科协);获得呼市教育信息化示范单位。

【校园基础建设】2019 年学校装修图书室、改扩建一间阅览室精选正版绘本 1000 余本。馆藏图书近 6 万册,分年段、分类、按需送到班级,满足学生读书需求。利用寒假全面提升教师办公环境,升级改造教师卫生间,增设直饮水设备,配置热水器,五楼会议室增设空调和电子屏、更换会议室桌椅。

山水小学

【山水小学领导名录】

党支部书记、校长　路　畅(女)

副校长　范志宏

格根苏布达(女)

陈丹姝(女)

【概况】校园占地面积 23400 平方米,生均占地面积 17.74 平方米。学校校舍面积 6702.72 平方米,教学辅助用房面积

5762.47 平方米,生均达到 4.36 平方米。学校体育活动场地 6305 平方米,拥有 200 米塑胶跑道运动场 1 个、篮球场 1 个、室内体育馆 1 个,生均体育活动场地 4.78 平方米。建有音乐、美术、舞蹈、科技、多媒体、计算机、图书阅览等 8 个设施齐全的功能教室。2019 年,在校生人数 1336 名,专任教师 64 名,设有 24 个教学班,平均班额 55 人。计划招收 220 名辖区内适龄儿童,服务半径覆盖 12 个住宅小区,辖区内残疾儿童无一辍学,学生入学率 100%,巩固率 100%。从建校以来,学校一直把建立教师、学生与家长的成长共同体作为发展目标,围绕“向真、向善、向美、向上”的教育教学理念,坚持以“立德树人”为导向,以提高教育教学质量为中心,以课程实施为抓手,关注教师的内涵发展和学生的健康成长。以核心素养为导向,整合利用各种资源,实现全科育人、全程育人、全员育人。初步建构学科课程、主题教育课程、走班制社团课程、传统文化课程和实践活动课程“五位一体”德育课程、“3+1”家庭教育课程和多元化的创客课程的新格局。立足学校实际,知行合一,以课程一体化的方式,实现智德共生。学校校园文化建设内容丰富,有代表学校办学理念的校训、校徽、校旗、校歌等标识,建设多姿多彩的植物园、曲径通幽的文化长廊、科技文化名人墙,还有少先队科技与劳动实验基地等。学校先后被评为内蒙古科技示范学校、内蒙古绿化先进单位、呼和浩特市精神文明先进单位、呼和浩特市校园文化建设示范学校、呼和浩特市特色建设示范校、呼市家长学校先进集体、呼和浩特市少先队先进集体等多项荣誉。

【党建工作】2019 年,山水小学顺利完成党支部委员换届,选举产生新一届支部委员。在教师楼道三楼新建主题文化墙“党在我心中”,加强新形势下基层党建宣传,以党建文化为主导弘扬先进文化,激发基层党组织和广大党员奋发向上、奋勇拼搏、奋力争先的内在动力大力增强干部的廉洁自律意识,加强教师廉政警示教育,持之以恒从严治党,切实做好腐败风险预警防控工作。

【队伍建设】强化班子成员自身学习建设,每月深入开展一次读书学习与交流分享活动。新出台 6 项考核制度与工作方案,逐步建立职责明确、运转协调的良性管理机制和规范的工作程序。组织师德承诺与师德宣誓、开展警示教育和每月学习,坚持拓宽监督渠道及加大自评自查力度。教师阶梯培养建设重点强化青年骨干教师队伍建设工作有的放矢,通过青年骨干教师会议、校级赛课评课活动、“提高学生作业有效性”研究、共读教育经典书籍等方法,激发教师队伍活力。

【德育工作】依托《德育工作周行事历》,以名班主任(辅导员)工作室为基点,研发《班主任(辅导员)教师实操手册》,落实精细化管理,基于“微信+”,推进班主任专业培训微讲堂 14 次,开展班主任(辅导员)技能技巧大赛情景答辩环节,促使班主任老师专业化成长。依据建构“五位一体”的德育课程,以呼和浩特市“十三五”立项课题“开发德育校本课程 构建学校德育特色的研究”为基点,推进德润校园系列校本德育课程实践，开设“小树苗走进大学堂”德育品牌七色光亲子实践活动课程、少先队“七彩争章”课程、中华传统文化课程和一年级入学课程。以“扣好人生第一粒扣子”和“我和祖国共成长”庆祝中华人民共和国成立70周年为主线，以劳动体验的“开心菜园”种植课程，开展系列学校“走班制”社团活动，重构学校“读书节”“科技节”“体育节”“艺术节”，“主题教育月”系列德育活动等。通过“少先队＋党建带队建”党团队主题系列活动的学习实践，有计划每月开展党团队主题品牌活动8次，引导少年儿童感受、认识和拥抱新时代。

【教学工作】通过名师课，观摩课，骨干教师、青年教师赛课以及所有教师的主动探索和积极尝试的“预习—讲授—课中高效练习—课后有效作业”高效课堂教学模式初步呈现，学生能积极、主动地学习，教师研究热情有所提高。精心组织每次单元测试和课堂监测，测试质量分析及时、有针对性。监测学科做到集体备课，侧重预习提纲的编制，让学生课前预习变成有统一目标和要求的自觉学习，提高课堂教学的效率。为给学生打下扎实丰厚的写字与背诵阅读基础，学校自主编写午写字帖、《古诗词分级背诵》和《童年最好的礼物》好书推荐等系列校本课程用书。英语教学工作形成鲜明特色，在三年级至六年级开展系统的自然拼读教学渗透，将自然拼读78个常用规则分阶段进行输入教学，英文绘本阅读实施稳步推进。

【美术音乐教育】根据学校特色、教师特长，以及学生兴趣爱好，以美术教材为本，加入现代元素——装饰画，开设单元学习主题，一年级主要是以几何拼贴的形式进行动物、植物建筑形象的创作，三年级则以线描的形式进行蒙古族纹样的设计与创作，使美术教学更有趣也更受学生欢迎。音乐学科开展小器乐进课堂研究，一、二年级以铝板琴学习为主，三、四年级以口风琴为主，五、六年级以口琴学习为主，通过一年的教学实践，摸索出一套教授小乐器的方法，并且收集整理出一套适合不同年级演奏的小乐器乐谱，极大地丰富学校音乐课堂。开设合唱、器乐、手艺、泥塑、装饰画、剪纸等校本艺术课程20多项。

【特色工作】开设专题培训课程，探索学校家长培训的新格局，实现“家校联合”，提高家教指导的实效性。开展丰富的信息化特色校本课程，第一类是同频互动外教启蒙英语信息化课程，第二类是少儿编程信息化课程，第三类是机器人创客课程。信息化校本课程进行系统化设计，包括：校本教材、软件平台、硬件教具等。通过“山水机器人”创客社团，开展相关创客教育活动。

【精神文明工作】创建文明校园。学校微信平台共制作宣传报道117篇、美篇21篇，共计139篇。向各级各类媒体发送报道2000余次，主流媒体内蒙古电视台新闻联播、内蒙古电视台少儿频道《童心大嘴报》、呼和浩特市《政在关注》《呼和浩特日报》、呼和浩特市人民政府网、新城区政府网等对学校活动进行报道达40次。编辑8期《山水月报》，向学生和家长免费发放，开展学校对外宣传工作。

青山小学

【青山小学领导名录】

党支部书记、校长 田爱玲(女)

副校长 吕 燕(女)

张 帅

李岩梅(女,蒙古族)

张艳红(女)

【概况】新城区青山小学于 1968 年建校,位于海拉尔大街交通主干道上。学校 6 月毕业学生 450 人,9 月一年级招生 500 余人,学校有教学班 49 个,学生人数 2800 余人,教师 130 余人。青山小学始终贯彻“人为本·德为先·质为上”的办学宗旨,坚持“以师生发展为本,为学生成长服务”的办学目标,以“培养气质·提升品位·促内涵发展”为教师发展目标,以“做‘健康·乐学·知礼’的好少年”为学生成长目标。学校先后获得教育部规划重点课题实验基地、国家书法教育实验校、内蒙古自治区书法教育示范校、内蒙古自治区心理教育示范校、市教育教学管理先进学校、市推进素质教育先进学校、新城区目标考核先进单位、新城区党建项目示范校、新城区红旗大队等荣誉称号。教师中,国家级课堂教学特等奖获得者 1 人、国家级课堂教学录像课获得者 3 人、自治区教学能手及基本功大赛获奖者 6 人、市学科带头人 8 人、市教学能手及基本功赛获奖者 25 人、新城区首席教师 1 人、新城区学科带头人 12 人、新城区教学能手及基本功获奖者 50 余人,学校教师论文获国家级、自治区级、市级奖项百余篇,师生书法作品获奖自治区奖项 200 余篇。学校着力改善办学条件,先后投建书法教室、心理咨询和活动室、美术教室、音乐教室、科学实验室、科技活动室、少先队室、图书阅览室、学生计算机房、风雨操场、卫生保健室、录播教室等。校园局域网开通,所有教室安装多媒体液晶触控一体机。功能室的启用和校园电教技术的广泛应用进一步改善学校的办学条件,提高办学水平。7 月,新城区青山小学惠东校区建成并正式招生,有一年级 5 个平行班,学生 260 人,教职工 16 名。学校已投建功能室党团活动室、音乐舞蹈教室、美术绘画教室、体育馆、少先队活动室、科技活动室,满足日常教学需求。

【党建工作】深化党建品牌“党员先锋 牢记使命 品技兼优”品牌建设。设立“优秀党员班主任示范岗”《党员名师示范岗》,凸显骨干作用。开展“党员先锋 帮扶成长”师徒结对活动以及“微世界里的大智慧”活动,充分发挥党员骨干教师名师领航作用。签订《青山小学教师师德师风承诺书》,坚决抵制有偿家教,廉洁执教。纪念五四运动 100 周年,组织师生集体诗朗诵《青春的五月》,荣获新城区教育系统一等奖,共青团新城区委员会二等奖;开展“党员先锋 帮扶共进——送教下乡活动”;组织全体党员到乌兰夫纪念馆,开展“为党旗增辉 在岗位奉献”主题党日活动;开展“请让我来帮助你”贫困生帮扶;“党员先锋 帮扶共进——送教下乡活动”;党总支多次赴水磨村到帮扶对象家中精准扶贫。

【教师队伍建设】为骨干教师的成长搭

建更高的平台，开展骨干教师事迹宣讲、骨干教师观摩展示活动、骨干教师送教下乡活动。9月，举行新入职教师培训，名师和骨干教师与新教师形成师徒结对。10月起，跟踪推门课并进行点对点的指导。加强班主任间的传帮带。上半年，组织全体班主任进行“智慧启迪智慧”工作交流研讨活动。下半年，重新修订《青山小学班主任工作手册》，作为班主任培训读本与工作过程记载。

【德育工作】依托“少先队活动课”课程，分年段组织青年班主任在不同年级中开展德育、少先队活动课分层教育。更新《班主任工作手册》的内容。“弘扬传统文化 做新时代好少年”——青山少年零距离感受非物质文化遗产“面塑”实践活动；“弘扬雷锋精神 争做新时代好少年”——青山小学小志愿者“学雷锋”实践活动；“铭记红色历史 争做新时代好少年”清明节系列活动；“追梦少年乐实践，斗志昂扬奋进时”素质教育基地活动；“争做新时代好队员——小小追梦人”主题队日活动暨“花开新时代 飞扬童心梦”“六一”文艺会演暨新生入队仪式；“梦想＋玩转航空梦，好少年体验‘潮科技’”社会主义实践活动；“我和祖国共成长”庆祝新中国成立70周年系列活动；学校代表自治区参加第三届“人教杯‘重温中华经典 献礼七十华诞’”全国中小学生诵读大赛，学生诵读《爱在草原》荣获国家级一等奖；音美教师组织学生积极参加新城区艺术节和书画赛，其中舞蹈、合唱、乐器合奏获三等奖，书画作品分获一、二、三等奖；美术教师积极参加全市教育系统“我爱我的祖国”书画摄影比赛成绩优异，分别荣获二、三等奖，学生作品分别荣获一、二、三等奖；体育教师加强训练队的组建及训练工作，在新城区级比赛中荣获优异成绩：篮球比赛男团第二名，女团第三名；乒乓球比赛男团第一名，女团第三名；啦啦操大赛中获得三等奖。

【教学工作】深入探究“课的高质量”与“研的深邃性”。把3月和9月定为“推门课黄金期”，重点听毕业班教师、新上岗教师、课堂教学薄弱以及调整教学岗位教师的推门课。周周开展组内研究课，4月和10月进行“班级课堂教学开放”。11月，组织并开展“骨干教师示范课”展评活动。每周二下午的小组学研活动和学科教学“微讲座”穿插进行，扩大学研活动参与的范围，提升学研活动效果。语数英科任学科在日常课教学中渗透着自己的专题研究。

【特色工作】围绕“关注学生心理健康，促进学生人格和谐发展”的心育总目标，从教师、学生、家长多个层面开展心理健康教育及活动。继续深化书法课程建设。

名都小学

【名都小学领导名录】

党支部书记、校长　齐英敏（女）

副校长　贾建林

聂改青（女）

白晓宇（女，蒙古族）

【概况】新城区名都小学是2009年9月建成的一所公办小学。学校坐落于新城区名都枫景住宅小区北侧，占地面积2公顷,建筑面积6600平方米,建有标准操场。学校设有24个教学班,2019年有22个教学班,学生1009人。有在职教师54人,学历合格率达到100%,本科学历占96.5%,男女比例为1∶4,平均年龄30岁,是一支年轻化的、富有朝气和活力的教师队伍。为培养学生的特长,学校每年都要开展社团活动,通过社团活动,彰显孩子们的个性,也让孩子们有自信,体现自我价值。此外学校还积极创建"书香校园""书香班级",让名都小学的师生亲润书海,感受"腹有诗书气自华"的不凡气度。学校被评为呼和浩特市文明单位,获得呼市足球啦啦操比赛三等奖、区长杯足球比赛第五名、"争做新时代还队员——诵读中华经典 扬我少年风采"主题诵读大赛优秀组织奖、连续多年被评为"小金话筒奖"呼和浩特分赛区优秀组织奖等荣誉称号。

【党建工作】2019年,名都小学党支部严格落实"三会一课"工作。召开15次党支部委员会、13次党员大会,3个党小组根据实际工作情况每月分别召开1—2次党小组会,党课共讲4次。每月一次开展"主题党日"活动,共开展8次"主题党日"活动。

【教师队伍及教学工作】开学前对新入职教师进行岗前培训,由分管领导培训入职初期注意事项,进组与教研组长进行细节帮扶,通过师徒结对,"一对一"从备课、上课、班级管理等细节着手跟进指导培训。利用教研员进校指导教学的机会,由各学科分管领导组织骨干教师示范引领课堂教学研究活动,针对不同学科不同年段的典型课例进行分类分析、研讨,并通过"通识教材—课堂教学—示范引领"这三个阶段,开展多样的课堂研究活动。抓实教学基本功,提升教学质量。为促进教师专业化发展,各学科开展"自信说课展风采,以说促讲助成长"为主题的说课展示活动,夯实教师教学基本功,促进教师钻研教材、探讨教法、不断提高教学水平。

【德育工作】坚持每周一中队、每周一主题的特色升旗仪式。充分发挥中队辅导员的示范引领作用,实现"生生育人、自我教育"的目的,升旗台成为少先队员思政课的第二课堂。10月21日,名都小学成功召开第一次少代会。大会选举产生新一届大队委员会,征集并答复红领巾小提案。本次少代会面向二年级到六年级各中队共征集提案35项,累计意见和建议56条。名都小学作为全市第一批配餐试点学校,在基础设施完备的同时,强化校园德育教育的渗透:卫生间、学生水房张贴节水、礼让提示语,在餐前感词。结合配餐工作自编自导自演宣教片《配餐来了,文明去哪了》,对全体学生进行德育教育。结合"三城同创"和创建"文明校园"等工作,学校对办公楼一楼大厅南墙、教学楼楼体西侧外墙及教学楼东侧楼道墙壁进行重新规划和设计,将社会主义核心价值观、尊师重教、文明礼仪等内容进行图文宣传,在美化校园环境的同时对师生进行德育渗透。

【学校特色】开展阳光体育大课间活动,形成大课间活动制度。把每天一小时校园体育活动纳入教学计划,形成严格制度,认真组织实施。每日上午体育大课间时间保证25分钟，每日下午音乐大课间时间保证40分钟。校级体育工作以国家体育教学大纲任务为工作重点，以武术、乒乓球、足球校本课程为教学特色，系统制定年度阳光体育特色目标。大课间均以“主题活动月”的形式开展，兴趣与运动相结合，师生同运动、同快乐，增强师生的情感互动。开展体艺项目活动，内容丰富多彩，能够满足不同特长、不同兴趣、不同层次学生的发展需要。利用下午的音乐大课间开展与普及音乐老师自己创编的律舞蹈操《草原小骏马》，开展“身势主题活动月”活动，在音乐律动中融入《热身曲》、音乐游戏《我和我的小狗》、节奏游戏《欢迎你到非洲来》以及奥尔夫互动游戏《甩葱歌》，将“身势”律动引入更高层次的学习。学校在做好“七彩阳光操”的基础上，利用体育大课间先后普及2套足球啦啦球、2套武术校本操和乒乓球校本操。课间操力求达到“五化”目标，即“口令音乐化、内容校本化、动作整齐化、跑操多彩化、管理自主化”。

【安全工作】新增学校隐患台账管理制度、名都小学配餐食品安全突发事件应急预案，学校反恐防暴安全制度和名都小学学校门卫验证制度，名都小学校园欺凌事件预防与处理应急预案，做到有法可依、有章可循，各类预案突出科学性、实效性和可操作性，确保各类预案切实可行。要求每位教师以主人翁的态度参与到学校的安全工作中，营造一个人人参与、人人负责的氛围，使学校综治安全工作不断提高。

毫沁营小学

【毫沁营小学领导名录】

党支部书记、校长　安福兴

副校长　姚金龙

赵　宇

银利霞（女）

【概况】毫沁营小学是一所城乡接合处的农村小学，始建于民国17年（1928）。占地15722平方米，现有13个教学班，学生504人，教职工44人。学校始终坚持“为学生修身发展奠定基础”的办学理念，努力实现教师乐教、学生乐学、家长乐意的和谐校园。设微机室、音乐室、美术室、书法室、科技室、声乐室、演讲室、乒乓球室、舞蹈室、图书阅览室、心理咨询室、卫生保健室等，校园环境优美整洁，布局合理有序，教学设施齐全。2019年，学校大胆尝试，将学生经典诵读、武术操、花样跑操合理地融入大课间活动中，形成学校特有的特色大课间。学校在继承优质管理的同时，努力践行制度化、流程化管理。先后出台《毫沁营小学常规管理制度》《毫沁营小学校园安全“一岗双责”管理制度》《教师提升发展三年规划》，为学校的可持续发展提供动力保障。学校先后荣获新城区教育局先进单位、市教育局乡村少年宫先进单位、国家足球特色校、内蒙古自治区“平安校园”等多项荣誉称号。

【党建工作】结合“不忘初心、牢记使命”主题教育活动的开展，参观“国庆70周年网上展馆”，参观学习网上3D廉政教育展厅,观看《榜样4》宣传片,参加党员志愿服务活动,参与护学护路岗、革命传统教育主题党日活动等。围绕学习内容,召开“不忘初心、牢记使命”专题组织生活会1次,中心组学习8次,书记讲党课3次,支委成员讲党课各1次,普通党员讲党课1次,支委成员以普通党员身份参加党小组学习8次。

【德育工作】通过学习培训、岗位练兵,培养素质优良、精明能干、大胆工作、认真负责的班主任队伍。公开选择班级优秀干部充实到大队部。各项常规一周一评比,一月一表彰。围绕社会主义核心价值观开展工作,学习践行新版《小学生守则》,自编《沁园学生行为指导手册》,获第八届全国教育教学优秀成果一等奖。从安全自护自救、举止文明、校园生活、爱护公物、集体活动五个方面对学生的养成习惯给予指导。在管理方面形构建校长、德育分管领导、班主任、学科教师组成的德育机构管理链;构建大队部、班委会组成的学生自我管理链;构建学校、家庭、社会有机结合的育人渠道链,逐步形成校内外齐抓共管的良好局面。

【自身建设】为夯实基础,提升教育教学质量,各学科教研活动不在闭门造车,而实行“校内深挖掘、教研请进来、教师走出去”的教研“三部曲”,实现教学质量的提升:以“推门课”“教学巡课”“导课”“约课”的形式,促进青年教师的成长;进一步落实师徒结对工作,提高骨干教师的引领作用;学校与新城区教研室沟通,请董俊英、董静等教学名师听评青年教师教学活动,促进青年教师快速成长;各学科全体教师外出参加教研室集体备课活动,让年轻教师充分熟悉各年级课程,提高水平,增强理解;以学科月测为基点,开展学科质量监测;以年级督导为手段,加强毕业班各项工作。

【扶贫工作】为让农村孩子身心都能得到快乐成长,学校党支部结合“一校一品”党建特色品牌“真情为儿童、相伴促成长”项目创建活动,党员领导干部坚持每年帮扶一名困难学生,并积极联系社会力量给予帮助。

【平安校园】全年利用安全活动日举行各类安全教育10余次、演习3次。及时修订完善各项安全应急预案和制度,签订“一岗双责”责任书。开展形式多样的安全教育活动。扫黑除恶专项斗争开展以来,重点围绕“动员部署、宣传警示、排查防范”展开一系列工作,出宣传简报21期,制定每月整改台账,记录翔实,及时上报。为有效预防校园欺凌的发生,学校成立党员领导干部为首的护路队,每日坚守在孩子们上下学必经的110国道边上,只为不让一名孩子掉队。

【特色教育】学校务工子女较多,为拓展这些学生的视野,缩短与城市孩子的差距,学校建设“乡村少年宫”,以三大板块十多个社团为孩子们搭建学习特长的平台,引领他们走进艺术的殿堂。内容鲜活的经典诵读,让孩子们在读中养德;手工、科技、书法、绘画、跳绳、足球、篮球、乒乓球等社团活动,让孩子们在学习技术的同时提高能力;还举行合唱、舞蹈、电子琴、棋艺、葫芦丝等社团活动。

海新小学

【海新小学领导名录】

党支部书记、校长　刘春云(女,满族)

党支部副书记、副校长　任柏谕(女)

副校长　宋堂堂(女)

刘彦欢(女)

【概况】新城区海新小学位于呼和浩特市海拉尔东街34号,学校占地面积9410平方米,建筑面积6983平方米。学校有24个教学班,在校学生1195人,在职教师62人。学校除常规课程外,还开设美术、书法、国画、剪纸、二胡、合唱、舞蹈、篮球、乒乓球、太极拳、趣味数学、啦啦操、诗朗诵等25个社团。被授予"内蒙古书法实验学校""内蒙古美术实验学校""呼和浩特市太极拳训练基地""内蒙古国学教育基地""文明校园"等称号。

【队伍工作】1月,举办"榜样的力量"表彰活动;3月,启动"你的行为感动我";学习《立德树人教育的根本任务》;5月5日,举办唱响新时代奉献之歌;7月20日,签署《新城区在职教师拒绝有偿补课承诺书》;9月2日,开展"用智慧点燃智慧,用人格影响人格"教研组长培训会、组织全体教师进行宣誓;9月5日,签订"扬海新师德高尚之风,塑海新教师美好形象"教师节杜绝收受礼金承诺书;9月9日,召开主题为"立足新起点开启新征程担当新使命"全体教师大会,签订《师德师风建设责任状》和《教师节杜绝收受礼金承诺书》;9月10日,开展"唱响老师您好主旋律"教师节活动;10月,进行学生问卷调查,并开启争创党员先锋岗活动;11月,开展"追寻历史足迹弘扬红色精神"主题教育活动;12月,开展组织生活会,全体党员进行批评与自我批评;12月16日,开展"学习党建知识,坚定理想信念"知识竞赛活动。

【教研活动】领导干部深入教研组为教师共解决12项实际问题。教师通过自我定位和学校审核的方式进行教师分层,定标准、定目标、定方案、定制度、定评价,建立一套完善的教师分层培养体系,对教师进行订单式的个体化培养。开展课堂调研、教研员进校指导教学、新教师展示课、组内集体备课课题展示课、视导磨课等教学活动。通过名师工作室、师徒结对充分发挥学科带头人、骨干教师在校内、教研组的示范引领作用。以课题研究为手段,以年级学科为单位进行小课题研究,将小课题研究的过程和学校特色教学活动有机结合。

【校园文化】2019年,学校着力打造教师文化、学生文化、课程文化、课堂文化、节日文化、阅读文化、习惯文化等等,使之内化为一种素质,成为学校教师学生生长的一种力量。学校从校本课程的打造为切入点,分别从规范落实社团活动和发展学科校本课程研究着手。上半年通过在教师中间进行文化沙龙活动的形式,对教师进行校本文化熏陶;下半年通过创编校本教材达到校本文化育人的目的。音美组的教师初步编排出音美学科的校本教材,展示异彩纷呈的校本研讨课。数学教师在全区以数学校本课程研究为背景,进行"数学教学中的艺术美”教研成果展示。

【德育工作】修改完善《班主任考核细则》,细化正副班主任工作管理措施。启动名班主任工作室,每月有针对性地开展班主任培训活动。完善红领巾文明监督岗岗位职责和工作机制,增加每月一期“儒雅班级”和“儒雅少年”的评比与表彰。完善德育工作格局,加强思政教育,通过抓好思品课和少先队活动课,对学生进行思政教育。抓住社会与时代热点问题对学生进行教育,多次开展预防校园欺凌教育活动、垃圾分类活动等。挖掘校本文化即传统文化内涵。

海拉尔路小学

【海拉尔路小学领导名录】

校　长　尹宏瑞(蒙古族)

党支部书记　焦吉清(女)

副校长　李国华(女)

李利英(女)

王梦川(女)

【概况】海拉尔路小学秉承“健康、快乐、和谐、创新”的办学理念,着眼于教师的专业化发展,学生的综合素养培养,强化学校规范管理,践行学校育人理念,创建平安和谐校园,努力打造“健坤”教育为学校办学品牌,力争达到“学以知道、教以成德、立德树人”的办学目标,全面实施素质教育,有效促进学校内涵发展。学校设置校长室、书记室、副校长室、教导处、总务处、大队部、心理咨询室、各学科办公室、各年级办公室、保健室、财务室、后勤保管室、保卫室。2019年在校学生1852人,在编教师92人,合同制2人,校级合同制12人,临聘教师16人。学校有效实施“名师工程”项目管理,助推青年教师成长,强化校本培训,促进教师专业化发展;以细化教学常规管理,促教学质量提升;以养成教育为抓手,落实学生核心素养;以制度、责任为保障,创建和谐平安校园;以精细化管理,推进特色学校建设。

【党建工作】2019年,学校党支部根据党员教师的工作能力、年龄及自身特长,分别安排在14个教研组,更好地发挥党员先锋模范带头作用,构建良好的支部环境和密切的党群关系。4月25日,全体教职工开展廉政警示教育日活动;5月29日,开展“深入学习黄大年同志先进事迹”主题党日活动。6月27日,举行“不忘初心、牢记使命,做好学生引路人”主题党日活动。9月23日,召开“不忘初心、牢记使命”主题教育工作会议。9月28日,开展“立足本岗,我为党旗添光彩”党员志愿者活动。10月11日,学校特邀请内蒙古自治区肿瘤医院专家开展“不忘初心、牢记使命”——海拉尔路小学“关爱教师 健康同行”教师义诊活动。

【教学工作】细化常规管理,扎实抓好“备、讲、批、辅、考”各教学环节,学校领导实施一线工作法,深入教研组、课堂参与指导教研。加强集体备课管理,做到定时间、定地点、定发人和统一教学进度、统一教学目标、统一重难点、统一诊断检测时间等“三定、四统一”,强化以学生为主体的自主、合作、探究的新课程课堂教学模式。各学科开展磨课活动、青年教师岗位练兵、“书香校园·沁润心灵——首届师生共读”、青年教师主题演讲比赛、新教师上岗课、青年教师三级赛等,青年教师参与率达到100%。

【德育工作】开展激活图书跳蚤市场、“小气象,大世界”实践活动、“垃圾分类我先行 争当环保小卫士”主题教育活动、“从小学先锋,长大做先锋,扣好人生第一粒扣子”做“六会八能”新时代好队员主题中队会比赛等活动。

【体育、艺术工作】2019年“六一”国际儿童节,学校开展“弘文、尚德、乐学、励志”第十五届校园文化艺术节。向区艺术节报送4个节目,分别获得第一名、第二名、第三名的成绩。参加市级啦啦操比赛获得1个第一、2个第二。学生的美术作品报送120份,获奖36人次。学校足球队参加“市长杯”“区长杯”足球联赛,分别获得男女队第四名;参加自治区“主席杯”校园足球四级联赛小学组中部区第八名的成绩;获得内蒙古足球盛典2019年度最佳特色校园奖。

光华小学

【光华小学领导名录】

党支部书记、校长　乌　岚(女)

副校长　于　梅(女)

张瑞平

张　成(女)

【概况】学校占地面积11170平方米,设有24个教学班,在校学生996人。学校有教师69人,男教师8位,占教师总人数的12%。教师中研究生4人,本科生55人,专科生9人,中专1人,学历全部达标,本科及以上学历的教师占全校教师总数的85.5%。教师平均年龄31岁,是一支充满活力、勇于创新、阳光向上积极进取、潜心教研、努力学习的团队,在各级教育教学比赛中取得优异成绩。其中市学科带头人2名;内蒙古基本功赛一等奖获得者2人;新城区学科带头人7名、教学能手5人、基本功赛获奖15人。经过30多年岁月的积累和沉淀,光华小学形成自己独特的校园文化——务实中奋进、拼搏中创新。提出“向着阳光 华美绽放”的办学理念,打造“葵花教育”特色品牌,重在培养“阳光向上,自然发展”的学生、“博学睿智,儒雅从容”的教师。学校采用基础课程+兴趣课,围绕四大核心素养,培养文明善美、健康自信、乐学善思、广学多艺的“葵花少年”。学校有12位教师取得国家二级心理咨询师资质,组成“阳光使者”心理辅导团队,活跃在课堂上、各工作区。校本教材获国家级一等奖、“十二五”德育课题研究国家级先进集体、“首批内蒙古自治区中小学心理健康教育基地”。

【党建工作】开展“不忘初心、牢记使命”主题教育活动,学校党支部共举办集中学习6次,研讨4次,参训人员达260人次;组织党团员教师参观学习、重温入党誓词、观看爱国主义影片等主题党日活动7次;先后到内蒙古展览馆、内蒙古博物院观看中华人民共和国成立70周年成绩展;党员领导干部自学14课时;组织党员领导干部深入基层开展调查研究9人次，组织开展各类问卷调查1000余份，召开师生、家长座谈会3次。坚持支部书记与支委、支委之间、支委与党员“三个必谈”要求，开展“一对一”“面对面”谈心谈话20余人次。检视问题11个，整改9个，2个问题纳入长期整改范畴，明确整改时限和责任人，建立长效整改机制，着力夯实和巩固主题教育效果。开展认领“党员示范岗”(教学示范岗、管理示范岗、服务示范岗)，明确新时期党员的工作目标和使命，激励每一位党员努力在本职岗位上创造佳绩。

【教师队伍发展】开展以“德润芳华，争做光华好教师”为主题的师德践行活动。组织国旗下演讲、观影、《光华好教师行动指南》学习研讨等活动。11月，学校成为呼市第二批配餐工作试点学校，为做好此项工作，提出以“守护·温暖·奉献”为主题的倡议。利用线上优秀教育培训资源，进行全员培训，2019年组织全体数学学科教师参加吴正宪老师名师工作室“基于深度学习的小学数学教学行动研究”的线上线下研训学习平台。9月，语文学科部编教材全面推广使用。组织业务干部及骨干教师赴重庆参加“蒲公英教育”的线下培训。举行“集体教研促成长、聚焦课堂展风采”活动，采取以教研组为单位，以同课异构的方式研课磨课，依据学科特点设定不同课型进行展示，组内教师通过交流共同明确课标要求，明晰教学目标，确定教学重难点，梳理教学流程，让每一位教师对应一类型课，积累可借鉴的经验和范式。

【德育工作】2019年，学校发扬“人人都做德育工作者”的优良传统，着眼“大德育”队伍建设，形成各处室、学科教师、后勤人员全员德育格局。抓好德育常规管理，健全德育工作渠道，使德育工作趋于规范化、系统化、科学化，形成“全员育人、全程育人、全方位育人”的德育体系。规范“葵花名班主任”工作室建设，通过项目化研究的方式加快名优班主任队伍的成长。建立班主任、任课教师、班级学生实行的班级自治，学生当家作主，民主管理班级，每项班级事务都由专人负责，从而提升学生的主体意识。学校德育处制定《光华小学学生成长公约》，在此基础上各班针对学校公约制定班级公约。围绕光华小学学生发展四大核心素养——“文明善美、乐学善思、健康自信、广才多艺”设立评价内容。全体教师会从学生在校各方面的表现中挖掘闪光点，给予财富卡的奖励。每周学生会拿着积累到的财富卡到“美德银行”兑换葵花币。评选“星级学生”和“星级小组”，每年评选“年度校园之星”。

【课程设置】认真开好国家课程、年级学科拓展课程如心理、书法和剪纸之外，学校把工作重心放在课程整合的试验研究上。从三个年级入手进行课程整合的试验研究。在课程开设中整合语文、数学、美术、音乐、体育等学科教学内容，并融入德育教育如自主管理、班队会、“十礼”教育等内容，并以口令教学的方式进行，收到很好的育人效果。10月18日，课程成果汇报展示，全体一年级小学生的精彩表现得到在场家长的认可。三年级“葵花娃娃成长记”实践体验课程把科学、语文、数学、劳动实践、心理、班队课进行整合，使学生在劳动体验中加强品德修养、增长知识见识，努力实现德智体美劳全面发展。五年级的“葵花少年爱祖国”课程，将学生的爱国情感融入语文、数学、音乐、美术等多个学科的学习中，学生通过诵读、课本剧展演、绘制中国地图等学习方式将思想教育与厚植爱国主义情怀有机结合起来。

关帝庙小学

【关帝庙街小学领导名录】

党支部书记、校长　胡艳萍（女）

副校长　张志元（女）

侯玉茹（女）

郝　颖（女）

【概况】关帝庙街小学始建于清宣统三年（1911），是区内建立的第一所小学。学校占地面积8570平方米，建筑面积6413平方米，有28个教学班，学生1655人，教职工82人。研究生及本科学历73人，中级及以上职称28人，自治区级、市级、区级教学能手、学科带头人19人。全校师生追求真知，探索真理，学做真人，形成“善思、乐学、正直、向上”的校训，“诚信、和谐、严谨、务实”的校风，“敬业、求真、求新、精业”的教风和“笃学、深思、争优致用”的学风。学校被教育部评为“全国青少年校园冰雪运动特色学校”，被内蒙古自治区教育厅评为“美育特色学校”，被呼和浩特市教育局评为“呼和浩特市特色示范学校”、荣获呼和浩特市教育局“美育案例《榆韵悠悠暖我心 百花齐放社团情——小学艺术社团及实践工作坊建设》二等奖”、市教育局、少先队呼和浩特市工作委员会“争做新时代好队员——诵读中华经典，扬我少年风采”诵读大赛优秀组织奖、市教育局“第四届中小学美育节群舞三等奖”等荣誉。

【党建工作】务实“双联双创”党建品牌的创建，焕发党员队伍活力。“领导联抓”的活动每位班子成员深入到一线教学中，包干一门学科、一个年级，及时了解教师教育动态及思想动态；“师师联学”的活动在全校形成比、学、赶、超的良好氛围，每位党员教师都有“一对一”的徒弟或师傅；“学科联技”活动以各学科教师围绕主题，从不同角度剖析，让学生全方位学习。开展“师生联动”活动，每位党员干部走进学生家庭，了解学生家庭情况和学习情况形成教育合力。2019年，学校党支部与云南省迪庆州白济汛中心完小开展校校联创，为学生送去过冬衣物和学习必需品；开展班班联谊、家校联手、亲子联心、校社联片系列工作，让党员干部“动起来”，组织建设“活起来”，全方位助力师生成长。

【师资培训】加强校本培训过程管理，做到培训时间、资料、人员、考评“四落实”，做到辅导教师上课有讲稿、听课教师有笔记、学校有记录和信息反馈记载。2019年，学校组织专业教研讲座4次，参加窦桂梅教师、吉春亚小学语文教师呼和浩特研修班、内蒙古自治区校园足球第四期冬季学训班、第七届北京市“成均杯”心理教师基本功展示总决赛等外出培训，为各学科教师研修提升创造很好的条件。开展教学展示课、公开课等教学专题研究、课堂教学潜力大赛,提升教师专业化水平。

【德育工作】以爱心为坐标,怡养童心;以情感为主线,培植性情,完善人格;以改革为突破,以创新为动力;以活动为载体,实践德育教育。通过"常规教育正行为,美化环境造氛围,德育实践增活力"等德育工作途径,全面推进素质教育,逐步形成"德育入心,成德于行"的德育工作特色。着眼"大德育观",拓宽德育教育内涵、阵地、教育者范围,让德育教育走出课堂、走出活动、走出狭隘的场所与空间,把德育教育置于整个学校和所有教师教育教学全过程中。

东门外小学

【东门外小学领导名录】

党支部书记、校长　云雅玲(女)

副校长　贺素华(女)

金　妍(女)

闫红军(女)

黄彦俐(女)

【概况】呼和浩特市新城区东门外小学创建于1964年,地处新华大街十四中西巷,是一所初具规模的现代化小学。学校占地面积8287平方米,建筑面积5110平方米。有学生1136名,招生数202名,24个教学班,有阅览室、舞蹈室、计算机等13个功能室。教职工77名,专任教师69名,内蒙古级骨干教师2人,市级骨干教师12人,区级学科带头人2名,教学能手6名,各级教学基本功赛获奖者19名。高级职称11名,中级职称24名。学校致力于建设一支"德高、求真、务实、高效、创新"的教师队伍。以"让学生享受幸福的教育,让教师收获教育的幸福"的办学理念,秉承"崇德、乐学、健康、和谐"的校训,注重学生全面发展。获得全国国际跳棋校园推广计划示范单位。

【党建工作】开展各种形式的主题党日活动:组织观看《国礼》等4部影片及《榜样》等特别节目,并组织党员教师观看《3D廉政教育展厅》《国庆70周年大型成就展网上展馆》等相关视频。"七一"建党日组织党员教师参观乌兰夫故居;"十一"国庆前夕赴内蒙古展览馆参观中华人民共和国成立70周年成就展。全年召开党员大会11次,支委会16次,党小组会议48组次,书记讲党课4节,副校级讲党课2节,普通党员讲党课3节。联系服务群众,将校行政、支委分别安排在6个党小组,支部开门纳谏,听取教师所急所需,帮助教师排忧解难。党工联合慰问教师;组织体检;邀请心理教师为教职工心理讲座、心理疏导。开展各项师德教育活动:"最美教师"评选,由全体学生票选,覆盖面达到全校教师的1/3,并由评选出的"最美党员教师"进行师德宣讲;"文明教研组"评选,获选的2个教研组各奖励1000元奖金;"党员教师大家访",全体党员带领全校教师分别走进各个班级的学生家庭,了解情况,征集意见;骨干教师和青年教师组成"成长共同体",骨干教师带师德、带师能,促进共同成长。

【德育教育】确立"德育为先,育人为本"的观念,把教书和育人的任务紧密地结合起来。继续隔周进行一次《悦读伟人故事》《社会主义核心价值观进课堂》《廉洁教育读本》德育校本教材的讲授，共享课件。社会实践活动不断跟进，全年共开展《雏鹰假日小队》17次，分别以“童眼观生态、争做新时代好队员”“我是小小追梦人”“争当小小志愿者”“新时代，我们是小小传承人”“我是小小银行家”等形式多样的社会实践活动。开展各项特色活动，经典诵读活动深入人心，利用《朝读经典》《中华优秀传统文化》《乐诵经典》等教材让学生受到传统文化的熏陶。学校获得2019年第五届语文朗读大会呼和浩特市赛区优秀组织奖。11月，在海新小学开展的片区督导交流活动中，以“让老师收获教育的幸福，让学生享受幸福的教育”为主题进行东门外小学德育特色交流展示。

【教师队伍建设】深化完善组内课研究活动，集体备课，同构或异构，集体评课反思，在组长带领下集体打磨“一组一优课”进行展示，邀请教研员听课，做出积极的评价与指导。组织教师外出培训学习，共计10批次，31名教师“走出去、带回来”，以课堂教学和讲座沙龙形式辐射引领，其他老师受益，学以致用，落地课堂。利用校内资源进行内训，一年级教师教学常规培训，六年级毕业考试后交流总结，骨干教师的示范课及讲座，资深教师的经验传授。邀请多位教研员助力学校教师专业成长，语文学科以“问题即课题”为校本教研研究主题，开展微型课题研究解决棘手的教学难题。邀请语文教研员共19次到校指导教学开展主题为“立足课堂 关注核心素养——东门外小学新课堂研讨活动”。数学学科邀请教研员到校进行骨干教师提高课堂教学实效性指导，共计6次。加强对骨干教师的培养。在全校范围内明确课堂常规要求，开展“课堂常规优秀班级”的评选活动，评选出9个示范班集体。

【教育科研】学校两项国家级课题的结题工作，提交结题材料待评审。传统文化课题第三届年会收集推荐论文、案例、优质课17份成果获奖。邓兴瑞老师获得年会课题组教学基本功赛朗诵书法一等奖。3项市级课题通过立项申请，分别是“小学音乐课堂中合唱教学有效性的实践研究”“小学生衍纸画（蒙古族图案）兴趣培养的实践研究”“基于核心素养发展的小学语文阅读教学教与学方式转变的实践研究”。

【社团建设】加强社团建设，学校在原有基础上又新增国际跳棋、射击、童话剧、魔方、文史阅读等10个社团，共有社团25个。学校选送的合唱、器乐、朗诵和校园剧4个节目参加新城区校园艺术节，均获得三等奖，美术作品分获一、二、三等奖，李孟老师获优秀指导教师奖。12月，学校派代表队参加市首届智力运动会国际跳棋项目。2019年新城区“阳光体育”系列比赛，学校乒乓球获小学男子团体第四名、女子团体第七名。跳绳获三分钟跳长绳团体第六名。三人制篮球获小学男子组第八名。佟鸿志、吴小斌、张宏波老师获优秀教练员称号。在呼和浩特市中小学乒乓球比赛中获小学低年级组亚军。

【家校共育】2019年学校组织召开5次家长会，其中包括邀请专家进校园、亲子家长心理活动、家长开放日、家长共同参与艺术节文艺演出等活动，让家长真正与学校联合起来。

【校园安全】切实落实校园安全“党政同责、一岗双责、失职追责”的责任体系。健全安全工作制度,定期对学校的各项设施及校园周边环境进行排查,发现问题多方联动、及时整改。带班领导和值周教师分9个时段对学生进行值周管理,同时实行校级领导分楼层管理制度、校级领导及环节干部轮岗巡课制度、行政人员护校护路队制度,切实保障学生的校内活动安全和离校安全。围绕各个安全教育节点开展专题教育活动,同时联合其他部门,如公交公司、新城交管大队、消防安全宣教中心等各单位,开展各种学生安全教育活动。

成吉思汗街小学

【成吉思汗街小学领导名录】

党支部书记、校长 张亚萍(女)

副校长 周翠媛(女)

卢俊利(女)

王国栋

【概况】成吉思汗街小学成立于2008年9月,占地面积2公顷,建筑面积5978平方米。学校有24个教学班,学生近1300人,在编教师79人。自建校以来,学校以“规范、科学、人文”为管理思路,以“创建—做强—做精”为工作方向,向着“办学高规格、教师高水平、教育高质量、学生高素质”的办学目标迈进。自建校以来被内蒙古青少年普法教育活动办公室授予“关爱明天、普法先行”青少年教育活动和谐校园;获得市教育局颁发的德育校本教材先进单位、呼和浩特市特色学校等多项殊荣。

【党务工作】围绕“不忘初心、牢记使命”主题教育、创建学习型党组织建设。开展“党群联访问”、党员为民务实“六个一”、“推行阳光党务”、“一名党员一面旗”、“五争一创”等活动,推进基层党组织及党员队伍建设,坚持把各项活动开展与主题党日活动、“三会一课”、组织生活会、民主评议党员等党内组织生活制度有效结合。

【德育工作】遵循“抓重点、促提升、彰特色”的原则,不断提高德育工作的针对性、实效性、主动性。校大队部举行爱国主义教育系列活动及七色光小志愿者社会实践活动。学校德育工作扎实推进家校共育,“六一”儿童节前夕,学校党支部、团支部和大队部选出48名生活困难但品学兼优的学生,为他们献爱心,让他们感受到社会的温暖与关爱。加强班主任工作的过程化管理,对班主任工作出色的教师在评先评优等方面给予优先考虑。

【教师队伍建设】打造“学习型、研究型、创新型”的高素质教师队伍,以教师可持续发展为出发点,坚持“多层次、多渠道、多形式、高实效”的培养原则,提高教师整体素质。围绕“高效课堂模式构建”开展课题研究,成立语文、数学、英语的研究小组,引领课堂教学前行。邀请各学科专家到学校进行《如何进行有效教学》的专题讲座。开展《注重课堂实效,提高教学质量》有效教学研讨课。参加新城区责任督学片区交流展示活动,以《幸福四季》为主题展示学校的读书活动。以“幸福四季”为主题,开展“春之声——读经典名著、夏之炫——读专业书籍、秋之韵——读生活类书籍、冬之恋—回味一年的读书成果”的教师读书活动，丰厚教师的文化底蕴，拓宽教师专业化发展的道路。坚持狠抓教师的日常基本功训练，通过教师读书群、经典诵读群、每日美字群以及每周粉笔字的展示和交流，不断强化教师基本功，使读、写、说，粉笔、硬笔、软笔等教师必备的基本功得到全面有效的提高。

车站小学

【车站小学领导名录】

党支部书记、校长　王海军

副校长　李虎威

黄金玲(女)

【概况】车站小学共11个教学班，在校学生数260余人，其中2019年秋季招生38人，在职教师46人。学校深入贯彻落实中共十九大精神和立德树人的教育思想，结合实际，切实抓好学校管理，践行教书育人，推进教育教学工作在教育教学工作中，始终重视学生的全面发展。

【党建工作】2019年，支部书记上党课3次，校级领导上党课5人次，普通党员上党课4次，同时开展微信党课。观看专题片《榜样》《党史100讲》，观看电影《单刀赴会》等，组织集体学习近20次、党小组学习15次。党团员2次为学生上少先队活动课，利用“六一”“七一”和少先队员们开展活动，引导学生“扣好人生第一粒扣子”，拉近党员与群众、党员与学生的距离，让党的政治建设真正为学生服务，为教学服务。开展“廉政文化进校园·清风正气润心田”主题升旗仪式，以“廉洁”为题，开展形式多样的班、队会，培养师生“敬廉崇洁”的道德情操。精心组织主题党日活动，党支部组织党团员教师20余人参观乌兰夫故居，两位党员同志在乌兰夫的铜像前讲主题党课。组织党团员教师到内蒙古展览馆参观。

【德育工作】建立德育工作层级管理体系，健全学校、社会、家庭三位一体的德育工作网络。召开不同主题分年级的家长会5次。强化班级管理，促进班主任间的交流与合作，依托名班主任工作室，围绕“读教育著作，做智慧班主任”主题活动，开展7次班主任工作室“悦读”活动，11位优秀班主任作读书分享汇报。以小志愿者为载体，开展丰富的德育活动，孩子们走出校园，走进敬老院、图书馆、公园、科技馆、博物馆，开展志愿服务80余次，学生及家长参与志愿服务率达到95%，得到社会的肯定。

【培训与教研】2019年分批组织20余名教师赴成都、南京等地外出培训5次，拓宽教师专业化成长渠道，激活教师自我成长的内驱力。邀请新城区教研室董静老师，为全体语文教师作《基于核心素养的教师行动》专题培训讲座；邀请董俊英老师，为数学老师们作《概念教学》课例研究。2019年度，学校2名教师获得新城区学科带头人称号，承担新城区观摩课1次，承担片区活动发言2次。加强校本教研，构建学习型团队，开展教师、教研组、学校三个层面的自研、互研和共研，组织各类各学科教研活动共计60多次,进行"问答式反思"专题教学活动,牵动教研组开展问题研究。

【教学工作】以启程为教学特色,扎实课堂主阵地。"启程一二三"(即一个标准:师德标准,两个关注:关注教材,关注学生。三个有效:有效备课,有效课堂,有效练习)。为教师搭建提升、展示的平台,2019年举行教学能手评比活动,19名教师参赛,3名教师荣获校级能手称号;语数学科开展"晨读展示、作业展评"活动。下半年举行启程展示课,27名教师参加展示。11月开展"秋实杯"教学汇报课,10名教师展示教学风采。全年举办60多节公开课和日常推门课、预约课,有效提升教师专业发展。

【综治安全工作】落实各项安全工作责任制,从校长到班主任逐级签订安全目标责任书。做好安全防患排查工作,每月至少排查一次校内校外安全隐患,对学校的教学楼、用电设备、消防栓进行检查,对校外周边200米范围内进行排查,做好护路护校工作。开展每月一次的疏散演练,加强学生安全教育。学校和街道办事处多次沟通,共同落实"扫黑除恶"工作。周边环境得到很大的改变,给学校、学生带来一片洁净的空间。

北垣小学

【北垣小学领导名录】

党支部书记、校长 高七斤

副校长 王　颖(女)

杜萧静(女)

都海燕(女)

【概况】2019年,北垣小学按照"一校两址,联动发展,相互融合,稳中求进,均衡发展"的办学思路,以"求精品教育、办精品学校"为办学目标,以一流办学条件、一流师资队伍、一流课改实践、一流教育质量、一流办学环境"五个一流"为办学宗旨,以"基础扎实、特长明显、和谐发展"为学生培养目标,把党建引领学校发展、课堂教学改革、教学质量提升和特色内涵建设作为学校工作重点,强化学校管理,加强队伍建设,优化教育行风,提升服务水平,推进特色教育,打造"名师领航助力成长"党建工作品牌,带领全体教师务本求实、与时俱进,做大量行之有效的工作,学校各项工作均取得新的成绩。南北校区共有教师196人,学生3672人,2019年度招生586人,学生总人数较2016年度增加160人。

【党建工作】深入开展"名师领航助力成长"党建特色品牌建设工作。聚焦推动南北校区教师队伍建设和教学质量提升的中心工作,以党建互通、跟岗轮训、师徒结对、集体教研、同课异构、试卷共享等项目为抓手,不断发挥党员、青年骨干教师的能动性。按照"一岗双责"要求,把抓好党风廉政建设放在重中之重的位置,把反腐倡廉工作贯穿于学校各项工作之中。组织全体教职工深入学习市区两级关于规范办学行为及严禁在职教师有偿补课的文件精神,狠抓教育行风建设,营造风清气正的育人环境。2019年度,学校党总支部被新城区教育党工委评为"先进基层党组织"。

【教师培训】强化教师科研意识,助推教师发展。创建北垣小学教科研群,邀请教研室王艳主任入群,为学校老师作课题的相关培训,使教科研工作踏实、扎实地开展。加大对青年教师的听评课力度,提升青年教师理论素养、专业水平和教学实践应用能力,引导青年教师快速健康成长。开展"人人一节有质量的课"以及青年教师基本功大赛,2019 年度周宇杰、于晓琦老师获得新城区学科带头人称号,张静、魏薇、何静远老师获得呼市教学基本功比赛一等奖。实施以教研组为单位的校本教研制度,打造教师教研共同体。各学科注重问题导向,强调分工协作,不断提高合作效率和责任意识。集体备课的优秀课例整理汇总后编制成北垣小学优秀课例集,成为公共教案,实现资源共享。制定《北垣小学南北校区交流工作实施方案》,建立南北校区微信交流群,全方位开展教学交流活动。

【德育教育】学校紧扣"儒雅"教育开展与学生实践相结合的各项活动,力求让每一位学生都能成为学识广博、举止文雅的儒雅少年。学生心理咨询室,深受全校学生欢迎,很多学生的心理问题和障碍得到及时有效的疏通。

【体育、艺术】学校结合自身场地、器材等因素特点,开展旱地冰球、旱地冰壶、雪合战 3 个冰雪项目,丰富多彩的冰雪项目设置受到新闻媒体的关注,先后被《人民日报》和学习强国报道,内蒙古新闻也进行相关采访。2019 年,学校荣获教育部授予的"北京 2022 年冬奥会和冬残奥林匹克教育示范校""全国校园冰雪特色学校"等荣誉称号;被评为内蒙古自治区级美育特色学校;大课间在新城区组织的优秀大课间评比中荣获一等奖。5 月,学校被评为"非遗进校园"特色基地校。

爱民街小学

【爱民街小学领导名录】

书记、校长　李　杰(女)

副校长　郭　霞(女)

王晓东

郭静宇(女)

【概况】爱民街小学坐落于三合村,学校有 15 个教学班,669 名学生。教职工 44 人,其中高级教师 8 人,一级教师 14 人,二级教师 19 人。教职工中硕士学历 2 人、本科学历 31 人,专科 11 人,师资总体结构年轻。学校占地面积 9707 平方米,建筑面积 3235. 25 平方米,生均建筑面积 4. 84 平方米。学校有 200 米环形塑胶跑道的体育活动场地,篮球场 1 块,笼式足球场 1 个,学生活动场地 3972 平方米,生均 5. 94 平方米。学校有专用的音乐室、美术室、体育器材室、科学实验室、计算机室、书法室、图书室、心理卫生保健室、建模室和少先队活动室各 1 个。学校实现班班多媒体教学,为学生提供良好的育人环境。学校有图书 12109 册,生均 15. 7 册,师均 36 册。有学生电脑 55 台,生机比是 12. 2∶1,教师电脑 33 台,班班通设备 18 套,实现现代化进课堂。教师中市级教学能手 1 人,区级教学能手、学科带头人共 4 人,区级教学基本功获奖者 5 人,其中有 5 人是新城区名师工作室的成员。学校以"人文和谐、品质卓越、品牌名校"为愿景,通过"文化引领,打造幸福爱民街”为目标,实现“让每一个孩子体验成长的快乐,让每一个教师享受教育的幸福,让每一个家长收获教育的成果”幸福落脚点,培养师生形成“脚踏实地,仰望心空”的精神。

【校园文化】学校按楼层分区域将办学理念通过“学法”“礼”“国”“美”4 个主题,将教师文化与学生文化有机结合。通过走廊文化、班级文化、校墙文化入手,加强环境育人;通过德育活动开展行为习惯礼仪教育提高学生的个人素质。通过“七个一”每一次入校,每一次升旗仪式,每一次班(队)会,每一次专题教育活动,每一次集队放学,每一次学生评价,每一次开学典礼、毕业典礼培养良好行为习惯,让家长、社会看到学校教育管理的进步。开展社会实践活动;组织学生开展安全逃生体验培训,提高应急、避险、自护、自救的能力;开展科技嘉年华活动,拓展学生思维能力和探索创新精神。在音乐、美术、思品等课程中渗透美育教育,引导学生感受美、欣赏美和创造美;开展诵读古诗文活动,美术绘画比赛、硬笔书法比赛、课本剧展演等活动,提高学生人文素养。与敕勒林海合作,引进上海真爱梦想公益基金会与梦想课程研究院开发的《梦想课程指南》,通过多元化课程体系培养学生求真、有爱、追梦的精神,学会与他人相处,爱上美好的世界。

【教师队伍建设】通过校长讲党课与每月一主题教师例会,加强教育理论学习,撰写学习心得,筑牢师德底线;通过细化教师管理内容,强化量化考核力度等“转作风、正校风、改教风”,促进教师铸师魂,树师表,正师风,强师能。通过“请进来、走出去”、校本培训、骨干引领、团队互助等形式,提升教师的专业素养;开展班主任课程建设,提升班主任专业素养;教师心理辅导课程,助力教师阳光成长。2019 年,教师赵丽敏、温小娟、郝焕华、白晓洁、曹钟馗成为区名师工作室的成员。

新营小学

【新营小学领导名录】

党支部书记、校长 胡丽珍(女)

副校长 陈彩霞(女)

李 瑾(女)

乔志成(男)

杨轶倩(女)

【概况】新营小学地处新城区城郊接合部,南邻 110 国道,校址位于上、下新营村中间。学校始建于 1956 年,是一所全日制小学教育的公办学校。学校占地面积 13343 平方米,建筑面积 8411 平方米,设有 10 多个功能室,办学条件完全达标,有 19 个教学班,学生 877 人,正式在岗教职工 51 人。学校全面贯彻党的教育方针,坚持科学发展、创新发展的同时,以礼爱教育为抓手,以养成教育为重点,探索符合教育规律,适合学校校情的办学模式。学校在自治区关工委组织的“国学四进”暨创建“孔子学堂”评选活动中,被评为先进单位。

【特色办学】学校三至五年级学生每周开设一节礼仪课,讲授语言礼仪、家庭居住礼仪、微笑礼仪、仪容礼仪、握手礼仪、乘坐交通工具礼仪、优雅礼仪操等知识。为丰富礼爱教育途径，推进国学经典进校园工作，三到六年级每周开设一节国学课，由专职教师担任国学课教学，讲授学校自编的国学课程。“六一”儿童节，以“经典润童心 礼爱伴成长”为主题，开展乡村学校少年宫大型展演活动。在开足开齐音美课程的基础上，少年宫开设乐理班、电子琴班、口风琴班、书法班、美术班、手工编织班、阅读班、创客班等，每周二下午一节课，孩子们踊跃参加自己喜欢的课程。

【教研活动】针对新上岗教师多、代课教师多的现状，以学科主任连续跟踪指导、手把手传帮带的方式，党员“一对一”带新方式指导新教师。教导处3位学科主任牵头，凝聚团队力量和智慧，围绕问题搞教研。语文学科教师提出对新教材中“单元要素”不能很好掌握，针对问题开展“落实语文单元要素，用好新教材”系列活动；数学学科围绕主题性集体备课打造合格课、高效课；英语学科围绕丰富学生词汇量反复研磨，着眼于英语成绩的有效提高。

【体育】有序组织学生晨跑、拔河、广播操、跳绳等校园阳光体育活动，校园内营造出“我运动、我健康、我快乐”的良好氛围。注重“校园足球”活动的开展，体育教师利用每周一节足球课和晨会前20分钟时间对学生进行足球技能培训，组织三至六年级学生开展“校长杯”班级足球联赛，参加“区长杯”足球联赛。4月，学校的啦啦操队获得新城区第二届啦啦操比赛小学组规定动作二等奖；10月，参加内蒙古足球周末联赛，取得好成绩；体育教师陈飞被评为优秀教练员。

【党建工作】学校党支部深入开展“不忘初心、牢记使命”的主题教育，把学习教育、调查研究、检视问题、整改落实贯穿到主题教育的全过程，对照五个方面的目标，共查找梳理出班子、班子成员的问题4大类14条，学校党支部逐条整改。结合实际情况，确定以“礼爱润师德，党风带师风”为党建品牌名称。通过党建品牌的创建实施，造就一支具有较强党性修养、师德高尚、师风优良的教师队伍，形成并巩固具有礼爱文化特质的优良师风。特色学校建设与党建工作推进有机融合，实现抓党建为学校发展服务的目标。7月，学校党支部被教育党工委评为“先进基层党组织”。

【校园安全】强化安全工作责任制，全校上下层层分解安全责任，及时发现和排除安全隐患。加强对值周工作的监管，每月通报上月值周教师履责情况，督促值周教师尽职尽责，当好学校的安全排查员。采取天天打分、周周汇总评比的方式，将各班级安全管理责任落实到位。坚持做好日常安全演练、重要安全教育日的教育工作，不断提高师生的自护自救能力。

呼哈路小学

【呼哈路小学领导名录】

党支部书记、校长　陈金拴

副校长　芦隆华（女）

李海军

邢　颖（女）

【概况】呼和浩特市新城区呼哈路小学始建于1993年，是一所六年制公办小学。

学校占地面积1.5万平方米,建筑面积5600平方米,绿化面积达总面积40%,学校先后3次被环保部授予“国际生态学校绿旗荣誉”。有28个教学班,1584名学生。在职教师78人,35岁以下教师占60%,获大专及以上学历的教师占95%。其中市学科带头人2人,市教学能手3人,市教学基本功7人,新城区学科带头人7人,新城区教学能手10人,新城区教学基本功22人。学校已经拥有一支年富力强、素质精良、锐意进取的干部和教师队伍。

【党建工作】2019年,学校支部有党员29人,其中少数民族5人,发展1名积极分子成为预备党员。学校党支部召开党员大会9次,支委会28次,党小组会50多次,开设各级党课17节,开展中心组学习11次,开展主题党日10次。党员全员参与配餐工作;扫黑除恶护校中,11名党员承担巡逻任务;日常教学中,党员先后承担示范课、业务讲座、帮带辅导等任务50余次;开展支部主题党日活动10次。开展“不忘初心、牢记使命”主题教育,分别以支委中心组和党小组为单位,在充分自学基础上,开展集中学习近30次,书记讲党课2次,组织党员参加专题辅导3次,书写心得150余篇。

【德育工作】学校实施“共同体发展工程”,以建设“师生共同体”“家校共同体”为主要内容,将学校倡导的“生态教育”贯穿其中。2019年,学校开展以“弘扬传统文化,培育基本品行”为目的“古为今用知礼塑行”实践活动;以培育学生全面发展为目的的呼哈“六个节”(艺术节、体育节、环保节、科技节、读书节、生态少年评选节)特色活动;以规范学生行为为目的的“开学五节课”等。

【城市少年宫建设】学校社团活动采取“走班制”的模式,兴趣成为组建社团的首要纽带。设置文学与欣赏、艺术与审美、科学与技术、学术与实践、阅读与生活、手工工艺与制作、运动与健康7个类别25个社团,社团辅导员教师16名、社会志愿者9名、近1100余名同学共同参与社团活动,学生的参与率达75%以上。每周二下午是既定的社团活动日,孩子们可以在不同的兴趣小组中,增长见识、掌握本领、发展思维、学会合作,锻炼身体、调节情绪,走近科学,享受艺术。

【教学特色】学校以“生态教育”为主导思路,以打造“生态课堂”为核心,深入开展有效的校本研修,通过教师、教研组、学校三个层面的自研、互研和共研,促进教师专业发展,培养学生学习习惯,形成良好的校风、教风、学风。从一线教师中挑选德才兼备、教学能力出色的9名教师组成“教学名师团队”,共同参与到教学管理工作中。团队成员共同商讨拟定教学计划、监管课堂教学、评价教师业务、帮带年轻教师,他们既是一线教师,又是教学管理者,成为管理与实操之间的桥梁。给教师提供在不同的发展期创设锻炼、实践、展示的机会,开展组内研究课、“小荷杯”青年教师综合素养擂台赛、“栋梁杯”骨干教师个性课堂展示周、“杏坛杯”校级名师课堂教学引领日等课例研修活动,各类课型展示共计87节。名师团队对整个磨课、试讲全程的参与,有效推进学校“青蓝共长”工程的建设。

2019 年,胡艳老师荣获呼市教学基本功大赛二等奖,孙添增老师荣获新城区学科带头人称号,还有多位教师承担区级“送课下乡”“观摩研讨”等活动。

【环境教育】2019 年,结合学校“生态校园”建设理念,开展“亲近自然,美丽生活”垃圾分类现场会、“给垃圾找个家”垃圾分类与减量主题班会、“垃圾分类,红领巾先行”主题宣讲活动、第六届“亲近自然 美丽自然”环境教育知识竞赛暨垃圾分类知识竞赛等丰富的环保实践活动。通过开展“垃圾分类——我是神投手”“我是垃圾分类宣传员”等一系列小手拉大手活动,将垃圾分类意识带入家庭、引入社区,形成全民环保的社会氛围。

【配餐工作】作为第二批配餐试点学校,全体师生和家长代表经过全方位培训以及一系列考察、试餐等实地演练,为配餐工作开展做足准备。11 月 4 日,学校正式开启营养餐配餐模式,教师全员上岗,各司其职。接餐、取样留存、文明就餐礼仪教育无缝衔接,孩子们餐前洗手、打水、就餐、餐后垃圾分类及午休均井然有序。行政领导逐层巡查各班级就餐及午间延时情况,同时后台的监控也有专人盯岗,有效保障学生在校期间配餐及活动的安全。

团结小学

【团结小学领导名录】

党支部书记、校长　刘志强

副校长　王　森

李　欣(女,满族)

刘晓丽(女)

【概况】新城区团结小学位于新城区团结小区内,建于 1986 年,占地面积 1 万平方米,有教学班 24 个,在校学生 1058 人,教师 62 人,各级各类学科带头人、教学能手、骨干教师 40 余人。在以“和、静、怡”文化核心价值观的引领下,学校全面落实“明志、博学、成长”的办学理念,在继承中发展,在发展中创新,初步形成可持续发展的教育特色。学校先后被评为国家“百项校园文化”优秀学校、自治区“义务教育示范学校”“现代教育技术优秀学校”“绿色学校”、呼和浩特市“教育科研实验学校”“校园建设先进学校”“德育工作示范学校”等。

【党建工作】2019 年,支部狠抓学习,通过学文件、听报告、看录像、上党课、讨论交流等多种方式,组织党员和教职工认真学习中共十九大、十九届四中全会精神及习近平重要讲话精神。严格落实“三会一课”制度,定期召开支委会,党员大会,党小组会,党员讲党课,组织生活会。开展主题党日活动,组织党员外出参观学习乌兰夫故居、多松年烈士纪念馆。深入开展“不忘初心、牢记使命”主题教育活动。

【师德师风建设】学校制定《师德师风建设方案即考核制度》,成立以校长为组长,其他行政领导为副组长的领导考核小组。多次在全体教师会上,对师德师风建设、规范办学行为等做工作部署及相关培训学习。与老师们签订“师德承诺书”后,通过点、面结合的教育方法,告诫老师们要严格按“承诺”规范自己的言行。根据《关于做好中小学生课后服务工作的指导意见》的文件精神，学校从2019年11月11日起，严格落实意见提出的具体要求，下午放学时间调整为下午5点。延时服务正在有序地进行。

【德育工作】德育工作本着以师生为本的理念，最终实现师生共同成长的目标，开展以“学习、实践、感悟、提升”为主题，通过“五个平台”的搭建，促教师专业成长。启动以“名班主任工作室为引领，创建班主任发展共同体”为主题的闫立宏名班主任工作室。落实“绿色言行伴我成长”德育校本课程，每个年级一个主题，培养学生良好的行为习惯及道德素养。德育校本课程作为学校特色，参加教育局督导室组织的片区特色展示。

【教研教学】围绕“正教风促学风，抓质量谋发展”为工作总目标，结合学校实际，紧紧以扎实有效地开展校本教研，夯实常规工作，加大检查指导力度为抓手，通过规范教案书写、提高课堂质量、精心设计作业、加强转差工作和定期组织测试五大途径来精细教学常规管理。同时通过搭建多种平台，促进教师专业发展。2019学年不同学科进行主题教研达50余次。同时学校采取四级管理来进行课堂常规指导：即学校行政人员点约课；开展“党员名师引领课”；“同伴互助”共提高“团队共研课”、“教研组集体备课展示”；聘请专家深入一线指导教学。学校还特别重视对毕业班的教学管理力度。通过定期质量检测、召开毕业班教师专项会议、毕业班家长会等途径，实时监测毕业班教育教学动态及学生的学习状态。

【体卫艺活动】2019年的校园文化艺术节，以“金色童年 幸福成长”为主题，面向全体学生，开展校级、班级两个层面的“五个一”活动，学生参与率达到100%；区艺术节上学校报送的3个节目，全部获奖，其中群舞《傣满竹林》在市艺术节比赛中荣获二等奖；开展“校长杯”足球联赛、校运会、汇操比赛及小型体育竞赛活动，在新城区教育局组织的大课间评比中，学校取得第一名的好成绩。

【校园安全】贯彻落实各种安全会议精神，坚持预防为主、防治结合、加强教育、群防群治的原则。开展安全教育，增强学生的安全意识和自我防护潜力；学校不仅制定班级安全手册，还定期开展安全工作月主题活动。

【工会活动】学校工会开展常规工作之外，将暖心工作做好做实：为全体教职工统一定制校服；为全体女工办理女工保险；在“三八”妇女节、教师节等节假日分别对全校教师、一线困难教师、老党员进行慰问；对生病、生育教师也进行及时探望与问候；对遭受意外火灾的保安师傅、患有癌症的学生进行爱心捐款；开展教工跳绳、羽毛球大赛、诗歌朗诵等文体活动。

满族小学

【满族小学领导名录】

党支部书记、校长　黄玉红(女 满族)
副书记、副校长　刘　莉(女)
副校长　关　哲(女 满族)
　　　　谢炳中

【概况】新城区满族小学始建于1957年，坐落于呼和浩特市关帝庙街1号，是内蒙古自治区唯一的一所具有满族特色的民族小学。2019年有45个教学班，130名教职工、2500余名学生，是全国少先队红旗大队、国家级“青少年维权岗”、内蒙古民族团结先进单位。

【党建工作】党支部组织全体党员集中学习和自学《习近平关于“不忘初心、牢记使命”论述摘编》《中国共产党章程》，进行“主题教育・应知应会”知识问答。开展“党的政治建设”“全面从严治党”“学习党史，新中国史”3次集中研讨，校长作主题研讨发言和主题党课。坚持问题导向，主动回应师生诉求、家长关切热点，广开言路、征集意见、检视问题，制定整改措施，推动整改任务落实到位。开展“不忘教育初心，牢记青春使命”青年教师基本功比赛，不断提升学校办学质量。创建“先锋领航・育民族花”党建品牌，推进“党建+”工作模式，把主题教育与抓好学校各项工作结合起来。7月1日，隆重举行“不忘初心、牢记使命”庆祝中国共产党成立98周年主题党日活动。9月，新建“党建文化长廊”，全面系统阐述党建工作成果。11月，开展“追寻红色足迹 重温革命精神”主题党日活动，参观乌兰夫纪念馆、书记讲党课、观看《榜样4》。

【教科研工作】进行微课题研究，在全校开展课题推进月活动。通过集体备课、试讲、听课、说课、评课、反思，进行教研组集体备课的课堂实践，提升教师的科研水平。自治区重点课题“小学语文‘大阅读行动’推进实验研究”，达到预期的实验目标，完成结题材料的上报工作。申请“小学英语课堂教学中有效教学策略的研究行动”课题，进入研究第一阶段。为减负增效，提出分层设计作业，组织全校分层作业展示交流活动。9月，呼和浩特市小学语文青年教师基本功获奖教师教学展示交流活动在满小举行。10月，8个学科37名教师参加学校青年教师基本功比赛，达到以赛促学，以赛代培的目的。推动教师读书，落实《满族小学教师读书计划》。开辟教师阅览室，设置教师图书专柜，给每位教师订阅一本学科专业杂志，为老师赠送各学科专业书籍，组织教师读书交流活动。在六年级质量调研中，学校荣获语文全区第一名、英语全区第一名、数学全区第二名的好成绩。

【德育工作】探索和建立全员德育的工作机制，完善各项德育制度，充分发挥云海英名班主任名师工作室引领作用，提升成员班级管理能力和专业发展水平。探究研究微班会、微队课模式，有实效性、针对性地解决班级管理中的难点问题。以“微班队课”为内容开展班主任内训观摩活动。参加新城区首批“名班主任工作室”阶段性成果汇报暨授牌仪式，云海英老师代表学校作发言。3月，举行“追梦新时代 做好接班人”春季开学典礼，结合学雷锋纪念日，组织开展学雷锋志愿者服务活动和“阳光竞选 我最闪亮”少先队大队委竞选活动。4月，举行“传承英烈精神，奋进新时代”主题大队会。5月，举行“我和祖国共成长 争做小小追梦人”庆祝“六一”国际儿童节主题活动。6月，举行“小小追梦人，争做新时代好队员”一年级入队仪式暨少先队礼仪风采展和“情系满小,逐梦未来”2019届毕业典礼。为庆祝中华人民共和国成立70周年、纪念少先队建队70周年,集中开展“争做新时代好队员”主题系列活动。

【校园安全】学校专职保安从以前的2名增加到4名,每天校内外共计20名教师、4名家长定时定点在各个岗位值周。把安全教育纳入日常教育教学过程中,通过主题升旗仪式、班队会、晨会、心理健康课等多种途径开展教育活动。开展“扫黑除恶”专项斗争,利用LED屏、展板、满族花广播站、微信、条幅、班队课、致家长的一封信、应知应会知识问卷等多种形式广泛宣传,营造浓厚的宣传氛围。

【民族教育】学校立足实际,不断探索培育和践行民族教育的有效载体,丰富教育内容,创新教育形式,使民族教育真正落地生根,成绩斐然。5月,“满族珍珠球”成功申报呼和浩特市非物质遗产,举行“非物质遗产进校园教育示范基地”揭牌仪式。6月,精选的多个节目参加新城区艺术节选拔,其中满语合唱团演唱的歌曲《萨尔拉》《真善美的小世界》被选送参加“内蒙古自治区庆祝中华人民共和国成立70周年中小学艺术展演”活动,举行“庆祖国七十华诞 展满小少年风采”社团阶段成果展示活动,推进学校艺术教育发展。

【心理教育】学校心理健康教育既面向全体学生,同时关注个别心理困惑或有个性的学生,以预约—交流—沙盘游戏的形式,进行心理辅导,并详细存档。心理健康教育课堂“你说—我听”的授课模式深受学生的喜爱。3月,邀请内蒙古出版集团远方出版社社长周承瑛从心理健康方面给家长作相关培训,促进学生心理健康与人格的和谐发展。4月,新城区教育局心理健康教育内训活动在学校举行,心理教师杨文燕为全体与会人员作《走近萨提亚》的主题讲座。10月,心理辅导室和杨文燕老师的心理辅导课《学习的理由》,参加新城区教育局“祝福祖国七十载,阳光成长扬师德”比赛,获得一等奖。

落凤街小学

【落凤街小学领导名录】

党总支书记、校长 吕改云(女)

副校长 赵文杰(女)

姜文华(女)

王　敏(女)

【概况】落凤街小学占地面积1.51公顷,有43个教学班,学生人数2078人,教师人数135人。学校坚持“秉承传统,创办一流”的工作目标,“儒雅校园、智慧人生”为学校发展的办学理念。以琴棋书画为载体,通过与日常教学的整合、社团的专题活动、校园的文化建设、年度艺术节的推动,营造儒雅校园;学生智商、情商、意商全面培养,细抓常态高效课堂,打造常态高效教研,开放科普中心、心育中心、图书馆等,组织有效教育活动,奠基智慧人生。学校以校长、副校长、教导主任、年级(学科)组长为四层次管理体系,高效开展各项工作,加速学校创办一流的步伐。2019年,学校被授予全国国际跳棋校园推广计划示范单位、全国国际跳棋特色学校比赛团体第十名、内蒙古自治区科技教育示范学校、内蒙古自治区五子棋锦标赛最佳团队组织奖、呼和浩特市首届智力运动会团体第一名、呼和浩特市“市长杯”校园足球联赛女足第八名、新城区先进基层党组织、新城区教育系统先进集体、新城区优秀心理辅导室特等奖、新城区运动会团体总分第一名、新城区中小学阳光体育大课间评比一等奖、新城区全民运动会围棋赛段位组团体第一名、新城区“区长杯”校园足球联赛女足第三名、新城区第二届啦啦操比赛规定项目第三名、新城区小学组男子篮球赛第三名等荣誉。学校非常注重教师的培养，启动“名师工程”“青蓝工程”“班主任新老结对”“民间学术团体”等系列教育教学活动，增强教育教学研究活动的含金量，有效加快教师队伍专业素养、职业精神的培养步伐。“名班主任工作室”“名师工作室”的建立，有效带动日常教育教学工作，促进团队成长和工作能力的提升。有内蒙古级学科带头人 1 名，呼和浩特市级学科带头人 3 名，呼和浩特市教学能手、新城区学科带头人、新城区教学能手等有教学称号的骨干教师共 44 名。

【党建工作】扎实落实主题教育，组织党员干部原原本本通读《习近平关于“不忘初心、牢记使命”论述摘编》，学习研讨中心组每月 2 次、各党支部党小组组织党员每月 3 次开展学习活动。总支委成员走进支部，访谈支委、党员；校领导环节干部深入教研组，访谈教师；教师走进班级，访谈家长和学生，广泛征求意见建议。通过家长开放日，家委会成员进行座谈，发放调查问卷收集党员队伍建设、师德师风建设、教育教学工作、校园建设建议等。严格学习制度，本年度共围绕 11 个主题开展学习。每个主题都以“三学一研”（即个人自学、党小组领学宣讲、研讨交流体会、测试）的形式进行，同时开展主题读书活动。进一步规范“三会一课”，开展“为党旗增辉 在岗位奉献”“志愿服务”“亮身份、比担当、比作为”主题演讲比赛展播、党员读书交流展示等有特色的主题党日活动。服务“常青义教”项目学校，开展支教帮扶活动；服务“培智学校”，开展以“蜗牛行动”为主题的系列活动；服务广大师生，立足校园解决问题，发挥落凤街校园志愿服务队的先锋作用。

【教师队伍建设】开展“集体备课见成效，资源共享助成长”活动，助力青年教师快速成长。深化高效作业的研究，语文学科从读写两方面入手，改进作业形式与内容，形成各年段系列阅读高效作业。数学学科依据不同学段特点研究低段规范书写，中段夯实基础，高段思维分析为内容的高效作业。英语学科针对不同学生类型，进行单词记忆、语法练习、语篇阅读分类高效作业研究。通过专家助力，使团队自身快速成长。市美术教研员闫仲丽老师驻校指导美术工作室教学，美术名师工作室课堂教学方法有全新的突破，曹育旗老师在全区作示范课。新城区教研室董俊英主任对数学工作室进行系列研课活动每月一次跟踪授课指导，工作室成员进步显著，付云菲老师作区公开课进行展示。发挥名师团队作用，带动日常教研工作。名师工作室成员在教学中引入微课,便于学生反复学习掌握。“裴蓉名班主任工作室”编写《落凤街小学一年级班主任管理手册》,为班主任工作提供实操性强的工作指南;工作室还启动“新上岗班主任成长计划”,采取“一对一”捆绑式学习,使这些新上岗班主任的基础素养、工作能力快速提升。“裴蓉名班主任工作室”被新城区教育局授予首批“名班主任工作室”光荣称号。

【课程建设】学校的课程体系主要有两大类,一类是以国家课程为主体的必修课,同时也融入校本特色。另一类是以校本课程为主体的选修课。2019 年 9 月新学年选修课程五类体系,开设 71 种科目,共计 99 门课。心育类选修课 6 种,专业设有沙盘游戏、333 脑反思训练、心理剧、绘画艺术疗法和团体心理辅导选修课,新增感统训练。2019 年度申报自治区心理健康教育示范校。体育类开设 15 门选修课,其中传统体育课程 9 门;智力体育选修课程 6 门;美育类选修课 22 种:音乐类选修课 12 种,书画类选修课 10 种,学员参演新城区校园艺术节中文艺类合唱、舞蹈、朗读、器乐、课本剧等所有节目,参展各类美术、手工作品均获奖。科普类选修课 4 种,专业设有乐高、计算机编程、3D 创意打印、科学实验课。举办科技周、科技节,科普日、科普月系列活动,不断完善创新。学校探究拓展类选修课 24 种,书韵课程是一大亮点。“每日美文”内容凝聚组内教师的智慧,大家共享优秀资源;每周进图书馆阅读成为师生读书的新常态;利用电子阅读机进行阅读与分享,成为读书的新形式;各具特色的班级阅读作业成为读书的新尝试。学校邀请内蒙古教研室杨华老师作“整本书阅读指导”讲座、邀请区教研室主任闫芳作“用好新教材”讲座,部分教师远赴珠海,聆听作家毕淑敏、麦家的分享交流。开展教师假期读书交流、学生阅读交流会、阅读推荐课、阅读分享课、小书虫评选、代书卡征集、作家进校园、学生走进阅立方与作家面对面等活动丰富校园生活。

【学生自主教育】开展“儒雅课间”示范班级评比,班级、校级小管理员尽职尽责,楼内降噪和活动秩序明显提升。开展“英姿队列”争章评比,重在培养学生集队的自主管理,以二年级和六年级作为试点。每日一查,每周一争章,12 月展示成果,两个年级都基本实现无教师管理、自主集队“快静齐”。学生小安全员队伍定期开展安全培训,及时上报学校、班级安全隐患,安全工作融入自主管理。组建学生国旗护卫队,扎实训练,认真落实每日升降旗制度。“三城同创”创建“七色光”志愿服务小队特色活动,小志愿者们走向社会,打扫卫生,慰问交警、清洁工,陪伴孤寡老人、残疾儿童,开展文明宣传等。10 月 18 日,第二届少代会召开,新城区团委、教育局组织全区辅导员观摩,并参加各组提案答复。

【家校共育】与中国教育学会中教在线教育咨询中心合作,共同开发在线直播学习平台,为全校家长购买在线直播课程,系统地对家长进行专业培训。面向一年级家长,启动“卓越成长计划——家长课程项目”,计划用一年半的时间,定期为家长提供家庭教育专业培训课程。2019 年 3 月,学校成为中国教育学会“卓越成长计划”呼和浩特市首家联盟校，启动班主任在线直播课程，每周一次的在线直播学习，系统全面地对班主任工作场景进行梳理和总结，帮助班主任解决实际问题，促进教师专业成长。学校每年进行2次“在爱的道路上，我们携手同行”家长开放日活动，分批邀请不同年级的家长走进校园，走进课堂，进行观摩参观，向家长们展现校园风貌和师生风采。让家长亲身体会高效愉悦课堂的教学氛围。

丁香路小学

【丁香路小学领导名录】

党支部书记、校长　陈雁萍（女，蒙古族）

副校长　高雅俊（女）

韩　伟

贾惠俊

【概况】丁香路小学位于呼和浩特市新城区海拉尔东路东口路南，学校现占地面积22816平方米，校舍建筑面积6869.9平方米，拥有一栋教学楼、一栋教师办公楼。学校配设各类专用教室，其中有：录播教室、音乐/舞蹈/多媒体多功能教室、美术室/书法教室、科学实验室、实验准备室、棋弈室、语音多媒体多功能室、卫生保健室、信息技术室、阅览室、心灵驿站室、少先队活动室、党史室、新城区人民代表之家室、档案室、党群连心室、体育器械室、半圆弧多媒体多功能会议厅/活动室等18个功能教室和28个班级常规教室。2019年学校有28个教学班，在校就读生1476人，招生数309。有教职工59人，专任教师58人，女教师49人，本科及以上学历48人，专科11人。教师资格岗位合格率为100%。中级及以上职称教师21人。全校师生在发展中以“人文核心素养为根基”，彰显出丁香路小学的全新精神面貌：“有文明素养、有文化底蕴、有文学情怀”。同时形成新的师训：和谐、质朴、坚韧、创新；新的生训：道德为先、健康发展、素质全面、善于表达。

【特色项目】学校以“十个一”行动计划作为学校教育质量目标体系，进行全面质量管理，即：树立一个好品质、培养一生好习惯、学写一笔好字、训练一副好口才、阅读一批好诗文、能写一手好文章、掌握一门好才艺、锻炼一身好体魄、争取一个好成绩、争做一名好公民。以“特色项目——学校特色”为思路，通过专家支持、项目扶持等形式，形成“低年级英语活动课程”“国学经典诵读”“语文大阅读”“硬笔和软笔书法”等特色。

【党建工作】开展“不忘初心、牢记使命”主题教育，党支部结合党建品牌“融合式党建＋”的创建方案，制定出主题教育工作方案。根据学习内容的不同安排多元学习形式，加强日常学习教育，起到防微杜渐的作用和令行禁止的成效。先后签订《党员领导干部廉洁自律承诺书》《教师自觉抵制有偿家教承诺书》《廉洁从教承诺书》《师德师风承诺书》《教师拒绝有偿补课承诺书》。2019年底，学校教职工无一例违规违纪行为发生。

【队伍建设】开展“走出去，请进来”的交流活动，如：新城区名班主任工作室交流汇报活动、邀请心理专家刘春健老师对班主任进行专题培训、八位班主任老师分赴江苏常州、河北石家庄参加全国中小学班会课专题研讨现场会,同时学校陈娟老师在十四届班会课专题研讨现场会上进行《学会与父母沟通》一课的说课,为班主任们搭建拓宽视野,加强交流的平台。紧紧围绕“做新时代好队员”主题,以少先队组织为载体,本着“大队干大事儿,中队做实事儿,小队出特色”的工作思路,通过大队层面、中队层面、小队层面全面开花。

【教学工作】2019 年“教师双培”有新突破:学校有 2 位骨干教师获得呼和浩特市“学科带头人称号”,2 位青年教师参加市级“教学能手”比赛,2 位青年教师获区级“学科带头人”称号,2 位老师参加区级“教师基本功赛”。10 月下旬,学校迎接自治区教育厅乡村中小学校长影子培训班小学组的全体校长们参观学习。11 月 26 日,2 位年轻数学教师到保合少镇中心校进行送课交流活动。12 月 13 日,周弘妍老师作为区名师工作室成员赴讨思浩小学送教下乡。学校利用科技教育周等时间节点,开展科技主题的升旗仪式、科技制作比赛、科技知识宣讲等形式多样的活动。外聘教师开展科技主题讲座,激发学生对科技的热爱。各教研组结合本学科和年段特点制定研究主题,以课导教,以教促学。全面进行为“减负 提质 激趣 增效”的优化作业改革。

【体卫艺工作】2019 年,学校新操场投入使用。通过特色大课间、趣味运动会、区运会、足球队联赛、丁香路小学校园艺术节、少年宫社团、美化校园特色周、市美育节课本剧大赛、呼和浩特市啦啦操大赛、新城区篮球乒乓球跳绳大赛、冰雪项目冬令营开营、自治区篮协相关活动、呼和浩特市红十字示范校申报、配餐卫生工作推进等,提升学生的综合素质,丰富校园文化生活。学校接受自治区体彩中心价值 4 万多元的器械和自治区体育局轮滑器捐赠。学校足球队在自治区足球联赛中,取得全区第五的优异成绩。陈波老师取得全国跳绳运动推广教练员和裁判员资格,伊德日贡老师获得“区长杯”校园足球联赛优秀教练员称号。

保合少中心小学

【保合少中心小学领导名录】

党支部书记、校长 付连发

副校长 李金龙

赵 斌

范晓峰

【概况】保合少中心小学创建于 1933 年,前身为保合少名言小学。学校占地 8000 多平方米,建筑面积约 3400 多平方米。2019 年学校有 29 名教师和 80 名学生,学生主要来自周边各个自然村以及务工子女。2019 年,在区委、区政府以及教育局的大力关怀和支持下,校容校貌持续变化,硬件设备设施逐步完善,教学质量逐年提高,学校整体办学水平明显提升。学校坚持“三个一四”办学理念,即“一种观念四个思想”“一条思路四个目标”“一项校训四种风气”。

【改善办学】学校通过政府下拨资金改善学校办学环境。维修并改造学生宿舍资金2万元,学生食堂屋顶维护6万元,学生饮水设备改造2万元,校园红色文化建设5万元。争取到相关帮扶单位的支持:更换5万元的教室多媒体设备;购置80套学生夏季校服、80套冬季校服和36名教师服装;10万元教室和办公室环境美化;新城区工会3万元的图书和电脑设备。

【党建特色】2019年,继续推进"一校一品"党建品牌的开展,同时"不忘初心、牢记使命"主题教育开展以来,坚持每月2次研究党建工作开展情况,研究解决具体问题,支委成员按照分管工作范围,至少上1次党课或作2次学习辅导。推行"依托红色资源引领教师成长"这一党建品牌,强调"必须立足校本",把"如何解决制约我校发展的瓶颈"作为调研课题,把问题列出清单,认真分析研究,制定解决方案,积极寻找策略逐个突破。围绕学校的历史底蕴,继续寻找学校文化的根与魂,以红色基因为主线,逐步打造出"一观二标三区"红色校园文化。

【立德树人】发挥地域资源,组织师生参观蒙汉游击队抗日会师遗址,进行红色基因教育;少先队结合清明节开展重走长征路活动;党员教师进行红色故事宣讲活动;"六一"儿童节带困难学生参观大青山红色文化公园;"七一"建党日寻根溯源活动,十一国庆节网上寄语活动、"我和国旗合个影"活动;建队日少先队知识竞赛活动;"学习新思想 做好接班人"红色教育诵读比赛以及元旦进行的红歌大赛。组织学生参与学校900平方米的种植实践基地劳动。

【教育教学】2019年,音体美教师的短缺是学校科任学科教育的短板。在新城区教研室和教育局督学王雅萍一起推动下,每月教研室负责教师带领城区各科目的名教师走进学校进行送教活动,全年共送66节课。这一举措,让学校的老师和学生足不出校也能听上名校名师的课。

【安全演练】坚持每月安全疏散演练,通过各项演练使学生掌握紧急状态下应对突发事故自保、自救和逃生的办法,提高学校组织处置突发事件,引导人员疏散的能力。

八一路小学

【八一路小学领导名录】

党支部书记、校长　段　梅(女)

副校长　康　敏(女)

　　石亚青(女)

　　张红丽(女)

【概况】呼和浩特市新城区八一路小学始建于1972年。有教学班16个,学生790人,教师45人,一年级新生入学人数142人。学校探索以"德、孝、爱、明、信、礼"为主题的"六字养成"特色教育。"微论坛、微培训、微课题"《三微》校本教研模式,开展学科分层主题研讨活动,形成"研训共同体",让校本培训成为推动教学质量整体提升的有力举措。奉行"做阳光教师,育明理学生"办学理念,承载着学校教育教学活动的开展以及办学特色的形成。

【党建工作】营造"以廉为荣,以贪为耻"的良好氛围,结合"不忘初心、牢记使命”主题教育,组织党员干部集中观看自治区纪委监委网上3D廉政教育展厅、“庆祝中华人民共和国成立70周年大型成就网上展馆”。组织全体党员深入班级,进行“牢记初心使命、关爱伴我成长——党员爱心大讲堂”安全教育宣讲活动。开展“暖冬行动 慰问党员”主题党日活动,走访慰问生活困难的退休党员,发放慰问品五百元,充分体现党组织对党员的关怀和爱护。

【教学工作】中华优秀传统文化课题进入全面结题阶段,实验教师完成结题展示课。有效导学课题研究已2年,实验教师每学期开展教学展示活动,确保课题研究扎实推进。开展集体备课的分层培训研讨活动,做到人人参与培训、人人研讨发言,提高教师队伍整体素质。参与新城区片区联动教研,搭建交流平台。学校语、数学科教师郝梦娜、崔秀秀、邓雪莉参加片区联动发言,展示学校集体教研成果,共交流,同进步。

【德育工作】以“三城同创”为工作主线,围绕文明校园领导班子建设好、思想道德教育好、活动阵地好、教师队伍好、校园文化好、校园环境好“六个好”的创建、志愿服务精神的弘扬,利用德育校本课程、校园文化、节日纪念日、劳动教育和社会实践等在师生间开展丰富多彩的活动。

【少先队工作】全面加强思想道德建设,深入开展丰富多彩的主题教育活动,加强目标自信、文明自觉、行动自律、安全自护、学习自主生活自理“六自”养成教育、“争做新时代好队员”系列活动,加强行为习惯等的培养,同时加强基础教育的阵地建设,使少先队工作有进一步的稳定提高。

【心理健康教育】在班主任中开展《正面管教》读书交流会,让老师们学习正面管教的工具和理论,运用“和善而坚定”的方法更好地管理班级。组织班主任开展插花等团建活动,培养团队精神。学校心理辅导室在新城区教育局“祝福祖国七十载,阳光成长扬师德”评比中荣获一等奖。

【体卫艺工作】2019年是校园足球取得优异成绩的一年,校足球队获得新城区“区长杯”校园足球联赛小学男子组冠军、呼和浩特市“市长杯”校园足球联赛小学男子组亚军,并代表呼和浩特市参加2019年内蒙古自治区“主席杯”校园足球四级联赛。组织学生参加呼和浩特市第四届美育节音乐比赛,王靓颖同学以出色的表现获本次比赛高年级组,独舞比赛二等奖。

苏虎街实验小学

【苏虎街实验小学领导名录】

党总支书记、校长 徐雅琴(女)

副书记、副校长 薛天骄(女)

副校长 闫俊梅(女)

李智宏

【概况】苏虎街实验小学鼓楼校区6月毕业学生499人,一年级招10个班,学生639人,学校共有教学班54个,学生总数3255人;在编教职工145人,合同制教师5人,代课教师23人;“三支一扶”教师2人,在校教职工总数为175人。苏虎街实验小学科尔沁校区2019年一年级招生10个班,600名学生,截至9月,学校有2个年级,14 个教学班,学生总数 838 人。教职工总数 37 人,其中在编教师 12 人,学校聘用代课教师 24 人,“三支一扶”教师 1 人。

【校园建设】7—9 月,学校经过与紧邻的保险公司和农业银行的谈判、协调,将操场东墙向东扩出 2.5 米的宽度,拆除农行原建在学校操场东北角外墙的燃气加压站,消除学生活动安全隐患,设置标准的 200 米跑道,重新铺设塑胶跑道和足球场、篮球场,修建学校供排水系统,彻底解决操场场地排水问题,改善学生的体育活动场所的空间和质量。主校区重新修改建设“苏虎书吧”,增加容书量,增强活动功能。科尔沁校区在教学楼一楼也建设出“苏虎书吧”,同时购买 2 万元的优质书籍。完善教育信息化环境建设,接入市教育城域网,接入中国移动、中国电信共计 600 兆带宽的专用光纤,完善校园 WiFi 全覆盖工程,并加强校园网络的安全使用,购买 360 杀毒企业版软件,班级一体机全部进行软件系统的更新重装,提升教学使用的信息安全和便捷,为教学资源、管理办公数据的高度融合做好相应基础。加强信息宣传平台建设,充分利用互联网工具,将研究成果拓展到网络空间,进行家校、师生信息化沟通,校园七彩阳光电视台、微信公众平台、校信通平台、微网站、今日头条公众平台,成为学校教育理念宣传的主渠道。

【党建工作】通过“必修课”“专业课”“选修课”“特色课”等方式,提升党员以及全体教师的政治思想素质和理论修养。党员教师编撰《星火燎原》《不屈脊梁》《缔造和平》《崭新篇章》4 册微党课教材,在学生当中进行党史宣讲,把学习的成效转化为指导实践、推动工作的行动自觉。学校党总支在全体党员中深化“领航工程”,争做苏虎教育的“领航人”,依托“苏虎榜样”“成长中的青年党员”事迹宣传,大力弘扬苏虎党员爱岗敬业、乐于奉献、为人师表的崇高师德风尚,引导全体教师向党员这支优秀的队伍学习。为更好地服务师生,党总支引领两个校区扎实开展“开门纳谏”工作,检视问题 25 条,大部分问题已经立查立改解决。逐步推进“创新型”党组织,创新党建管理模式——提出苏虎党建“四引领”管理模式,即:党的制度建设引领学校科学发展,党的组织建设引领学校文化内涵,党的思想建设引领“先锋领航工程”,党的作风建设引领学校规范办学。

【德育工作】整合班队活动课研究成果,通过教学、管理、活动、评价四个方面,初步建立起“苏虎红领巾思想教育”课程体系。这一体系分为“理想信念红色教育”“文明礼仪养成教育”“优秀传统文化教育”“安全法制实践教育”四大板块,以班队活动课、道德与法治课、党员微党课、日常微班会、少年宫社团课作为教育主渠道,通过日常德育活动、校会升旗仪式、科技节、艺术节、读书节等校园节日展示作为评价手段,构建起立体多元的苏虎德育课程体系。深化“苏苏虎虎习君子”行为习惯教育,针对班集体的“自律奖章、校长奖章、六一表彰、年终表彰”,针对学生个人的“雏鹰争章、苏虎护照、十虎少年评比、小脚印多元评价”等评价手段,促进学生行为习惯的长效落实。创新优秀传统文化教育课程,开展"传统节日体验课程""博物馆课程""非遗传承活动课程"三大主题的系列课程。开展"讲传统节日节气故事""好家风好家训传统美德教育"系列课程,增强孩子们的文化自信。以扫黑除恶专项斗争为依托,开展"提升安全意识、平安常伴校园"主题教育、"加强自护能力,拒绝校园欺凌"专题讲座、校园防暴安全演练、消防自护安全演练、说法班会、交通安全教育等,切实提高学生"知法、懂法、用法"的法治素养。

【音体美教育】体育工作以"天天锻炼、健康成长、终身受益"为目标,探索校内与家庭体育锻炼相结合提高学生体质健康的新做法。音乐教学探索合唱课教学的新策略,打造一批有合唱特长的特色班级。美术社团以民族艺术元素为核心开设"顶上艺术""阿爸的马鞍""传统剪纸""童味水彩"艺术综合实践活动,学校的"顶上艺术"艺术工坊参加呼市美育节的展示,得到社会各界的好评。将劳动实践课程纳入苏虎德育课程体系,开展"新时代劳动者我寻访、劳动行业我体验、家庭劳动我服务、校园劳动我值日、公益劳动我志愿"等主题活动,让学生走近劳动者群体,从小体验劳动乐趣,树立"劳动创造美好生活"的理想信念。

【教育教学】2019 年,学校坚持内涵发展,加快课程研究由量的增长向质的提升转变,初步构架起"苏虎课程"体系。完善对语文大阅读课程、数学体悟课程、英语阅读课程、品德生态课程、班队活动课程、快乐和声课程、趣玩美术课程、综合实践课程等各学科"1 + X 课程"的研究与管理。深入开展课堂教学研究,提高各科教学有效性。数学学科利用课例研究的方法进行教师分层培养,通过数据对教师课堂问题设计、反馈质量以及课堂效率进行诊断,以科学的方法促进教师提升。语文学科依托"大阅读推进"实验研究落实部编新教材中拓展阅读等要求,通过已经建构好的课外阅读课程,对学生进行整本书阅读的指导,让学生扎扎实实读好课外书、用好统编本;英语学科开展英语绘本课的研究,并参加外研社"十三五"国家级课题"绘本在小学英语阅读课的应用实践研究"课题;综合学科围绕"小学科学实验课的有效教学"开展课例研究,

【队伍建设】学校深化轮值校长带班管理制度,通过"走动式督查""教学巡导"的方式,及时发现问题、研究问题、跟踪问题、解决问题。"领航工程" + "底线管理",严格规范教师的教育行为。深化"领航工程"。引导全体师生立足岗位、投身实践、创新领航,在不同的教育工作岗位上发挥先锋模范作用,争做苏虎教育的领航人。深化《苏虎"智慧爱生 科学育人"工作实施方案》。使"榜样示范"和"底线管理"成为管理教师队伍的重要标准,指导和规范教师的教育行为。

第一幼儿园

【第一幼儿园领导名录】

党支部书记、园长 计　爽(女)

副园长 张玲仙(女)

李　琳(女)

杨　莉(女)

赵菲菲(女)
秦好娟(女,蒙古族)

【概况】呼和浩特市新城区第一幼儿园是一所内蒙古自治区级示范园,于1947年10月成立于乌兰浩特,幼儿园前身为“内蒙古党委保育院”,1952年随内蒙古自治区政府由张家口迁至呼和浩特市,易名为“内蒙古直属机关幼儿园”,1971年1月改称为“新城区第一幼儿园”至今,2017年3月,呼和浩特市新城区第一幼儿园一分园正式开园,地址位于呼和浩特市新城区讨思浩村。两园共有编制人员47人,合同制人员20人,共计67人。其中,硕士研究生毕业2人,本科毕业49人,专科毕业14人;高级教师职称5人,一级教师职称15人,二级教师职称29人。设园长1名,副园长4名,保教主任4名。2019年总园开设14个班级,共有幼儿568人,分园开设5个班级,共有幼儿128人。幼儿园一直秉持“一切为了孩子”的办园宗旨,不断进取、不断创新,逐步形成具有园本特色的园所环境、办园理念、教学特色等,整个幼儿园和谐运作、发展高效。

【党建工作】组织“不忘初心、牢记使命”专题学习30余次,志愿服务2次,革命传统教育1次,身边党员先进事迹学习2次。组织座谈会3次,征集到意见建议共计24条,确定调研课题《家庭教育需求差异与家园共育工作有效尝试》,完成调研报告1份。组织参观乌兰夫同志故居、庆祝中华人民共和国成立70周年——内蒙古自治区展览、开展“讲青山英烈故事”主题活动、组织“我把党来比母亲”主题画展、观看优秀影片、参观多松年烈士故居、“传承经典、歌唱祖国”等主题活动。协调群团组织汇聚教育合力。2019年组织慰问、探望教职工10余次,为女职工投保特病保险,参加医疗互助保障行动。开展“品读经典,涵养人生”主题读书、购书活动。举办“凝心聚力,传递快乐”团建拓展运动会。开展“消防安全知识讲座”“和谐我生活,健康中国人”主题健康与急救知识讲座等系列活动。参加呼和浩特市妇女联合会组织的寻找“最美家庭”活动,教师王伟琦荣获2019年呼和浩特市“最美家庭”称号。

【教育教学】将教师队伍建设与教科研相结合,开展“师徒”结对帮扶活动,在班级常规管理、区域活动开展、集体教育活动组织等方面骨干教师对青年教师进行面对面、手把手指导,组织观摩活动75次,通过一课多研、同课异构、骨干教师示范课、青年教师做课等活动进一步提高教师队伍整体素质。对环境创设、保教常规、特色教学、教科研等方面不断探索。在各类区域游戏中,孩子们通过操作丰富的材料达到“玩中乐、乐中学”的目的。2019年,幼儿园第一次尝试亲子适园体验活动,成立新一届家长委员会,开展“幼小衔接 快乐成长”“幼儿常见病的预防”“雅言传承文明经典浸润人生”等专题讲座。开展“暖暖情爱妈妈”“月儿圆圆人团圆”“我和我的祖国”等主题活动。2019年,1位教师荣获呼市“教学能手”、2位教师荣获新城区“学科带头人”、2位教师荣获新城区“教学能手”、2位教师在基本功大赛中获得一等奖。

【卫生保健工作】2019年制定,《新城

区第一幼儿园一日生活常规与要求》。均衡合理安排幼儿膳食，坚持食谱公开；对全园幼儿进行健康体检，对肥胖、营养不良、龋齿、贫血、视力不良的幼儿建立体弱儿档案，并进行体检分析汇总，对体弱儿进行定期复查；注重保育教师的理论学习和技能的指导，组织保育教师理论、实操业务学习20次；组织开展保育教师自制玩教具观摩、评比活动；开展好健康教育、宣传工作，预防传染病的发生。

【综治安全工作】结合“扫黑除恶”专项斗争工作，坚持做到每周一次专项会议、一次宣讲学习、每月一次知识测试、问卷调查、每月一份宣传简报。将早晨一分钟、离园三分钟、节假日前五分钟教育模式融入幼儿一日教育教学活动中。开展“我眼中的安全”“法制宣传月”系列活动，召开校园周边隐患研判会议，确定整改方案，采取联防联治举措，确保校园周边安全稳定。

【特色教学】将经典古诗词渗透到幼儿一日生活各环节，以节日为主题开展“弘扬中华孝道、感恩天下母亲”“感师恩、铭园情”“图书总动员”等活动。在环境创设、区域游戏中都融入经典诵读的内容，多名教师撰写经典诵读相关论文并发表。根据幼儿特点定期更换幼儿喜爱的课间晨操，激发幼儿锻炼的兴趣，培养健康的体魄。在各班级开展体育大循环活动，编排动感足球操、炫技篮球操。2019年4月，在呼市教研室幼儿园教学视导活动中，一幼阳光体育作为本次视导内容进行体育大课间的展示及情况汇报，获得好评。

第二幼儿园

【第二幼儿园领导名录】

党支部书记、园长 王煜彤(女)

副园长 塔　娜(女,蒙古族)

郝成娟(女)

秦晓娟(女)

【概况】新城区第二幼儿园于1949年4月1日在丰镇成立，时系机关托儿所，1950年由丰镇迁至呼和浩特市改名为绥远省保育院，随后相继改为内蒙古直属第二幼儿园、呼和浩特市第二幼儿园、东风区第二幼儿园，新城区第二幼儿园。幼儿园占地面积8800平方米，15个教学班，全园可容纳幼儿500多名，是一所规模较大的全日制幼儿园。全园在职教职工63人，其中教师49人。

【党建工作】开展“不忘初心、牢记使命”主题教育。7月1日，党支部带领全体党员教师参观大青山红色文化公园和素质教育基地，开展廉政警示教育；9月，全园15个班级门口增加班级展示牌，党员、团员在“先锋示范岗”的位置张贴党旗、团旗，亮明党员、团员身份，接受家长监督，进一步改进党、团员教师的工作作风，提高工作质量。11月8日，开展“忆初心，新老党员重温入党誓词；全园教师齐诵筑梦华章”主题党日活动，邀请老中青三代党员教师分别讲述二幼的发展历程、入党立志的誓言初心、工作实践的使命担当。由教师组成的志愿服务队，到班级、社区，开展志愿者服务，慰问老党员、老教师；探访生病、生产的教职工；捐助启音智障儿童。

【教师队伍建设】根据幼儿园教师队伍

专业化发展结构，立足教学活动、区域游戏进行公开练兵，新、老教师结对，充分利用各类业务教学机会传帮带。2019 年，进行 19 次园内外培训活动，涉及人员 89 人次。多次派老师参加教学展示、视导和大赛，司敏老师获得 2019 年度新城区学科带头人称号，张园园、霍媛老师获得 2019 年度呼市教学能手称号，王晓燕、乌云获得 2019 年新城区青年教师基本功一等奖，韩春玲获得二等奖。

【教育教学】通过园所环境创设、班级环境布置为幼儿营造充满传统文化特色的生活和学习氛围，根据幼儿年龄特点、季节变化、节日教育创设适宜的班级内外环境。9 月，迎接新城区级公办园和民办园的参观，和新城区一幼开展联合教研活动；10 月，在园内展开环境创设的评比活动。11 月初，幼儿园参加新城区教研室组织的传统“扬中华文化、促手工环创”活动，张园园、乔建、王丽琴、云芳老师制作的二十四节气主题墙制作精美，在新城区公办、机关办、民办 10 多所园中展示出靓丽特色。12 月，承担新城区教育局名师工作室主题为“传承中华传统文化 展现名师工作风采”展示活动。开展社会实践活动：到德顺源感受美食文化，体验烧麦制作过程；参观新华小学；参与儿童舞台剧表演；参加内蒙古、呼和浩特市电视台故事大赛活动等，幼儿在社会实践中拓宽社会视野、掌握实践技能，得到家长的支持与肯定。2019 年，开展足球特色课、同时开设篮球场，购置户外体育器械，挖掘户外体育游戏价值；创设长廊涂鸦墙、歌唱特色教室，丰富幼儿在园一日活动内容。

【卫生保健】严格执行健康体检制度，职工和幼儿体检率达 100%。把好幼儿来园晨检关，及时掌握生病幼儿情况，做好全日观察。实施保教并举与班级卫生管理相配合，坚持以预防为主的方针，做好全园及班级卫生消毒工作的培训与检查，全面提升卫生保健和安全健康知识，达到促进幼儿身心和谐发展。配合防疫部门做好国家规定的计划免疫工作、新生预防接种查验工作。对幼儿体检中发现的疾病特点及时向家长告知沟通进行规范矫治。制定合理营养的带量食谱，每日公示，广泛听取各部门意见，改进幼儿食谱，每月进行营养计算和计划膳食，并公布每月伙食账目。定期对炊事人员进行培训，保证食品安全。做好健康教育宣传栏对传染病的健康宣传，利用网络做好家长的健康宣传。

【绿色环保工作】9 月，第二幼儿园与新城区艺术厅南街社区、呼和浩特市电视台《青城眼》栏目组合作开展“垃圾分类宣传进幼儿园”的主题教育活动，录制垃圾分类集体教育活动纪录片，此次活动也同步发到人民网内蒙古频道上。10 月，第二幼儿园、市电视台、新城区环卫局、呼市溜溜公益社团共同开展《环保心 · 健康情 · 垃圾分类我先行》的推进宣传活动，真正将垃圾分类落实到日常生活中，在幼儿幼小的心灵中播种爱护环境的种子。11 月，联合市四区城管部门、市电视台共同开展以“助力三城同创、争做环保小卫士”为主题的选拔活动。通过教师和家长们的共同参与，“小手拉大手”的活动氛围，28 名中大班小朋友通过选拔,进入复赛,10 名幼儿进入“环保小卫士”评选的总决赛。在 12 月 13 日总决赛中,中五班的王曼恩妮、王正刚小朋友被评为“新城区环保小卫士”,大一班的张添泽、孙奥轩小朋友成为呼市电视台《青城眼》栏目组的小记者,第二幼儿园在这次活动中荣获“优秀组织单位奖”。

【校园安全】借助“国家安全日”“国家宪法日”“禁毒日”等时间节点进行专题讲座或组织活动,利用教师业务学习,开展安全知识和法律知识的培训。在幼儿入园、户外活动等安全事故高发时段,通过广播及警示标志增加安全提示,将安全教育渗透到幼儿园一日生活的各个环节,全面提升全园师幼安全意识。暑假期间,幼儿园对厨房粗加工间墙砖脱落及家属楼电线老化问题进行整改,排除存在多年的安全隐患。2019 年下半年,幼儿园重新检修监控系统,增加 29 个高清数字摄像头,完善幼儿园监控设备,基本做到全覆盖。10 月底,幼儿园对周边 5 个居民区、21 家商铺进行走访,发放调查问卷及校园周边环境排查整治告知书,对校园及周边环境排查整治,净化未成年人成长环境。12 月,新城区第二幼儿园被内蒙古青少年普法办授予“安全教育示范校”。

第六幼儿园

【第六幼儿园领导名录】

党支部书记、园长 朱玉霞(女)

副园长 秦　彤(女)

张瑞娟(女)

张瑞芳(女)

【概况】呼和浩特市新城区第六幼儿园坐落于成吉思汗大街中段北侧,西与呼伦北路和新城区人民政府办公区相邻。幼儿园始建于 1996 年,1998 年正式开园。幼儿园占地面积 3912 平方米,园舍建筑 1737 平方米。2019 年晋升为自治区示范园;现园分设 6 个教学班,配建多功能厅和其他附属设施,户外活动场地约 3000 平方米;可容纳适龄幼儿 200 余人;有教职员工 40 余名,学有专业充满活力。多年来,六幼注重内涵建设与发展,坚持“推行优效管理,打造优质师资,创设和谐环境,培育优秀孩子”的办园目标,同时,与时俱进导入“6S”精细化管理方法融合全园各项管理运行中。“倡导赏识教育、适才教育理念,探索幼儿‘自主游戏’启智开发潜能特色教育。”以富有时代特色游戏为教育教学的基本活动,关注个别差异,引导与促进每名幼儿富有个性的发展。

【基层组织建设】严格落实“三会一课”制度。2019 年度召开支委会 11 次,党员大会 7 次,党小组会 8 次,党课 10 次。开展党员教育实践活动,促进理论知识转化和理解,达到思想政治进一步受洗礼。认真落实党员经常性学习教育机制。结合党员专题学习制度,全年开展党员各类学习 65 次、主题党日活动 9 次。组织全体党员原原本本通读《习近平关于“不忘初心、牢记使命”论述摘编》,并邀请内蒙古师范大学马克思主义学院杨瑞霞老师到园作习近平新时代中国特色社会主义思想专题讲座。开展革命传统教育、典型教育和爱国主义教育。

【师德教育实践活动】教师队伍建设第一任务是师德师风建设，2019年度组织师德系列专题学习9次，签订师德、拒绝有偿家教、在职教师拒绝补课和教师严禁在外兼职等各类承诺书。开展廉洁文化进校园活动，多次参观廉政教育基地，制定幼儿园廉政风险防控清单。

【教师队伍建设】组织各类内引外培的培训，教师参与率达100%，并通过笔记、心得、二次培训、实操等方式确保培训实效。通过教科研、园级基本功、市区级的培训、参赛为不同层面教师提供发展平台，确保参赛教师荣誉称号获奖率100%。“点带面”帮扶：从班级人员配备上进行优势互补，从教研组的人员分配上强弱搭配，以强带弱，骨干带新教师，经验型教师带年轻教师，通过挖掘骨干教师的优势，来带动其他青年教师弱项的提高。

以个人、班级为单位的整体考核，实行主班负责制，评选出年度文明班级。细化各年龄段保教配合要点，形成成熟运行机制，提升整体保教水平和班级管理水平。

【幼儿活动】依据各年龄段开展有针对性的以及全园性的活动，如社会实践活动：小、中、大班走进三心农场，开展种土豆、磨豆腐、压粉条、种子粘贴画等。举办第六届玩教具制作大赛；参加教育局组织的艺术节活动；组织端午节、母亲节等主题教育活动、大班的毕业典礼活动、中班的幼小衔接家长讲座等活动让幼儿、家长通过体验、参与的方式进行自我学习。

【校园安全】落实“党政同责、一岗双责”，重点抓幼儿园安全管理规范化，修改完善和安全相关的制度，组织教师观看警示教育影片，每月一次安全教育和安全演练。加大隐患排查与整改力度，定期检查消防器材，定期更换灭火器，发现问题及时维修，标识清楚，保养维修烟感报警设施到位。利用暑假期间对幼儿园警务室进行规范建设，对幼儿园户外活动场地定期进行检修维护，确保幼儿活动安全。

【卫生保健】严格幼儿食品管理，严把质量关，严格按采购程序进行采购，做好出入库登记，把好饭菜质量关，杜绝一切不安全因素。幼儿园食堂利用暑假重新布局规划改造，达到市、区两级食药部门及勤工办对幼儿食堂工作环境及操作流程的要求。新学期入园的幼儿健康检查合格率达100%，认真做好晨检工作，严格执行消毒制度，预防疾病的发生，重视幼儿个人卫生习惯的培养和户外锻炼。

满族幼儿园

【满族幼儿园领导名录】

党支部书记、园长　魏凤英（女，满族）

副园长　周蒙艳（女）

　　刘　萍

【概况】满族幼儿园编制人员48人，设园长1名、副园长2名、主任3名，合同制教师9人，合计57人。研究生毕业1人，本科44人，专科8人，中专1人，高中1人；高级教师职称3人，一级教师14人，二级教师29人。幼儿园弘扬民族文化，构建和谐校园。办园理念这“了解、接纳、尊重”。园训为“爱心、责任心、集体荣誉感”园风为“敬业、求实、感恩、恭敬、利他、合作”。

【党建工作】深化基层党建工作机制，坚持每月参加支部活动，带头讲党课3次，组织开展中心组学习19次、政治学习17次、读书会4次、先进典型教育5次、革命传统教育3次、专题研讨交流会6次、观影3次、专家辅导1次、志愿者活动8次，将党建工作与保教工作有机结合，促进幼儿园特色与办学质量的全面提升。围绕解决本园存在的师德师风方面突出问题，通过教师和家长调研座谈会、个别访谈、家长调研问卷等方式开展调研；党支部组织认真开展检视问题，全体党员对照党章党规查找问题86个。党支部和党员根据检视问题，列出问题清单，制定整改措施，对着问题一条一条落实、整改。开展“为身边群众做好事”活动，引导广大党员以实际行动守初心、担使命，找差距、抓落实。联合社区开展“倡议我响应、志愿我行动”志愿者活动；开展“不忘初心、牢记使命——党员教师与青年教师结对帮扶听评课活动”，每位党员点对点跟踪青年教师进行全面的指导；成立护校护路队，为教育教学提供良好的安全环境，确保校园及周边环境的稳定。党支部联合团支部组织开展清扫落叶清理卫生死角志愿者行动。深化未成年人思想道德建设，结合民族教育资源，开展“我的中国梦”“我们的节日”“七色光小志愿者”“童心向党”等主题活动，充分利用微信平台、家园共育栏等形式大力宣传社会主义核心价值观的内容，把宣传社会主义核心价值观和弘扬传统美德有机结合起来、与幼儿园教育教学工作结合起来。

【教师队伍建设】注重为青年教师创设学习提升平台，加强青年教师教学活动观摩及评价指导，让青年教师成为民族主题活动、节庆活动活动的创设者与实施者。围绕青年教师存在困惑的问题，为青年教师提供培训机会赴外地进行学习。开展读书交流活动，鼓励教师多读业务类书籍，提升教师专业素养。加强青年教师教科研论文、案例、集体教育活动设计的撰写。开展骨干教师与青年教师结对帮扶，进行青年教师教学观摩课活动，青年教师通过说课、作课、反思及评课打造出众多精彩的集体教育活动活动，促进青年教师快速成长。采用“一课三研”教学观摩活动，提高骨干教师对于集体教育活动听评课的指导水平。重视骨干教师外出培训，培训后进行交流讲座，分享有益学习经验，对青年教师进行有效跟踪指导，在传帮带中共同学习成长。在原有教研组长的基础上又设立由骨干教师担任的年级组长，形成骨干教师横纵交叉的网格式辐射引领的效果。2019年度，刘萍老师获得呼和浩特市学前教育教学能手称号；赵静、岳俊歆老师获得新城区第九批学前教育学科带头人荣誉称号。

【特色教育】开展民族环境创设和民族游戏活动，不断发掘运用民族文化元素，有效整合教育教学活动资源，指导教师开展丰富多彩的民族游戏活动、环境创设活动、节庆活动等。利用幼儿园得天独厚的民族文化作为教育资源，突出满族文化及地区民族文化，打造具有浓郁民族风情的校园文化。结合呼和浩特市“十三五”教育科研课题“民族传统文化与幼儿园活动融合的研究”,在幼儿一日生活中体现传统文化的传承。结合内蒙古自治区“十三五”教育科研课题“满族文化在幼儿园园本课程传承的研究”,进行园本课程成果资料的收集整理,构建完整的园本课程体系。结合晨间经典诵读、满语学习、传统节庆活动,开展丰富多彩的民族文化主题教育活动。组织教师完成《民族传统游戏》《幼儿园民族区域游戏合集》《民族教育论文集》《民族教育集体教育活动合集》《民族教育随笔》的收集整理工作。

【卫生保健】开展一年一度全园幼儿体检工作及个别新入园的幼儿的健康检查,合格率达100%。配合妇幼保健所的工作人员对全体幼儿测量体重、身高,中大班的孩子检测视力,在园体检率达100%,视力测查率和口腔保健率100%,并对测量结果进行评价、统计、登记。对有缺点的幼儿及时通知并督促家长带领孩子去医院做进一步治疗,保健室也保存相应的矫治记录,从而定期对健康异常的儿童身体情况进行复查,配合治疗,加快幼儿的康复速度。对上岗前教职员工在新城区妇幼保健所进行全面体检,体检率和体检合格率均达100%。建立日常消毒常规,督促保育教师对寝室、被褥、玩具、毛巾、口杯、盥洗室等进行科学的消毒,并及时记录,使消毒工作落实到实处。

【校园安全】幼儿园安全工作领导小组统一组织安排园内的安全工作,做到分工明确、责任细化,一级抓一级、层层抓落实,形成全园无闲人、人人抓安全的良好局面。针对入园、离园高峰期,在大门口和楼道内增加值班人员同时对周边环境进行安全巡查,要求家长接送幼儿必须持卡进园,严把门卫关,杜绝一切安全隐患。加强安全保卫,提高防范措施。配置监控系统,校园门口增设一键报警设备、增加警械。

【工会工作】组织开展一系列师德培训、园本培训、技能比武、问题娱乐、送温暖活动。3月、9月初,分别邀请教育局基教课包广艳老师、自治区教育厅教研室刘春建老师开展师德讲座活动;每周三邀请知名舞蹈教师乌兰作舞蹈技能培训,组织骨干教师为教职工做专题培训;7月,开展“扎实教师基本功,做好幼儿领路人”教师基本功比赛的活动;开展丰富多彩的欢乐月末活动,如放风筝、参观多松年纪念馆、举办趣味运动会、开展“美丽女人,幸福职场——冬季围围巾培训会”等;同时在新城区教育局工会举办的“魅力校园 多彩生活”第九届教职工乒乓球比赛中,取得第二名的好成绩。

蒙古族幼儿园

【蒙古族幼儿园领导名录】

党支部书记、园长　领　小(女,蒙古族)

副园长　敖登花(女,蒙古族)

包广艳(女,蒙古族)

乌兰托娅(女,蒙古族)

通拉嘎(女,蒙古族)

【概况】呼和浩特市新城区蒙古族幼儿园始建于1956年,为内蒙古自治区直属第一所以蒙古语授课为主的蒙古族幼儿园,

1977年改为现名。占地面积为6265平方米,建筑面积6526平方米,园内各种先进的设施设备和多功能教室一应俱全。2019年幼儿园有教职工147名,教师合格率达100%。设有22个教学班,有幼儿876名。蒙古族幼儿园坚持以传承和发展民族文化为己任,以"以人为本""一切为了孩子"的办园方针和"传承民族文化,发展民族教育"的办园理念,遵循"在传承中发展,在发展中创新"的思路,为幼儿的全面发展创设良好的教育环境,为他们的健康成长奠定坚实的基础。

【党建工作】2019年,党支部及时发展3名积极分子。学习《榜样点亮初心》《"不忘初心、牢记使命"优秀共产党员事迹选编》等内容,坚持集中学习、个人自学、主题党日、外出观影等学习形式相结合的方式。集中观看"不忘初心、牢记使命"国庆70周年大型成就展网上展馆和"3D廉政教育展厅"活动。加强教师师德师风建设,与教师签订《师德承诺书》《拒绝有偿补课承诺书》,围绕"不忘初心、牢记使命"主题教育活动积极响应上级号召,集体组织参加围绕"党的政治建设"研讨交流会、围绕"全面从严治党"研讨交流会、围绕"党史、新中国史"研讨交流会,并撰写心得体会。开展"牵手阳光 情暖童心"志愿者服务活动。在新中国成立70周年之际,组织全园师幼在"六一"国际儿童节和国庆节期间开展《我和我的祖国》快闪视频拍摄和"庆祖国七十华诞 展新城蒙幼风采"爱国主题大型系列活动。

【教育教学】以科学的教育理念和方法,把蒙古族传统文化与幼儿园五大领域、特色课程有机结合,合理布局教育资源,因材施教,形成具有鲜明民族特色的教育模式。全园开展晨间阅读活动,经典绘本故事、蒙古语诗歌、儿歌朗诵等,并融入《弟子规》《成语故事》的朗诵与学习,发扬中华传统文化。区域活动以民族文化元素为载体,强调环境及内容创设,将蒙古族的饮食、服饰、礼仪、艺术、嘎啦游戏等文化融入区角活动。开展园内观摩研讨教育教学活动,同年级组集体制定每月教学计划,加强名师的引领作用,促进教师深研教材,打造精品课。以集体教育、区域游戏、主题墙等形式开展主题教育活动,通过节日教育,经典诵读,社会主义核心价值观进课堂等主题教育活动对幼儿进行全方位德育教育。开展"自我保护""防暴力""防火,防震""交通安全"等安全月主题教育活动;在日常教育各项活动环节中渗透安全教育内容,加强幼儿安全意识,提高自我保护能力。承办"爱心助学 快乐成长"——呼和浩特市幼儿园教育装备创新应用培训及观摩交流会,呼和浩特市教育装备处捐赠万能工匠大型户外体育器械。

【特色办园】以幼儿发展为本、在游戏中自主学习的原则,结合幼儿自身素质特点和本园教育资源优势,开设音乐特色活动室和舞蹈特色活动室,由专业院校毕业的音乐教师和舞蹈教师执教,对幼儿从小进行专业化的艺术教育。重视幼儿园体育活动和幼儿体质健康发展,任用男教师担任体育活动专职教师,引进"万能工匠"系列户外建构游戏器械,将传统体育游戏与现代化游戏器械相结合，促进幼儿体智能发展。组建小小足球队，并在各项足球比赛中多次获得一等奖。申请内蒙古教育科学规划课题“蒙古族幼儿音乐游戏的实践研究”立项批准。科研课题“蒙古语诗歌、故事表演促进幼儿语言发展的实践研究”经内蒙古呼和浩特市教育科学规划办公室审批，被列为呼和浩特市“十三五”规划研究课题。承担内蒙古师范大学学前教育研究院科研课题项目“沙包游戏在幼儿园教学中的应用”“培养幼儿音乐能力的实践研究”“幼儿蒙古舞蹈基本动作教学初探”。

【师资培养】分层次组织全园教师参与各级各类培训，外出培训教师回园后进行亲身操作，教研组组织二次分享交流。园内定期聘请专业人员对全体教师进行“飞跃童年体适能课程”“亿童户外游戏”“万能工匠”“爱迪生科学实验发现”“金子创意美术”“音乐游戏化”等培训，开阔教师的视野，丰富教学内容、手段和方式。组织蒙古语教师进行“蒙古语标准发音培训”。参加参观活动 8 次，学术交流会 3 场。园内成立“策根珠兰”名师工作室，组织一线教师结合自身优势和所需提高内容，制定个人提高规划，以“集体备课，小组讨论，集中教研”的形式进行分层次互助式的培养。

【安全工作】聘请专业消防队员进行专业培训，使全园教师可以正确掌握灭火器、灭火栓的用法及相关消防知识，逃生互救常识。加强全园各个位置按需配备足够的灭火器、应急照明设施及疏散标志，大厅增设微型消防站，食堂增加更易操作的灭火毯，监控设备做到室内、户外全覆盖，24 小时实时监控。成立新城区蒙古族幼儿园校园及周边护校小组，每天对幼儿园内外进行巡检。组织幼儿开展“安全出行 从我做起”交通安全主题活动；“强化安全意识，提高自护能力”“预防性侵害”自我保护安全主题活动；“反校园欺凌”专项教育活动；“防火安全，警钟长鸣”消防安全疏散演练；“安全伴我行”班级应急逃生安全活动；向家长发放安全手册及假期安全要求宣传安全知识，达到家园共育。

【卫生保健】保健医严把晨检关，坚持幼儿一日健康观测，并做好记录。班级定期消毒检查，做好每日消毒记录表，保持室内外环境卫生干净整洁，室内空气流通无异味、无卫生死角；食堂严格按照食药局标准管理，杜绝一切食品卫生安全隐患，严格执行食品卫生法与食品卫生“五四制”，严把食品质量关，科学制定营养带量食谱，搭配合理，保证幼儿营养均衡；定期对保育员及保健医进行“突发疾病急救常识与常见事故处理方法”“常见传染病及预防知识”“美化环境 快乐工作”等培训。

科技 文化 卫生

科学技术

【科学技术局领导名录】

局　长　温秀芬(女)

副局长　杨晨宇

【概况】新城区科学技术局内设办公室、综合业务股2个科室。下设农业科技服务中心、科技信息中心、生产力促进中心3个二级单位。有人员12人,其中党员6名,少数民族3人。

【科技资金安排】根据2018年财政预算执行情况和2019年财政预算(草案)的报告,安排2019年科学技术支出1721万元,地方应用技术研究和开发资金1500万元,下达220万元。争取自治区科技计划项目资金、创新引导奖励、市级科技计划项目资金1398万元,2019年自治区下达呼和浩特市科技成果转化专项资金拟立项项目6个,资金未列入。区科技局深入企业调研,按照相关规定及时拨付资金,助力科技型企业实现各自薄弱环节的重点突破,提升新城区的整体科技竞争能力。

【农业科技新技术推广】加大对果蔬、花卉等新品种新技术的示范力度。在科技示范基地温室内引进示范种植草莓、剑兰、百合、小西瓜、蝴蝶兰、特色蔬菜等新品种20个。在华盛绿能基地示范推广草莓穴盘扦插育苗技术,推广本地草莓苗种植。针对草莓连年土壤重茬种植,病虫害越来越严重的情况,示范推广威百亩、石灰氮、棉隆、秸秆还田等土壤消毒处理技术,推广到讨思浩村、塔利村等传统草莓种植户20多栋温室中,实地指导种植户按照程序进行土壤消毒处理,效果显著。

【农业科技特派员】做好新城区范围内市级科技特派员的管理工作,辖区有市级科技特派员44名,依据市科技局制定的考核细则,结合新城区实际采取多种措施,加强对特派员督查和管理。在呼和浩特科特派服务与管理平台,通过生产填报、日志填报、组织活动、外出服务等模块,督促特派员高效务实地开展农业科技服务工作,由小组长每月3次、旗县区分团长每月1次进行网上审核检查。对科技特派员实行动态管理、奖惩结合,对考核优秀的发放应有补贴外加奖励,对考核不合格的扣除应有补贴。分批参加市级科技特派员续聘考核会4次,新聘特派员1名,配合市局对表现不佳的10名科技特派员进行解聘或基地调整。督促广大科技特派员提高自身水平,更好地履职尽责。推荐14名科技特派员参加呼市2017—2018年度优秀科技特派员评选。

【农业科技培训】组织人员参加全市科技特派员创新能力提升培训班、参加市科技特派员草莓育苗及种植观摩培训会、赴清水河开展果树修剪嫁接扶贫等活动。发挥科技特派员的“传帮带”作用,使周边农民掌握设施农业实用技术,促进农业新技术、新成果在农村的推广和运用。区科技局整合资源、邀请农大、农科院专家教授依托新城区农业科技综合服务站,组织农业科技专题培训10期,800余人参加培训,包括草莓栽培技术、葡萄栽培技术、叶类菜栽培技术等培训,引导种植户掌握最新实用技术。

【呼和浩特第三届草莓文化节】区科技局承办以“科技引领、莓丽青城”为主题的呼和浩特第三届草莓文化节,在文化节期间举行一系列活动,包括科技特派员草莓展销、草莓主题摄影展、主题书画展等活动,广大市民接触到依靠最新科学技术培育出的优质草莓。在草莓文化节草莓精品擂台赛上,经过激烈的角逐,评出金奖8个、银奖16个、优秀奖30个。新城区选送参赛的草莓品种获得金奖3个、银奖5个、优秀奖10个。

【农业企业项目申报】按照市政府出台的《呼和浩特市人民政府关于进一步推动科技创新构建区域创新中心的实施意见(试行)》文件精神,组织内蒙古蒙新农种业有限责任公司、内蒙古绿能农业科技有限公司进行项目申报,获得奖补资金100万元和50万元,农业项目资金的拨付。组织鑫冠、裕丰农业合作社申报市级农业科技示范园区。

【组织辖区企业申报科技项目】组织辖区企业申报国家级、自治区级、市级科技计划项目,跟踪推进上年度申报的各类科技项目的相关工作。组织内蒙古宜仁信息技术有限公司等27家企业申报市级科技计划项目,组织内蒙古蒙土农业科技有限公司等3家企业申报自治区科技创新引导奖励资金项目,组织内蒙古朝聚眼科医院等12家企业申报自治区关键技术攻关计划项目,组织内蒙古电子口岸股份有限公司等28家企业申报自治区科技成果转化项目。组织内蒙古盛仁电子科技有限公司等2家企业申报自治区企业研究开发中心,组织3家单位申报自治区科普示范基地,内蒙古格日勒有限责任公司的莫尼山“非遗”小镇获批,推荐内蒙古成迈信息科技有限公司等7家单位申报呼和浩特市企业研发中心。对盛仁科技、和美科盛两家到期市级研发中心进行复审,推荐和美科盛生物、国讯富通两家企业申报呼和浩特市工程技术中心。

【高新技术企业培养】调研辖区内具有一定科技研发能力的企业,了解企业发展现状和重点项目实施情况,对具有一定科研能力和符合条件的企业推荐申报国家级高新技术企业。区科技局邀请自治区火炬中心专家在双创园区开展高新技术企业申报专题培训,辖区70余家企业参加培训,在奇点蜂巢众创空间组织新技术创新工作专题培训。新增航天科工动力技术研究院、内蒙古利诚实业有限公司等20家国家高新技术企业。区内21家高新技术企业获得认定奖励资金210万元,20家高新技术企业获得科研经费补助,共计320万元。内蒙古成迈信息科技有限公司等4家企业获得内蒙古科技创新版挂牌企业后补助资金共计80万元。内蒙古碳环智能科技有限公司等3家企业获得科技成果转化技术交易后补助 81.65 万元。

【技术合同认定登记】区科技局组织工作人员参加自治区科技厅组织的全区技术合同认定登记专题培训,围绕技术市场相关政策法规中的内容释义、技术合同认定登记实务、技术市场税收优惠政策、具体案例实操等进行培训。按照文件要求,区科技局将设立技术合同认定登记办公室,负责全区的技术合同认定登记工作,提高科技成果转移转化率,促进技术市场快速发展。

【科技活动】组织企业参加自治区科技成果对接大会,自治区科技服务业高质量发展培训、自治区高新技术企业培训会、全市中科院新材料领域科技成果推介会、自治区创新方法普及推广及能力建设系列培训讲座、第四届兰州科技成果博览会。

【项目验收】验收 2017 年、2018 年的本级科技项目。聘请第三方公司内蒙古城乡统筹研究院和内蒙古科广商务服务有限公司实地验收新城区 2 年的本级科技计划项目,按照科技项目管理规定,查看会计资料、实地检查项目完成情况、社会效益和经济效益等,对项目进行评估验收。组织教育科研中心的 5 名专家验收新城区到期的软课题项目,审阅各课题组的结题研究报告,现场问答交流,对教育软课题进行验收。

【基层科普宣传】在保合少镇大窑村举办的"三下乡"活动中,设立种养殖技术咨询台,解答农民在种养殖过程中遇到的难题。发放《温室栽培实用技术手册》300 余册。5 月以"科技强国、科普惠民"为主题的 2019 年科技活动周在讨思浩村农业科技综合服务站正式启动,启动现场设立农业新品种、高新技术、"非遗"传承等展示台。为期 1 周,在各街道办事处、学校等面向社区群众、村镇农民、教师学生等开展针对性强、科技含量高的一系列公益科普活动。通过展示科技创新重大成就、重大科技成果,凸显科技创新支撑高质量发展的重要作用,提高公众对科技创新活动的认识和理解。区科技局利用在党委社区、光华街社区、公主府社区等安装的 LED 科普宣传屏幕,电子宣传屏集中宣传国家政策、"扫黑除恶"专项工作、环境保护和生活安全常识等内容,使群众看得见、学得快、用得上,大幅度提高科普宣传效果。

【党建工作】落实"一岗双责",做到党建工作与业务工作齐抓共管。结合科技局工作实际,制定《科技局党支部工作目标制度》《科技局党员履责制度》和《科技局党员专题学习制度》。开展主题党日活动。结合科技局党支部工作实际开展主题党日活动。组织全体党员干部及部分科技特派员在塔利村果园开展"弘扬新时代雷锋精神,修剪果树志愿服务"活动。为避免保合少镇面铺窑村、甲兰板村种植的辣椒受霜冻绝产的危险,区科技局党支部党员干部带领科技特派员共计 50 余人,在两村的辣椒种植基地抢收辣椒,采摘 500 余袋合计 5000 千克的辣椒。推进支部"智慧党建"建设,打造学习型支部。在科技局的科技创新服务平台上建设党建学习专栏,定期推送各类学习资料,鼓励党员自主学习,做好学习笔记,全体党员利用信息化平台,全面开展“学习强国”学习。全体干部职工认真开展“法宣在线”,按季度完成学习计划,成绩合格率达到100%。

文化 体育 旅游 广播电视

【文体旅游广电局领导名录】

局　长　马丽萍(女)

副局长　霍乐意

于　浩(满族)

李宏婧(女 满族)

董　雪(女 6月任职)

【概况】2019年2月18日,将新城区文化体育广电局、区旅游局职责整合,组建新城区文体旅游广电局、加挂新城区文物局牌子。局内设办公室、体育股、规划发展股、广播电视股。所属二级事业单位有新城区文化市场综合执法大队、新城区体育市场管理办公室、新城区文化馆、新城区图书馆、新城区文物管理所、新城区旅游质量监察大队。

【党建工作】认真组织党员干部学习习近平总书记系列重要讲话精神、对内蒙古工作重要指示精神、对推进中央和国家机关党的政治建设的重要指示精神等重要文件精神。开展中心组学习14次,全局干部职工集中学习42次,专题培训3次。加强队伍建设,严格履行党建工作主体责任。支部书记带头作出履行党建工作第一责任人职责公开承诺,召开党组专题部署会4次,党建工作推进会4次,将党建工作和中心工作同谋划、同部署、同落实。加强党员日常管理,以“三会一课”和“主题党日”为主要内容,定期组织集中学习、党员民主评议、按期交纳党费等,教育引导党员干部发挥好示范引领作用。召开党员大会6次、支部委员会12次、党小组会12次,讲党课4次,开展主题党日活动12次。选派党员参加区直属机关庆祝中国共产党成立98周年“不忘初心、牢记使命”朗诵比赛,获得三等奖。推进党风廉政建设。召开专题会议,研究部署年度党风廉政建设和反腐败工作,班子成员严格履行“一岗双责”的责任,加强干部职工监督管理。开展廉政教育大会6次,评定2018年度“清风干部”22名。

【文化活动】举办“欢声笑娱过大年”魔术相声专场、业余文艺队伍汇报演出、迎新春系列文艺演出、书画展、摄影展、接地气的“筑梦新城·绽放2019”春节元宵节系列文化活动等。举办新城区第十二届中老年合唱比赛、新城区第十二届中老年舞蹈大赛、读中国诗歌朗诵音乐会等2019年坚定文化自信消夏文化节系列文化品牌活动。

由350人组成的秧歌、霸王鞭、满族太平鼓舞等社火队伍参加市政府主办的“塞外青城·盛世欢歌”2019年呼和塔拉元宵节群众文化社火活动。承接第十一届国际民间艺术节野马图村巡演的相关工作。组织6个“非遗”传承人参加2019年自治区农民丰收节“非遗”展示制作传承工作。承接自治区文化旅游厅2019年戏曲进乡村示范性惠民演出5场。

【文化阵地建设】按照文化馆免费开放工作方案开展各类文化活动、培训,年进馆人数10万余人、举办艺术培训班24期，培训学员720人次。新城区文化馆为国家二级馆，拟申报国家一级文化馆，按照评估标准和细则，进行数据整理上传、分馆建设、数字文化馆完善等工作。筹备建设“一体化的总分馆制”，构建区域文化馆总分馆服务体系。对保合少镇、8个街道办事处的综合文化站、46个社区24个行政村的综合文化服务中心进行文化服务效能开展2次专项检查。督促指导基层各功能室免费开放、服务效能、文化氛围宣传和布置、业余文艺队伍的建设管理、信息报送、档案管理等。

【文艺演出】为20个社区(村)开展流动惠民演出44场。流动文艺演出20场。组织保合少镇、8个街道办事处开展文艺演出、书画展、讲座等活动68场。其他主题性文艺演出12场。

【文化培训】举办2期文化站长、文化管理员培训班，对《实现中国梦》《中国传统文化》《中华人民共和国公共文化服务保障法》进行解读及培训。开展业余文艺团队小戏小品培训，开展少儿及老年艺术培训，内容涉及绘画、舞蹈、器乐声乐等门类，培训的学员积极参加各级各类公益性演出和比赛。

【全民阅读】完善基础设施，加强队伍建设，每月进行图书借阅册次、到馆人次的数据统计并登记造册。对分馆、草原书屋进行业务辅导，通过业务培训、实地指导、图书更新，使基层图书室的读者服务工作规范有序地开展。组织开展“金猪送福来·阅读迎新春”“翰墨飘香迎新春”“筑梦新城，绽放等2019”春节元宵节文化惠民系列活动。举办“快乐读书，凝聚智慧，提升自我”读书分享系列活动，开展“做书香女人，享魅力人生”“亲情心似海，爱子心无尽”“同心共读，携手筑梦”“迎国庆，颂祖国”等系列读书分享会8场。邀请名家开展《诸子百家的风华——解读中华传统文化的密码》《道德文化讲堂》《成就如水人生》《当下的力量》《中华传统文化—北京门楼》《孔子及其思想》等6场“弘扬传统文化”名家公益大讲堂活动，1000多人聆听讲座。流动图书车先后去星火巷社区、讨思浩村、保合少村、社区广场、部队、学校、幼儿园等地开展流动借阅服务10余次。通过免费借阅、读书活动、互动手工活动推广全民阅读，扩大阅读覆盖面。召集100组家庭开展“增强亲子沟通，改善亲子关系”百家沙盘亲子互动活动、“缤纷童年，欢乐六一”亲子涂鸦活动。与区残疾人联合会、呼和浩特市特殊教育学校共同举办“用爱点亮心灵，关注弱势群体”为盲人讲电影暨盲人听书机赠送仪式。组织开展“颂读新时代，壮丽70年”少儿共读共绘活动、“不忘初心，砥砺前行”线上答题活动、“书香品中秋，献礼70载”主题诗话会，开展“青春心向党·建功新时代”主题朗诵比赛(决赛)等活动。

【文物保护】开展文物保护宣传、文物安全巡查工作。开展春节期间、“五一”期间等节假日各级文物保护单位安全生产大检查行动，排查整治安全隐患，检查各级文物重点保护单位30余家次。加强长城大遗址保护工作，13名长城、大遗址保护员开展日常巡查80余次。完成坡根底村、水磨村、面铺窑村长城保护站建设,开展15家自治区级重点文物保护单位建档资料收集工作。自治区级重点文物保护单位甲兰板古庙抢险加固工程、华北第五十九军抗日阵亡将士公墓纪念碑及附属设施加固修缮工程顺利完成。启动长城—秦汉坡根底村段第2、3段修缮工程。启动绥远城墙保护修缮和抢险加固工程。

【“非遗”保护】举办讨思浩天仓节、古路板二月二龙灯节。联合多部门共同推进“非物质文化遗产”进校园。“弘扬民族精神·传承传统文化”非物质文化遗产进校园教育示范基地分别在新城区满族小学和北垣小学揭牌。分别在北垣小学和丁香路小学举办2019年“文化和自然遗产日”宣传暨“传统文化进校园”活动和呼和浩特市2019年“戏曲进校园”活动启动仪式暨2019年“戏曲进校园”活动,传承和弘扬传统文化。完成7个申报第七批呼和浩特市级传承人的申报工作。

【体育设施管理】维修改造大青山步道水磨段,维修四角亭2座,养护木栈道600米,修缮损坏扶手、栏杆及步行道,在小环线顶端连接处建设木栈道及观景平台558平方米,新建六角亭和敖包各1座。北垣小学建设270平方米四季冰场一块,累计带动参加冰雪运动青少年人数超过3000人。维修新城区14处笼式足球场地的围网、立柱、草坪等设施。迎新路街道办事处如意广场安装健身路径一套,摸底排查维修新城区辖区范围内损坏健身路径。维修新城区全民健身中心篮球场、门球场的地面、篮架、篮筐。打造1处体育生活化社区星火巷社区,新城区共打造6处体育生活化社区,创建“10分钟体育服务圈”,居民在10分钟就能找到健身场所。组织开展第四次体育场地调查统计。辖区体育场地有1140个,场地总面积1339252平方米,人均体育场地面积达2.36平方米。

【全民健身活动】新城区全民运动会。开幕式上来自区属各企事业单位、各行政村的职工、学生、农民、居民的123支代表队近3万余人参加,运动会设7个大项(田径项目、足球联赛、篮球联赛、门球联赛、羽毛球联赛、乒乓球联赛、围棋联赛)比赛,5000余名运动员参加。举办“全民冰雪·助力冬奥”为主题,第八届冰雪趣味运动会、冰雪足球联赛及冰雪徒步三大活动,全区20多个单位500余名干部职工以及广大冰雪爱好者参加活动。举办2019首届“骑行内蒙古·畅游大草原”骑游活动。自行车竞技赛包含男子公路、男子山地、女子山地3个组别,来自大同、石家庄等全国各地共42个协会及俱乐部的专业运动员和骑行爱好者们参加竞赛。举办新城区第九届“大手牵小手”亲子趣味运动会。举办新城区“迎新杯”青少年围棋联谊赛,新城区围棋协会的108名小选手参加3个组别的比赛。举办2019年内蒙古ICAR RUSHING汽车直线竞速赛及文化嘉年华活动。举办新城区“喜迎新春”职工保龄球比赛、“筑梦新城·绽放2019”老年人竞技麻将比赛和老年门球赛。承办呼和浩特市九旗县区老年人竞技麻将交流活动。举办呼和浩特市“健康快车进社区”——新城区站系列活动，通过开展“百城千村”健身气功、广场舞展示交流活动，健身技能舞蹈大赛，传统太极拳全民健身活动，亲子趣味运动会等健康快车进社区系列活动，推动全民健身运动。

【体育社会组织建设】举办新城区社会体育指导员广场舞培训班和全区工间操培训班。培训国家级社会体育指导员1名，一级社会体育指导员17名、二级社会体育指导员2名、三级社会体育指导员300名。组建社会体育组织，成立新城区沙暴棒垒球俱乐部。

【“扫黑除恶”专项斗争】党组召开17次党组专题会议研究“扫黑除恶”专项斗争工作，全局集中学习25次，局属各部门、各二级单位组织专题学习4次。组织“扫黑除恶”相关知识测试7次。举办新城区文化、旅游、体育行业“扫黑除恶”专题宣讲培训会，辖区文化、体育和旅游市场经营人员230多人参加培训。更新67家网吧内电脑显示器屏幕，推出宣传标语4900余条，47家娱乐场所LED屏推出宣传标语115条，“扫黑除恶”宣传展架60个，张贴“扫黑除恶”宣传帖1200余张、宣传标语300幅，发放“扫黑除恶”专项斗争、整治“黄赌毒”宣传折页各300余份，发放《致新城区文化市场经营单位（客户）的一封信》和“致广大市民的一封信”1000余份，签订《积极参与“扫黑除恶”专项斗争承诺书》180余份，向区“扫黑除恶”信息平台推送信息38条。开展线索排查。采取日间查、夜间查、联合检查、错时查等多种检查方式，对辖区网吧、娱乐、演出、旅游、健身等经营场所开展涉黑涉恶线索排查500余家次，排查线索7条，违法贷款信息线索2条、涉黄线索3条、扰乱公共秩序线索1条、旅游景区强行收费线索1条。对排查线索及时报区扫黑办，并协同调查，跟踪配合线索调查情况。

【文化市场执法】依法对违规经营场所下达责令改正通知书10家，行政约谈6家。行政处罚15项，对网吧行政处罚6家（结案4家，2家在办理），对演出场所经营单位行政处罚1家，对娱乐场所行政处罚5家，对图书市场销售场所行政处罚3家。排查旅游企业68家次，1家涉嫌有照无证经营，函至新城区市场监督管理局，建议吊销该旅行社营业执照。发函公安部门5件，接到新城区公安分局转办函4件，新城区人民检察院检察建议书2件，吊销娱乐经营许可证3家，吊销网络文化经营许可证1家，受理注销申请娱乐经营许可证1家，正在履行吊销娱乐经营许可证手续的2家。开展非法出版物（宗教）场所专项整治。局党组召开专题会议研究此项工作，成立开展宗教场所非法出版物专项治理工作领导小。制定《新城区文体旅游广电局宗教场所专项整治工作方案》等，与区委统战部、公安、消防、街道办事处等多部门联合多次对13处宗教场所的出版物进行专项检查，通过专项检查和联合普查、重点抽查等多种形式共检查宗教场所100余家次，检查宗教场所周边书店及游商20余家次。

坚持日常监管和专项行动结合，加强文化市场监管。采取日间查、夜间查、错时查等多种检查方式，重点对互联网上网服务营业场所、歌舞娱乐场所、营业性演出和出版物市场加强检查监管,并联合工商、公安、消防等部门开展元旦、春节、国庆及两会期间文化市场专项整治行动、中高考期间校园周边文化市场整治行动、印刷市场专项整治行动、演出市场专项整治行动、文化经营单位安全生产大检查等专项行动。出动执法人员9400余人次,检查各类文化经营场所4600余家次,监管演出活动76场,受理举报20件,立案调查13件,网上执法平台当场处罚22件,责令整改1家,办结案件33件(含22件当场处罚),行政处罚金额共计6.9万元。使用平台开展日常执法检查、举报处理、案件办理等日常执法业务工作,办理案件数量已超过现有编制到位人数3倍以上。

【"扫黄打非"】严厉打击政治性非法出版物、淫秽色情出版物和有害信息。开展"净网2019""清源2019""秋风2019""护苗2019""固边2019"等专项整治行动。开展"绿书签行动"、"3·18"文化市场法治宣传日、"4·26"保护知识产权宣传周等宣传活动,活动中解答群众咨询60余次,免费发放《互联网上网服务营业场所管理条例》《出版管理条例》《娱乐场所管理条例》《营业性演出管理条例》《长城保护条例》等宣传单及"扫黄打非"宣传手册500余张(册)。设立文化市场相关法律法规的宣传板9幅。开展"扫黄打非"进社区、进校园、进农村、进企业、进景点系列宣传活动。活动中共解答群众咨询120余次,免费发放"扫黄打非"宣传单500余张。现场设立"扫黄打非"宣传展板共6幅。通过宣传活动使广大群众进一步了解"扫黄打非"的相关法律知识,促进自觉抵制非法出版物及有害信息,提高保护知识产权意识,做文明健康公民,营造健康、文明、和谐的文化环境。

【校园及周边环境综合整治】针对校园周边不足200米以内文化经营场所开展集中整治,严厉打击网吧、电子游戏厅、歌舞娱乐场所接纳未成年人及其他网上违法犯罪等违法违规经营行为。全面清查校园周边出版物市场,严厉打击非法经营危害青少年健康成长的各类有害出版物的行为,彻底清缴各类反动宣传品和非法制售的盗版教材、教辅资料等。严厉打击各类无证无照经营文化产品的行为,重点打击无证照摊点,发现一处清理一处。检查网吧140余家、歌舞娱乐场所80余家、出版物经营单位100余家、印刷企业100余家。

【文化市场安全监管】组织新城区文化市场经营业主开展消防安全知识、法律法规培训和应急演练活动,并与网吧、娱乐场所、印刷企业、出版经营单位等文化经营单位签订安全生产责任状。开展文化市场安全生产大检查大排查专项整治行动,重点对人员密集的经营场所的经营设备安全、防火措施完善、应急预案健全、紧急通道畅通、安全出口是否畅通,电气线路敷设、用火用电管理等安全隐患进行反复检查。

【旅游经济】2019年,接待游客820万人次,较2018年增长2.3%,相关旅游收入近30.66亿元,较2018年增长1.5%。沿山一带景点、采摘园、农家乐接待游客近213.6万人次,较2018年增长0.7%,相关旅游收入近 9.73 亿元，较 2018 年增长 0.43%。

【旅游项目建设】依托生态综合治理、美丽乡村建设成果，规划建设特色鲜明的旅游项目。推进呼和塔拉生态旅游景区建设，按照国家 AAAAA 级景区规范性标准化的质量等级评定体系进行资源整合，完善景区基础设施建设，创造具有吸引力的旅游项目和产品，向上级旅游部门申报国家 AAA 级景区。跟进沙恩葡萄酒庄园项目，葡萄种植基地种植优质葡萄 46.67 公顷，葡萄酒庄园工程主体已封顶，完成建筑外包装工程。跟进慢城海洋世界项目，基础建设地下工程全部完工。将重点项目上报国家旅游重点项目管理系统。

指导恼包村成功创建全国乡村旅游重点村。指导内蒙古赛马场成功创建国家 AAAA 级景区，申报市旅发资金 200 万元。申报国家 AAA 级景区 2 家，分别是：呼和塔拉草原、大青山红色主题公园。申报五星级农家乐 2 家，分别是：悦来悦好和牧原山庄。A 级景区新城牧歌通过呼和浩特市文化旅游局自驾车营地评定，成为大青山前坡又一品牌景区。为辖区旅行社、旅游文创企业争取市旅游发展奖励资金 46 万元。

全面排查辖区旅游厕所，辖区的 321 座厕有 280 座旅游厕所正常使用，并将 282 座厕所在百度地图上进行线上标注，方便群众查询使用。

【旅游扶贫】召开党组会议推进工作 2 次，组织党组中心组专题学习 1 次，全局专题学习 2 次，开展脱贫攻坚专题学习月活动，先后认真学习全面贯彻落实习近平总书记在中央政治局会议上听取中央脱贫攻坚专项巡视情况汇报时重要讲话精神。大青山前坡的家乡村旅游示范村、5 家旅游景区和 28 家农家乐带动就业 2338 人，建档立卡贫农困户人数为 10 人，全部稳定脱贫。利用“5·19”旅游宣传日活动，通过摆放展板、发放资料，现场宣讲等形式，宣传扶贫政策及旅游资源。组织辖区村镇、景区、农家乐负责人参加自治区文旅厅及市文旅局举办的产业扶贫培训班。举办“新城区 2019 年乡村振兴旅游产业发展专题培训班”，培训保合少镇、成吉思汗街道办事处、各行政村分管领导、乡村旅游示范村、A 级景区、农家乐、旅行社负责人等 80 余人，引导全区沿山各镇、村和旅游企业全面认识当前乡村旅游业发展的新形势，学习先进的理念和经验，因地制宜发展乡村旅游，助力乡村振兴。

【旅游质量监督】开展旅游市场监督执法。联合区应急管理局、质监分局、运管分局等相关部门在“五一”、中秋节、“十一”等节假日期间，通过独立检查、联合检查等方式，对辖区内的旅游景区、星级饭店、旅游运输公司、农家乐等旅游企业进行旅游安全联合检查，对旅行社中存在的有照无证经营、超范围宣传、不合理低价等行业乱象进行集中整治。检查旅行社（分社、门市部）85 家次，下发整改通知书 3 份。检查旅游景区点 30 家次。检查导游 40 人次，下发责令改正通知书 6 份。检查旅游运输公司 10 家次。检查星级酒店 20 家次，下发整改通知书 2 份。检查星级农家乐 20 家次,下发整改通知书2份。填写旅游意见调查表130份。发现1家旅行社涉嫌有照无证经营情况,发函至区市场监督管理局,建议吊销该企业营业执照。要求辖区内所有涉旅企业公布旅游投诉电话,保证游客在有疑问或者发生旅游纠纷时能够第一时间和相关涉旅企业保持联系。依法、及时、公正处理旅游投诉。受理旅游投诉15件,办结10件,赔偿金额共计2.35万元,接听并解答旅游咨询电话150余人次。

卫生医疗

卫生健康委员会

【卫生健康委员会领导名录】

书记、主任 吴　真(2月任职)

副主任 方学锋(2月任职)

原　飞(5月任职)

高　慧(女,5月任职)

师军柱(5月任职)

刘侃凯(女,5月任职)

新城区医院院长 关　耀

新城区医院党支部书记

周艳芳(女,5月任职)

新城区医院副院长

陈丽芬(5月任职)

新城区疾病预防控制中心主任

岳海军

新城区妇幼保健计划生育服务中心主任

薄建雄(5月任职)

【概况】2月20日,新城区卫生健康委员会正式挂牌成立,内设办公室(应急办)、党办(人事科)、财务科、宣传科、规划信息科、行政审批科、业务一科(蒙中医科)、业务二科、基层卫生科、妇幼科、计划生育家庭发展科、爱卫疾控科等12个科室。下设各类二级事业单位15个,分别为:区医院(同时承担东西街社区卫生服务中心的工作职责)、疾病预防控制中心、卫生计生综合监督执法局、妇幼保健计划生育服务中心、健康教育所、2个镇卫生院(毫沁营镇卫生院、保合少镇卫生院,其中毫沁营镇卫生院同时悬挂成吉思汗社区卫生服务中心的牌子)、5个社区卫生服务中心(迎新路东社区卫生服务中心、东风路东社区卫生服务中心、锡林北路社区卫生服务中心、海东路社区卫生服务中心、中山东路北社区卫生服务中心)、1个防保站(东西街防保站)、计生协会、计划生育生殖健康培训中心。全系统共有行政人员7名,事业单位编制409名,实有在编人员368名,在编在岗事业单位职工368人,其中专业技术人员298人。

【医联体建设】建立紧密型医联体10个,设立14个名医工作室,50名核心医院专家定期出诊,并开通双向转诊绿色通道。

【家庭医生签约服务】辖区2个乡镇卫生院、11个社区卫生服务中心、28个村卫生室、48个社区卫生服务站全部开展签约服务工作,组建家庭医生签约团队168个,签订服务协议27.7万人,签约率46.38%。重点人群签约率74.66%,农村建档立卡贫困人口签约率100%,计划生育特殊家庭签约率100%。

【社区医疗资源共享平台】通过建立家庭医生资源共享库,提供在线图文问诊、在线处方、送药上门等服务,跨区域共享社区医疗服务资源、强化医护人员和社区居民的双向互动,实现医疗资源的高效利用和合理调配。

【智慧接种】在全区乡镇卫生院、社区防保站打造国内优质的数字化预防接种门诊,配备冷链信息监测系统,实现24小时冷链温度自动监控,接种门诊搭建信息化系统,实现全程信息化引导,确保疫苗接种"最后一公里"可追溯、问题疫苗秒冻结、精准取苗零差错,确保疫苗接种的安全和有效。

【疾病预防控制】全年共完成3600人份艾滋病自愿咨询检测,收治肺结核患者329例,采集布病血样299人份。共管理高血压患者36450人,规范化管理率77.68%;全区65岁以上老年人管理35309人,65岁以上老年人健康管理率60.5%;登记在册确诊严重精神障碍患者2125人,规范管理2030人。区疾控中心实验室具备44项生活饮用水检测能力。出台《新城区全面加强鼠疫防控工作实施方案》,建立网格化管理制度,开展24小时疫情值班,执行疫情零报告制度,投入300万元保障资金。对辖区所有医疗机构、中小学校、消杀公司等进行鼠疫防控的培训4次。发放鼠疫防控知识的宣传材料2万册,利用宣传车深入乡村进行流动宣传,不间断广播,提高广大居民的防范意识。要求辖区所有医疗机构设置发热门诊,执行预检分诊制度,设立单独隔离室。辖区医疗机构和公共场所发放消杀药品,并由专业人员进行指导。在辖区火车站(火车东站、火车站)、汽车站(长途汽车站、客运西站)开展旅客体温监测工作,设置留观室,派医护人员驻点值守。开展鼠疫防控工作,共在城乡安置毒饵站7378个,投放毒饵216千克,放置粘鼠板125张。

【计生惠民】"三项制度"目标人群中特别扶助335户509人(其中死亡家庭142户213人、伤残家庭193户296人),发放资金352.12万元;国家奖励扶助427人,发放资金40.99万元;"少生快富"2户,发放资金0.6万元。市级奖扶2281人,发放资金164.23万元。全面创建"北疆幸福家庭"。实施"新家庭计划—家庭发展能力建设"项目。在重要节日期间,各地围绕新家庭计划开展把健康带回家,艺术点亮生活,重阳佳节敬老、为老活动等一系列丰富多彩的活动。实现计划生育特殊家庭联系人制度、就医"绿色通道"、家庭医生签约服务"三个全覆盖"。

【妇幼保健】全面落实孕前保健、孕期保健、住院分娩、儿童保健等妇女儿童生命周期的健康服务管理。孕产妇系统管理率94.9%,3岁以下儿童系统管理率91.6%;产前筛查率70.4%,新生儿遗传代谢性疾病筛查率 97.0%，新生儿听力筛查率 97.3%，婚前医学检查率 82%。

【健康扶贫】2019 年，经区扶贫办认定新城区享受扶贫政策的建档立卡人口 142 户 303 人。按照政策要求，及时调整健康扶贫政策。安排部署健康扶贫工作，开展疾病核实、动态识别患病群众，及时纳入对大病集中救治一批、慢性病签约服务管理一批、重病兜底保障一批等“三个一批”行动计划，进行分类救治，开展健康教育进家庭，规范落实分级诊疗制度，推动健康扶贫各项工作做好、做细、做实。在原有大病病种的基础上，落实新增 8 种大病的疾病筛查和管理。开展慢性病送医配药，累计为 84 名慢性病患者送去价值 5.2 万元的长期使用药品。截至 12 月 31 日，辖区患有重病 4 人，均已得到救治，累计报销医疗费用 15.9 万元，纳入慢性病管理。年内累计住院 37 人，住院医疗费用 57.4 万元，报销比例 92.5%，支出健康扶贫专项保障救助基金 7.6 万元。

【助推“三城同创”】加大健康教育和健康素养的宣传和培训力度，培训辖区各乡镇、办事处、医疗机构、社区卫生服务中心及学校社区等，发放《中国公民健康素养一基本知识与技能》等为主要内容的宣传册。健全健康教育网络，利用政府网站和市基层卫生服务网、手机短信群发等形式发送健康教育、健康促进、健康素养等知识。全面实施全民健康生活方式行动，打造以阿尔泰公园为主的健康主题公园、健康步道、健康长廊 5 个，共 2500 米。开展禁烟、控烟活动，发放禁烟标志 5000 余个。召开辖区内住宿业、美容美发业、洗浴业创建国家卫生城市卫生知识培训会，培训 228 户宾馆、385 户美容美发、54 户洗浴场所负责人及卫生管理人员 52 场，培训地点选在每条街道的示范街店，充分发挥示范店的示范引领作用。联合多部门统一摸底检查火车站、农贸市场周边、城中村、城郊接合部、学校周边、社区的公共场所，责令停业整改客房面积不达标、设施不完善、未取得卫生许可证的小旅店。检查“四小”行业 868 户次，办理从业人员健康体检 1.53 万人，依法执业和打非专项出动人员 680 余人次，巡查医疗卫生机构 320 户次、下达监督意见书 300 多份。立案查处违法违规执业的 10 户医疗机构，罚款 30.74 万元，警告 5 户，暂停执业 1 人。查处取缔诊疗场所 14 个(人)，没收药品器械 30 箱件、罚没款 30.74 万元，拆除非法牌匾 4 块。

医疗保障

【医疗保障局领导名录】

局　长　胡　燕(女，2 月任职)

副局长　侯爱正(3 月任职)

　　　　　张　霞(女，5 月任职)

【概况】按照中共新城区人民委员会办公室、新城区人民政府办公室关于印发《呼和浩特市新城区医疗保障局职能配置、内设机构和人员编制规定》的通知文件精神，2019 年 3 月组建，有在编工作人员 19 名(其中设行政编制 5 名、局长 1 名、副局长 2

名)，医保局内设1股1室，即：业务股、办公室；下设2个二级事业单位，即：医保中心、医疗救助办。辖区内经办机构和定点医药机构情况：新城区辖区内下设9个(8办1镇)经办机构；签约定点医疗机构88家，其中三级医院5家、二级医院11家、一级医疗机构72家。签约定点药店213家。

【居民参保】利用政府门户网站、微信公众号、印发宣传单、致家长一封信等有效形式，宣传医保政策，引导居民参保，同时不断扩大定点机构覆盖面。6月起，开展2020年度城乡居民医疗保险统一征缴工作，核定180874人。其中居民72468人、新生儿3855人，学校203所，在校学生108406人。参保缴费总额38657690元，其中居民17001890元，学生21655800元。接待城乡居民医疗报销政策咨询1800余人。

【异地就医】进一步健全和完善异地就医各项制度和经办流程，简化城乡居民医保异地就医费用报销业务工作，强化对异地就医的实时监控和费用核查。2019年报销审核材料518份，报销人数518人(次)，支付基本医疗保险金4888203.90元，支付定点医疗门诊统筹共计79207.66元。

【医保基金监管】医疗保险基金是根据国家的有关法律、法规和政策的规定，为实施社会保障而建立起来的专项专用资金。根据自治区医疗保障局和呼市医保局文件精神，开展一系列“打击欺诈骗保、维护基金安全”专项行动。召开专项会议。组织辖区内签约医疗机构的院长、医保科科长、医保专管员召开新城区“打击欺诈骗保、维护基金安全”专项工作会议，举办“新城区打击欺诈骗保专项工作”培训班。扩大宣传覆盖面。统一印发海报、展板、条幅、折页等各类宣传品6万余份，利用电子屏、宣传栏、公众号等载体在辖区定点医疗机构、经办机构、村镇、社区等地广泛宣传打击欺诈骗保相关知识。开展稽核专项行动。按照市医保局《关于开展医疗保障基金专项治理工作方案》的通知要求，开展稽核工作。辖区内定点医疗机构选聘45名专业人员，组建新城区“医保基金稽核人员库”。每次从稽核人员库中随机抽调3—5人，配合工作人员执行稽核任务。2019年完成对辖区内16家住院定点医疗机构及288家个人账户定点医药机构按照协议管理稽核全覆盖，稽核率100%。派出稽核人员712人次，出具稽核表382份，追回医保基金53.8万元，其中住院定点医疗机构39.6万元、个人账户医药机构14.2万元。

【医保扶贫】围绕《新城区医保扶贫建档立卡贫困人口医疗保障实施方案》，遏制“因病致贫、因病返贫”问题。印发医保扶贫宣传海报、手册针对贫困户、帮扶干部、村医及工作人员进行分层宣传。举办医保扶贫人员培训会。对脱贫不脱策贫困户358人实行贫困人员信息“一人一档”管理。建档立卡贫困人口“一站式”服务工作。设立“一站式”服务窗口，建档立卡贫困人口在定点医疗机构就诊，出院时持贫困人口就医卡、发票、出院小结、费用清单等材料直接到定点医院“一站式”服务窗口进行结算。2019年建档立卡贫困户住院

36 人,医疗费总额 570017.65 元,基本医保支付 339409.55 元,大额补偿 69867.60 元,商业保险支付 41459.94 元,医疗救助 128.30 元,政策兜底保障 76052.70 元,个人支付 43099.56 元。

【医疗救助】组织召开全区医疗救助工作征求意见座谈会。征求在机构改革过程中基层在医疗救助工作方面存在的困难和问题 20 余条。印发"致广大居民的一封信"600 余份,确保群众解到医疗救助相关政策。完成首家签约"一站式"结算服务工作。与 969 医院、内蒙古精神卫生中心、呼和浩特市第一医院、新城区医院签署合作协议,并为内蒙古精神卫生中心、呼和浩特市第一医院、新城区医院定点医疗机构拨付特困人员住院周转资金各 5 万元。结合主题教育工作,为使困难人员享受更加便捷的就医服务,与内蒙古医院、内蒙古中医院、内蒙古医学院附属医院进行签约服务前期沟通,准备将门诊救助列入"一站式"救助服务范围。开展审核审批工作。严格按照上级文件精神,对医疗救助材料实行及时审核审批,2019 年医后救助总人次 601 人次,总金额 118.20 万元,其中直接救助金支出 108.98 万元,出具医疗救助入院证明:低保 62 人次,特困 8 人次。完成资助参保工作。为防止困难人员因病返贫,在开展困难人员缴费核定工作中,以民政部门提供的资助对象的身份信息为基础,汇总完成精准的资助缴费名单并提供给税务部门,确保"不漏一人、不漏一户"。2019 年贫困人口有特困人员 111 人,孤儿 14 人,低保户 2752 人,建档立卡 1637 人中享受政策的有 358 人,完成全额资助参保人员共计 3235 人。

【党建工作】严格落实主体责任。单位组建后,坚持把党建工作和医保业务紧密结合,同部署、同推进、同考核。严格履行"一岗双责"。认真履行分管领域党建工作的领导责任,逐级落实党建责任。明确 2019 年党建工作任务,下(转)发各类党建文件 21 件。认真学习中共十九大精神和习近平新时代中国特色社会主义思想,及时传达学习《中国共产党问责条例》《习近平总书记在内蒙古考察并指导开展"不忘初心、牢记使命"主题教育时重要讲话精神》《云新明书记在 2019 年全区党建工作会议上的讲话》以及中共十九届三次全会公报、中国共产党呼和浩特市第十二届纪律检查委员会五次全会、区纪委十一届四次全会精神。将"学习强国""法宣在线""医保局微信讲堂""H5 线上"等学习平台当成是党员干部的"充电驿站",引导全局干部职工学理论、学法律、学业务。通过讲座、上党课、开座谈会、线上线下等形式多样、内容丰富的学习,提高党员的政治思想素质和理论水平。组织全体党员观看《厉害了我的国》《榜样 3、4》《我和我的祖国》等多部影片。开展"不忘初心、牢记使命"主题教育工作。开展集中学习教育 39 次,党组书记带头讲党课 2 次,检视整改问题 6 个,工作动态被市区两级主题教育领导小组工作动态刊载。以主题党日活动为切入点,组织干部职工开展"不忘初心 牢记使

命 勇于担当 阔步前行”阔步行、迎“七一”赴武川县得胜沟抗日基地、庆“十一”集体演唱、走进面铺窑村慰问贫困群众等11次主题党日活动。制定印发《新城区医疗保障局党组2019年集中整治形式主义、官僚主义的实施方案》和《2019年党风廉政建设和反腐败工作安排》《新城区医保局关于开展“四官”问题整治净化机关政治生态的实施方案》等相关文件。党组专题研究部署党风廉政建设和反腐败工作3次,党组成员、支部书记主讲反腐倡廉党课2次,逐级签订《党风廉政建设责任状》7份,领导干部与党员开展谈心谈话12次。

疾病控制

【疾控中心领导名录】

主　任　岳海军

【概况】区疾病预防控制中心位于区110国道北侧,21中西侧。大楼占地面积为9593平方米,建筑面积为7730平方米,中心使用面积5212平方米,一楼有办证大厅、X光室、冷链室,二、三楼有办公室,六楼有中心实验室。承担着辖区的疾病预防与控制、突发公共卫生事件应急处置、疫情及健康相关因素信息管理、健康危害因素监测与控制、实验室检测分析与评价、健康教育与健康促进、技术指导与应用研究等职责。

【传染病发病情况】按季度完成传染病报表和分析,年内医疗机构报告传染病为2104例,新城区发现传染病2707例,新城区传染病发病率为443.77/10万,其中前五位的是乙肝418例(65.23/10万)、感染性腹泻328例(53.27/10万)、梅毒252例(41.31/10万)、水痘228例(37.36/10万)、手足口病发病数为197例(32.30/10万)。

【传染病监测】制定不明原因肺炎监测方案(禽流感防控预案)、手足口病防治预案、霍乱防治监测方案、流行性出血热预案。落实辖区内全年医疗机构各季度传染病监督检查。完成传染病流调访视病例1426人次,其中各传染病分布情况为乙肝478例,痢疾18例,猩红热105例,水痘286例,流感96例,腮腺炎83例,感染性腹泻380例,手足口病298例,发生各类传染病预警236起,已全部处理完毕。24小时疫情值班和网报值班,对鼠疫等重大传染病保持高度战备状态,定期举办工作人员专业技术培训(5场)和防控演练(1次),组织专业技术人员下火车站、客运站等监测点进行鼠疫防控工作指导(15次),同时发放来苏儿(1650瓶)、氯制消毒粉(2600千克)等消杀药品,发放包括口罩、手套、防护服等防护用品,进行严防死守鼠疫,把鼠防工作常态化,纳入常规工作。对辖区内包括医疗机构、火车站、客运站等公共场所在内的各有关单位开展鼠疫防控工作督导,落实发热门零报告制度。5月1日开始对辖区综合医疗机构每周进行霍乱疫情电话报告,汇总后及时上报市疾控中心。在毫沁营镇红山口村开展流行性出血热监测,采集鼠肺样51份,结果均为抗体阴性。手足口病监测采集90份咽拭子,结果待报。监督托幼机构和学校174家次。在新城区医院和2家养鸡场开展有关"不明原因肺炎""人禽流感"等重点传染病的监测工作,每月检查结果汇成报表上报市疾控中心。每季度督导检查驻区各医疗机构的食源性疾病监测工作。按照国家2019年食品安全风险监测计划要求,辖区13家综合医疗机构作为哨点医院开展监测,在食源性疾病病例就诊后2个工作日内通过"食源性疾病监测报告系统"报送监测信息,区(旗、县)级、地市级疾病预防控制中心逐级审核、上报辖区内的监测数据。年内上报病例734例,没有聚集性病例发生。2019年处理8起群众举报疑似食物中毒事件,均未检出治病菌,排除食物中毒事件。

【预防接种】新城区0—6岁常住儿童26428人,流动数为9119人。0岁常住儿童数为7130人,建卡、建证率为100%。中心每月至少进行一次冷链运转,并根据需要,随时进行派送。2019年完成860余次冷链运转,共计领发一类疫苗15万余人份、二类疫苗4万余人份。建立例会制度,每月对辖区防保站督导1次,两个乡镇卫生院开例会1次。落实呼和浩特市卫健委〔2019〕288号《关于印发内蒙古自治区预防接种单位建设标准(试行)的通知》,将8个乡级预防接种单位全部打造成数字化智慧化预防接种门诊。狂犬病处置门诊3家投入使用,2家正在审批。建立脊髓灰质炎、麻疹、新生儿破伤风疫情监测哨点,完善疫情专报系统,全区3家综合医院建立监测哨点,每月上、中、下旬对3家综合医院AFP病例和麻疹、新生儿破伤风疑似病例进行主动监测,询问有无病例,通过监测,初步掌握全区内AFP病例的发生,发展动态。收到脊灰、麻疹、新生儿破伤风旬月报表624份。接到麻疹疑似病例报告2例,采集血样2份,实验室诊断2例,排除2例。

2019年新城区全年基础疫苗接种情况表

表3

疫苗名称	应种数	实种数	接种率%
乙肝	21907	21891	99.92%
乙肝及时数	7230	7136	98.69%
卡介苗	7129	7127	99.97%
脊灰	32511	32460	99.84%
百白破	31163	31103	99.80%
麻类	9263	9259	99.95%
流脑	28140	28119	99.92%
乙脑	15806	15806	100%
甲肝	10607	10601	99.94%
百白破	8668	8662	99.93%

【性病艾滋病防治】制定全年性病艾滋病工作计划,完成1—12月的报表和分析,完成并上报艾滋病检测份数报表、高危干预信息报表等工作。对辖区的艾滋病感染者和病人,进行随访、CD4检测和结核病筛查。开展外展干预暗娼741人次,自愿咨询检测(VCT)224人。对辖区各医疗机构全年按季度开展性病艾滋病报告管理情况进行检查指导。按照《2019年全国艾滋病哨点监测实施方案》和市疾控中心的工作要求,中心承担流动人群艾滋病哨点监测工作,到建筑工地开展流动人群艾滋病哨点监测,完成调查问卷400份,采集血样

400份。中心在辖区各一级医疗机构设立咨询检测点，要求完成检测任务200人份，并安排各社区卫生服务中心和两家综合医院设立艾滋病自愿咨询检测点，每家完成检测咨询任务300人份。开展自愿咨询检测。年内完成3600人份自愿咨询检测，经检测均为阴性。开展青年学生的主动筛查工作，检测400人份，HIV抗体和梅毒检测均为阴性，工作中共发放安全套3万余个。

【结核病防控】由区市两级定点医院接诊并收治的新城区辖区内肺结核患者329例，其中涂阳病人129例，涂阴病人163例，329例落实患者管理。辖区医院网报肺结核病人及可疑症状者156人，住院治疗和重报病人22例，尚有10例正在进一步追踪当中，追踪到位率达到指标要求。

【布鲁氏菌病防控】按照布病诊断治疗流程实行分级管理，推行布病归口分级诊治、疾控机构监测指导、基层医疗卫生机构追踪督导治疗管理三位一体管理模式和督导监测网络。对确诊的所有布病患者逐一进行流行病学调查、随访干预和建档管理。设立村级督导员，对患者治疗情况进行督导，要求每位督导员按照《新城区人间布鲁氏菌病防治项目实施方案》逐一对每位患者全程用药和治疗情况进行督导管理，随时掌握患者情况。每月对布病工作情况进行督导，及时发现问题和困难，限期改正。2019年全区共报告布病新发病例7例（订正1例）。在保合少镇和成吉思汗大街街道办事处对从事饲养、放牧等布病高危人群开展布病筛查监测工作，采集血样299人份，其中虎红实验阳性6例。

【学校卫生管理监测】贯彻落实《学校卫生工作条例》及有关法律、法规。对辖区内中小学开展教学环境，室内微小气候，采光和照明等环境质量监测以及教学设置应符合国家有关标准。对学生进行健康教育，防控近视培养学生良好的卫生习惯，加强对传染病和学生常见病的预防管理。对辖区内各中小学包括民办学校开展结核病筛查，对肺结核病人的早发现、早诊断、早治疗发挥显著作用，对校园的教学环境开展监测。

【慢性病防治】依据《国家基本公共卫生服务规范》和工作计划，对5家辖区医疗机构、7个社区卫生服务中心和1个镇卫生院的安季度定期开展慢性病管理工作情况督导检查，督导基层医疗机构近40余次。分别就高血压和糖尿病等慢性病举办相关预防和控制知识的宣传活动，同时制作固定宣传展板，在公共场所摆放，普及慢性病专业知识和相关政策。

【死因监测和肿瘤报告】年内医疗卫生机构共报告死亡病例1122例，报告肿瘤病例208例（含删除重卡），其中海东路中心72例（含969医院）、锡林中心3例、中山中心1例、东西街56例、东风中心28例、迎新东中心18例、成吉思汗中心12例、保合少卫生院9例。

【自身建设】根据市卫计委《转发内蒙古自治区卫生计生委办公室关于加强疾病预防控制机构实验室水质检测能力的通知》的文件精神，中心各检测仪器设备于年初安装调试完毕，具备生活饮用水检测44项的旗县要求，食品6项，其中水质25项、食品6项完成认证,其余各项于8月15日向内蒙古市场监督管理局申请扩项,内蒙古市场监督管理局派评审组于9月初到中心进行为期2天的评审,基本通过审核,个别问题经过整改,至年底进入发证流程。通过关于检验检测机构统计直报和内蒙古疾控中心2019年度水砷、水氟能力验证。人员队伍建设和业务水平提升,制定详细的业务人员培训计划,采取全员培训、短期培训和继续医学教育等方式,提高专业人员的技术水平。举办培训班大力提升辖区业务人员的专业水平,培训内容涉及免疫接种、疫苗管理、地方病防控等,培训近300人次。参加自治区、市、区直培训班10次,培训18人次。

【地方病防治】小学生碘缺乏病情况和碘营养情况,抽取5所小学校,分别采集200名8—10岁男女各半儿童尿样和食用碘盐进行监测。现场按照《全国碘缺乏病防治监测方案》开展B超甲肿率监测,共检查200人,甲状腺肿大率3.5%、合格率96.5%,达到国家消除碘缺乏病标准。尿样和食用盐检验结果为盐碘中位数19.9mg/kg、碘含量5—18mg/kg盐4份、18—33mg/kg盐186份,碘盐覆盖率95%、碘盐合格率97.8%、合格碘盐食用率93%、合格碘盐覆盖率93%;尿碘中位数210.79ug/L,尿碘值均大于50ug/L,均达到国家消除碘缺乏病标准。孕妇碘缺乏病情况和碘营养情况。随机采集毫沁营镇、东风街道办事处、海东路办事处、锡林北路办事处和新城西街办事处100名孕妇尿样和家中食盐样品,检验结果为盐碘中位数22.4mg/kg、盐碘值18—33mg/kg为95份,碘盐覆盖率100%、碘盐合格率95%、合格碘盐食用率95%、合格碘盐覆盖率95%;尿碘中位数164.18ug/L,尿碘值均大于50ug/L;均达到国家消除碘缺乏病标准。饮用水砷氟监测。根据《2018年重大公共卫生项目内蒙古自治区地方病防治项目实施方案》和呼和浩特市地方病防治中心工作要求,开展农村饮用水源砷氟监测工作,确定监测饮用水源31处,完成枯水期和丰水期采样和检测工作,饮用水源砷氟监测结果均符合国家饮用水卫生安全标准。根据全市饮用水监测工作要求,中心对保合少村东大井、恼包村水厂、乌兰不浪饮用水井、下新营村饮用水井开展砷氟监测工作,砷检测结果均小于0.001,氟检测结果分别为0.51、0.45、0.07和0.26,均符合国家饮用水卫生安全标准。

【消毒与病媒生物控制】对辖区内198家二级以下各类医疗机构进行消毒效果监测。开展蚊、蝇、鼠、蟑螂密度监测工作,并普及消毒、杀虫、灭鼠技术的指导。对兴安北路北京华联的火灾现场进行消杀防疫处理,中心成立消杀指导小组,配备人员、车辆、专业消杀设备,在停水断电的情况下,对现场腐烂变质的各类物品进行大面积彻底的消杀,消杀面积达1900余平方米,使用各类消毒试剂35千克,有效防止微生物繁殖和媒介传染病的发生,消除疫情隐患。

【检验检测】生活饮用水水质检测200家,其中检测微生物超标34家,游离余氯低于国家标准72家,其余56家各项指示报告正常,国家项目要求的20家管网水样完成上报。完成国家盐碘、尿碘考核工作，考核样考核检测2份，检测结果上报。完成检测学生盐碘、尿碘各200份样，完成孕妇盐碘、尿碘检测各100份样。检测布病血样299份，检出琥红初筛阳性结果6例。处理食源性疾病4起，进行食源性疾病检测做样34份。进行手足口采样60人份、禽流感采样36份。完成医疗机构消毒效果监测130家，检测样1536份，出具检验报告130家共390份。

【生活饮用水监测】采集生活饮用水水样200份，出具水质检验报告单200份，其中：合格140份，合格率为70%，其中：农村水样107份，合格55份（51%），出厂水样2份，合格2份（100%）末梢水48份，合格48份（100%），二次供水43份，合格37份（86%）。针对特殊自备井饮水单位（松江玫瑰郡、加州公馆、水晶阁、内蒙古能源职业学院）开展水质监测，发现隐患，现场指导，提出整改意见和建议，确保饮用水安全。不合格的水样单位，加大监测力度，现场指导，投放饮用水消毒剂，并通过再次采集水样再次检测，直至检测结果达标。

【宣传工作】围绕“3·24”世界结核病宣传日、“4·25”全国免疫接种宣传日、“5·15”碘缺乏病宣传日、“食品安全宣传周”等宣传活动，挨村逐户进行布病健康教育和行为干预，开展入户宣传131户、入户督导布病患者8人、发放布病干预包82个，编印并发放宣传单4000余份，宣传展板17块，横幅7条，宣传图册700余份，出动流动宣传车20余台次。进一步增强人们对相关健康知识的知晓率。开展鼠疫防控专项宣传，制作并发放各类传宣传材料，如染病防治法贴画（2000份），鼠疫防治知识宣传贴画（6000张），鼠疫防知识宣传折页（2万份），灌制鼠疫防控宣传录音（1套），鼠疫防控知识LED播放套图（2套）。

爱国卫生

【爱卫服务中心领导名录】

主　任　师军柱

副主任　刘鸿东

【概况】区爱国卫生运动委员会办公室主要职责是在区委、区政府的领导下，贯彻执行有关爱国卫生工作的法律、法规，规划部署、协调指导、督促检查本行政区域内的爱国卫生工作；制订全区爱国卫生中长期规划和年度计划。动员全社会参与爱国卫生运动；开展创建卫生城、卫生单位活动；制定各项卫生检查评比办法、标准，组织实施卫生先进单位的考核、命名、表彰。开展除“四害”达标活动，组织、制定、实施全区除“四害”方案，检查、管理、规范除“四害”作。规划、指导、完成农村的改厕工作。完成区委、区政府及上级业务部门交办的各项任务。依法享有行使爱国卫生工作的安排部署、协调指导、督促检查权。正科级事业单位，内设办公室、社会卫生科、公共卫生监察中队。

【病媒生物防制】爱卫服务中心采取招投标的方式在呼和浩特市公共资源交易中心进行200万元病媒生物防制招标，共有4家公司中标，共计消杀400余万平方米，确保区病媒生物防制水平达到国家标准。组织4家专业病媒生物消杀防制公司对保合少镇和成吉思汗大街街道办事处沿山18个行政村的村户外院、公共区域、蔬菜大棚进行鼠害情况的摸底排查,开展针对严重区域进行布置毒饵站、投放鼠药、排查鼠洞、鼠迹等工作。安置毒饵站815个,投放毒饵4000千克,放置粘鼠板5000余张。检查村庄周围绿地,花坛鼠洞,鼠迹进行投药并填堵。购买29.8万元的病媒生物防制药品,向保合少镇、8个办事处发放。

【公益劳动】3月27日、4月23日为新城区两次公益劳动日,组织500余人参与公益劳动,出动车辆100余台次,清理各类垃圾200余吨,清理卫生死角400余处,小广告铲除3000余张。5月15日至6月底,每周五下午组织新城区各委办局到街道办事处开展公益劳动,引导各级各类单位、市民群众树立讲卫生、防疾病的良好习惯和健康素养,发动广大市民群公积极参与爱国卫生运动,协调做好疫情疾病防控、环境卫生治理。

【宣传工作】4月16日,分别在8个地点同时开展爱卫月宣传活动,发放各类宣传资料5000余份。在爱卫宣传周制作《第四个爱国卫生宣传周知识竞赛试题》,下发至保合少镇、各办事处、委办局,共有300余人参与答题。

镇和街道办事处

保合少镇

【保合少镇领导名录】

书　记　张俊庆(2月任职)

镇　长　邸海龙(2月任职)

副书记　唐志平(蒙古族)

人大主席　陈玲龙(蒙古族,2月任职)

纪委书记　姚　强

副镇长　范国军

张喜龙

范珍平

组织委员、统战委员　冯宏梅(女)

武装部部长　刘润虎

【概况】新城区保合少镇位于呼和浩特市东北部,东与卓资县接壤,北与武川县毗邻,西和南同赛罕区的巴彦镇、榆林镇交界。G6高速公路、G7高速公路、110国道、省际大通道等多条主要分路干线在此汇集,交通十分便捷。青山大道沿大青山前坡横贯全境,将全镇8个行政村连成一个整体。镇政府距市区28千米,临近呼和浩特新火车站、呼和浩特机场及奥运备用机场,毗邻呼和浩特市鸿盛园区和内蒙古高职园区。全镇辖区总面积501.3平方千米,下辖11个行政村(保合少、恼包、甲兰板、奎素、野马图、古路板、水磨、大窑、面铺窑、庄子、水泉),38个自然村,总户数8191户,总人口18731人。耕地3150公顷,林地21333公顷,草牧场10667公顷,村"两委"干部66人,村务监督委员会37人。保合少镇党委共下设党组织14个,其中农村党组织11个,非公有制和国有企业党组织各1个,医供联合支部1个,机关支部1个,共设党小组53个,党员总数850名。2019年入选"2019年度全国综合实力千强镇"。2019年,全镇一般公共预算收入1351.27万元,固定资产投资完成127073万元,社会消费品零售总额完成265万元,财政收入8425万元。

【农业生产】农作物总播444.5公顷,其中粮食播种面积166公顷,蔬菜总播43.7公顷,其中设施蔬菜9公顷。农业综合补贴涉及9个行政村639户农户、422.9公顷各类农作物,所涉及款项通过一卡通全部发放到农户手中。

【牧业生产】推行禁牧工作,鼓励农民发展舍施圈养,并加大优良品种改良力度,对境内部分养殖户饲养的动物进行布病采血化验,对布病进行流调监测,对部分动物疫病进行强制免疫、抗体检测;对鼠疫疫情开展防控。

【水利工作】全镇共有人饮机电井45眼,为保证饮水安全卫生,对机电井进行围封,确定监督责任人和监督员。修订充实河道治理工作预案,调整组织机构,明确工作目标,压实工作责任,根据人员变动及时调整镇、村河长,制订发放河长巡查手册,适时对河道进行排查,排除河道防汛隐患6件。镇、村实行汛期24小时值班制,成立防汛抢险队伍并进行演练,保证安全度汛。

【森林管护】增强对林木的管护和防火工作,严格制定防火扑救预案,充实防火扑救队人员,强化责任落实,投入资金33万元购买灭火机等防火设备,推行文明祭祀新风尚。

【培育发展集体经济】立足实际,突出问题导向,采取组织引领、典型引路、政策引航等举措,因村施策、精准帮扶,推动全镇村级集体经济稳步增长,取得明显成效。恼包利用旧村征拆腾退地块,拟投资325972.97万元建设中蒙博览会永久性国际会展中心,奎素村在马鞍小镇项目区北侧投资49784.97万元建设内蒙古马文化展示交流中心,项目完工后将会带动相关产业的发展,增加地方财政收入,可较大程度地改变当地村民们的生活状况和质量。与新城牧歌等休闲生态产业整合互补,加快以庄子村为中心的光伏小镇建设,发展"光伏+农业""光伏+旅游"等产业模式,逐步培育产业观光区。

【实施乡村振兴战略】按照"产业兴旺、生态宜居、乡风文明、治理有效、生活富裕"乡村振兴工作要求,在生态环境治理、美丽乡村建设工作中,投入大量人力物力和财力,村民住房、美化亮化绿化及道路都得到有效整治,人居环境有了大幅度提升。为加快产业发展,镇政府将产业发展列入推进"乡村振兴战略"发展的重中之重,采取走出去请进来、观摩取经等方式,发展符合实际的产业项目,以奎素村的"乡村振兴"示范为引擎,因地制宜,科学论证,抓紧实施。

【人居环境综合整治】实施"美丽乡村"项目,各行政村基础设施得到全面改善,人居环境得到全面提升,以"三城同创"为目标,在人居环境巩固提升基础上,着力协调开通面铺窑—保合少—恼包—甲兰板和太伟—古路板—姚家湾全长11公里两条污水排放管网,为产业发展壮大奠定基础。加快农村卫生厕所改造工作,累计完成拆除51座公共旱厕工程。新建公共水冲厕所66个。对村民室内水冲厕所进行改造,并做好户厕改造前、中、后所有资料的收集归档。全镇户厕改造开工建设1099户,完工896户。

【旅游产业】依托大青山前坡生态保护综合治理和自治区少数民族群众文化体育运动中心,中蒙博览会永久性国际会展中心、雅玛图森林公园国家级登山步道等重点项目,引进现代休闲观光农业项目和冬季旅游项目,率先启动奎素乡村振兴建设工程,通过前期调研筹划,座谈考察和规划设计,采取企业化运作模式组织实施。完善恼包独具特色的"江南风韵"欧式民居、乡村文化、风味小吃等景观,开拓创新配套项目。古路板村、恼包村部分村民入住回迁房,小区相关配套设施正在逐步完善。保合少村、野马图村、水磨村、面铺窑村、甲兰板村、大窑村、庄子村7个村着力打造旅游、观光、大棚采摘、"农家乐"、药材、油用牡丹、食用菌、出口订单红辣椒、花田、元宝枫等为一体的综合示范基地,探讨开发全域旅游、四季旅游,逐步将旅游产业做大做强,让村民得到更多实惠。

【村集体经济发展】村集体经济发展是夯实基层基础关键的一项工作,是基层组织履行职能的根本性保障,是巩固脱贫成果的重要举措。实施村集体经济"清零递增"工作,开展相关工作,但仍以土地房屋租赁、出租,集体资源资产承包为主要收入来源,实体性产业较少。2019年,11个村集体经济收入全部实现5万元以上。

【农村集体资产清产核资工作】根据上级关于农村集体产权制度改革的意见，切实摸清农村集体家底，理顺农村经济组织及其成员合法权益，防止集体资产流失，5月，成立专门组织机构，在上级相关部门的指导及审计中介机构的协助下，严格按照《农村集体清产核资办法》要求，完成清查核实、公示确认、备案及汇总上报等一系列工作，各村开展农村集体经济组织成员身份确认工作。

【农村土地承包经营权确权登记颁证工作】全镇涉及10个行政村（恼包村除外），镇村干部进村入户宣传、广播、标语宣传，让老百姓了解土地确权工作，切实提升群众的认知水平，充分调动群众参与确权工作的主动性，为全面开展确权工作奠定坚实的思想和群众基础。在克服种种困难的情况下，截至年底，各村颁发土地确权证书。

【移民工作】全镇生态移民搬迁工作涉及水磨村、奎素村、面铺窑村、大窑村4个行政村的40个自然村，共计626户，1234人。按照区委、区政府的要求，加大生态移民工作力度，在克服不同地区、不同村庄历史遗留及新出现的矛盾与问题的情况下，区、镇、村相关领导和干部放弃节假日、双休日时间，走村入户开展说服动员和矛盾纠纷化解工作。2019年，完成269户，兑付资金252户24768682.9元。兑现移民房62套。自2017年开始累计完成414户，兑付资金共计44588221.9元。

【社会治安综合治理】镇人民政府始终坚持把维护社会稳定工作作为头等大事来抓，持续推进“扫黑除恶”专项斗争。通过多媒体、宣传横幅、宣传展板、主要街道布旗、LED、喷绘布和宣传册等方式，开展宣传动员，在辖区设立举报箱13个，移交区扫黑办涉黑涉恶问题线索6起，移交区纪委1起。组织国土所、派出所、环保所等多部门联动，对重点行业领域开展涉黑涉恶线索排查工作，对辖区内私搭乱建及时进行集中整治，共拆除违章建筑1万余平方米。强化警民联合体制，加强辖区治安巡逻，逐步形成综合治理体系。

【信访工作】制定《保合少镇信访工作制度》《党政领导信访接待日制度》《保合少镇信访工作职责》以及信访工作人员职责分工、日常值班等一系列规章制度，以制度规范工作运行，用制度管人管事，使全镇的信访工作更加规范化、制度化、法制化。2019年，全镇共发生信访案件共52起，主要是因土地确权、移民搬迁、个人利益得失等而引起的上访案件。针对这些问题镇党委、镇人民政府责成信访办公室认真调查核实，加以落实。包村领导、包村干部到所包村了解情况，排查信访问题，并与信访办、司法所、村干部配合化解矛盾、解决问题，使每一个排查出来的信访问题得到稳控和处理。协调解决41起信访案件，剩余11起正在办理。

【基本保障及民生工作】主动与蒙草抗旱公司、卓越物业管理公司、绿化用工单位及环卫部门进行沟通，转移富余劳动力，输出劳务3220余人次。扶持个体工商业创办企业，协调上级相关部门，争取贴息扶持发展资金30万元。开展失地养老保险缴费发放工作,抓好新农合保费收取及慢病救助、临时性救助资金等工作。加大农民工工资清欠力度,累计清欠农民工资30万元,保障农民工的合法权益。民政工作逐步完善,社会救助进一步规范。2019年,符合条件新增低保20户42人,全镇在享低保184户364人,共发放低保金209119元;发放残疾人生活补贴144人189684元;按时足额发放高龄、长寿等费用。创新工作模式,利用手机APP远程签到系统,实现每月100%低保人员生存认证,提高工作效率。

【权力制约监督管理】适应党内基层民主建设新要求,完善公开制度,丰富公开内容,创新公开形式,规范和完善村务公开平台与公开内容,借助新城区“三务”公开监督平台、“清风新城”微信公众号、公开栏进行公开,提高村务公开水平。全镇各行政村的村民可通过多种方式了解到村里的大事小情,随时知道自己享受的各项惠农惠牧资金发放情况,了解到区、镇、村三级发布的便民通知等。严格落实中央八项规定精神和地方配套措施,规范公务接待,完善办公用房和公务用车工作。有效压缩“三公”消费,规范农村集体“三资”管理,切实维护群众根本利益。

【创建全国文明村镇工作】通过制作悬挂横幅、布旗、宣传展板、发放宣传品、辖区内LED屏滚动播放等多种形式宣传社会主义核心价值观内容,营造良好的社会氛围。整合创建载体,深化党群共建,组织开展农村文明创建活动,扩大志愿者队伍,规范志愿服务队伍建设,切实发挥志愿服务引领作用。注重发挥好红白理事会等村民自治组织作用,建立完善村规民约,建好用好农村综合文化服务中心,着力提升村民思想道德素养和整体文明水平。维护地方特色的民间技艺、民间戏剧、民间习俗等文化,推进各具特色的项目建设,丰富旅游业态和产品,打造系列文化旅游精品及特色村镇,农村民风民俗是历史和文化的象征,对甲兰板古庙等古建筑进行修缮。

【安全生产】辖区共有生产经营基本单位13个,其中水泥制品3个、温室大棚4处,较大型活动场所3处、彩钢厂1个、面铺窑烟花爆竹仓储库1个、恼包国际会展中心建筑施工场地1处。镇党委严格落实“党政同责、一岗双责、齐抓共管、失职追责”要求,认真细化分解责任,层层抓好落实。开展安全生产大检查,检查企业12家,排查隐患65条,立行立改59条,延期整改6条。组织对火灾、消防、人员密集场所、建筑工地烟花爆竹开展检查,对易引发安全事故隐患,要求其立即整改,做到了防患于未然。4月上旬,对辖区天然设施进行了安全检查。

【政府服务能力建设】2019年,保合少镇加强政府自身建设,深化依法行政,完善依法行政的制度,坚持用制度管权、管事、管人,严格依照法定权限和程序履行职责,确保法律、行政法规有效执行。加强对重大决策部署落实、部门职责履行、重点工作推进以及政府自身建设等方面的考核评估,加强行政问责,提高政府的公信力和执行力更加自觉接受人大监督、群众的民主监督和社会各界的新闻舆论监督。严格落实"三重一大"等集体决策制度,全面推行政府信息公开,做好财政预决算、招投标等重点领域信息公开,提高政府工作透明度。完成2018年度清风干部评定,参加评定的镇、村干部149人,全部合格136人,不合格13人,进行社会公开。开展庸官、懒官、乖官、巧官等"四官"问题整治,研究制定风险防控工作预案,针对干部和部门存在的问题及弊端"对症下药"强化整改,打造风清气正的政治生态。

东街街道办事处

【东街街道办事处领导名录】

书　记　季利民

人大工委主任　梁贵平

纪工委书记　刘志远

武装部部长、副主任　汪瑞峰

副主任　秦荣荣(女)

专职宣传委员　赵英英(女)

【概况】东街街道办事处位于新城区中心地段,辖区面积2.2平方千米,社区居民1.9万多户、4.6万多人,其中低保户186户、280人,残疾人768人。驻有内蒙古地震局、内蒙古精神卫生中心、内蒙古公路工程局、内蒙古交通设计院等40多个驻区单位。街道办事处设14个科室,辖6个社区,有干部职工129人。其中在职99人,退休30人。在职人数中,行政编制8人(含4人非领导职务)事业编制人员89(含区招25人)。东街街道办事处设置5个正股级内设机构,党政综合办公室、社会治安综合治理办公室(挂综治信访维稳中心牌子)、民政、民族科、卫生计生科、城市综合管理科。1—11月社会消费品零售累计288220万元,1—10月固定资产投资8820万元。全国第四次经普法人单位979家,个体2929家。

【党建工作】坚持把党的政治建设摆在首位,班子成员带头提高政治站位,党员干部"四个意识""四个自信""两个维护"进一步筑牢。召开党工委会议12次,推动党的建设与重点工作相融合,实现工作任务落地见效。升级36块"三务"公开栏,规范公开内容和公开形式,完善目录台账,更新信息监督平台,公开3003项内容。学习贯彻习近平新时代中国特色社会主义思想和对习近平总书记考察内蒙古的重要讲话精神,组织中心组学习14期,政治理论学习52期。利用学习讲堂、市民学校等各类平台宣讲38次,"学习强国"注册312人,69名干部参加《法宣在线》学习,开展全媒体民生服务3期,各类信息2000余篇,接受市、区各级媒体采访5次。实施网格化管理,积极处理反馈6起网络舆情、31起网民留言。制作《我和我的祖国》MV,举办"歌唱祖国歌唱党"主题党日活动。严格程序花好用好党建经费46万元(小区监控安装全覆盖工程)。街道7个标准化党群活动服务中心全部挂牌开展便民为民活动。东库街社区党群活动服务中心建成街道、社区综合一站式服务大厅,完成街道所有部门、社区的一体化办公。建成航苑小区党群活动服务中心,成立全市第一家"红色物业"。小区党群活动服务中心(红色物业)

在解决物业管理和收费难的“瓶颈”问题和助力城市基层治理方面的作用凸显,物业收费率由原来的不足40%到收费70%。发挥“百姓议事厅”面对面、点对点会议协商解决问题的优势,解决6类35个问题,重点解决三中家属院物业收费标准和昌平小区更换加压泵的问题。

【巡察意见建议整改】5月20日,东街街道党工委实地调研重点提出环境综合整治再精细再提升的要求。街道召开党工委专题会议,建成综合执法协调调度中心,重点对私搭乱建、便民市场、“七小行业”加大联合执法频次力度,开展联合执法185次。小区监控全覆盖和接入指挥中心完成2/3。老缸房社区党建融合蒙元文化,以民族团结为主题,引进马头琴文化艺术团队,开展各类群众性文娱活动。河西社区拓展“1366”服务理念,以区域化党建引领社区物业治理。社区、物业、航天六院、业主委员会成立联合党支部,带领党员、引导居民群众依托小区党群活动服务中心,发挥居民议事厅和矛盾调处中心作用,组织开展“六定”服务(定小区、定时间、定人员、定项目问题、定整改标准、定效果反馈),打造成“红色物业示范社区”。针对区委巡察组反馈意见建议:落实好整改第一责任人和“一岗双责”职责,对巡查反馈提出的6个方面17项问题,制定整改方案,全部整改完成,召开巡察整改专题民主生活会。

【主题教育活动】按照区委部署,街道开展“不忘初心、牢记使命”主题教育。成立工作领导小组和7个指导组,印发工作方案,召开启动部署工作会议和3次专题推进部署会。围绕《习近平新时代中国特色社会主义思想学习纲要》《习近平关于不忘初心,牢记使命重要论述选编》和《中国共产党章程》“两书一章”,采用理论中心组、支部分组学习、教授专题讲座、组织研讨座谈、个人自学、志愿者送学(书)、撰写心得等形式,集体参观多松年革命烈士纪念馆和观看《我和我的祖国》,在内蒙古展览馆开展“不忘初心、牢记使命”主题教育活动,组织理论中心组学习3次,支部学习15次,笔答卷3次,教授专题辅导5次,撰写心得320篇。用好“开门纳谏”“推门纳谏”两种方式,汇集问题到位。发布公告,通过意见箱、征求意见函、谈心谈话、座谈会等方式,接待群众11批次112人,收集意见建议76条。聚焦“18个是否”,刀刃向内对标对表,剖析检视出问题73条,制定问题清单、整改措施和时限,达到“守初心、找差距、见真章”。集中精力重点推动中央“扫黑除恶”督导组、自治区纪委、市委督办交办的蒙苑、金满街、兰亭房地产领域群访民生案件得到基本解决。富邦物业管理不到位、内三建平房区43户120人“吃水难”及供暖等居民眼前的烦心事、操心事得到及时解决。76条问题整改61条,其余15条正在整改。主题教育专题民主生活会,深入查摆、剖析5个方面81条突出问题。

【其他工作】成立新城区首家人大代表联络站,组织市、区两级代表开展调研视察活动7次,3位代表进行述职、评议、测评。评议区检察院等4家单位。完成工青妇、关工委、保密、人防、残疾人、红十字等各项工作目标。整理完成新城区年鉴资料和新城区志资料。

【扫黑除恶专项斗争】成立由街道党工委书记任组长的扫黑除恶专项斗争组织机构，制定印发实施方案，召开党工委会议5次，专题推进会议12次。全覆盖做好宣传，发动群众参与扫黑除恶专项斗争。悬挂横幅85条，设置举报箱9个，张贴海报、挂图、倡议书、展板800余份，分点位集中宣传45次，发放一封信、宣传折页、满意度调查问卷7万份，安装20个音柱定时宣传，微信公众号推送108条，信息报送67期，档案材料按照6大项、31小项严格规范整理。线索收集上报和上级部门移交的涉黑涉恶及信访举报案件整改落实，收到区信访局移交中央扫黑除恶第15督导组信访事项8件24批次。4件4批次解决，1件1批次涉法涉诉走法律途径，3件19批次属房地产领域重点案件，列入市遗留项目重点推进解决。

【统战工作】召开党工委会议3次研究部署统战宗教工作，组织参加中心组学习、专题学习4次。完善"三级"网络"两级"责任制，对信教人员登记、活动开展、安全消防、未成年人出入等方面加强检查力度，重点检查宗教场所、非法宗教活动、私设聚会点、文化市场等。针对区委反馈督查整改涉及的3个方面7个问题全部整改到位，中央督导"回头看"期间，重点对新城南街基督教堂的房屋产权、线路安全、消防设施、升挂国旗位置进行整改。

【城市环境综合整治】召开工作例会45次，成立综合执法协调调度中心。出动2000人次、车辆300台次，清理垃圾2500余吨，修补破损道路60处，清理楼道杂物70余吨、大杂院8个，开展综合执法185次，拆临拆违25处，餐饮企业完成整改259家，小饭桌备案116家，整改64家。反复核查2016年、2018年中央环保督察组反馈的26个问题整改情况。严控"四害"密度，加强病媒生物防制，灭鼠毒饵站实现全覆盖。接收数字平台、督导组、"12319"、自查案件6436件，处理6434件。以航苑、计委、将军、紫藤4个小区为示范，完成垃圾分类小区覆盖50%的任务。

【网格化管理】组建群防群治志愿者巡逻队，提档升级标准化公共法律服务站，接访27批次1533人次，信访平台受理并结案31起，网格化平台受理并结案4881件。完成全国两会、新中国成立70周年大庆等重大节点期间的社会稳定工作，未发生进京上访。18名社区矫正人员未发生脱管、漏管。完成好普法、处非、防范、禁毒、铁路护路等工作。

【安全生产】层层传导压实责任，全面落实安全生产"一岗双责"和三级安全生产网络制度，重点对人员密集场所、加油站、校园周边、建筑工地、便民市场、汽修行业、铁路沿线、大型商业综合体等开展11次专项检查，发现隐患140处，整改138处。居然之家"5·9"火灾善后重建工作有序开展，所涉区域和店面已开始修缮和重装。铁路沿线东街段15处安全隐患已拆除整改到位。拆除硬漂浮物8467平方米，彩钢房192平方米，软漂浮物600平方米，移除电杆1处，改迁电缆150米。

【社会保障】严格低保审批及动态管理,新增8户,清退25户38人,调增77户104人,调减72户132人,2019年低保户186户280人,当月发放15.9万元,智能认证率达99%。核发医疗救助23人、5.9万余元。临时救助1人、2175元。发放电价补贴386户、1.2万余元。发放临时价格补贴749户、3.3万余元。城镇居民医疗保险补贴243人、4.9万余元,职工医疗补贴48人、1.5万余元。楼房采暖补贴159户、18.9万余元,平房采暖补贴36户、2万余元。审核上报教育救助4户。办理基本丧葬费减免2人。投入5万余元慰问110名困难群众。新增高龄老人213人,发放补贴1356人、160余万元。核发残疾人补贴432人、4.3万余元。发放廉租房补贴3人7200元。审报公租房50户,发放租赁补贴94人。成立退役军人服务站6个。为21名退役军人发放优待金59万余元,为7名退役军人发放退役金63万余元。慰问部队、军烈属2.5万元。完成行政区域界线联检及《新城区地名志》编撰的工作。

【劳动就业】新增就业840人,再就业191人,就业困难人员再就业122人。完成就业困难人员社会保险补贴、原国有集体企业大龄困难下岗失业人员社会保险救助审批及款项发放工作。实行就业服务实名制动态管理,发放就业失业登记证136本。多形式开展政策宣传、就业服务活动和创业技能培训。统计上报159家家庭服务业。城乡居民养老保险新参39人,重度残疾和低保人员通过政府补贴形式办理44人。城乡居民医疗保险2020年度核定缴费11955人,低保对象困难群体集中办理,惠及243人,缴费49570元。发放老年生活补贴62人。开展领取养老金保险待遇资格认证服务工作。高校毕业生就业计划任务全部完成。完成27家企业薪酬调查。受理调解50起劳动关系纠纷案件。完成300家《劳动力年审报告书》。

【卫健服务】街道人口47540人,期末已婚育龄妇女7801人,出生238人,人口出生率为5.34‰。人口信息库比对信息586条。开展健康知识讲座、义诊活动7次。小区健康教育宣传栏更新6次,发放特殊家庭计生特别扶助金216户,33050元,给41户、56人特殊家庭和贫困家庭送去慰问金和慰问品。3名重度精神病人继续在院医治。

西街街道办事处

【西街街道办事处领导名录】

书　记　云振英(女,蒙古族)

副书记、主任　尹　群

人大工委主任　张子文

副书记　张利平(蒙古族)

纪工委书记　王新宇(蒙古族)

副主任　张艳霞(女)

武装部部长　解　启

宣传委员　申丽红(女)

【概况】新城区西街街道办事处位于新城区西南部,是首府的中心地段,南起乌兰察布路,北至胜利路,西到呼伦路,东以立交桥为界与东街办事处相接,辖区面积1.97平方千米,人口48328人,人口密度约为24532人/平方千米；其中男性23551人，占比48.8%；女性24777人，占比51.3%；汉族37956人，占比78.5%；少数民族10372人，占比21.5%；60岁以上11883人，占比24.6%；18岁以下7684人，占比15.9%。街道党工委班子成员8人，下设1个机关支部、5个社区党委、17个社区支部、1个非公党总支和13个非公支部，有在册党员1067人。街道下辖5个社区，含209个小区（其中有物业接管小区164个），475栋楼，1509个单元。便民市场4家，学校8所，医院2所，商业综合体6个，驻区单位40余家，4545家经济户口（其中个体2923家、企业1622家）。现价工业生产总值完成19736万元，社会消费品零售总额完成11717万元；固定资产投资完成3449万元。辖区具有科技教育密集、商业金融繁荣、旅游服务发达的特点。

【党建工作】制定《2019年党建工作计划》《2019年街道党工委理论中心组学习安排》，召开西街地区党建工作会、专题党建会议等各类会议14次。开展“不忘初心、牢记使命”主题教育，组织中心组学习8次，集中专题研讨7次，现场参观教学6次，主题教育专项测试11次，撰写学习感言、心得体会180余篇，形成调研报告8篇。通过“开门纳谏”广泛征求意见299条，归纳梳理为五大类27个小项，至年底解决220条（其中立行立改149条、长期坚持71条），持续跟进79条。完成街道党群活动服务中心的升级改造。启动艺术厅北街社区和曙光街社区民族团结进步示范社区的创建。激发“小三级”活力，发挥兴泰御都和轻盐工坊小区党支部的作用，开展组织生活。新成立非公有制企业党支部1家。加强党员队伍建设，新发展企业党支部党员4人。提升党建工作信息化水平，全国党员管理信息系统转接63人、党建网录入信息59条。强化党务公开工作，公开党务信息1300余条。组织召开专题研究部署党风廉政建设工作会议4次，纪工委向党工委提出监督意见建议44条，开展谈话5次，通报17次，组织开展党风廉政警示教育6次。对2家相对后进非公有制企业党支部下达责令整改，撤销1家拒不整改非公有制企业党支部。

【扫黑除恶专项斗争】开展扫黑除恶专项斗争，强化宣传引导，采取“678”模式，实现居民小区、便民市场、学校、医院、商业综合体、临街小商户宣传全覆盖。加强线索摸排，采取“4874”模式，把“黑、恶、乱”作为摸排核心内容，深挖各类涉黑涉恶线索5条，另有5条经分析研判转为一般线索处理。开展辖区内金融领域违法犯罪线索的摸排。针对房地产市场、建筑领域深入开展“百日行动”，排查出涉及房地产领域遗留问题25项，全部上报区遗留办。参与对黄赌毒和黑恶势力充当“保护伞”等问题专项整治的宣传和摸排工作。

【统战工作】落实宗教工作三级网络两级责任制，做好“三化”摸底排查工作，对基督教等各类私设活动场所情况开展摸排，完成中央、自治区和市委三级统战部“回头看”检查。对辖区少数民族困难家庭进行慰问帮扶，开展民族团结宣传月活动。承办区委统战部举办的“统战与你同行，共建美好新城”主题教育书画展。

【人民武装】坚持党管武装,强化人民武装为人民。组织开展基干民兵学习和训练。发放征兵宣传册500份,悬挂条幅6条,征兵和潜力调查工作。组织基干民兵完成雨季防汛、山林防火等任务,全面做好基层武装建设。

【平安建设】防范化解重大风险工作。街道积极遏制债务增量,严格执行预决算制度,加强街道财务资金管理,确保不新增债务。重大时间节点信访稳控工作。辖区有重点人员48人,街道充分利用区政法委下派的网格员队伍,在重大时间节点采取24小时稳控的方式,稳控与化解并举,有15位重点人员签署息诉罢访承诺书,确保各个时期西街辖区平稳有序。各类法治宣传教育工作。对11类邪教开展大排查,未发现新增人员。成立新城区反邪教协会西街街道分会,按章程完成第一届理事会理事选举。开展宪法、国旗法等各类法治宣传10余次,涉及居民群众2万余人。社会治安管理防控工作。完善“红袖标”群防群治工作机制,深化“群防群治”队伍建设,开展巡逻160余次,提高居民群众的安全感、治安满意度。法治街道阵地建设工作。推行“纵向到底、横向到边”的法治街道打造模式,纵向上,打造法治街道、法治社区,同区司法局协作引入公证办证、法律援助、律师咨询代理、心理健康矫正等各类服务,打造调解工作室、社区矫正室、安置帮教工作站、法治大讲堂、社区戒毒康复绿色家园。横向上,力求法治街道与扫黑除恶、信访、化解基层矛盾纠纷和基层普法宣传的“四结合”,全面建立法治一体化服务,创建法治大融合,做到小事不出社区、大事不出街道。安全生产隐患排查工作。严格落实安全生产目标管理责任制,开展安全生产百日大检查专项整治行动。围绕校园周边、“小饭桌”、农贸市场等人员密集场所开展消防安全隐患排查与专项整治,实现排查、整治全覆盖。开展铁路沿线安全隐患专项整治行动,对影响高铁运行安全的5处隐患问题进行及时整治。按照相关行业标准和安全风险等级建立四色图标安全管理台账。

【城市管理】召开环境综合整治例会53次,开展联合执法150余次。推进垃圾分类管理,开展进单位、进小区、进学校、进商铺“四进”活动32次。清理卫生死角,开展“清院”“清楼”“清棚”为主的“三清”行动35次,确保自行车棚、楼梯过道、院落犄角旮旯无垃圾、无堆物。数字城管、“12319”城管热线反映案件处置率排名前列。街巷硬件提升,联合区住建局对路面台阶、便道破损的街巷进行提升改造,维修便道55处,修补台阶63处,维修巷道80处。联合园林局提高街巷、小区绿化覆盖率,绿化面积11259.43平方米。规范沿街秩序,对小街巷特别是学校周边交通、经营秩序实行街道班子成员包片治理模式,加强学校周边交通安全监管,查处校园周边小商铺20余家,下架40余种不符合要求商品。开展文明养犬推广宣传活动15次,联合派出所、城管部门加大专项行动力度,抓捕流浪犬50余只。清洁能源替,在取暖季来临前完成对清洁能源替换的宣传、摸底、告知工作，销售置换清洁性燃煤 92 吨。提升老旧小区物业管理，智慧物业指挥中心基本建成，引进 5 家物业企业，基本实现老旧小区物业管理全覆盖。宣传引导，加大城市环境综合整治宣传引导力度，实现“一月一活动、一月一主题”，开展各类宣传 40 余次，发放各类宣传资料 2 万余份。

【社会事务】推进经济统计普查工作，现价工业生产总值完成 16016 万元、社会消费品零售总额完成 9895 万元、固定资产投资完成 1405 万元。完成第四次经济普查工作，普查法人单位 921 家，个体工商户 1529 户。完成公租房申报审批 65 人。提升就业创业服务，全面开展劳动力资源摸底调查工作，对辖区内 19364 名劳动力实施实名制信息录入，举办 1 次“春风送暖”高校毕业生招聘会，上报就业见习基地 3 个，高校毕业生离校未就业人员就业率达 97%。推进劳动监察、劳动仲裁，开展农民工工资清欠摸底和清欠协调。完成辖区 28 家企业薪酬调查工作，企业网上用工备案率达到 90%。调解 15 起劳动争议案件。

【民政工作】完善社会救助体系，享受“4050”社会保险补贴 491 人，发放补贴金额为 173.8 万元。“4555”社会保险缴费救助享受补贴 462 人，发放社会保险缴费救助款 240.9 万元。城乡居民养老保险累计领取 454 人。享受 70 岁老年人生活待遇补贴 33 人，发放 30500 元。纵深推进社会救济工作，通过续保材料对 203 户低保家庭全部进行重新认定，发放低保金 192.51 万元，涉及 3397 人次，各类补贴 46.68 万元，涉及 1734 人次。完成三类低保复核 573 户，规范 80 岁高龄津贴和残疾人两项补贴的审核和发放，发放 80 岁高龄津贴 201.96 万元，涉及 5992 人次。发放重度残疾人护理补贴 41.46 万元，涉及 4261 人次。困难残疾人生活补贴 17.02 万元，涉及 1725 人次，新办残疾证 54 人，残疾证到期更换 267 人。

【退役军人服务管理】在辖区内 6 个服务站开展宣传、慰问 20 余场，持续推进光荣牌悬挂工作，登记光荣牌 3423 人，悬挂光荣牌 2322 人，同时对辖区困难退役军人进行慰问。

【脱贫攻坚】向包联村水磨提供 1 万余元的慰问帮扶品，对辖区内的困难户进行慰问 180 余人次。

锡林郭勒北路街道办事处

【锡林北路街道办事处领导名录】

书　记　卜刚毅（蒙古族）

主　任　樊建军

人大工委主任　魏景明（蒙古族）

综治书记　张月峰

副主任　连　慧（女）

武装部部长　董泽林

【概况】锡林北路街道办事处位于市火车站地区，是呼和浩特的门户和重要窗口，辖区东临呼伦贝尔路、西以赛罕路、通道北路作界、北至海拉尔中路、南抵南马路与回民区接壤。面积 1.98 平方千米，总户数 1.09 万户，总人口 3.29 万人，居住着汉族、蒙古族、回族、满族、达斡尔族等 12 个民族，流动人口近 7000 人。下设 5 个社区居委会,分别为车站东街社区、车站西街社区、电前社区、三角线社区、中山里社区。

【党建工作】开展"不忘初心、牢记使命"主题教育。组织集中学习30余次,4次交流研讨8个主题,邀请市党校讲师专题辅导4次,吹响先锋号角主题党课7次,革命传统教育2次,撰写心得体会30余篇。与参与第一批主题教育的驻区单位呼和浩特铁路局党校交流学习经验,相互促进,共同组织辅导讲座1次。"开门纳谏"征集问题78个,涉及环境整治、民生供暖、小区绿化硬化、政策咨询等问题全部整改完毕。征求意见23个,17项整改,剩余5项涉及活动用房、小区绿化等问题协调整改中。班子成员检视问题89个,立行立改。机关支部集中学习27次,39名党员检视整改180个问题。各社区集中学习50余次,检视整改200余个问题。送学上门100余人次。依托流动党员中心,组织流动党员开展座谈1次、集中学习1次,赠送学习资料50余套。严格落实"三会一课"制度,如期召开民主生活会、组织生活会及民主评议党员大会。对社区落实党内政治生活开展情况随机抽查、专项检查各1次。严格按照党员发展程序,新发展非公有制企业预备党员2名,入党积极分子10人,组织32名入党积极分子参加社会实践活动。按期收缴党费,2019年收缴党费34217.5元。打造街道、车站东街社区、车站西街社区党群活动服务中心。辖区5个小三级党组织,组织开展老党员讲党课、红色文化学习、庆祝党的生日文艺会演等各类活动10余场。

【民生工作】解决美心花园铁建家园吃水、供暖问题等影响居民生活起居问题4个,建成三角线为老食堂1处,依托为老食堂为700多位老年人每人每年办理价值200元的惠民卡。解决市长热线居民反映问题23条,处理小区环境卫生类700余个问题。

【统战工作】建立"三级网格两级责任制"宗教工作体系,设专兼职干部9人。着重加强对党外干部和少数民族干部的培养和任用,街道少数民族干部占干部比例的30%以上。

【地区经济】协调对接中石油内蒙古分公司等企业,完成各项主要经济指标。街道社会消费品零售总额完成28.4847亿元。

【人大工作】组织人大代表依法履职,反映辖区居民需求。结合实际开展各类调研工作5次,提交建议5条。打造人大代表之家,建设社区人大代表联络站。在辖区推行民生事项票决制,收集民生事项,畅通居民反映问题的渠道。

【环境综合整治】以"三城同创"为契机,做好环境综合整治工作,召开例会26次,现场调度会10次,开展联合执法16次、专项整治8次。落实"门前三包",基本消除卫生死角。清理各类垃圾1762车5540吨。清理主次干道小区、街巷各类不规范广告3500余处,处置各类案件1万余件,处置率为98%。维修道路沥青面约1200平方米,便道约900平方米,台阶约200延长米,改造污水井150个。做好垃圾分类宣传和动员工作,组织各类宣传活动

20余场,发放宣传品5000份。安装智能垃圾分类箱6个,完成20个小区、7个公共机构的分类垃圾桶的配备。倡导辖区居民文明养犬。打造道北一小区为精品小区。落实“河长制”,做好小哈拉沁河道公主府段清淤工作,保证河道清洁及防汛安全。对300余家小餐饮进行集中整治,全面实行4D管理模式,实行小餐饮的明厨亮灶,做好创建食品安全城市的宣传工作。

【平安建设】加强党管武装、安全生产、信访等各项工作。在册38名个访人员和金泰商场群发事件持续关注,协调个访解决上访诉求,从根源上解决实际问题。在中华人民共和国成立70周年和中共十九届四中全会召开期间做好辖区驻地和重点人员的稳控工作,未发生非访事件。针对房地产领域遗留问题,开展摸底工作,摸排7个小区。

【自身建设】利用铁路部门移交回的车棚打造中山里居民服务用房,在道北五小区内改建三角线社区活动用房,协调回车站小学用房1000余平方米,打造电前社区党群活动服务中心。打造三角线办公用房1处,为老服务食堂1处及协调解决电前社区办公用房1处,打造具党建、职工书屋、人大之家为一体的活动室1处、职工活动场所1处。依托各类阵地开展文化活动20余场。

【重点项目】公主府岭秀阁项目基本完成,征收范围共涉及拆迁户204户,签订协议204户,其中安置回迁159户。地铁2号线轻工花园小区1号楼征拆工作涉及拆迁户24户,签订协议19户。“呼准鄂”项目征拆工作基本完成。呼和浩特白酒厂征拆工作征拆户数579户,完成入户登记417户。

【安全生产】组织辖区安全生产培训和排查,提高安全生产监管水平,确保辖区生产安全。排查重点领域发现隐患155条,按照要求限期整改完成136条,整改率90%,年内未发生一起安全生产事故。拆除铁路沿线硬漂浮物(彩钢顶)9处,约1000平方米。

【民政工作】完成2019年度低保续保的3次家庭收入核查,新增低保户9户11人,停发51户115人,发放低保金146.726万元,发放高龄津贴1320人次44.87万元,发放义务兵家属优待金19.9万元。慰问各类困难群体225户,发放慰问金7.03万元。城镇新增就业、失业人员再就业、困难人员再就业全部100%完成,辖区城镇失业率始终控制在3.8%以内,城乡居民医疗保险完成参保6067人。签订劳动合同情况,完成400份,完成全年任务的100%。劳动用工年审工作,全年任务100户,完成100户。为符合条件的社区老主任16人,按时发放老主任补贴6210元。对2例精神病患者实施住院救助。为社区安装14台药具免费发放机,定期维护药具系统,坚持对2436名育龄妇女发药,坚决杜绝过期药品的产生。

【清洁燃煤替换】通过设置燃煤置换点和排班发煤工作小区的方式,加强政策解释查扣私自销售原煤,不间断巡查整治等措施,保障平房区、门房、车棚、商户499户停止使用传统炉具和原煤,替换使用清洁炉具、清洁燃煤。补发炉具20套,发放燃煤140余吨。

【扫黑除恶专项斗争】召开7次党工委会议、专题推进会议7次,结合中央督导组反馈意见做好整改工作。全面细致摸排黑恶势力和扰乱社会秩序的重点人员,排查出涉黑涉恶线索6条。组织开展各类活动集宣传10余次,发放宣传资料、宣传品1.4万余份。协调驻区银行、商场等单位利用LED屏幕滚动宣传12处,住宅小区制作固定宣传栏60处,小街巷制作宣传展板及固定式蒙汉双语标语17处。

中山东路街道办事处

【中山东路街道办事处领导名录】

书　记　张俊秀

主　任　云　娜(女,蒙古族)

人大工委主任　张利英(女)

副书记　富永平(蒙古族)

纪工委书记　武　昭

副主任、武装部部长　吕志强

副主任　赵　玮(女)

【概况】呼和浩特市新城区中山东路街道位于首府中心地段,东起呼伦南北路、西至锡林南北路、南起健康街、北至车站东街,辖区面积1.2平方公里,下设4个社区居委会,人口约2万人,是集商贸、金融、文化娱乐休闲为一体的繁华区域。辖区内有商务楼宇20余幢,入驻企业达500余家,包括维多利、金翡丽等多家国内外知名企业,驻有自治区人大常委会、新华社内蒙古分社、自治区民政厅、自治区卫生厅等20余家厅局级单位。1—12月完成社会消费品零售10244万元。

【重点项目建设】民族时代广场项目已累计投资前期土地整理成本8亿元,办理2.9公顷国有土地使用权证,剩余1.4公顷2018年10月通过招牌挂竞得并取得成交确认书,规划设计方案通过市规划局专家评审会,并获市政府批准。施工现场局部工地基础开挖,局部基坑深度14米,基坑护坡桩全部施工完成,降水水位从原地面以下8米降至14米。施工单位中建一局进驻施工现场。金翡丽二期项目占地11.2公顷,建筑面积13万平方米,计划总投资8亿元,预计2021年完工,已办理土地招拍挂,土地出让手续,正在办理工程规划许可证。

【党建工作】召开党建专题会议15次,建立街道领导干部联系社区、非公企业党建指导员制度。推行"三+"工作模式("宣传+教育""预防+提醒""督查+问责"),力促干部作风大转变。组织集中督查10次,发出各类通报10期,点名道姓通报10人(次),整改、纠正问题4个,纪律作风提醒谈话7次。街道社区干部参加2019年度全国社会工作者职业水平考试,度获得中级社工师资格4人,初级助理社工师资格2人。邀请内蒙古党校教授作专题党课培训。召开街道主题教育研讨会6次。开展全体党员重温入党誓词、"两优一先"表彰先进、庆祝新中国成立70周年大型文艺会演、举行升国旗仪式、召开警示教育大会、参观庆祝新中国成立70周年内蒙古主题展览等专题教育活动。举办"不忘初心牢记使命”——庆祝中国共产党成立98周年主题党日活动，组织街道全体党员干部开展为期一天半的主题党日活动和户外拓展训练。根据新城区委第四巡察组对街道巡察的反馈意见，制定《中山东路街道党工委关于新城区委第四巡察组巡察反馈意见的整改方案》，收集到78条问题，解决巴彦塔拉小区等临近4个小区、中医院宿舍、人民路门脸商户共计3处“用水难”问题，安装水箱和二次加压设施；协调解决维修供暖管网5处；解决煤炭厅小区、医药公司等小区天然气入户问题；在团结巷设立环保公厕1处，累计解决民生问题59件。

【文明养犬】入户摸排小区犬类数量和种类，与狗主人签订《文明养犬承诺书》，发放文明养犬宣传材料1100余份，制作文明养犬宣传展板50块、横幅30条。新建“狗狗公厕”9座，配备工具箱（内含夹子、铲子、塑料袋、塑料手套、报纸等），为260只登记在册的狗定制嘴套、狗链、狗绳、狗牌，在小区的宣传栏设立“文明养犬红黑榜”。加大联合执法力度，收缴犬只，按流浪狗处理移交公安机关。

【城市环境综合整治】对辖区8条主次干道、13条小街巷、52个住宅小区的积存垃圾、楼里楼外乱堆杂物、墙体乱贴乱画等进行彻底清理，清理小广告千余条，倾倒垃圾300余车。处理市长热线38条，“12319”城市热线56条，市督导案件80余件，数字平台案件860条，处理2014—2016年积压案件166条。推进垃圾分类工作，开展垃圾分类宣传活动近10场，制作垃圾分类图版50余块，投放垃圾分类箱82个，开展垃圾分类小区4个，投放智能分类垃圾箱4套，垃圾分类桶137套。在辖区范围启动居民取暖清洁化工作，改造炉具20多个。环境整治长效管理方面，巩固城市环境综合整治成果，街道和区下派城管、市场监督、建设、环卫、公安等8部门进行“1+8”联合执法，由街道牵头，协调8部门每周开展2次联合执法行动，主要针对店外出摊、油烟噪音、车辆乱停乱放等方面进行综合执法行动，开展城市环境联合执法行动148次。对人民路32个商铺张贴广告、乱堆杂物进行执法清理；对21个饭店餐厨垃圾乱堆乱放、38家餐饮食品存放及后厨卫生问题进行警告并下达整改通知书；对人民路道路两侧237辆乱停乱放机动车进行处罚，对中山路、人民路共享单车乱摆乱放问题进行规范；查处小区乱倒装修建筑垃圾20余处，拆除违法乱建9处；与辖区内251家餐饮商户全部签订《餐厨垃圾收运协议》，安装油水分离器和油烟净化器100%。小饭桌摸底调查等级建立台账31家，新发放食品安全备案登记证31家，培训小饭桌负责人31人；取缔不符合经营条件的小饭桌2家。取缔食品黑作坊3家、流动食品摊贩2家；修剪辖区树木共180棵，为小区及沿街花箱种植大量鲜花；保障辖区18个公厕维护洁净有序良好运行；对辖区内餐饮油烟噪音污染和燃煤炉违规使用情况、污染情况、在建工地等环保达标情况等进行地毯式排查，发现问题及时落实整改。引进专业化物业管理企业对改造后的老旧小区进行管理，完成25个小区物业公司入驻，实现物业管理全覆盖。

【社会救助】有低保户76户、105人,发放低保金611346元。新增低保户4人,停发11人。特困人员新增(低保转)3户3人,有特困人员9户9人。享受80岁以上老年人高龄津贴人员1077人,前三季度发放889100元。47位低保残疾人享受低保残疾人生活补贴,1—11月发放142128元。采取政府购买服务的方式对低保边缘人员等弱势群体给予帮扶,完成医疗救助8人次8811元。完成辖区退役军人采集信息工作。为辖区退役军人上门悬挂光荣牌,成立街道及社区退役军人服务站5个。

【劳动保障】开展就业指导工作,完成新增就业目标任务560余人、创业计划21家、创业培训18人、就业见习基地3家,确保城镇登记失业率控制在目标以内。做好就业创业政策宣传和技能培训,引导就业困难人员、下岗失业人员及未就业高校毕业生实现就业。新申请“4050”的33人,审批“4555”36人,为辖区89名“4858”人员办理申领失业金手续。做好城乡居民养老保险享受待遇人员登记核实工作,70岁老人享受居民养老11人,基础缴费人员161人。城乡居民医疗保险参保人数323人。劳动用工年审160家,调解劳动仲裁案件2件,通过仲裁处理案件1件,涉及人员17人。

【卫生健康】辖区总人口17163人,总户数8552户,已婚育龄妇女2184人。2019年出生婴儿20人,其中一孩12人、二孩8人。推进卫生健康教育宣传促进工作,通过打造健康小屋、设置展板、固定宣传栏、灵活展板及草坪小牌等宣传卫生健康常识,利用健康小屋、健身房、书画室等场所持续开展各类健康倡导活动,达到健康教育宣传专栏在辖区居民小区全覆盖,健康知识普及率和青少年健康行为形成率大幅提升。全面掌握18户计划生育特殊家庭信息及动态,做好特别扶助对象帮扶工作。

【综治维稳】推进“扫黑除恶”专项斗争,组织召开专题会议12次,细化工作方案与联动机制,采取入户走访、街头宣传等多种形式加强宣传,发放宣传单、党员倡议书1000余份,问卷调查6000余份,宣传手册300册,悬挂标语28条,LED电子显示屏15处,公交站专栏8处。畅通举报渠道,在公众号、门户网站设立举报平台、线索举报箱、公布举报电话等,随时受理群众的线索举报。

【安全生产】与4个社区和80个驻区单位签订《2019年安全生产目标责任书》。强化监督检查,加大巡查力度,领导带头深入辖区检查指导,及时解决安全生产的重大问题。重点就存在的消防安全隐患、人员密集场所、车辆维修企业、在建工地、危险化学品等重点领域安全生产问题进行深入督查检查。加强安全生产宣传教育,普及安全法律法规知识,增强辖区群众安全生产法治意识。2019年辖区安全生产情况成稳定性状态,无安全生产事故发生,无人员伤亡。

【文体活动】建成街道综合文化站一家,获得市级一级文化站称号,室内面积680平方米,配套室外活动广场810平方米,所辖4个社区综合文化服务中心均达标。组织辖区内各项文化惠民演出活动,在传统节日、纪念日期间,组织开展好群众身边的喜闻乐见的文化活动,开展“我们的节日”文艺演出、各类讲座等系列活动。组织辖区文艺队参加新城区第十二届中老年合唱大赛,获得第四名;开展新城区“壮丽70年 辉煌新中国”群众文化活动展演。组织新华社区晚情艺术团赴黄河少镇参加公主府桃花节文艺会演。

海拉尔东路街道办事处

【海拉尔东路街道办事处领导名录】

书　记　吴　琼(女,满族)

主　任　赵占英

人大工委主任　刘全凰

纪工委书记　宋　岩(女)

副主任　李爱东

副主任、武装部部长　刘洪波

专职宣传委员、党政综合办主任　穆锡金

【概况】海拉尔东路街道位于新城区西北部,总面积9.98平方千米,地区总户数28884户,总人口数72134人,由蒙古族、汉族、回族、满族等19个民族组成,有驻区单位31家,具有驻军、驻警和大、中专院校较为集中的特点。街道机构改革后内设科室5个,分别为党政综合办公室、基层党的建设办公室、社会事务办公室、平安建设办公室、城市管理办公室,二级事业单位党群服务中心1个,承接行政许可、行政给付等权力事项7项,便民服务事项33项。在岗干部职工198人,编制内131人,其中行政编制8人、事业编制123人、聘用制14人、公益性岗位53人。下辖内工大社区、八一路社区、公主府社区、气象局东巷社区、长海社区、体校巷社区、哲里木路社区、军区社区公安厅社区9个社区,其中4个社区党委、5个社区党总支,下设共28个党支部,1个机关党支部、6个非公有制企业和社会组织党支部,管理服务党员1237名。

【经济指标】固定资产投资1—11月完成10489万元,社会消费品零售额1—11月完成52766万元。第四次全国经济普查工作7月结束,排查法人单位898家、个体户2161家。

【党建工作】强化党风廉政建设。街道将履行主体责任与全局工作同部署、同落实,完善党工委议事决策制度、“三重一大”制度。召开专题会议学习研究党风廉政建设新思路、新要求,多措并举扩大警示教育影响力。3—5月接受新城区委第七轮巡察,针对六大方面11个反馈问题形成整改措施33条,修订制度7项,以建章立制巩固整改成果。开展民生领域专项整治工作,推进“三务公开”工作,明确民生领域职权清单28项,聚焦5条民生领域突出问题制定相应整改措施。“学习强国”平台注册激活用户654人,微信公众平台发布学习内容百余期。“开门纳谏”“推门纳谏”“登门纳谏”等方式广泛收集民情民意百余条,归类总结20条,及时答疑解惑,解决难点,整改落实。开展各级各类主题教育学习25次,参观廉政展厅、主题展览、唱响红歌和组织爱国观影。开展两级党组织主题教育座谈交流会17次,240余名党员干部参与其中,700名党员通过测试检验学习成效。

抓检视问题,深入调查研究,走访调研部门、问题点位20余次,召开座谈会3次,整理调研问题20余条,分析汇总意见建议169条,归类整理35条问题,均整改到位。发展党员2名,确定入党积极分子6名,在考量发展对象的年龄、性别、民族等要素的同时有计划地向"两新"组织倾斜,优化党员队伍结构。对辖区内300余家非公有制企业及社会组织建档立册,指导协助永泽建管党支部、胜利教育党支部提升精品示范水平,实地考察并严格流程批复内蒙古铁甲护卫保安服务有限公司党支部及内蒙古鸿一格商贸有限公司党支部成立,对新接管的巨华党支部大力指导推动。深入推进区域化党建工作。

【统战工作】开展宗教政策、法律法规集中培训2次,180人次参加。

【人大工作】以民生实事项目人大代表会商制试点工作为抓手,全力为居民办实事解难题,2019年完成地震局小区二次加压水泵维修改造、市建小区安全技控安装、海小家属楼及印刷厂小区墙体美化、军区社区国防教育展厅建设4个项目。

【棚户改造】团校巷棚户区改造项目占地2.7公顷,建筑面积7万平方米,涉及住户238户,一期回迁工作顺利完成,210户回迁居民喜迁新居,二期项目现进入土地招拍挂程序。满族风情城棚户区改造项目占地8.67公顷,建筑面积32万平方米,涉及拆迁户483户,签订协议393户,剩余90户,主体楼栋完工封顶,进入后期入住工作研究阶段,预计2020年6月全面达到交工条件。

【社区建设】提升改建长海社区满世书香小区1000平方米党群活动服务中心。打造八一路社区为科普服务型社区,针对社区弱势群体多、老旧小区多、矛盾纠纷多等问题拓展服务功能,推动"人民、行政、司法"三位一体特色调解工作落地。对军区社区党员活动之家升级改造,突出双拥特色,彰显国防文化。整合规划内工大社区活动用房,立足社区现状打造就业服务中心,提供就业指导专项服务。体校巷社区新增呼和佳地小区300平方米活动场地,推动小区党支部阵地建设。完成街道及9个社区党群活动服务中心挂牌,打造9个特色小区便民驿站。

【民生服务】街道现有低保服务对象198户300人,困难救助边缘人群160户,发放重度残疾人补贴380人、困难残疾人补贴120人,对34户困境儿童摸排登记,跟踪服务23名百岁老人、空巢老人、低收入老人,为1607名80岁老人发放高龄津贴,为试点社区800名60岁及以上居民办理居家养老补助卡。街道年均服务社会保障服务对象3.5万人次,2019年办理社保补贴1228人,核准就失业情况1424人次,服务养老保险对象634人次、医疗保险对象3.1万人次,用工年审备案企业300家,调解劳资争议案件10起。为52户失独家庭、独生子女伤残家庭进行跟踪服务,为238户独生子女家庭发放独生子女费。

【退役军人服务】以高度政治责任感强化双拥建设,设立9个退役军人服务站,服务优抚对象,悬挂光荣牌。对于就业困难的退役军人提供就业创业扶持、公租房申请和公益性岗位申报,3 人通过政策帮扶解决基本生活问题。

【助推“三城同创”】街道进一步细化、量化创建工作,积极发挥报刊、网站、微信平台宣传作用,广泛发布工作亮点、模范事迹、工作经验等信息 3300 余条。发挥街道“百姓宣讲团”“党员志愿者宣讲团”及道德模范、身边好人的带动作用,大力弘扬社会主义核心价值观,开展未成年人思想道德建设、全民文化教育、学习雷锋志愿服务等活动,组织完成创城入户满意度测评工作。举办创建国家卫生城市知识专题讲座,安装健康教育、“创卫”知识宣传栏 120 余处。2019 年处理各类城管平台案件 1100 余起,出动机械车辆 930 余车次,人员 2120 人次,清理垃圾近 2000 吨。解决辖区私搭乱建、排污不畅、杂物堆放等问题 10 个,通过硬化绿化改造橡胶厂平房等 4 处边死角,对辖区 7 家便民市场开展联合执法清查,规范整治长城便民市场、兴安路便民市场为市级示范市场。

【法治建设】健全法治建设工作体制,充分发挥人民调解工作在维护社会稳定中的“第一道防线”作用,开展矛盾纠纷“大排查、大调解”,30 名人民调解员灵活运用“掌上调解”信息平台,调解各类矛盾纠纷 47 起,解答法律咨询 38 人次。引进 1 家专业律师事务所开展签约式法律服务进社区工作,不断提高依法行政、依法办事、依法管理水平。

【网格化管理】街道与内蒙古气象局、内蒙古公安厅、内蒙古人防办、内蒙古工业大学、呼和浩特市民族学院等 31 家综治成员单位构筑社会治安综合治理联动体系。建立信访人员网格化管理台账,实现建档入户、沟通调解、司法援助、问题化解及底线保障的矛盾化解机制。2019 年通过就业支持、申办公租房等方式解决 5 名信访重点人员生活难题,签订息诉罢访承诺书 14 份,提升矛盾化解能力。受理信访案件 12 件,及时受理率和按期办结率均达到 100%,实现“阳光信访”。

【扫黑除恶专项斗争】召开扫黑除恶专项斗争相关学习、专题会议 20 余次。结合中央扫黑除恶第 15 督导组督导反馈意见深刻剖析,整改提升。建立 4 支宣讲队伍(百姓宣讲队、路长宣传队、网格宣传队、群防群治宣传队),实现“六个全覆盖”(街巷、居民小区、公共场所、社区活动站、驻区单位、非公有制企业及社会组织)。围绕扫黑除恶专项斗争开展调查问卷入户活动,发出问卷 879 张,收回 833 张,有效收回率达 95%。深入城郊接合部、农贸市场、娱乐场所等黑恶势力容易染指的区域,全面摸排收集涉黑涉恶案件线索 8 条,经研判 6 条治乱问题派发司法所、派出所处理,2 条涉恶类上报新城区扫黑办。针对辖区房地产领域、金融领域乱象问题全面动态摸排,分批次报送辖区房地产遗留问题项目小区 33 个 1.2 万户(商品房类 13 个、单位公产房 9 个、军产房 11 个)。呼和佳地、公主花园等 5 个小区办理大产权,2 个小区开始办理个人产权。

【环境整治】辖区有主干道 8 条,小街巷 18 条,个体商铺 3948 家。推进改革工作落实和执法力量下沉,创新提出“三周五册”工作法(“三周”即周调度、周巡查、周汇总;“五册”即督导问题台账、媒体曝光台账、跟踪问效台账、机械派遣台账及会议记录台账),逐步形成顺畅、高效、规范的环境综合整治工作模式。2019年处理数字化城管平台案件、网格化案件、“12319”市政案件等10302件,平均处置率99.96%。

【污染防治】做好病媒生物防治消杀,夯实创卫工作基础。开展大气污染治理,对无集中供暖的蔬菜公司、木器厂、团校巷等5处约4500平方米、涉及84户220名居民的平房区精准摸底,进行燃煤清洁化改造。妥善处理中央环境保护督察组反馈的噪声扰民、油烟排放、粉尘污染等环境污染案件16起,环境保护成效与居民满意指数同步提升。压实河长制责任,开展全国第二次污染源普查,对辖区6处水源井、8处自备井进行定期核查。

【小区管理】推进准物业服务管理小区市场化运作,除原有物业、单位管理、居民自管的90个小区外,27个无人管理小区引进专业物业公司入驻,辖区小区全部实现物业有人管、服务有响应。配合区物业局对小区开展监督管理,通过定期走访列出问题并落实整改。2018年审核发放准物业管理政府奖励金1215202.97元,2019年补助金964084.76元。按照市、区两级生活垃圾分类试点工作要求,广泛开展垃圾分类宣传动员,在城市维也纳、凤凰新城、草堪院等17个小区安装分类垃圾桶122组423个,生活垃圾分类工作初步运行。

【安全监察】开展安全生产宣教活动,开展黑加油点、非法废品收购站、校外小饭桌、各类市场、建筑工地等专项整治23次,每季度组织开展校园安全大排查及冬春安全生产百日大检查专项整治行动,检查390余家企业、单位,清理消除1000余条安全隐患,年内无一例安全事故发生。

【其他工作】街道工会联合会推进113名在册登记会员的职工医疗互助保障工作,核查困难职工档案,开展“倾情礼赞新中国、巾帼奋进新时代”“低碳环保、骑乐无穷、携手创卫”等公益活动。街道妇联深入社区走访慰问困难妇女,推选“最美家庭”。街道团工委完成171名毕业生团组织关系转接,2019年获得市级先进团组织荣誉。街道武装部开展专武干部集训、民兵组织管理、征兵宣传审核等工作,街道基干民兵在防汛和应急突发工作中发挥极大作用。

东风路街道办事处

【东风路街道办事处领导名录】

书　记　栾世强

主　任　周　成(蒙古族)

【概况】东风路街道办事处辖区位于呼和浩特市新城区中东部。北依成吉思汗大街,南沿新华东街,西邻兴安北路,东至展览馆东路,总面积9.2平方千米。街道下设党政办、社区办等14个科室,辖兴安北路、海东路、丽苑、祥园、东影北街、芳汀花园、光华街、昭君新村8个社区居委会,56家驻区企事业单位。2019年街道有户籍人口4.6万户10.6万人,其中少数民族人口1.83万人,占总人口17.2%。辖区非公有制企业发达,居民住宅小区密集,大、中、小学和文化部门较多,文化氛围浓郁,是新城区文化、非公较发达的地区之一。核定的街道职能6个部门,安监站、物业办、城管科、社保所、经委办、社区办,在实际工作中,还有党政办、纪工委、综治办、卫计科、文化站、精神文明办、民政科等,共14个科室。有干部职工166人,公益性岗位43人,社区民生志愿者3人。在职干部人数中,行政编制(公务员)7人;事业人员123人,区招聘用人员36人。

【党建工作】加强党工委班子自身建设,深入开展主题教育。街道创新学习教育模式,将"标准套餐、自主选餐、特色加餐"与个人自学、集中学习、现场教学相结合,满足党员学习多层次、多类型需求。变"开门纳谏"为"推门纳谏",党工委书记带头走进居民小区,面对面解决居民问题。通过设立党员示范岗、志愿服务模范岗、集体签订公开承诺等方式,教育引导党员立足岗位,履职尽责。党工委聚焦重点工作,列出问题清单,制定整改措施,明确责任分工,坚持"边学边查边改",逐个对账销号。发放征求意见表800余份,召开征求意见座谈会9次。

【"扫黑除恶"专项斗争】成立8支"扫黑除恶"专项斗争法治宣讲小分队,强化宣传发动。与市公安局扫黑办和市电视台联合在阿尔泰游乐园开展"扫黑除恶"专项斗争宣传周启动仪式和文艺演出,并同步在"青城眼"手机APP直播,扩大宣传范围。

【环境综合整治】以清理积污、完善设施、优化制度为主要措施,清理边死角及地铁围挡、交通护栏、环卫设施、果皮箱等,保障市民出行环境。建立街道、社区、物业公司三级联动机制,健全违建巡查上报制度,拆除违章建筑329处。与城管六中队、食药所、工商所、派出所、交警中队等职能部门组成联合执法队伍对便民市场和小区私搭乱建、占道和店外经营户、店内脏乱差经营户每周进行执法。规范物业管理,实行物业企业规范化管理,根据居民反映强烈的问题,解决民生诉求,

【为民服务】围绕"服务居民"工作理念,解决居民难题。按照年初确定的工作思路,结合民生实施项目人大代表会商制试点,解决双安公寓、农发行楼、电缆厂南北楼、交通设计院、新教小区居民吃水难问题。增加雅苑新居、城建小区、昭君新村、新舒园小区运动健身器材,打造祥园社区精品示范社区。征拆完成兴润市场,处理房地产领域重点督导案件6件。新建光华街为老服务中心并投入使用。在"3·29"事故发生后,第一时间成立应急指挥部,组织小区居民撤离现场,并在周边进行安置,落实居民住宿、餐饮等问题,协调区政府及其他相关机构及时、快速解决事件后续事宜。

迎新路街道办事处

【迎新路街道办事处领导名录】

书　记　刘　鹏(3月离任)
　　　　张继峰(5月任职)
主　任　张继峰(5月离任)
副书记　张国俊(蒙古族)
副主任　李　颀

杜昕钰(女)

【概况】迎新路街道办事处成立于1986年,位于新城区东部,辖区东至机场路连接线,西以展览馆北路构件街为界,南至新华东街,北部与成吉思汗街道一家村接壤。包括自治区政协、市政府、教育厅、内蒙古博物院、乌兰恰特大剧院、科技馆、火车东站等多家驻区单位。街道辖区面积约14平方公里(包括城郊接合部),地区常住人口总数56292人。街道办事处下设6个社区居委会,团结小区社区居委会、如意社区居委会、人和社区居委会、展北社区居委会、新春社区居委会、水岸社区居委会。在职工作人员119人,在职在岗人员114人,在册党员546人,职工党员88人,居民党员、非公党员共计458人。街道党工委下设1个机关支部、1个社区党支部、4个社区党总支、1个社区党委和6个单独建立的非公党支部的非公企业。

【党建工作】迎新路街道党工委以党的创新理论武装头脑,围绕党建工作专题研究4次,开展中心组学习10次,开展"守住初心、收获幸福"书记讲党课活动。街道、社区联合非公企业开展庆"七一""不忘初心、牢记使命"主题教育,"不忘初心、牢记使命"主题消夏晚会、参观调研等党建活动50余次。推进街道党风廉政建设和反腐败工作,街道党工委书记作为党风廉政建设第一责任人。按照"一岗双责"工作要求,班子成员抓好职责范围内党风廉政建设,开展民生领域专项整治工作,继续整治"四风"问题,落实中央八项规定精神实施细则。针对区委第三巡察组巡察反馈的意见,制定整改方案,召开巡视整改专题民主生活会。执行民主集中制,进一步规范重大决策、重大项目、大额度资金使用等问题。开展"清风干部"评选工作,落实"三会一课"、党组织书记述职述廉制度。推行区域化党建共建工作机制,街道党工委与内蒙古教育厅机关党委、市教育局机关党委、市生态环境局机关党委、鸿德学院、市艺校等驻区单位开展志愿服务、"三城同创"主题实践大型活动。与公交三公司、裕阳监理公司开展"不忘初心、牢记使命"主题党建共建活动。

【民政工作】5月,完成全部低保在享人员保障标准的调标及补发工作。年内发放低保金168566元。通过续保审核、入户了解、社保核查,对违规的24户实施停保。按照上级"三务公开"要求,街道及6个社区设置公开栏举报箱及举报电话,及时公开相关事项,提高群众参与度知晓率。

【社保工作】完成新增就业416人,就业困难人员再就业104人,下岗失业人员再就业187人。健全台账和人员花名,确保城镇登记失业率控制在3.6%以内,新申请就业困难人员审批104人。不定期组织辖区未就业人群和高校毕业生参加全市各类劳动用工招聘会活动,组织相关创业培训。备案、摸底、核实辖区460家企业劳动合同。设立配备医疗专用设备参保、续保核定、卡信息录入、打印医疗保险证"一站式"窗口服务,医疗保险每项业务实行即办即结。

【卫计工作】制作健康教育展板,做好新系统的信息更新,完善录入、使用工作。

开具独生子女证明、办理独生子女证、流动人口婚育证、生育服务登记证明等业务全部实行网上办理。及时发放独生子女费，建立工作人员和特扶对象“一对一”联系制度。辖区内设置提供免费领取标识的计划生育药具自取箱5个，药具自助发放机4台。7月初，对辖区药店、诊所、卫生服务站等设有B超设备的场所进行全面摸排，辖区有药店、诊所和医疗机构36家，全部签订《禁止非医学需要胎儿性别鉴定和选择性别人工终止妊娠行为责任书》。

【安全生产】完善街道安全生产管理网络，明确分工、落实责任，建立24小时值班制度、领导带班制度、巡查制度和安全生产事故报告制度，确保信息畅通，应急管理措施得力。通过自查或与上级安监部门联合，对辖区的宾馆、网吧、KTV、超市、建筑工地、学校、加油站、加气站(点)及老旧房屋、酒店、餐饮以及人员密集场所进行逐一排查。组织5次安全生产大检查。

【公共文化服务及精神文明】举办庆祝中华人民共和国成立70周年大型活动1次。街道社区举办各类节庆活动30余次，文化惠民演出进社区3次，全民健身进社区活动4次，干部群众参加人数达到上千人次。组织各类志愿者队伍参加新城区级以上文明旅游、诚信经营等创建文明城市宣传活动5次。开展道德模范、身边好人等先进典型推荐评选活动，推荐1人入围“青城好人榜”，申报“最美青城人”3人，其中2人获得道德模范荣誉称号。组织和参与道德模范基层巡讲活动1次。街道、社区市民学校组织文明礼仪、心理健康等相关讲座36次。街道社区与公交三公司、市三十八中学及各级文明单位开展各类志愿服务活动50余次，参与志愿者达500人次。

【退役军人服务】街道和社区两级退役军人服务站4月正式挂牌成立。建立健全退役军人信息台账，为烈属、军属和退役军人等家庭悬挂光荣牌。“八一”建军节期间，街道组织开展退役军人慰问会，征兵期间主动上门动员，集中组织应征青年体检，使广大适龄青年积极踊跃应征入伍。

【宣传报道】上报各类信息520余条。在今日头条发布信息201条，新城区政务平台报送信息506条，微信公众号报送信息492条。加强典型对象和动态信息的报送，在《呼和浩特日报》《呼和浩特晚报》及《青城眼》栏目对街道环境综合整治的亮点工作进行14次宣传报道。

【为民服务】5月15日，街道、社区协调供排水公司开工新建二次加压泵房，同时协调供热公司与新城供电分局办理暖气入网和电入网的手续，为改造完成后及时投入使用提供保障。8月16日，自来水加压泵站正式建成并试运行，彻底解决油泵小区、新家园小区的吃水困难问题。团结小区北区自来水加压泵房，经过街道积极协调，建成并投入使用东区、西区两个二次加压站，北区二次加压站建设中，待自来水加压设备进场安装完成后可投入使用。打造人和小区、新家园小区垃圾分类试点。提高生活垃圾处置管理水平，其他小区将借鉴经验逐步进行推广。

【环境卫生、城市综合治理及物业管

理】街道接收数字城管平台、智慧城区网格化平台、“12319”平台、指挥部案件、督导组案件及社区发现问题3727件,全部处理完成。开展文明养犬宣传活动,张贴海报3000余张,发放宣传页2000余页,发放安全狗嘴套约300个,树立文明养犬标语牌约100个。联合下沉部门对辖区内的商户每月定期开展2次联合执法行动,共开展各类“夜查”、联合整治行动27次。爱卫月期间,街道、各社区、驻区单位开展宣传咨询活动,悬挂横幅25条,发放宣传资料2000份。清运垃圾5896吨,清理小广告1057处。拆除违建20处、清除私自圈院10处,开展整治活动10次。收到派单案件1443件,处理1368件。3月,组织驻区单位和各社区对容易滋生“四害”的场所进行彻底清理、整治。联合爱卫办聘请专业消杀人员对居民区蟑螂集中的楼宇进行彻底消杀。水岸社区的锦绣园小区和如意社区进行绿化工作。严格开展公租房申请登记工作。1月,新家园小区作为试点开展垃圾分类工作,辖区内有小区28个,开展垃圾分类小区17个,投放垃圾分类桶709个,占辖区内居住小区总数的50%。10月初,对部分小区配备智能垃圾分类箱,宣传新型智能垃圾分类箱,倡导业主主动分类并准确投放。改造老旧小区新苑小区、电建二公司平房区、电建小区,修整小区路面、地下管网、墙体。

【扫黑除恶专项斗争】召开扫黑除恶专项工作部署会议16次,设立固定宣传专栏、宣传展板298处,大型墙体喷绘布(条幅、墙体书写)145处,流动宣传展架18个,悬挂道旗80余处,户外LED屏10处,张贴宣传海报、发放宣传折页及宣传资料2.26万余份,致居民的一封信2.3万余份,宣传手提袋12600余份,入户调查问卷3万余份,彩页、纸巾盒、台历等宣传品6000余份,设立8个线索举报箱。开展扫黑除恶各类宣传活动52次,通过各类平台发布扫黑除恶宣传信息228条,阅读量12500余次。开展“四结合”线索摸排新模式,排查出案件4起,涉案人员8人。2起由刑警队按其他犯罪办结起诉完毕提交检察院。另2起其中1起是团伙故意伤害案件,已起诉,由于材料不充分被检察院退回,派出所通过补增材料再次起诉。另外1起赌博案件,已送交至检察院。排查辖区重点区域,大力开展治乱行动,从6月至年末“黄赌毒”打击处理案件12起,处理违法行为人23人,拘留4人,罚款8人,拘留并处罚款11人,办理吸毒案件1起。对照中央督导组指出的6个方面30个问题和11个重点案件,街道认领6个问题和6条信访反馈案件,研究形成6条具体整改措施。至年底,6项整改措施全部落实。

成吉思汗大街街道办事处

【成吉思汗大街街道办事处领导名录】

书　记　秦贵智

主　任　寇海民

人大工委主任　郝　锐

副主任　李那拉(蒙古族)

李培智

武装部部长、副主任　杨邵斌

党政综合办主任 徐海涛
毫沁营村委会(第一书记) 刘　涛
劳动保障事务所所长 李　飒(女)
宣传委员 杨建光
纪工委书记 云　瑞(蒙古族)

【概况】成吉思汗大街街道办事处位于呼和浩特市东北部,东与赛罕区巴彦镇相连,西与回民区攸攸板镇接壤,南至大青山脚下,北与武川县相邻。街道辖13个行政村、2个社区,5个村改居社区。2019年,街道认真贯彻落实中共十九大和十九届二中、三中、四中全会精神以及习近平总书记考察内蒙古重要讲话精神,围绕全区中心工作,扎实苦干、全力推进,圆满完成各项工作任务,街道经济社会发展实现新跨越。

【重点项目征拆】下新营棚户区改造项目,涉及拆迁7000余户。签订征拆协议3328户,完成总任务量的48%。完成金海路高架快速路东延伸段和东柜自然村的整村拆迁工作。东柜村征拆从方案制定到程序把控,从资金兑付到场地清理等各个环节均做到公开公正、及时有效、无缝对接。

【"两违"整治】出动大型机械14台(次),依法拆除卫片图斑违章建筑14处,违法建设现象得到有效遏制,一、二季度,辖区内首次实现违章建筑卫片图斑"零"增长。开展"大棚房""违建别墅"清理整治工作,拆除10家企业超标耳户91个,违建别墅4处6栋。

【环境卫生综合治理】开展"三城同创"工作。清理110国道、G6高速路两侧等重点路段以及城中村、城郊接合部、无人管理小区等重点区域各类垃圾近4万吨,清理科技城、天骄路两侧渣土山70余万平方米。开展食品药品安全城市创建工作。加大清理整治力度,组织多部门联合执法56次,对赛马场、金马市场等3个大型农贸市场以及"六小"行业进行集中整治,规范整治商户380家、"小饭桌"117家。全力开展文明城市创建工作。联合辖区企业,开展为期1个月的文明劝导活动,涉及交通安全劝导、市民素质教育等。推进"厕所革命"。拆除旱厕225座,建成环保、公共卫生间285座。动员号召村民新建改造户厕800余个。开展垃圾分类工作。辖区各小区物业公司已签订垃圾分类工作责任书47份,在19个小区放置分类垃圾箱749个,智能垃圾回收设备15套、分类垃圾箱20个,所有小区垃圾清运车全部密封拉运。动员全社会力量开展清洁能源替换工作。不断加大污染煤管控力度,查处散煤销售点12处,查扣散煤149吨。置换无烟煤1.2万吨,配送清洁燃煤近8000吨,清洁燃煤使用率达到95%。

【土地确权】涉及确权的9个行政村,村民2429户、耕地1933.3公顷。前期工作全部完成,土地确权证陆续发放。

【农村产权制度改革】重点开展人口排查、清产核资、股权认定等工作。人口排查工作基本完成,清产核资进入后期账务处理阶段,各村制定集体组织成员认定方案,其中,哈拉更村完成股权方案认定。

【自然灾害防控】完成投资2000万元的哈拉沁沟应急防洪工程和投资30万元的姚家湾防洪加固工程,彻底消除哈拉沁、三卜树的洪灾隐患,极大地缓减哈拉沁沟下游以及北二环路周边的防洪压力,姚家湾村北侧排洪能力提升。加强森林防火工作。成功扑灭破庙村、哈拉沁沟森林火灾,确保周边群众生命财产安全。

【精准扶贫】开展扶贫对象动态管理,对一般农户中的常住户以及5000元以下收入的农户进行重点监测摸排。多项并举,开展精准扶贫。针对已脱贫仍享受政策的70户134人进行精准帮扶,确保稳定脱贫。开展"雨露计划""泛海助学行动"等助学活动,资助38户,42人,发放教育帮扶资金39.6万元,辖区贫困户没有因生活困难导致辍学情况出现。

【城乡社会救助】办事处享受低保对象352户569人,发放资金350.97万元。实施社会救助保障标准与物价上涨挂钩的联动机制,发放物价补贴1781人(次)。对因病造成基本生活出现暂时困难的15名低保、低收入家庭实施大病医疗救助。发放重度残疾人护理补贴7540人(次),发放困难残疾人生活补贴2823人(次)。累计发放80岁高龄津贴2756人(次)。

【社会事业】人民武装工作深入开展,街道和各村(社区)设立16个退役军人服务站,为退役军人提供服务。档案、团工委、工会、妇联、关工委工作稳步推进。文化事业蓬勃发展,举办春节、元宵节、送戏下乡义务演出及第四届广场舞比赛。参加全区职工运动会和"唱红歌"比赛并取得优异成绩。社区建设成效显著,铁路小区900平方米办公场所正在设计规划。完成第四次经济普查工作,对5048家企业进行登记汇总和上报。

【安全生产】加强辖区内10家烟花爆竹持证经销店的监督管理。推进火灾隐患整治工作,重点加强对辖区内餐饮住宿单位、物流园区、便民市场和木器加工企业的督促检查。开展"粉尘"污染专项治理,加强辖区内46家木器厂的监管执法,关停5家不符合安全生产条件企业。对辖区内关停的5家非煤矿山企业及辖区内的各条沟系进行不间断巡查。

【矛盾纠纷化解服务中心建设】建立"四心合一"矛盾纠纷化解服务中心,将综治、维稳、信访、司法调解等功能进行科学整合,让矛盾纠纷和信访问题得到"一站式"解决。强化重点人员管控,确保重大节日期间的安全稳定。完成各级两会以及新中国成立70周年庆祝活动等会议期间的稳控工作。加强平安建设。加强校园及周边环境综合整治。坚持对刑事犯罪严打的高压态势,依法严厉打击各种严重刑事犯罪活动。开展禁毒、反邪教、金融诈骗等各类宣传活动30余次。

【扫黑除恶专项斗争】加强社会宣传,运用多种形式加强集中宣传与流动宣传。开展19场"扫黑除恶"专项斗争宣讲活动,听讲人数近1500余人,制作下发知识书册9000余册,悬挂画报、横幅1600余幅,利用现有和新建的28块LED屏,滚动播放宣传标语,发放致居民的一封信3万余份并将文件录制成音频,在人流量密集区域定时播放。各宣讲小分队开展宣讲活动259场。深入摸排挖线索,通过设置举报箱、开通专线电话,在信访大厅设专人接待群众来信来访。摸排沙霸、路霸、敲诈勒索大车司机等涉黑涉恶线索53条,办结49条,打击处理48人。建立线索研判例会机制,对问题线索进行及时研判。

【民主法治建设】完成区十七届人大代表补选工作,依法选举产生人大代表1名。依法行政深入推进。开展法治学习、宣传等工作,机关行政人员全部参加自治区国家工作人员网络在线学习。聘请专业律师团队适时指导办事处相关法律事务,对外行政事务以及违章建筑拆除等执法程序进一步规范。

【"三务"公开】通过"三度一化"(增加参与度、扩大知晓度、提高透明度、工作规范化)推进"三务"公开工作提档升级,提质增效。按照要求,各村(社区)均重新建立"三务"公开栏,新增LED大屏幕、公开信息查询机,完善公开内容。

【机构改革】完成街道机构改革工作。按照自治区党委深化街道改革推进基层整合审批服务执法力量的工作要求,街道按照"5+2"(内设机构:党政综合办公室、基层党的建设办公室、社会事务办公室、城市管理办公室、平安建设办公室、党群服务中心和综合行政执法局)的机构设置制定方案,对现有的职能科室以及行政、事业、区招人员进行认真梳理整合,街道机构改革方案经通过上级审批,即将开展挂牌工作。展村级财务和机构人员配置改革。街道结合各村(社区)的实际情况,制定出台新的财务制度和村(居)务运行机制。本着"过紧日子"的原则,建议各村(社区)对办公开销、人员工资等经费较上年度整体下浮15%。对于机构设置乱,人员配置多的要整合机构,精减人员,推行工作人员公开竞争上岗,择优录取聘用。2019年,该项措施已在下新营村进行试点推行,街道将及时总结经验全面实施。

【党建工作】深入开展"不忘初心、牢记使命"主题教育。23个村(社区)、10个非公有制经济党组织有计划有步骤开展主题教育。组织召开中心组学习12次,邀请党校专家教授开展辅导讲座1次,开展集中研讨8次、党工委书记讲党课1次,将中国共产党成立98周年、新中国成立70周年庆祝活动与主题教育深度融合,组织全体党员开展爱国主义学习教育、重温入党誓词、观看《榜样》《利剑高悬》等警示教育片。深入基层广泛调研,形成高质量调研报告7份。征集党组织、党员群众对班子的意见和建议58条,党工委召开会议对意见建议进行集体"会诊",制定整改措施。深化组织建设,重点打造哈拉沁、三卜树、讨思浩、沙梁4个行政村以及一家村、南苑2个社区的党建阵地,建立专门资料室,档案工作进一步规范。在三卜树、沙梁新建一站式服务大厅,把服务延伸到最基层,方便老百姓办事。加强代洲营村和北苑社区两个软弱涣散基层党组织的阵地建设,北苑社区在玫瑰郡小区打造党群活动服务中心,代洲营村对办公场所进行提档升级。加强基层队伍建设,新发展党员14名。加强党建引领产业发展。以讨思浩"党建+合作社"和塔利"党建+特色旅游"为载体,突出"党建抓引领",壮大村集体经济,各村集体经济实现"清零递增",村集体经济收入均达到5万元以上。落实党风廉政建设,主体责任进一步夯实。

【统战工作】街道有宗教正式场所5家,临时活动场所11家。按照区委统战部的指示精神,街道对辖区内宗教场所开展摸底调查,组织检查宗教场所。对检查中发现的问题要求立即整改。